工业和信息化普通高等教育
"十三五"规划教材立项项目

会计名校名师
新形态精品教材

U0676751

管理会计教学案例

工业和信息通信业
应用与解析

◎ 王立彦　主编

◎ 朱永利　邢天添　副主编

Case Study In
Management
Accounting

A

ACCOUNTING

人民邮电出版社

北京

图书在版编目（C I P）数据

管理会计教学案例：工业和信息通信业应用与解析 /
王立彦主编. -- 北京：人民邮电出版社，2020.5
会计名校名师新形态精品教材
ISBN 978-7-115-51376-2

Ⅰ. ①管… Ⅱ. ①王… Ⅲ. ①管理会计－案例 Ⅳ.
①F234.3

中国版本图书馆CIP数据核字(2019)第268130号

内 容 提 要

工业和信息通信业是国民经济最主要的产业领域之一，工业和信息化部工业文化发展中心从 2017 年开始组织工业和信息化领域的相关企业对管理会计实践进行总结。本书是按照财政部管理会计指引体系架构构建的，介绍了管理会计在企业的落实与应用情况。

本书适合作为高等院校经济管理类专业、MBA、EMBA 相关课程的教学书，也适合作为企业内部管理的培训书。

◆ 主　　编　王立彦
　　副 主 编　朱永利　邢天添
　　责任编辑　刘向荣
　　责任印制　周昇亮

◆ 人民邮电出版社出版发行　　北京市丰台区成寿寺路 11 号
　　邮编　100164　电子邮件　315@ptpress.com.cn
　　网址　https://www.ptpress.com.cn
　　北京天宇星印刷厂印刷

◆ 开本：787×1092　1/16
　　印张：18.25　　　　　　　　　2020 年 5 月第 1 版
　　字数：477 千字　　　　　　　2020 年 5 月北京第 1 次印刷

定价：59.80 元

读者服务热线：(010)81055256　印装质量热线：(010)81055316
反盗版热线：(010)81055315
广告经营许可证：京东工商广登字 20170147 号

编审委员会

前言

工业和信息通信业是国民经济最主要的产业领域之一。与此关联，基于产业领域运营实践的管理理念、管理工具和管理体系，都是管理知识的最主要源泉。工业和信息化部工业文化发展中心（以下简称"工业文化发展中心"）从2017年开始，组织工业和信息通信领域企业对管理会计实践加以总结，并汇集出版了《工业和信息通信业管理会计案例集（2018）》。

为了进一步推动管理会计在落实国家战略中的应用，工业文化发展中心与人民邮电出版社合作出版了《管理会计教学案例：工业和信息通信业应用与解析》。本书依据财政部管理会计指引体系架构和工业和信息化部产业管理分类，并考虑领域和主题分布，从《工业和信息通信业管理会计案例集（2018）》中选取部分案例改编而成。

本书的设计力求突出两个特点：第一，作者为产学研三方合作团队，产业第一线管理者主笔写作案例，各界专家学者参加点评，内容力求理论与实践密切结合；第二，本书案例和配套资料，均定位于服务管理会计教学。

为了编写好本书，工业文化发展中心多次组织专家学者赴企业现场调研，组织现场研讨会，以实现产学研各方相互之间充分理解。在具体编写过程中，企业管理者和院校学者结对组成团队，通力合作，对基础案例资料进行修改、完善、深度挖掘。同时，为配合教学，还对每个案例进行了深度加工，包括精简案例资料，结合案例内容制作企业视频、专家点评视频，专家撰写案例点评（理论要点+实践解析+总结点评）等。

本书由北京大学王立彦教授担任主编，具体分工如下：南京理工大学的温素彬教授负责南京钢铁、徐工集团以及北汽集团的案例工作，北京交通大学的苟娟琼教授负责中国中铁的案例工作，北京航空航天大学的邹艳教授负责北方华创、北京易亨、明算科技以及中兴通讯的案例工作，中央财经大学的赵雪媛教授负责中国移动的案例工作，中央财经大学的李玲教授和杭州电子科技大学的王泽霞教授共同负责远光软件的案例缩编，李玲教授另外负责格力及浪潮集团的案例缩编，北京航空航天大学的周宁教授负责航空工业的案例缩编，首都经济贸易大学的王伟副教授负责中国中车及红蜻蜓的案例缩编，中央财经大学的李晓梅副教授负责东软集团的案例缩编，北京国家会计学院的何敬副教授负责金蝶软件的案例缩编，北京大学的王立彦教授负责东阿阿胶的案例缩编，中央财经大学的刘俊勇教授负责中国联通的案例缩编。

本书适合作为高等院校经济管理类专业、MBA、EMBA 相关课程的教学书，也适合作为企业内部管理的培训书。希望本书的出版有利于营造管理会计应用氛围、提高企业管理会计应用水平和企业管理会计实践经验的社会影响力，有助于将推进工业和信息通信业管理会计的推广应用工作提前到院校教育和管理岗位培训。

可以预计，《工业和信息通信业管理会计案例集》的出版工作将持续，《管理会计教学案例：工业和信息通信业应用与解析》的出版工作也将持续。

2020 年 3 月，于北京大学

目录

战略管理

预算管理

成本管理

营运管理

绩效管理

风险管理

管理会计报告

信息化

产业索引

原材料

装备

消费品

电子

软件

通信

战略管理

案例一　多工具综合应用的价值链管理实践

浙江红蜻蜓鞋业股份有限公司

【摘要】 在传统财务管理模式下，浙江红蜻蜓鞋业股份有限（以下简称"红蜻蜓公司"或"公司"）公司的业务与财务之间存在管理壁垒，财务不能高效地为经营决策服务。为提高业财融合水平，公司领导把管理会计应用提到管理创新日程中。红蜻蜓公司基于价值链环节设置财务管理岗位，并配置相应财务人员，在业务过程中前置财务管理，推动核算型财务向管理型财务转变。

通过完善管理信息系统，红蜻蜓公司实现了业务与财务组织、人员、系统的打通与融合。经过多年发展，红蜻蜓公司建立了与目前经营模式、日常管理基本相适应的信息化系统，即"远距离管钱，近距离管人"的业财融合管理信息系统。

红蜻蜓公司对管理会计工具的应用也不仅仅限于财务部内部单位，还涉及公司的各个价值链环节。在应用该工具的过程中，红蜻蜓公司将已经成熟的方法或措施作为管理制度，把管理会计应用经验固化到相应的业务活动中。

【关键词】 价值链；业财融合；管理会计

一、企业简介

红蜻蜓公司成立于 2007 年，是一家集皮鞋研发、生产、销售于一体的时尚鞋服企业。公司通过坚持实施以时尚鞋品为主，以皮具、儿童用品为辅的"单品牌、多品类"的经营模式，以品牌建设和产品研发设计为核心，多年来经营业绩良好，成功登陆资本市场，现为上海证券交易所 A 股上市公司。

公司秉承"从距离中寻求接近"的企业核心价值观和"传承鞋履文化，创造顾客体验"的企业使命，致力于打造卓越的鞋服行业领导品牌和行业标杆企业。公司建立了业界首家中华鞋文化博物馆，拥有院士工作站、博士后工作站、省级技术中心、鞋科技实验室等，在米兰、首尔等时尚都市设立了研发信息中心，在上海、广州建立了品牌工作室和设计工作室，利用全球的设计信息和资源实现红蜻蜓产品与国际时尚同步。公司在浙江、广东、重庆布局了产品研发生产基地，终端网点覆盖全国各重点城市。公司拥有品牌自主权，具备品牌运作、产品设计开发、供应链管理和营销网络管理的综合能力，通过自主生产、外协生产相互结合的模式进行产品的设计和生产，以直营、加盟或两者相结合的模式销售产品。

2012 年以来，公司每年实现营业收入 30 亿元，净利润 3 亿元左右。截至 2016 年年末，

作者：王军、金嘉祥、陈旭明
案例指导与点评专家：王伟（首都经济贸易大学）

公司的总资产规模达到 43.9 亿元，净资产 32 亿元。公司拥有 28 条生产线，产能为 1 120 万双/年。

公司已形成由股东大会、董事会、监事会组成的完善的治理结构。在公司的治理结构中，公司董事会由战略、薪酬等委员会组成，管理层面的职能部门有主品牌与事业部等机构，如图 1-1 所示。

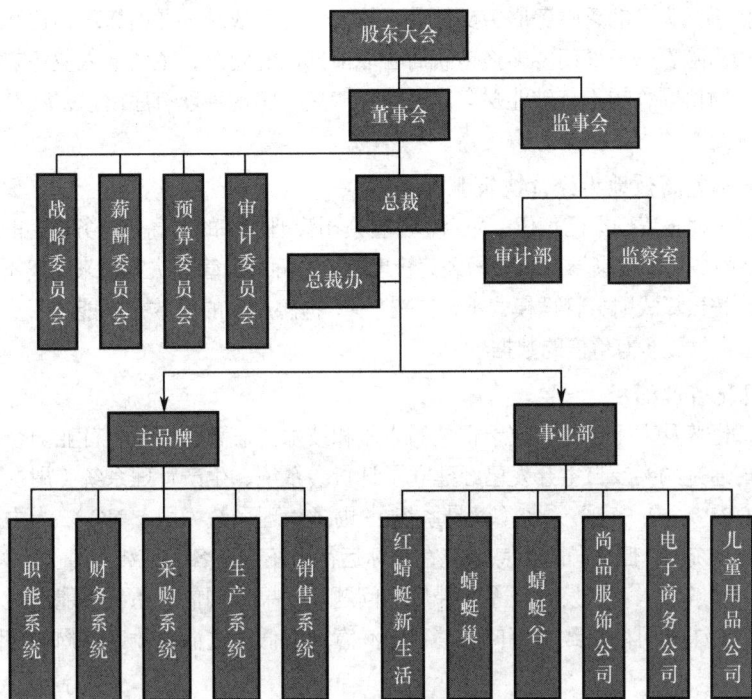

图 1-1　红蜻蜓公司的治理结构

二、企业面临的问题

（一）内外部环境变化倒逼企业提高管理水平

从外部环境看，世界经济进入增速减缓、结构转型阶段，互联网等信息技术蓬勃发展，新业务、新商务模式层出不穷。这些因素也给企业的经营管理提出了更高的要求。公司原有的以实体店销售为主的销售模式面临网店等新兴渠道的竞争。另外，人工成本、营销成本不断攀升，原有销售、管理人员在向新的销售渠道的转型中也存在因不适应而导致的效率下降等问题。公司以往所施行的粗放式管理模式受到挑战，未来更需要通过提高管理效率来推动利润的增长，以实现可持续发展。

从内部环境看，公司在管理方面发生了以下变化。一是公司管理方式不断变革，公司要建立、完善现代企业管理制度，从粗放型管理向精细化管理转变，通过流程再造来激发内部管理活力，增强价值创造力。二是公司内部风险意识和风险管理不断强化，内部控制应用领域不断扩大，风险管理从注重业务事项的事后监督向事前、事中监督过渡。因此，公司面临的经营环境要求公司不断加强管理，通过业财融合实现管理合力，充分挖掘管理潜力，实现公司的持续、健康发展。

（二）在财务管理中遇到了一系列问题

1. 业财之间存在管理壁垒

管理壁垒具体表现为：业务部门以财务工作太专业为借口，或者假借管理层"上谕"，绕过或者无视财务管理规定；财务部门手捧风险控制的大旗，以制度规则为纲突出监督职能，对业务活动指手画脚，缺乏财务服务支撑意识等。为避免或减轻业财管理错位和脱节给公司发展所带来的风险，财务部门要转换传统后台职能部门的观念，主动嵌入业务前端，服务于业务，加强业财协同，勇于打破业财之间的管理壁垒，实现管理有序衔接，唯有如此方能为公司发展贡献更大的力量。

2. 财务不能高效地为经营决策服务

传统核算式财务管理早已落伍。如今，随着公司管理水平的提高，财务部门的职能也在发生显著变化，财务活动逐渐渗透于公司经营管理的方方面面，管理决策越来越离不开财务部门的支持。在传统核算式财务管理模式下，"一把手"抱怨最多的是数据不能用于决策，其希望财务部门能够提供更多有价值的数据。

3. 信息化管理滞后

公司信息化普及率比较低，缺乏相关的人才和技术。信息化仍然是行业内企业经营的薄弱环节。公司通过购买及自主开发已经建立了订货会系统、生产管理系统（用友 U8）、分销系统（道迅 DRP）、电子商务系统（管易系统）、财务管理系统（用友 NC）、人力资源管理系统、协同办公系统等。但公司的信息系统在实际运行中还存在各系统相互独立、关联度不高、数据分析挖掘不够深入、研发管理系统滞后等问题。如果公司信息系统不能满足公司业务快速发展的需要，未来可能导致加盟商和消费者满意度降低，进而导致库存周转率降低等，影响经营业绩。

三、管理会计的顶层设计

（一）高层领导做了多方面的部署和安排

为加快推动管理会计应用，公司董事长、财务总监等领导在高层领导会议上做了多方面的部署和安排。董事长提出了业财一体化的构想，并多次会同相关部门完善方案与体系。利用募股资金，公司建设业财融合的管理支持系统。同时，公司发动群众，鼓励员工提出相关问题与建议，找问题、找症结，提合理化建议。

（二）管理会计的应用目标与顶层设计

公司基于战略转型的需求，提出了管理会计应用的总体目标：管理会计体系必须具备战略管理功能，以商业模式转型为指导，支撑现有业务及已有明确计划的未来业务模式，推动财务转型与业财融合，支撑与推进企业战略实施。在新的发展阶段，公司确定了以商品为核心的商业模式。公司以商品为中心构建战略与规划、计划与控制、决策与分析、绩效与评价等管理会计支持体系，如图 1-2 所示。公司管理会计支持体系的核心活动体现为战略与规划、决策与分析、计划与控制、绩效与评价，如图 1-3 所示。

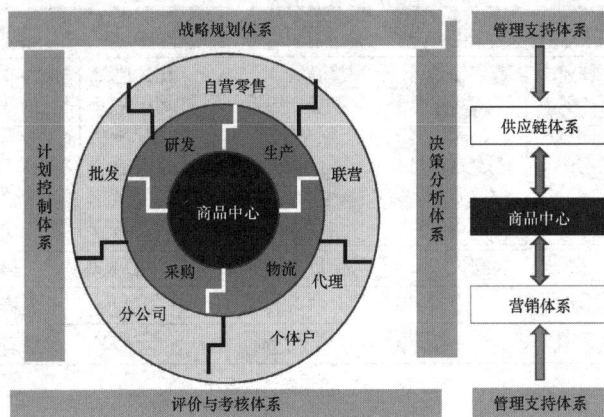

图 1-2　管理会计的应用目标与顶层设计

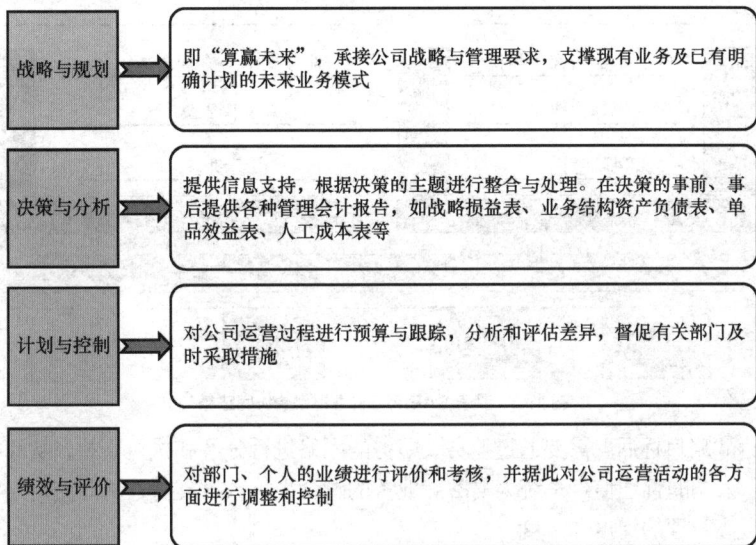

图 1-3　公司管理会计支持体系的核心活动

四、实现业务流程与财务流程打通、融合的过程和措施

（一）价值链管理

价值链管理能提供业务单元和业务价值链的价值活动增值的动态信息，从而挖掘企业各个价值活动的潜力，实现价值增值，同时协调和优化价值链，更有利于企业控制和优化具有战略意义的增值业务活动。选择和确定战略联盟伙伴，并通过对产业价值链的价值信息进行分析，调整和优化产业价值链。公司实现了基于订单制产销模式下的价值链管理，将管理会计嵌入价值链各环节，如图 1-4 所示。

（二）流程、组织、人员的改变与融合

1. 改变业务财务流程

公司以企业管理解决方案（System Applications and Products，SAP）系统为核心，打造了一个集成业务和财务的可供公司持续发展的企业资源计划（Enterprise Resource Planning，ERP）基础平台，使财务与业务共享同一数据，最终实现业财融合。基于 SAP 系统的业财融合协同路径如图 1-5 所示。

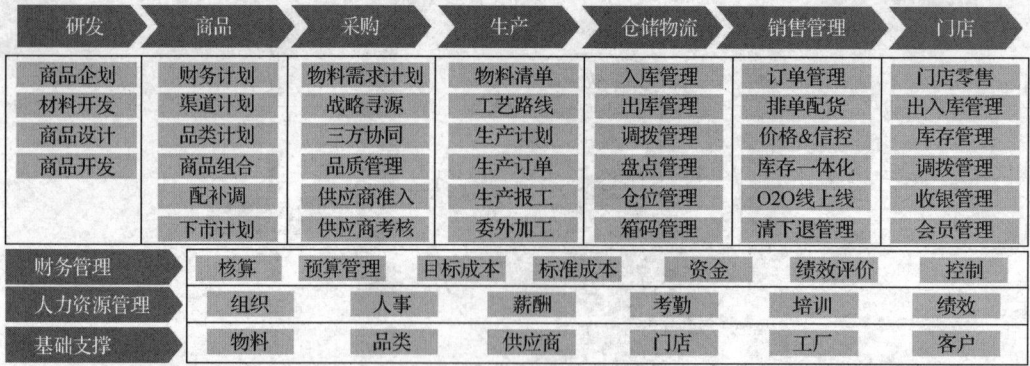

图 1-4 价值链管理设计

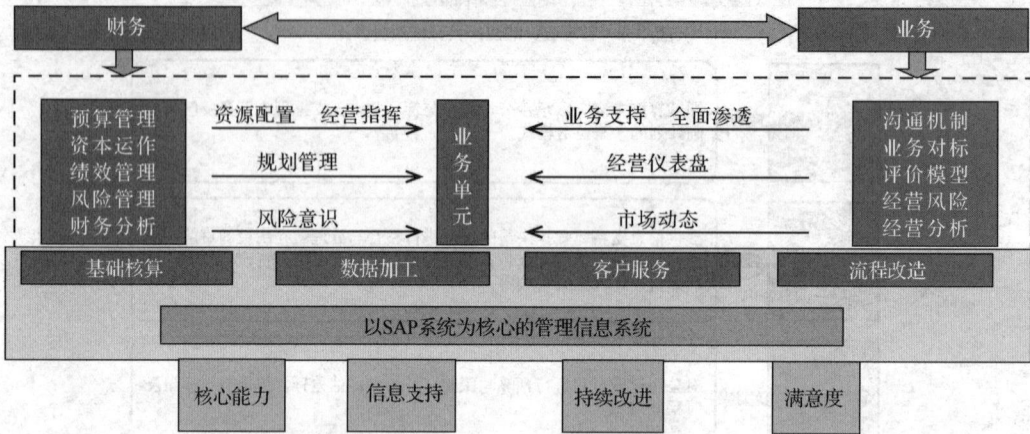

研发	商品	采购	生产	仓储物流	销售管理	门店
商品企划	财务计划	物料需求计划	物料清单	入库管理	订单管理	门店零售
材料开发	渠道计划	战略寻源	工艺路线	出库管理	排单配货	出入库管理
商品设计	品类计划	三方协同	生产计划	调拨管理	价格&信控	库存管理
商品开发	商品组合	品质管理	生产订单	盘点管理	库存一体化	调拨管理
	配补调	供应商准入	生产报工	仓位管理	O2O线上线	收银管理
	下市计划	供应商考核	委外加工	箱码管理	清下退管理	会员管理

财务管理	核算	预算管理	目标成本	标准成本	资金	绩效评价	控制
人力资源管理	组织	人事	薪酬	考勤	培训	绩效	
基础支撑	物料	品类	供应商	门店	工厂	客户	

图 1-5 基于 SAP 系统的业财融合协同路径

财务 ←→ 业务

| 预算管理 资本运作 绩效管理 风险管理 财务分析 | 资源配置 经营指挥 规划管理 风险意识 | 业务单元 | 业务支持 全面渗透 经营仪表盘 市场动态 | 沟通机制 业务对标 评价模型 经营风险 经营分析 |

基础核算　数据加工　客户服务　流程改造

以SAP系统为核心的管理信息系统

核心能力　信息支持　持续改进　满意度

公司下达战略目标后，需要通过业务、财务的网络进行分解和执行监控，从而将战略落实到业务单元。公司的管理信息系统为财务和业务的融合提供数据支持，从而支持二者在各自的领域中持续提高管理的深度和广度。

公司基于业财一体化理念，不断完善管理信息系统，如图 1-6 所示。

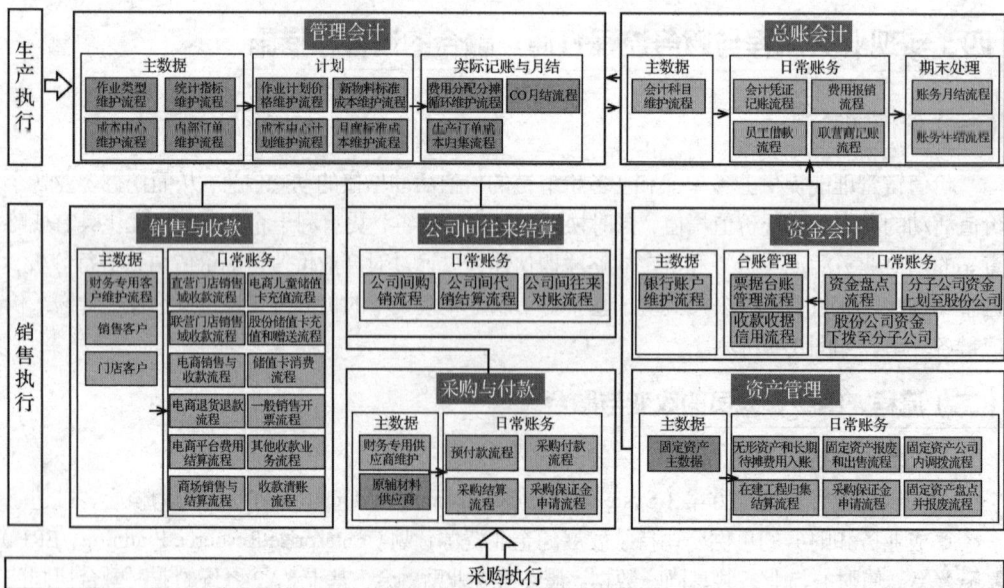

图 1-6 公司管理信息系统业务流程

生产执行

管理会计
- 主数据：作业类型维护流程、统计指标维护流程；成本中心维护流程、内部订单维护流程
- 计划：作业计划价格维护流程、成本中心计划维护流程；新物料标准成本维护流程、月底标准成本维护流程
- 实际记账与月结：费用分配分摊循环维护流程、生产订单成本归集流程；CO月结流程

总账会计
- 主数据：会计科目维护流程
- 日常账务：会计凭证记账流程、员工借款流程；费用报销流程、联营商记账流程
- 期末处理：账务月结流程、账务年结流程

销售执行

销售与收款
- 主数据：财务专用客户维护流程、销售客户、门店客户
- 日常账务：直营门店销售域收款流程、联营门店销售域收款流程、电商销售与收款流程、电商退货退款流程、电商平台费用结算流程、商场销售与结算流程；电商儿童储值卡充值流程、股份值储卡充值和赠送流程、储值卡消费流程、一般销售开票流程、其他收款业务流程、收款清账流程

公司间往来结算
- 日常账务：公司间购销流程、公司间代销结算流程；公司间往来对账流程

资金会计
- 主数据：银行账户维护流程
- 台账管理：票据台账管理流程、收款数据信用流程
- 日常账务：资金盘点流程、股份公司资金下拨至分子公司；分子公司资金上划至股份公司

采购与付款
- 主数据：财务专用供应商维护、原辅材料供应商
- 日常账务：预付款流程、采购结算流程；采购付款流程、采购保证金申请流程

资产管理
- 主数据：固定资产主数据
- 日常账务：无形资产和长期待摊费用入账、在建工程归集结算流程；固定资产报废和出售流程、采购保证金申请流程；固定资产内调流程、固定资产盘点并报废流程

采购执行

2. 构建业务与财务协同的管理会计组织体系

随着管理信息系统和流程的完善，红蜻蜓公司将重新定义财务组织的权责，拟逐步形成以业务财务、战略财务、专业财务与共享财务为一体的组织机构体系，如图1-7所示。

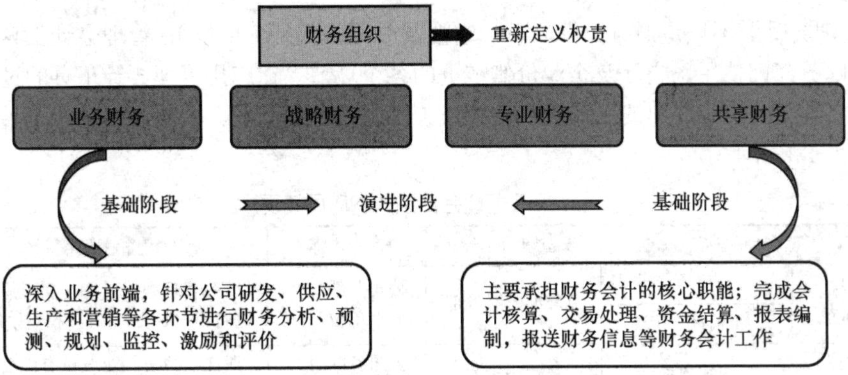

图1-7 公司管理会计组织机构体系的发展与演进

公司通过管理会计组织机构体系的完善运作，让共享财务更加集中、业务财务更加贴近业务、专业财务更加专业。业务财务的主要职能是在公司长期战略目标的指引下，深入业务前端，针对公司研发、供应、生产和营销等各环节进行财务分析、预测、规划、监控、激励和评价等，加快财务与业务的融合，为管理者提供财务与非财务信息，着眼于企业短期目标的实现。战略财务立足总部层面，负责体系构建与维护、资本管理、资源配置、决策支持和价值管理等。战略财务通过量化、计划、分析、显示、流程控制等来帮助业务部门发现市场机会，并利用财务模型事先算赢市场和利润。专业财务主要负责财务管理，包括资金和投资管理等，通过建流程、立标准驱动业务并利用税务、预算等专业知识创造价值。共享财务主要承担财务会计的核心职能，按照企业会计准则、服务协议和标准操作流程，完成会计核算、交易处理、资金结算、报表编制以及报送财务信息等财务会计工作。

3. 基于价值链环节配置财务人员

公司按照价值链环节设置财务管理岗位，并配置相应财务人员，如图1-8所示，业务财务配置到最小业务单元。当然，不是所有业务都配置有财务人员。公司需在价值链上找出最需要进行业财融合的环节来开展工作。一般地，公司应将财务渗透到供应链的重要环节——研发、生产、销售等。一方面，将数据非常真实地收集起来，保证业务信息和财务信息的及时转化、同步管理；另一方面，把财务的理念灌输到每一个经营活动中去。

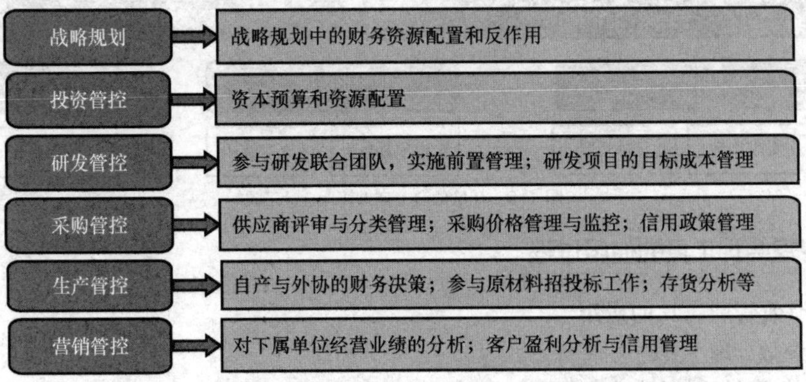

图1-8 基于价值链环节的财务人员配置

五、管理会计工具的应用情况

（一）管理会计工具的基本应用情况

"管理会计"不只是财务部门的事，它涉及公司各部门（单位）；管理会计工具也不仅仅只被财务部门使用，它涉及企业价值链上的各个环节。在应用管理会计工具的过程中，公司可将其中的已经成熟的工作流程转换成一系列的管理制度。公司管理会计工具的应用情况如表 1-1 所示。

表 1-1　　　　　　　　　　　　　　管理会计工具的应用情况

	管理会计工具	牵头单位	使用主体	相关制度
战略与规划体系	价值链管理	总裁办、财务部	公司各部门、单位	《绩效管理办法（2014）》《原材料供应商管理制度》《客户招商手册》
	平衡计分卡			
计划与控制体系	预算管理	预算稽核部	公司各部门、单位	《浙江红蜻蜓鞋业股份有限公司预算管理制度》
	目标成本管理	生产财务管理部	采购、质量部、各分厂等	《成本管理制度》《存货管理制度》《原材料供应商管理制度》《客户招商手册》
	标准成本管理			
	标杆管理	总裁办	公司本部	确定公司是以商品为核心的品牌运营商
绩效与评价体系	平衡计分卡	总裁办、人力资源部	公司各部门、单位	《绩效管理办法（2014）》
	关键绩效指标			

公司基于价值链模型，以供应链管理战略为导向，主要在价值链上的 9 个环节中分别嵌入相应的管理会计工具（每个环节涉及的管理会计工具仅为列举），通过在各个环节应用管理会计工具以实现价值创造（见图 1-9）。

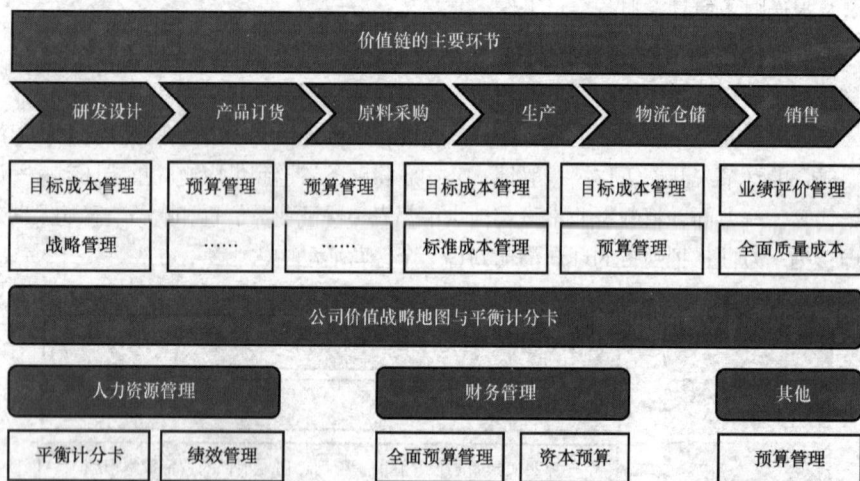

图 1-9　在价值链上嵌入管理会计工具

（二）管理会计工具的使用过程

1. 绩效管理工具的应用

（1）绩效管理工具的选择

公司把战略与绩效作为支撑商业模式的重要工具，构建了基于平衡计分卡理念与关键绩效指标（Key Performance Indicator，KPI）的绩效考核体系。KPI 与平衡计分卡各有特色，在实施过程中也各有优缺点。平衡计分卡注重公司的长期目标与短期目标之间的平衡、结果和过程平衡、管理业绩和经营业绩的平衡，使对公司全方位的考核及关注公司长远发展的观念受到公司的充分重视。平衡计分卡是一个开放性的体系，它更多地为我们提供了思考问题的框架而非解决问题的措施。为了与 KPI 更好地结合，公司需结合自身现实情况，进行相应的调整。

KPI 能够传达公司最为核心的管理活动；KPI 把公司的总体目标进行了科学的分配，使战略目标能够在各个部门中顺利实现；KPI 使公司中的所有人员有了一个共同的奋斗方向，让各个部门和各阶层人员对公司的发展和自身的进步有了统一感。在关键指标法下，总裁办依据公司战略目标和部门职责，组织制订和分解公司层的 KPI；人力资源部将公司层的 KPI 分解为各部门的 KPI；各部门根据岗位职责与工作目标，梳理内部岗位绩效考核指标，并将部门 KPI 分解到岗位，并于季度绩效考核流程中审核各岗位指标完成情况，人力资源部可在审核过程中对指标进行调整。考核结果与绩效工资挂钩，并作为公司人力资源管理决策的重要依据。员工绩效考核的结果将被充分运用到员工绩效工资的发放、年终奖的分配发放、工资等级的调整、岗位调整、职业发展和员工培训六大方面。

公司使用平衡计分卡，在财务层面，其目标是价值创造与提高股东价值；在客户维度，其目标是解决"顾客如何看待我们"这一类问题，顾客的需求和满意程度是最重要的；在内部流程维度，其目标是强化集团管控能力，提高企业的管理水平，使管理人员依法依规治理公司，保障公司健康运行，并持续完善治理结构，提高内部管理效率。

（2）绩效管理工具的应用举例

公司对供应商选择、采购绩效、门店选择都有相应的评价制度和评价指标体系。公司建立了一支由研发、采购、生产、质量、财务等部门人员组成的供应商管理小组，负责对供应商进行考核评级。公司根据供应商的产品研发能力、品质管制能力、供货能力、性能价格、沟通对接及安全/环保情况，定期或不定期地对供应商进行科学、公正的考核。上述考核维度的权重分别是产品研发能力 25%，品质管制能力、供货能力 40%，性能价格 15%，沟通对接 10%，安全/环保情况 10%。采购绩效评价的定量指标有销售综合毛利率、产品返单率、产品准交率、产品退残率、产品动销率。

公司特别注重学习与发展维度的评价与激励，大力倡导公司核心价值理念，努力营造公正、公平、积极向上的氛围，增强全员凝聚力和向心力，促进公司和谐发展。公司《绩效管理办法（2014）》规定：绩效考核也是进行员工培训的主要依据之一。人力资源部统一整理公司全体员工能力、态度的考核结果，并结合员工绩效改进计划表中员工的培训计划需求，制订相应的员工培训计划，上报公司主管领导审批；同时每季度根据员工绩效沟通和改进计划表信息反馈情况，对员工年度培训方案的具体实施情况进行总结并不断调整，达到开发、挖掘员工能力的目的。另外，公司还通过销售综合毛利率、综合售罄率、总产量达成率、生产利润达成率、一次性抽查合格率、价格满足率等指标考核研产一体化绩效。

2. 价值链管理应用

（1）注重研发与品牌管理

公司建成了首家鞋文化研究中心，编辑出版了第一部《中国鞋履文化辞典》，出版发行了第一部鞋履文化丛书——《东方之履》，建成了首家鞋文化博物馆——中华鞋文化博物馆，并建成了用于展示制鞋工艺技术和鞋类研发科技的鞋科技馆及用于展现品牌发展历程的红蜻蜓品牌馆。公司先后与国内著名高校、欧美顶级科研机构合作，建立了鞋科技实验室，进行人体足部力学实验研究及鞋类检测，并研发生产出中国第一双运动皮鞋，率先应用"3D"量脚制鞋技术，并与世界最大的化学公司——巴斯夫合作开发高档新品类鞋款。2009 年，公司的鞋科技实验室成为行业内首个国家级实验室。红蜻蜓公司拥有中国制鞋行业首个院士工作站。2011 年 8 月，中国工程院院士、四川大学制革清洁技术国家工程实验室主任石碧教授及其团队，在红蜻蜓公司建立了中国皮鞋行业当时唯一的院士专家工作站。在 2015 年年度国家科技奖励大会上，石碧院士等完成的"基于酶作用的制革污染物源头控制技术及关键酶制剂创制"获得国家技术发明奖二等奖。院士工作站紧紧围绕创新驱动，瞄准红蜻蜓公司的主业，发挥校园资源优势，与红蜻蜓公司的科技人员共同承担涉及儿童鞋设计的博士后科学基金国家级项目《健康儿童运动发育研究》；有序推进功能性皮鞋研究开发计划。此外，在院士工作站团队的主导下，红蜻蜓公司充分利用社会资源，加快了数字化技术应用的进程，目前楦后身统一、楦体换头设计、楦体评价、数据库、建模、渲染、3D 虚拟设计等已全面展开，并取得了良好的成果。在院士专家工作站成立后，随着科研活动的推进，红蜻蜓公司在技术研发上得到了长足的进步，在结构与功能开发上获得了突破，先后申报成功有效专利 27 项，其中发明专利 6 项。部分专利得以应用于批量生产，产生了可观的经济效益。

（2）发展战略供应商

公司推动供应商积极参与到公司的价值创造中去，发展战略供应商，形成共同的价值链，进而提高公司供应链的整体价值，还对供应商进行必要的辅导和扶持：①辅导供应商进行品质改进，具体包括技术改进，设施设备、生产工具的改进，品质管制技巧的改进，感官品质的确立与改进，敦促供应商派高级主管及有关人员参加公司组织的品质管制或其他有关的管理训练。②辅导供应商努力降低成本，具体包括提高生产率，降低直接人工成本；降低耗损，减少直接材料成本；提高现场管理水平，降低制造费用；合理选择原料来源；提高间接人员（如管理人员）工作效率。③与供应商进行价值分成，将公司作为平台商，而让供应商承担库存。在整个供应链中，供应商可按照销售收入的一定比例获得分成收益。如果需要改变材料，公司也会和供应商一起商量。在不影响质量的前提下，材料可以替代，如此公司节约的效益可以和供应商分享。④面向产品生命周期，拓展成本管理范围。一方面，成本管理向"前端"延伸，突出从设计源头控制产品成本。另一方面，成本管理向"后端"深化，强调消费者性价比最大化和客户满意度提高。

红蜻蜓公司规定，在方案设计阶段，财务等部门必须对方案的效益进行评估，并签署效益评估意见，只有通过效益评估的方案才能提交单位决策会进行决策。相关考核指标如表 1-2 所示。

表 1-2　　　　　　　　　　2016 年研产一体化考核指标

序号	类型	指标	目标	权重	数据来源
1		销售综合毛利率	同期上涨	15%	商品部
2		综合售罄率	同期上涨	20%	商品部
3		总产量达成率	100%	10%	计划部
4		生产利润达成率	100%	10%	财务部
5		一次性抽查合格率	95%	5%	质量管理部
6	定量指标	退残率	0.6%	5%	质量管理部
7		准交率	92%	10%	计划部
8		补单满足率	98%	5%	计划部
9		补单天数	18 天	5%	计划部
10		补单占比	30%	5%	计划部
11		价格满足率	90%	5%	商品部
12		研发成本费用预算执行	偏差 5% 以内	5%	财务部

序号	类型	指标	目标	权重	数据来源
13	定性指标	设立DTC专线、制作样品、巡回板、工艺技转及小批量补单;鞋科技实验室建立和专利技术转化;新品类、新工艺、新材料、新技术应用等			考核小组
		合计		100%	

在销售终端管理环节中,财务已嵌入到门店新设与关闭等项目管理流程中。公司对门店的选择与评价都有详细的规定,如营业额的预估、用财务模型进行财务综合分析。

3．预算管理工具的应用

（1）预算管理工具的选择

预算管理上通公司战略,下接绩效考核,贯穿了管理会计的多个环节,而且涵盖投融资和各项经营决策,覆盖了所有的部门。它是实现财务与业务融合的最佳平台和管理方法。

（2）预算管理设计

公司建立了有效的预算管理规章制度、清晰的岗位职责和标准体系,以保证信息的顺畅传递。《浙江红蜻蜓鞋业股份有限公司预算管理制度》明确了预算管理的主要内涵、范围、编制、指标、报表体系等内容。

（3）预算管理在应用中融合刚性与柔性

一方面,突出预算控制的柔性管理。例如,在编制资金预算过程中采取弹性预算、滚动预算编制方法,突出资金预算编制的柔性;为公司提供现金流入与流出的实时管理,通过对现金及应收款项和应付款项等各类公司内部资金信息的有效集成,使公司在资金预测方面的准确性大大提高,并合理改善资金的循环速度,加快资金的周转速度,最终为资金管理人员提供一个发挥资金运营价值的工具,使得公司在运行过程中发生各种资金风险的概率降低。

另一方面,强化预算与绩效考核挂钩。为保证公司的权益,检查本部各中心及下一级预算单位预算执行的效果,人力资源部通过年薪制、资产经营责任制的实施对年度预算执行情况进行考核。预算期结束,公司预算稽核部根据审计后的财务报表资料、费用报表资料,汇总预算期的相关工作的实际完成情况,并将汇总资料提供给公司人力资源部。人力资源部按照年薪办法提出兑现意见,报公司总裁批准后,根据薪酬管理体系支付薪金。

4．成本管理工具的应用

公司从不同维度做好成本分析,如目标成本实现率、实际成本与标准成本对比分析等,以达到控制成本、提高经济效益的目的。

（1）成本管理工具的选择

目标成本管理:公司建立以市场为导向的目标成本控制体系,以产品在市场上有竞争力的零售价为基准,倒推确定产品出厂价格及目标成本,按市场层级和产品类型建立目标成本体系。公司从研发设计的源头上开始控制成本,根据市场层级和产品类型对不同产品选用不同等级的材料并通过改进工艺技术等手段来实现成本目标。

标准成本管理:公司运用标准成本进行成本控制,把成本的事前计划、日常控制和最终产品成本的确定有机地结合起来,以加强成本管理,全面提高效益。

（2）成本管理工具的应用设计

① 目标成本管理工具应用设计。红蜻蜓公司财务团队一直在推行目标成本的理念,要求首先考虑设计成本。这和预算管理的事前算赢理念很相似。设计成本决定了整个产品的成本,即设计阶段会确定产品消耗的工时、供料量等。

② 标准成本法。标准成本是在SAP系统中确定的。标准成本法的实施过程为:首先,建

立标准成本制度；其次，明确物料清单（Bill of Material，BOM）和工艺路线的职责部门；最后，确定时间。具体过程如图 1-10 所示。

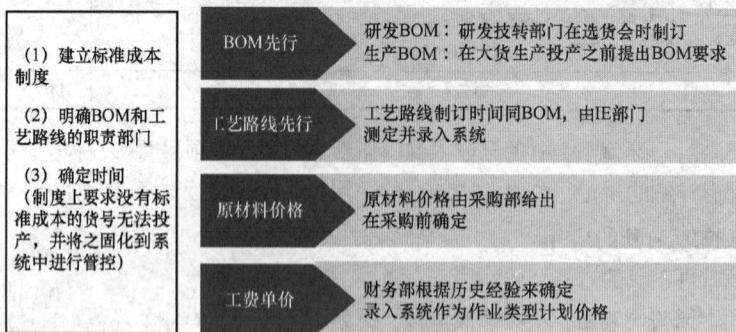

图 1-10　标准成本法的实施过程

（3）成本管理工具的应用过程

① 标准成本管理工具的应用过程（见图 1-11）。首先，研发、技转部门提供配色表；成本核算部预算标准成本；研发部门制作 BOM，在 SAP 系统中导入研发 BOM；采购部在系统中根据 MRP 自动计算用量进行采购请购；系统生成标准成本估算。财务部门计算每款产品的定额成本，并在生产过程中以定额成本为标准做好成本控制；生产部按定额管理部测定的定额标准投料生产，并针对工人的皮料结余和超支情况施行奖惩措施。其次，生产部根据生产 BOM 和投产单，在 SAP 系统中打印领料单并领料，仓库凭单发料。例如，对主要辅料（猪皮、革、毛里、热熔胶、化学片等）按定额控制发料；对鞋扣按上手投产计划控制发料；对鞋底、中底按下手投产计划控制发料；对鞋盒、手提袋根据完工产品数量控制领用。最后，公司通过标准成本系统进行成本控制，并采用因素分析法对影响成本的成本项目各因素逐一进行分析。分析公式为：直接材料标准成本=数量标准×价格标准；标准工资=工时标准×工价标准。

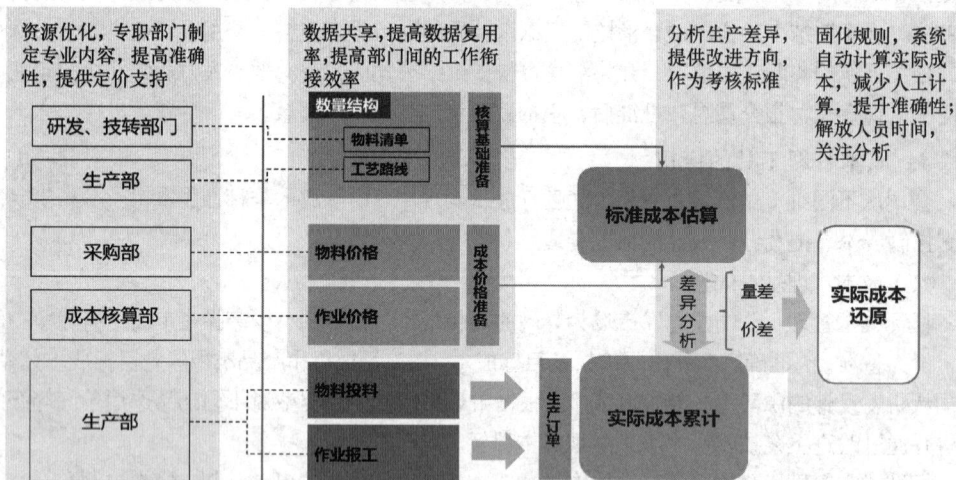

图 1-11　标准成本管理工具的应用过程

② 目标成本管理工具的应用过程。公司在运用目标成本管理工具时，首先进行模拟生产，按照现时材料的成本价格先算出设计成本。如果设计成本高于市场价格，则需要调整设计。如果在保证产品质量的情况下没法降低成本，则需看该产品能否盈利：如果盈利，就投入生产；如果目前不盈利，则需要分析从长期来看能否取得盈利。

六、实施管理会计信息化的基础与建设情况

（一）应用现状

1. 公司信息系统的架构

目前，公司通过购买及自主开发已经建立了订货会系统、生产管理系统（用友 EPR-U8）、分销系统（道迅 DRP）、电子商务系统（管易系统）、财务管理系统（用友 NC）、人力资源管理系统、协同办公系统等。公司现有的信息系统可实现对生产与采购涉及的相关文件与流程信息的查询管理，实现对各供应商生产进度计划和原料进度计划的控制、价格表的查询管理、单个产品和批量产品的进价查询管理、供应商档案管理和工厂绩效评估等。经过多年发展，公司建立了与目前经营模式、日常管理基本相适应的信息化系统，实现了"远距离管钱，近距离管人"的业财融合信息化管理目标。

公司的信息系统以产品规划主线为向导，以四大平台为框架，以十二大系统为主要支撑点。公司信息系统的架构如图 1-12 所示。

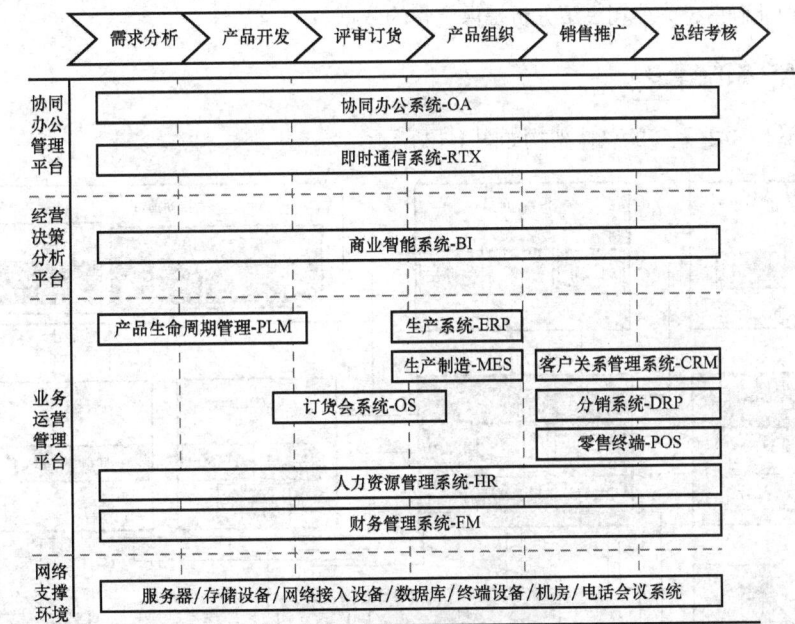

图 1-12 公司信息系统的架构

公司信息系统的主要运行平台情况如下。

（1）业务运营管理平台

业务运营管理平台是公司日常业务流程管理的核心系统，包含分销系统、订货会系统、财务管理系统和人力资源管理系统等。

（2）协同办公管理平台

协同办公管理平台是公司日常业务流程管理的主要辅助业务系统，包括协同办公系统、即时通信系统。

（3）经营决策分析平台

经营决策分析平台是公司日常业务流程管理的辅助业务系统，包括商业智能系统。同时，在人力资源管理、财务管理、资产管理和知识管理等方面均有 IT 系统对数据加以采集和管理。

（4）网络支撑环境

网络支撑环境是公司信息系统的硬件支持，包括服务器、存储设备、网络接入设备、终端设备、机房、数据库等。

2. 运行效果

在市场实体方面，公司通过分销系统和零售终端系统对所有店铺每日的销售数据进行快速收集、整合，并将这些数据与财务系统高效、准确对接；通过对各个店铺销售业绩的即时分析，进行合理、及时的价格管理，及时对货物进行补充。

在市场网络方面，公司将电子商务与街面店、商场店和商超店等实体店结合在一起，形成多层次全方位的营销零售体系，从而巩固营销网络、提高品牌影响力和市场占有率，实现网络经营与实体经营的相互补充，从而提高整体销售能力和公司对整个渠道体系的管控能力。

在研发方面，公司通过产品生命周期管理系统，建立了各类标准的知识档案库，同时实时采集产品企划和开发设计的过程信息，从而实现产品的全生命过程的数字可视化管理。

在生产方面，公司通过对 ERP 系统和 MES 系统的应用，实现对生产投产、材料采购和制造进度等整体生产供应链中的业务数据和财务数据的有效采集，加大财务核算力度，确保数据的及时性和准确性，为公司决策分析提供宝贵的依据。

（二）SAP 系统建设

公司现有 SAP 系统的总体架构如图 1-13 所示。

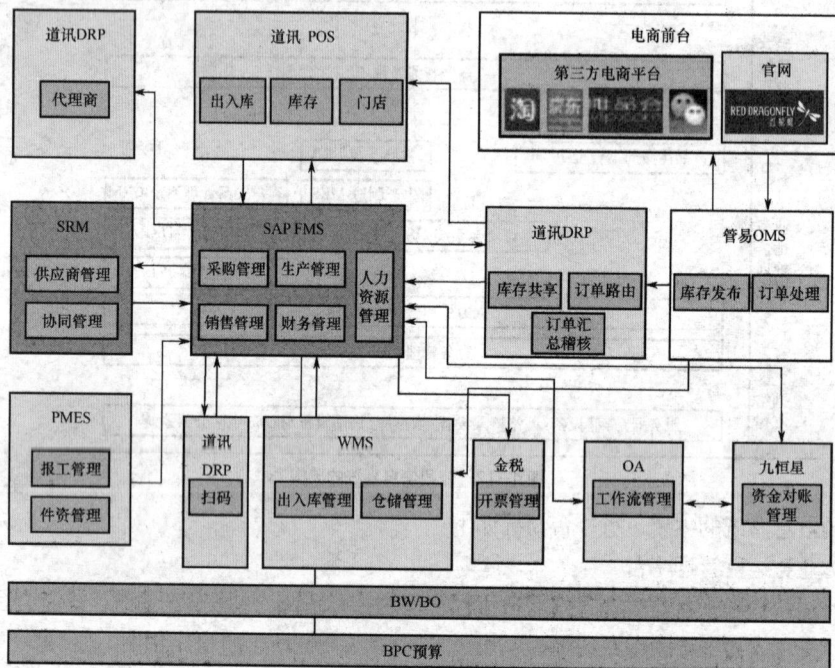

图 1-13　SAP 系统的总体架构

专家点评

一、价值链和供应链

（一）价值链

价值链（Value Chain）是一系列业务环节，在这些环节中，产品对客户越来越有用。

价值链一般包括六个业务环节：研发、产品和流程设计、生产、市场营销、分销、顾客服务。每个价值链环节都是各种作业的集合体。价值链上的各个环节相互关联、相互影响。企业的价值创造活动是通过一系列作业构成的，而价值链上的作业可区分为增值作业和非增值作业。

（二）价值链管理

价值链管理（Value Chain Management，VCM）是将价值链上的六个业务环节（研发、产品和流程设计、生产、市场营销、分销、顾客服务）有机地整合起来，做好计划、协调、监督和控制等各个方面的工作，使它们形成相互关联的整体，真正按照价值链的特征实施企业的业务流程，使得各个环节既相互关联，又具有处理资金流、物流和信息流的自组织和自适应能力，并使公司的"供、产、销"形成运行良好的价值创造链条。

（三）供应链

供应链是与生产和交付产品或服务相关的价值链中的生产和分销功能。供应链描述了从最初的材料、服务和信息源到交付的货物、服务和信息流，而不管这些活动是在一个组织中还是在多个组织中发生。

（四）供应链管理

供应链管理（Supply Chain Management，SCM）是指在满足一定的客户服务需求的条件下，为了使整个供应链系统成本达到最小而把供应商、制造商、仓库、配送中心和渠道商等有效地组织在一起进行的产品制造、转运、分销及销售的管理工作。供应链管理包括计划、采购、制造、配送、退货五大基本内容。有效的供应链管理可以缩短现金周转时间，降低公司遭遇风险的概率，实现盈利增长，提供可预测收入。

二、红蜻蜓公司基于业务价值链的管理会计应用

（一）面临的问题

公司所处的外部环境发生变化：国内经济处于去产能、去杠杆、去库存的转型升级阶段；鞋服行业的行业环境和整体渠道维持处于弱势地位，产品同质化、价格竞争愈加激烈，制造成本、人工成本、营销成本呈现攀升趋势。

在公司内部，业务和财务之间存在管理壁垒、财务不能高效地为经营决策服务、信息化管理滞后。因此，财务转型的需求强烈，需实现成长管理、盈利管理与风险管理的有机统一。财务人员所扮演的角色也将从传统的"记账员""监督员"向"业务伙伴"转变。财务人员需深入业务前端，以实现业务与财务的一体化与融合、财务数据的信息化与共享、财务管理的战略化与价值创造。

在完全竞争市场中，市场需求直接影响公司的生产计划及业绩。红蜻蜓公司的现实需求是：需要理论对实践进行指导；需要发展理念，不需要条条框框；需要财务与业务用同一种语言。因而，红蜻蜓公司基于价值链管理和供应链管理理论基础，进行管理会计工具的综合运用，实现业财融合，并在组织架构、人才培养、文化建设等方面着重落地。

（二）调整财务组织架构

红蜻蜓公司形成了以战略财务、业务财务、专业财务、共享财务为一体的组织机构体系。通过改变业务财务的流程，来构建业务与财务协同的管理会计组织体系，并实现基于价值链环节的业财人员配置。基于价值链环节，建立由财务、业务人员组成的业财融合组织体系，执行业务财务职能。公司基于价值链环节设置财务管理岗位，并配置相应财务人员，在业务过程中前置财务管理，推动核算型财务向管理型财务转变。

公司制订了财务队伍转型中长期规划，建立业财融合培训体系。管理会计的培训推广，既针对财务人员，也针对公司高管和非财务员工。公司还对一批采购、营销、计划、投资部

门的员工进行针对性培训，然后让这些人转岗从事管理会计工作。

（三）基于订单制产销模式的价值链管理

在订单制产销模式下，红蜻蜓公司从价值链和供应链的视角整合管理流程，使管理会计具体工具与价值链管理、供应链管理有机结合。红蜻蜓公司基于价值链模型，以供应链管理战略为导向，主要在9个价值链环节（如研发、订货、采购、生产、物流、销售、人力资源与财务等）分别应用相对应的管理会计工具，实现价值创造。具体的管理会计工具包括KPI、平衡记分卡、价值链管理、预算管理、目标成本管理、标准成本管理、标杆管理。

红蜻蜓公司建立了与业财融合最"匹配"的文化。管理会计应用是"一把手"工程。财务总监（Chief Financial Officer，CFO）的作用同样非常关键：一方面要发出"来自高层的声音"，另一方面要树立财务部门在企业监管和提供商务洞见方面的形象，强化服务业务的职能。

红蜻蜓公司基于价值链环节设置财务管理岗位，并配置相应的财务人员，在业务过程中前置财务管理，推动核算型财务向管理型财务转变。完善管理信息系统，实现业务与财务组织、人员、系统的打通与融合。经过多年发展，公司建立了与目前经营模式、日常管理基本相适应的信息化系统，即"远距离管钱，近距离管人"的业财融合管理信息系统。

（四）实施效果

转型后的财务部门是公司核心管理层的有机组成部分，为战略决策和业务决策提供重要的信息，支持公司的价值创造活动。利用财务模型事先算赢市场，通过量化、计划、分析、显示、流程控制等帮助业务部门发现市场机会，通过评价业务行为和经济效益等方式，实现战略落地。

红蜻蜓公司应用基于业务价值链的管理会计工具后，实现了降本增效。毛利率、销售费用率趋于稳定，直接材料占生产成本的比例呈逐年下降的趋势。管理费用率从2012年的9.93%降到了2015年的8.1%，实现了战略优化。通过管理会计转型，公司财务绩效保持稳定，客户价值、内部流程效率、学习与成长效益不断提高，推动公司的整体战略绩效持续提高。

三、红蜻蜓公司管理会计应用展望

红蜻蜓公司应用管理会计的现实需求是：需要财务转型，需要财务与业务用同一种语言，需要发展理念，需要理论对实践进行指导。因此，红蜻蜓公司应用了基于订单制产销模式的价值链管理。在订单制产销模式下，从价值链和供应链视角整合管理，将管理会计具体工具与价值链管理、供应链管理有机结合。将管理会计人员融入价值链的各个环节，在合理的组织架构和细化的岗位设置下创造价值，并将价值链管理等各种管理会计方法进行综合运用。"一把手"工程和注重落地（包括组织架构、人才培养、文化建设等方面）是红蜻蜓公司管理会计应用的基础保障。未来，红蜻蜓公司应加强管理会计顶层设计能力，由管理会计顶层设计引领管理会计工作，建设多层次、系统化、及时的管理会计报告体系。

案例二 决策服务型的微区域价值管理探索

中国移动通信集团广西有限公司

【摘要】随着行业发展速度降低，电信运营商的盈利空间变小，面对投资规模不断增长与资费不断下降之间的矛盾，过去十年的"大投入大产出"模式已经无法支撑中国移动通信集团广西有限公司长期可持续发展的愿景，提高核心能力的关键是投资决策和营销决策的科学化，而微区域数据管理体系则可以作为其技术抓手，共同提高公司的核心能力。

为了构建微区域的数据库及支撑手段，实现价值提高，中国移动通信集团广西有限公司搭建了基于管理会计信息的微区域化价值管理体系，打破了以往以传统行政市县为核算单元的模式，将建设、维护、运营、收入、产出等内部价值链上的数据进行归集，并基于归集后的管理会计信息，以基站为维度划小经营管理单元，形成新的微单元支撑能力及管理模式，实现精准建设与精准营销能力突破，助力网络与市场的协同发展，增强企业的价值创造性。

【关键词】化小单元；决策；投资；大数据

中国移动通信集团有限公司（以下简称"中国移动"）于 2000 年 4 月 20 日成立，注册资本 3 000 亿元人民币，资产规模超过万亿元人民币，是全球网络规模、客户规模最大，市值排名领先的电信运营企业。

中国移动通信集团广西有限公司（以下简称"广西移动"）是中国移动设在广西的全资子公司，主要运营无线通信业务，目前在香港和纽约同步上市。广西移动拥有移动客户 2 800 万户，年收入超过 180 亿元，是广西地区最大的通信运营商。公司立足于广西，努力为全区客户提供优质的通信信息和数字化服务，积极肩负起推进广西信息化建设、促进全区经济社会发展的重任。

一、公司内部管理会计体系介绍

在中国移动的指导下，广西移动开展了管理会计体系搭建的全流程工作。根据管理职责与对象，公司的管理会计活动分为面向公司战略的管理会计和基于业财融合的管理会计两大类。

（1）面向公司战略的管理会计，主要围绕公司战略，制订经营业绩规划，对公司发展所需资源进行筹划，优化资源配置，并以预算考核闭环管理体系为抓手，确保公司战略规划的达成。其职责内容包括战略管理、预算管理、绩效管理、投融资管理等，具体工作按照公司当前的相

作者：朱锦亮、陆盛德、黄曼、林奕、陆文婷、李颖、刘琛琛
案例指导与点评专家：赵雪媛（中央财经大学）

关规定与流程推进落地。

（2）基于业财融合的管理会计，以具体的业务活动为管理对象，通过深入业务前端，细化整合业务和财务信息，为业务活动在价值提高、风险管控等方面提供专业化、常态化的全流程支撑，实现业务健康发展与成本精细管理。其职责内容包括成本管理、营运管理等。

广西移动在管理会计领域建设较早，其所搭建的管理会计体系框架较为庞大，涉及的领域也逐步向纵深延伸（广西移动管理会计体系框架见图 2-1）。"决策服务型的微区域管理体系"（以下简称"体系"）是基于业财融合管理会计体系的一个子体系，从 2014 年开始建设并逐步推进。该体系是管理会计生态平台的信息基础，也是运营管理诉求的重点维度，承担了投资、营销决策数据基础和执行桥梁的重任。

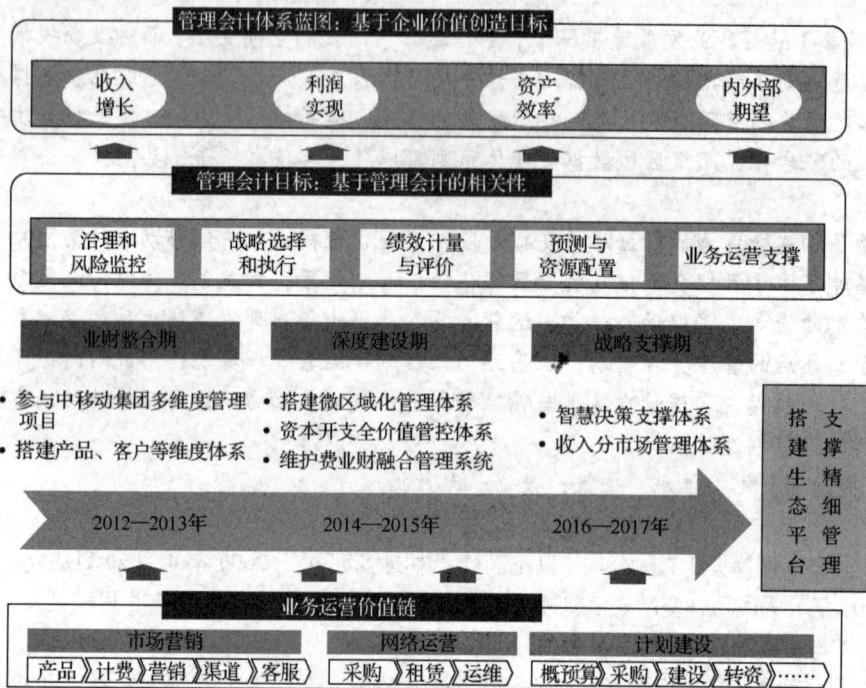

图 2-1 广西移动管理会计体系

二、微区域价值管理提出的背景

随着移动客户增长率的增速放缓，通过客户增长拉动发展的传统外延式增长模式已经无法满足广西移动长期可持续发展的需求。在精益管理思想的指导下，广西移动的管理层进行了认真分析，明确了投资决策和营销决策的科学化是提高核心能力的关键，而实现的技术抓手就是微区域数据管理体系。

（一）科学的投资决策是运营商利润驱动的核心

4G 牌照发放后，如何促进 4G 网络高效发展将成为未来核心竞争能力提高的关键。4G 基站的频率高于 2G 基站，也就是说，要覆盖同样的地域，需要建设更多的基站才能达到同样的覆盖效果。经过测算，广西移动 4G 基站的建设数量要达到 2G 基站总数的 2.5 倍，且要在 1～2 年内建成。这样大规模的 4G 网络投资建设对广西移动整体效益和未来可持续发展的影响是非常重大的。如何获取微区域信息，进行有效选点，加强基站建设后的精准营销，并提高投资效益，尽快实现资本回收，是中国移动 4G 建设与发展的关键。公司亟待搭建精准开展基站建设选点工作的有效模型和评估基站投资效益的有效方法。

（二）精准营销决策是运营商的核心竞争力

在移动互联网快速发展时期，传统运营商受到了来自运营商之间和移动互联网等多方面的冲击。一方面是移动客户普及率高，运营之间的产品同质化明显，4G 的发展进一步加剧了传统运营商之间的同质化竞争；另一方面，移动互联网发展加快，各种 App 应用普及加速，运营商传统语音业务受到互联网业务，如微信电话本、Facetime 等的冲击也日趋明显，传统短彩信业务也受到微信、QQ、微博等的冲击，语音通话和短信两大业务的收入下降明显。面对腹背受敌的竞争形势，以大数据手段开展微区域的精准营销，监控不同微区域的市场发展和竞争情况，提高营销效率和营销的成功率，成为运营商在新环境下提高核心竞争力的重要手段。

（三）基于管理会计信息实现决策服务型管理支撑

基于上述两点，广西移动在中国移动"围绕价值管理，深化业财融合"的指导下，提出了通过大数据手段开展微区域管理，综合评价 4G 网络投资建设和营销效益，同时支撑以微区域为单元的市场发展的变革工作。

要实现微区域管理，就要打破传统会计的局限，改变网络、业务、财务专业领域相对割裂的管理现状，实现业财充分融合，公司的整体管理要求与会计信息支持思路如图 2-2 所示。同时，公司急需对建设、维护、运营、收入、产出等不同的内部价值链上的数据进行归集，并基于归集后的管理会计信息划小经营管理单元，开展新的微单元管理模式。

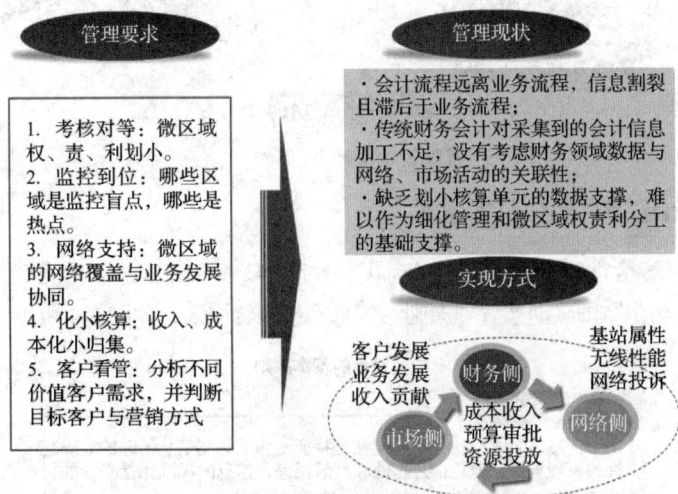

图 2-2 微区域管理要求与管理会计信息支持思路

微区域管理的核心是寻找最优、最小的决策单元，广西移动为应对未来可能存在的现实管理问题而提出了这一解决思路。随着企业规模的不断扩大、组织架构的不断发展，企业内部的现实情况与精益管理的要求之间存在着巨大的鸿沟。企业内部不同部门、不同专业之间资源和业务协同的难度加大，集团公司与省公司、省公司与地市公司、地市公司与县公司之间的信息传递速度、沟通效率也有待提高。受传统的专业分工和专业壁垒影响，网络部门关注网络的覆盖面和网络质量，市场部门则更多的关注客户和业务发展，财务部门重点关注公司整体效益和财务后端服务，各专业之间缺乏服务协同，各专业领域的信息系统相对割裂且缺乏数据共享，导致服务单边化明显，同时也使专业之间的目标利益与企业整体利益存在一定的矛盾和冲突，致使协同成本增加而效率下降。

三、微区域价值管理体系的设计与实施

（一）体系产出以"四个一"为目标

微区域数据管理体系立足于业财融合的整体化方案，以产出"四个一"为目标，如图 2-3 所示，"四个一"，即一个数据仓库、一套指标体系、一套评价体系、一个数据平台。数据平台是实现应用的基础，其承载着数据仓库、指标体系、评价体系，具备对微区域运营管理规划、决策、控制和评价的支撑能力。

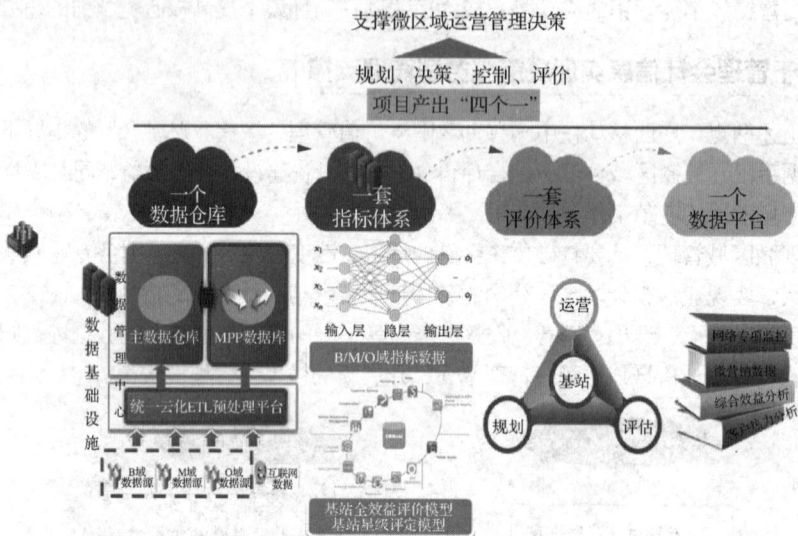

图 2-3　项目产出"四个一"

（二）体系设计坚持"四个基本原则"

在进行微区域数据管理体系设计的时候，广西移动遵循了四个基本原则，即数据元标准化原则、内容结构化原则、动态管理原则、信息系统整合原则，如图 2-4 所示。

项目设计的基本原则

数据元标准化原则
由于信息具有复杂性和不确定性等特征，为了提高信息传递的准确性与可理解性，避免信息扭曲和理解误差，信息的标准化是必须的

内容结构化原则
结构化的思想是将复杂性和不确定性的信息分维度和分层次地呈现，从企业价值目标到关键业务领域再到管理维度，以反映信息的完整性和综合性

动态管理原则
管理会计信息的重要作用是实现战略、业务与执行之间的沟通与控制。因此，体系在信息内容、使用对象、展现方式等方面应该与企业当前的业务与管理重点相一致，形成动态调整的自循环体系

信息系统整合原则
信息系统作为管理会计信息赖以传递的最高效、最准确的信息沟通渠道，需要不断推动信息系统对三大领域信息的记录、存储、传递和加工分析，以提高信息传递效率，降低信息传递成本

图 2-4　体系设计的基本原则

（三）体系实施以"三项工作"为主

在实际实施的过程中，公司主要开展了三项工作：一是基于管理会计信息识别最优最小管理微区域；二是在管理会计信息的基础上构建微区域管理体系，实现应用和具备支撑能力；三是开展信息系统建设，实现可应用的数据承载和前台展示。

1. 基于管理会计信息识别最优最小管理微区域

（1）以基站和小区为最小单元核算网络资源及其分布情况

依托运营商的网管系统、资源管理系统和基站位置信息，以基站和小区为维度，制作单个基站的网络资源账单，具体包括基站的名称、基站属性、基站网络制式、设备型号、网络容量、维护信息、故障信息、投诉信息等，全面了解运营商的网络资源分布、网络质量情况。

（2）以基站为最小单元的投资、成本、收入和效益账单

依托项目建设管理系统、财务信息系统、网络资源管理系统等业财系统对接，广西移动通过以基站清单为最小核算单元，把基站的投资规模信息、折旧费用信息、基站租金投入、维修维护费用、水电运营费用等进行微单元核算，同时通过基站服务的业务信息进行单价测算，核算基站微单元的收入信息，最终实现以基站为单位归集与基站有关的所有的收入、投资、折旧、成本和效益信息，实现最小单元的基站价值账本。

（3）以基站和小区为最小单元核算基站承载的客户和业务信息，梳理价值链信息，直观掌握业务发展需求分布

依托业务运营支撑系统（Business & Operation Support System，BOSS）、经营分析系统和资源管理系统，广西移动以基站和小区为最小核算单元，归集基站和小区的业务账本。以基站和小区为单位的划小核算单元，可以达到以下目的：一是可以对任意基站和小区区域内的常驻客户数量、规模、变动情况进行全面掌握，了解运营商的客户分布、需求分布和客户动态流向，实现需求的准确定位和分析；二是可以通过对基站和小区的语音、短彩信、流量等业务信息进行动态监控，了解微区域下业务发展需求的波动情况，当出现业务异常下降时及时跟进并分析原因，判断异常情况是否属于竞争策反影响；三是可以实现以单个基站和小区为微单元，跟踪公司市场份额情况和波动情况，了解各个区域的市场竞争形势；四是可以通过对基站下客户的属性、需求进行分析，实现对客户的精准营销和效益分析。

2. 在管理会计信息的基础上构建微区域管理体系

（1）通过地理信息系统导图，实现中央数据库的可视化

明确直观地反映现实状况是管理的基础。公司利用地理信息系统（Geographic Information System，GIS）导图实现可视化的微区域资源展示功能，直观展示在广西移动服务的物理范围内，资源、市场需求和效益情况在地图上的分布、微区域的投入产出效益情况，为基层单位业务发展和绩效考核提供依据，如图 2-5 所示。

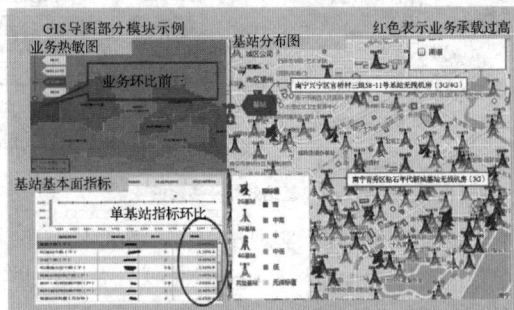

图 2-5　GIS 导图示例

（2）依托价值链信息形成 4G 精准建网体系

基站选择的精准度直接影响基站网络建设效益，基站的选择必须建立在业务需求的基础上。在传统的 2G 网络发展模式下，由于客户普及率较低，所以提高覆盖率成为首要因素；只要有基站覆盖的地方，就会有业务量。但到了 4G 通信发展时期，移动客户普及率已经接近饱和，流量需求是 4G 基站建设的前提，若在无流量需求的地方建设 4G 基站，基站的效益难以保证。

广西移动为提高基站选址精准度，首先要对微区域网业财平台地图上展示的业务发展信息进行需求分析，如我们可通过分析流量需求分布、高质量客户分布和 4G 终端等分布的情况来甄别 4G 客户市场发展需求的区域，分析该区域的整体流量情况；其次，通过分析该区域网络资源分布情况以及对业务发展的满足情况，如客户的流量需求是否得到满足，高流量小区是否均有 4G 覆盖，高流量客户、4G 终端客户的 4G 网络分流是否达到目标等；最后，再把业务发展需求和网络资源分布满足率从高到低排序，针对业务需求较高、网络覆盖率较低的区域，优先进行基站建设和网络覆盖，实现以需求为导向的网络建设分布，提高网络选点的精准度，进而提高基站建设效益，如图 2-6 所示。

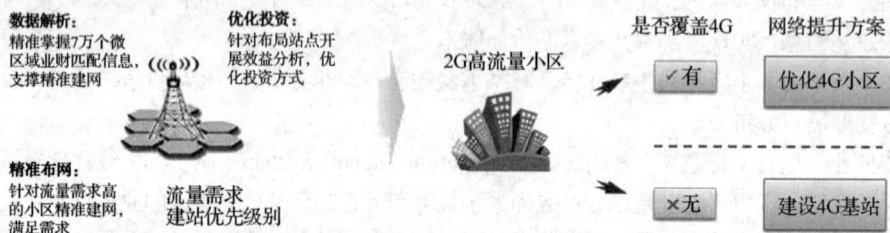

图 2-6　支撑 4G 高精度弱覆盖问题定位图

（3）基站运营效益评估，提高投资收益率

在原有核算模式下，通信企业仅能计算和评估到县级公司的效益和利润。现在，通过微区域体系，公司搭建了指标跟进微区域数据管理体系和评价体系，可以在地图上选取任意某个基站，之后系统可自动显示该基站的收入金额、收入结构以及折旧费、维修费、水电费、租金等运营成本结构，并自动计算当期该基站的利润情况，并以此与网络部门管理联动。公司针对效益低下的基站，通过拆闲补忙的方式调配资源；针对效益较高的区域，加大资源保障力度（详见图 2-7），实现对资产的挖潜增效，满足网络资产效益提高的要求。体系实施的当年，公司百元固定资产收入在集团内排名提高 7 位，总资产总资产经济增加值（Economic Value Added，ECA）率的排名提升 9 位。

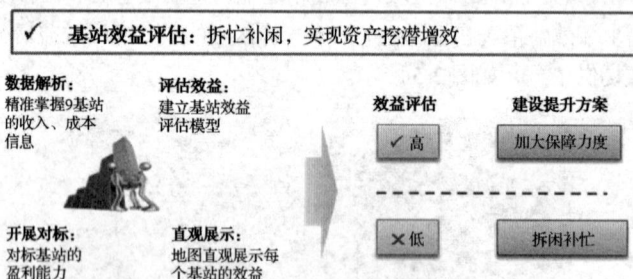

图 2-7　基站效益评估解析

（4）依托微区域体系开展网格化管理，实现看护式、精细化营销

过去缺乏以基站为单位的微区域划小核算单元，电信运营商经营管理的最小单位为县公司，无法再往下开展网格化管理和看护式营销。现在，广西移动可以把客户、话务、业务、收

入、份额等运营指标直接以微区域为单位进行核算，再基于划小核算单元的管理，可以把全区十几万个小区按照网格化经营，划分为若干片区，承包给片区经理，由片区经理开展看护式、精细化营销。

通过微区域网业财平台，广西移动可以自动识别微区域下常驻客户清单、常驻客户消费分层，识别客户的流量偏好和语音偏好，进而明确 4G 的目标客户，并进行针对性发展，看护式管理，如图 2-8 所示。

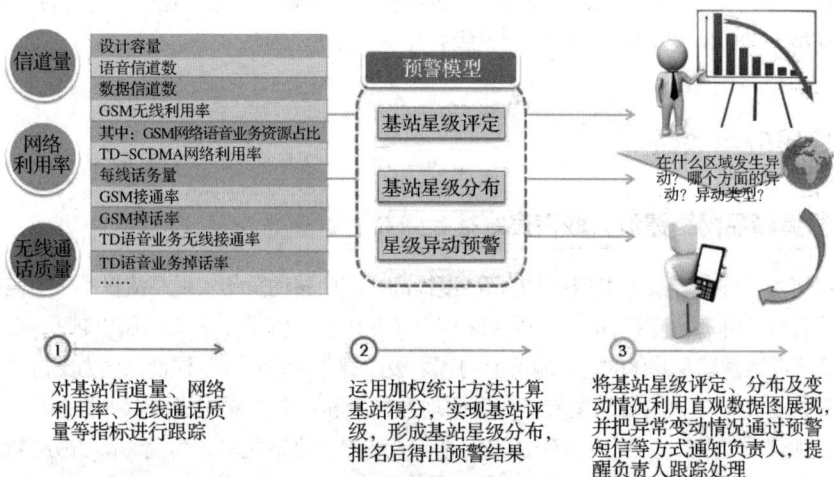

图 2-8　网络与市场协同发展模式

例如，为提高微区域下 4G 发展成功率，通过大数据判断哪些客户有流量需求、有换机需求，并将其作为重点目标客户进行重点发展，经过一段时间的发展后，再通过评估迁移率、发展成功率对网格经理进行考核，使得微区域权责利全面对等。

3. 开展信息系统建设

微区域化管理需要大量系统的对接及小颗粒数据的提取，需要系统的支撑。搭建管理会计大系统，实现数据细胞的活用，是体系应用的核心，可实现数据的不断延伸、应用的不断更新和深化，体现体系的生命力。因此，信息系统的建设是关键内容。

（1）通过三大领域系统自动对接，实现产业链数据共享

广西移动通过在网络、市场、财务三大领域的系统中建立接口，按照基站价值账本的账单需求，实现三大领域数据信息共享和融合。例如，基站的网络资源和属性信息从网络侧的网管系统、网络资源管理系统等中获取；基站的投资效益信息从项目管理平台、供应链系统等中获取；基站的折旧费信息从财务侧的资产管理系统中获取；基站的维护费用信息在关联后的代维管理系统和财务系统中获取；基站的租金、运营水电费信息从物业管理系统中获取；基站客户承载信息、业务量信息、收入信息等从 BOSS 系统和经营分析系统中获取。

按照以上思路，公司从微区域网业财融合三大领域的信息需求出发，设置并向相关业务系统提出信息需求，实现公司网络、业务、财务三大领域系统的自动对接，最终通过微区域网业财平台，实现信息的自动传递、汇总和运算，实现 360 度信息共享。

（2）搭建专业系统平台，实现各环节数据提取与整合

遵循系统集成原则，我们搭建了专业的管理会计生态系统平台——微区域网业财融合平台，平台集成了财务、市场、网络三大领域的系统接口业务全流程数据（包括 ERP、预算管理系统、运维管理系统、计费系统等），形成最小颗粒数据仓库（单客户、单工单、单小区）等，并进行分析运算和展示，对公司管理会计领域提供全面、准确的信息支持。

遵循灵活拓展性原则，系统功能模块具备生态拓展性。公司的业务发展顺应互联网迭代快速发展，业务模式与战略要点变化较快，平台作为生态式管理工具，可以在不同领域设置专区，不断拓展支撑内容和方式，满足公司业务和营销发展需要。

（3）利用大数据模型和地图展示，实现业财深度融合

一是结合片区位置与客户分群，打造三位一体立式分析模型，形成5类片区与不同客户行为模式的灵活选配式常规分析体系。二是通过深化数据挖掘及精准捕捉模型，搭建微营销场景，将后端管理嵌入营销前端，实现客户精准捕捉，引导资源配置，包括"宽带客户拉新""宽带策反模型""非4G客户迁移模型""星级客户保有模型"等。

四、成果应用效益

（一）打造精品网络建设，取得良好社会效益

网络覆盖方面，得益于4G建站的精准度提高，广西移动全年实现高流量小区覆盖率100%，圆满完成目标，并有效支撑4G客户发展和4G流量增长，打造了一张品质卓越的4G网络，以高速率的管道运营和专业化的信息服务能力，积极投身"网络强国"建设，全力支持"互联网+"发展，保持企业的健康可持续发展，为广西地方经济和社会发展积极贡献力量。

在提速降费方面，广西移动有效降低建设、维护、营销成本，为提速降费夯实实现基础，为用户提供更优质量、更低价格的通话、上网服务。

在声誉影响方面，基于体系成果显著，该项目2015年获得通信行业创新二等成果奖，得到了行业协会的高度认可。

（二）发挥高参高助作用，管理效益明显提高

1. 支撑能力快速提高，获得广泛认可

由于体系扩大了原有的财务分析覆盖面，通过业务、网络、财务数据相结合，财务分析数据指向性更强，选题更精准，其中，《4G基站建设优化》《微区域专题分析》等高质量专题管理会计报告，为公司经营发展提供了关键的决策支撑，获得了集团公司、公司领导和业务部门的认可，荣获2015—2016年度集团内部"预算分析工作二等奖"。

2. 形成融合性人才支撑团队，财务人员华丽变身

随着管理会计体系的不断完善，基于大数据的信息化支撑能更好地协同和发挥业务管理在管理会计中的作用，在本案例的推动下，广西移动组建了管理会计区市联动团队，并制定了联动需求反馈机制。为适应大数据时代运营支撑模式的转变，提升团队成员的业财深度融合思维，全面提高管理会计业财信息化支撑能力，团队成员不仅要充分深入网络、业务领域学习，成为业务专家，同时还要增强大数据挖掘能力。微区域数据管理体系的运行为公司培养了一批综合性人才，促进了公司人力资源整体水平的提高。

（三）提高资源配置能力，经济效益成果显著

在产生良好的社会效益和管理效益的同时，微区域数据管理体系也为企业在可持续发展方面创造了良好的经济效益，出于数据保密性要求，简要举例如下。

（1）应用于4G目标客户甄选和4G终端发展。2016年，广西移动的4G客户超过1 800万户，渗透率超过50%，短时间实现了4G客户量的快速提高。

（2）用于 2G/3G/4G 基站投资建设效益分析，广西移动实现对全区资产的挖潜增效，提升了网络资产效益。2016 年，广西移动总资产收益率在全集团中位列第一。

（3）应用于网格化看护式营销和营销资源精准化投入。2015—2017 年，广西移动整体营销资源投入效益同比增幅均高于全集团水平，其中，2016 年超全集团均值约 18PP。

综上所述，广西移动作为中国移动全国范围内的最早一批管理会计试点省公司，积极参与集团公司管理会计体系的探讨和研究，在体系搭建与运行的过程中，财务部门与业务部门共同推动资源的精细化管理，充分运用业财评估模型与大数据精准挖掘模型，将资源精准投入理念贯穿到业务活动的全生命周期中，在 4G 建网、精准营销、投资等多个重点领域开展了成果应用推广，为公司多项经营决策提供了服务支撑。微区域数据管理体系的成功应用，为广西移动管理会计未来的生态发展奠定了坚实的基础，理顺了三域融合数据与业务流程，可持续开展业务流程多线条细化延展。未来，微区域数据管理体系还可以在业财融合层面实现向上决策支撑和向下业务支撑，通过应用场景生态式迭代推进管理会计向纵深发展。

专家点评

一、什么是划小经营

划小经营并不是新鲜事物，随着现代企业规模越来越大，级次越来越多，现代企业或多或少地会出现基层组织缺乏活力，企业资源配置效率降低的现象。同时，庞大的企业越要保持对外部变化的敏感性和灵活性，就越需要调动基层组织和员工的积极性，使之面向市场变化，实现灵活自主经营，实现精益管理。传统管理会计中的责任中心的做法就是一种对划小经营单位进行核算和激励的方法。在实践中，日本经营之神稻盛和夫的"阿米巴经营模式"更好地诠释了划小经营的精髓，也进一步丰富了划小经营的理论和实践内容。

人们在文献和管理会计实践中，经常混用"划小经营"和"划小核算"，应该说这是不准确的，这两个词有着一定的区别。每个被划小的单位首先承担经营责任，同时被赋予相应的权利，并要借助一定的指标进行考核评价。划小核算是为划小经营服务的，是对上述考核评价进行核算的。一般也可以将每个被划小的单位叫作一个责任中心。传统的责任会计的叫法也不能全部覆盖划小经营的内涵，责任会计更多的是强调会计核算，而不是经营，因此，我们认为划小经营是更加准确的表述。

二、划小经营的步骤

一般来说，划小经营的步骤如下。

（一）结合企业业务特点，选择合适的"划小"维度

企业可以结合自身业务特点及行业特征，从产品、地域、客户和价值链等维度，选择合适的业务单元来进行"划小"，如制造型企业可以选择车间、流水线，服务型企业可以选择营业点、产品团队等。一般来说，作为划小核算对象的业务单元，应具有独立完成业务的能力，能够独立提供服务或完成作业以及实现投入和产出的独立核算。企业实施"划小"时，应结合成本效益原则选择相应的颗粒度，并不是越低越好。颗粒度越低，意味着管理的精确度越高，但数据获取成本以及管理难度也相应加大。

企业划小经营单位时，必须要明确划小经营单位的性质。在责任会计里，责任中心分为成本中心、利润中心和投资中心。《管理会计运用指引——内部转移定价》指出："责任中心是指企业内部独立提供产品（或服务）、资金等的责任主体。"一般情况下，企业会计直接对外销售或有一定决策权的责任单位设置为内部利润中心，内部利润中心是既对成本费用负

责、又对利润负责的责任中心。将中间产品（服务）、辅助产品（服务）的提供方设置为内部成本中心，内部成本中心主要是对成本费用负责的中心。在经营的基础上同时具有投资职能的单位或部门应作为投资中心。企业出于管理的需要，也可以将中间产品（服务）、辅助产品（服务）的提供方设置为模拟的内部利润中心，该中心除降低成本外，还承担优化品种结构、提高产品（服务）质量、降低资金占用等责任。

（二）建立健全经营核算体系，满足"划小"精益管控需要

划小核算单元，应根据企业内部经营管理需要，建立统一的数据归集和分析体系，确定相应的计算规则、计算范围、数据维度，具体包括每个业务单元的销售额、成本费用范围及计算方式、内部结算方式及价格如何确定、利润如何计算等。在设计相关管理报表时，企业应从便于基层管理者理解的角度出发，对相关的归集项目进行适当简化分类，让基层管理者能直观地看懂各项财务和非财务数据，清晰简明地知道业务单元的阶段完成情况以及需要加强改进的地方。

为了界定各责任中心的经济责任，计量其绩效，实施激励，企业通常需要运用内部转移定价提供可靠依据。内部转移价格是指企业内部分公司、分厂、车间、分部等责任中心之间相互提供产品（服务）、资金等内部交易时所采用的计价标准。内部转移价格的确定会影响不同责任中心的指标，因此非常重要。

（三）建立有效的考核激励机制，激活基层经营主体发展活力

"划小"是精益管理的细化，而"人"是企业实施精益管理的核心要素。"划小"是否成功，取决于员工是否积极参与其中。因此，实施有效的利益分享机制，解决员工"想不想干"的动力问题，是"划小"成功的重要保障。在设计基层经营主体考核和激励体系时，应注意精简考核指标，聚焦重点业务。按照"责、权、利"相统一的原则，赋予各经营主体相应的自主经营权，主要包括：用人权、内部分配权、资源使用权等，以激活基层经营主体的发展活力。

三、电信运营商的业务特点和广西移动划小经营的做法

电信运营商与一般的生产型企业不同，有着自己的特殊性，主要表现在以下几个方面。（1）提供的最终产品是无形产品，不具有实物形态，而且产品多样，种类复杂。（2）生产过程只包括一个步骤，不存在多环节多工序，难以像其他工业企业在不同生产环节进行划分。（3）电信产品的生产成本主要是间接成本，而不是直接成本，直接成本易于在生产环节管控，间接成本一般需要在投资环节管控。（4）电信企业一般规模庞大，组织结构层级众多。（5）对于电信运营商来说，划小经营的目的主要是两个，一是提高投资效益，将资源部署在最需要的地方；二是更好地理解客户的需求、服务客户，在市场竞争中提高收入。

广西移动以基站及基站服务的区域为划小经营单位，建立了一整套的业务评价指标和财务评价指标，取得了良好的效果。

四、广西移动划小经营的特点

（一）创新地进行划小经营单位的确定

在划小经营模式下，合理地实现"划小"是成功的第一步。一个划小的经营单位必须有明确的营业内容，必须有健全的组织，并且这种划小是长期、持续地贯穿于企业经营活动中的，不能随意调整。识别合理的划小经营单位极为重要。通常的模式下，企业是按照一定的行政管理组织来进行划小的，广西移动的划小经营非常有创意，以一个物理基站的基站信号的覆盖范围为一个小的经营区域，将区域内的营销活动和费用控制交给区域负责人。这不仅便于开展看护式管理，在需要加大营销力度的区域加大营销费用的投入，也便于判断区域资

源的运营效率，判断是增加投资建设新基站还是拆闲补忙。

（二）指标设计合理

广西移动划小经营源于投资决策和营销资源投放决策的需要。原有的核算制度只能核算到县级单位，这样很难判断如何投放资源才能提高效益。出于提高资源投放效益的目的，企业需要一个更加细致具体的指标，广西移动根据需要打破传统行政市县核算单元的模式，按照基站划小经营管理单元，将企业内部的建设、维护、运营、收入、产出等环节的数据按照基站进行归集，以期实现精准建设与精准营销能力突破，提高企业的价值创造能力。这些数据不仅有传统的财务指标，还包括大量的业务指标。广西移动将业务指标和财务指标相结合后，不仅能够看到结果，还能够找到问题的根源，便于其及时改善管理。

（三）划小经营的管理目标明确

广西移动划小经营的目的是提高资源配置效率，无论是基站的投资建设，还是营销费用的开支，都是要解决企业内部的资源配置问题。在实施划小经营之前，广西移动的投资和营销费用的分配都存在分配难和考核难的问题，在实施微区域管理后，这些问题迎刃而解。另外，广西移动划小经营实现的过程也非常值得注意，广西移动最初是为了进行资源的分配，先从划小核算开始，随后逐步意识到划小经营的优势，逐渐递进到划小经营和考核。这也告诉我们，管理方法的创新是渐进的，是在企业实践中不断改进和完善的。

（四）没有内部转移价格

由于广西移动的产品生产是单步骤完成的，也由于为区域的选择不涉及在生产步骤间的划分，因此，广西移动没有涉及内部转移价格的制定。也就是说，对于类似于广西移动这样的单位而言，实行划小经营并不一定需要制定内部转移价格。

（五）信息化助力划小经营

广西移动运用创新思维，用信息化助力运营变革。划小经营的核心在于细分组织，如果细分组织的数量庞大，在信息化支撑不够的情况下细分组织的数据就难以核算和统计。广西移动借助雄厚的信息化基础，进行了细分单位的数据归集和分析（对细分单位的数据分析不仅包括财务数据，还包括业务数据），还用可视化的方式展现，直观反映了区域运营情况。这让管理层能及时掌握市场数据，按需决策，动态调配资源。

（六）业务经营模式转变

伴随着"划小"，相应的权利和责任同时下沉至基层业务单元，企业结构变得更加扁平化，中层职能部门的权利会被精简下放至基层业务单元。此外，由于业务运作模式的转变，企业组织运作的主体由传统意义上的职能部门转为基层业务单元。这些变化倒逼着企业进行多方面的变革和转型。广西移动的案例中并没有涉及这方面的内容，但是管理模式的变化一定会带来企业内部的连锁反应，企业在设计和实施管理时一定要注意这个问题。

案例三　战略转型下多领域财务管控体系的应用与实践

东软集团股份有限公司

【摘要】随着世界经济一体化和全球市场竞争的加剧，东软集团股份有限公司作为中国领先的IT解决方案与服务供应商，将创新、转变作为其未来发展的主方向。东软集团股份有限公司将坚实推进《东软5.0发展规划》，推动自身向以全球市场机会为中心、以客户价值为中心、以知识资产驱动增长模式转变。

为配合公司新一轮的战略转型，东软集团股份有限公司探索出一套有东软特色的财务管理体系。东软集团股份有限公司通过强化战略管控型财务管理体系建设，全面推进管理会计工具在业务转型期的有效落实及融合，以先进的财务管理理念，实现对公司业务的战略引导、全程控制及全面监督。

【关键词】管理会计工具；战略地图；全面风险管理；本量利分析；资源优化；生命周期成本管理

一、东软概况

东软集团股份有限公司（以下简称"东软"）自1991年成立以来，始终以"成为最受社会、客户、股东、员工尊敬的公司"为愿景，将"通过组织与过程的持续改进，领导力与员工竞争力发展，联盟和开放式创新，使东软成为全球优秀的IT解决方案与服务供应商"作为公司使命。

公司于1996年上市，是中国第一家上市的软件企业，也是中国第一家通过CMM5、CMMI5认证和PCMM Level5评估的软件企业。目前，东软拥有员工近2万人，在中国建立了10个软件研发基地、8个区域总部、16个软件开发与技术支持中心，在60多个城市建立营销与服务网络。目前，公司拥有207个业务方向，750种解决方案及产品，拥有上万家客户，业务覆盖电信、电力、新能源、金融、政府以及制造业与商贸流通业、医疗、教育、交通等行业，市场延伸至日本、美国、欧洲、中东等多个国家和地区。

二、管理会计在东软的实施和持续改进

东软作为中国领先的IT解决方案与服务供应商，已经拥有28年历史。东软在全球化进程中，面对日新月异的市场环境，在新的发展阶段，启动了以自主知识产权为驱动的中长期业务发展规划和组织战略部署。面向未来，东软的主营业务将逐渐由解决方案及服务外包类的业务向自主化软件产品、行业解决方案、高端国际服务外包类业务并存转变。围绕集团发展模式、战略的执行

作者：张晓鸥、武裕新、肇春晖、宋林晏、闫伟超
案例指导与点评专家：李晓梅（中央财经大学）

和落地，过去东软相对成熟的解决方案及服务外包类业务单纯以软件开发项目为核心的财务核算方式已经不能适应现阶段的业务发展。这对构建目标战略下的财务管理职能和体系提出挑战。

东软通过不断创新与变革，对战略实施提供有力支撑。东软拥有以"价值创造"为核心的财务管控能力，以大数据推进业务价值增长；简化数据结构及系统流程，推动内部管理数据的整合工作，更好地支持管理决策；建立精益预算管理与绩效管理体系，保障企业战略、预算、运营计划与绩效管理的统筹衔接；健全财务风险管理和危机管理机制，有效识别与规避风险，保障企业的可持续发展；通过积极创新变革本量利分析及产品的全生命周期等核算方式，为战略转型提供有力支撑；通过组织建设和人才培养推动财务转型，储备视角开阔、精通业务的财务领导人和专业能力强、善于学习的财务团队。

近年来，东软在国际市场先后遇到了日元大幅度贬值、软件外包业务向东南亚转移等多种不利状况，但同时，东软以更加积极和智慧的措施改善财务体系，坚定地推行稳健、高效的财务策略，不断尝试适应全球化战略的创新型财务管理，构建了管控型、信息化、标准化、资源优配、即时激励及风险防范的现代财务管理模式。近年来，东软财务管理在促进公司业务快速增长、引领企业财务升级、提高公司价值方面取得了显著成果。

三、管理会计工具在东软业财融合中的应用

在实现业财融合的过程中，东软以战略地图为方针，将全面风险管理、本量利分析、资源优化、软件产品的生命周期成本管理四方面与业务端进行有效融合，形成了东软自有的软件管理过程方法。其中，战略地图侧重于战略描述，全面风险管理主要聚焦企业风险控制，本量利分析主要聚焦主营业务的成本管理，资源优化主要聚焦人员的优化配置，软件产品的生命周期成本管理侧重时效性。

（一）战略地图

战略地图在理论上从平衡计分卡发展而来，在战略制定和战略执行之间搭起了一座桥梁。在战略制定与描述上，东软制定了由上至下的战略框架，依据平衡计分卡的四个衡量层面，增加了战略的时间动态性。东软积极推进的《东软 5.0 发展规划》，涵盖战略地图中的四个层面。东软的战略地图如图 3-1 所示。四个层面形成了自下至上的推动力，助推财务层面股东价值最大化的实现。

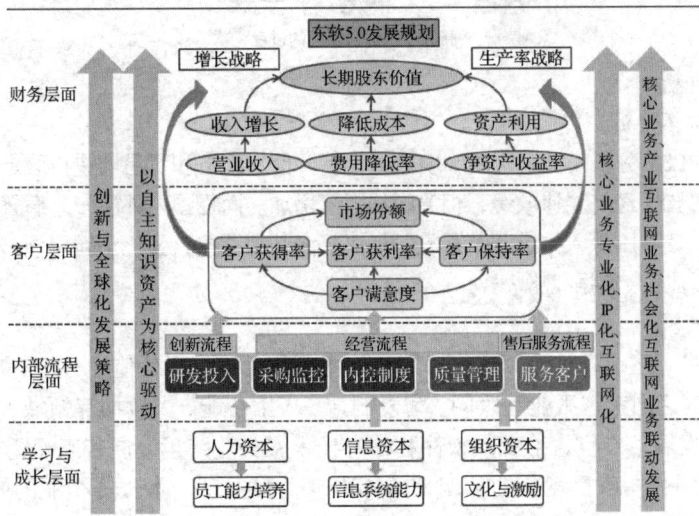

图 3-1 东软的战略地图

在学习与成长层面，东软将员工能力培养、信息系统能力、文化与激励作为企业持续发展增长的动力，这些也是东软最重要的无形资产。这确定了东软需要用哪些工作（人力资本）、哪些系统（信息资本）和哪种文化（组织资本）来支持创造价值的内部流程，东软确保这些衡量指标所对应汇聚的资产与关键的内部流程保持一致。

在内部流程层面，东软围绕客户需求定义了三个关键流程：创新流程、经营流程、售后服务。东软将研发作为发展的持续动力：在研发过程中，与客户深度沟通，了解客户需求，将采购、内控与质量监管落实到位，确保为客户提供的产品及服务满足最高质量标准。

客户层面与财务层面均描述了公司战略所期望的成果：市场份额的增加，客户获利率的走高，在财务层面反映为收入的增长与股东价值的增加。内部流程的管控和优化，有助于企业提高生产率、降低成本、提高资产利用率，助力客户层面和财务层面成果的实现。

战略地图帮助东软准确描述战略，明晰如何创造价值以及为谁创造价值的逻辑关系。财务层面体现的是结果，客户层面才是价值创造的关键。只有目标客户满意，财务成果才能实现，内部流程创造并传送了客户价值主张，支持内部流程的无形资产为战略提供了基础。

（二）全面风险管理

经济全球化使企业面临的不确定性因素更加复杂化、多样化。风险管理作为东软经营管理中的一项重要内容，关系到企业的生死存亡。为积极应对风险，东软采取措施控制风险，使企业损失降到低点。东软根据公司风险管理过程框架（见图3-2），定期针对不同风险进行分析与评估。东软在实施风险管理的过程中，将沟通和协商、监控和检查穿插其中，形成了一套包含环境分析、风险识别、风险分析、风险评价、风险应对等的闭环管理体系。

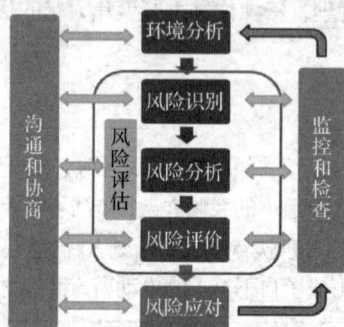

图3-2　风险管理的过程

1. 环境分析

（1）宏观环境分析

东软应用PEST分析模型对宏观环境进行分析：世界经济和贸易增速持续走低，国际金融市场波动加剧；国内经济增速放缓，相关制约因素增加。面临国内外诸多矛盾叠加、风险隐患交汇的严峻挑战，我国深入推进改革开放，加快经济结构调整，强化创新引领，深入推进"互联网+"行动和国家大数据战略。

（2）行业分析

世界产业格局正在发生深刻变化，围绕技术路线主导权、价值链分工、产业生态的竞争日益激烈。发达国家在工业互联网、智能制造、人工智能、大数据等领域加速战略布局，意在抢占未来发展主导权，给我国软件和信息技术服务业跨越发展带来深刻影响。同时，国内同业及跨国公司双重竞争的加剧，给国内软件和信息技术服务企业的转型发展带来挑战。

2. 风险评估

东软可能面对的重要风险如图 3-3 所示。风险评估重点针对这四类风险进行识别、分析、评价。

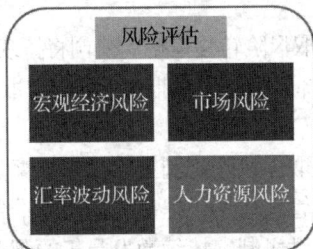

图 3-3　重点关注的风险类型

（1）宏观经济风险

综合分析国内外经济形势，世界经济增长低迷态势仍在延续，"逆全球化"思潮和保护主义倾向抬头，主要经济政策走向及外溢效应变数较大，不稳定、不确定性因素明显增加；国内经济增长内生动力仍需增强，部分行业产能过剩，地区经济走势分化。这些都将影响社会和企业的 IT 需求和信息消费投入，进一步加剧来自国内同业及跨国公司的双重竞争。

（2）市场风险

世界产业格局正在发生深刻变化，国内同业及跨国公司的双重竞争日益加剧。随着公司业务持续转型升级，公司业务与医疗、汽车等宏观消费能力的联动关系不断加强，但是终端消费者对云计算、物联网、移动互联网等新业态的需求和市场仍有待进一步培育，这些都将对公司业务发展产生直接影响。

（3）汇率波动风险

随着全球经济一体化及人民币汇率市场化改革的推进，人民币汇率升值和贬值的因素并存，未来，汇率的双向波动特征将更加显著。由于公司面向国际市场的业务占公司营业收入约20%，汇率波动将在一定程度上影响公司的收入盈利水平。

（4）人力资源风险

人力资源是以软件为核心的高科技企业生存和发展的重要因素。与核心技术和销售有关的人员、优质的领导团队，是维持和提高公司核心竞争力的基石。随着业务规模的不断扩大，以及行业人力成本的大幅度提高，东软在高端人才的吸引和保留、人力资源体系结构优化等方面面临压力。

3. 风险应对

东软围绕自身发展战略、风险偏好、风险承受度等有效指标对主要风险进行管理，如图 3-4 所示。针对宏观经济不可控风险，东软采取风险保留策略，加强内在驱动力。公司将坚实推进《东软 5.0 发展规划》，持续进行业务、组织、管理、激励的变革与优化，继续坚定推进业务的全球化发展，形成可持续发展的长效机制，以抵御复杂的外部环境带来的挑战。

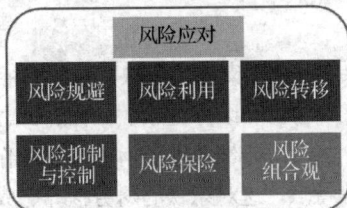

图 3-4　风险管理策略

针对市场风险，东软采取风险控制与风险利用的组合方式，加强对公司品牌及子品牌的架构梳理与规划，提高市场策划的主动性，与合作伙伴共建健康、共赢的生态系统。同时，东软加强业务创新活动的统筹规划与风险管理，进一步加强供应链管理和成本控制，推动公司业务规模化、高质量发展。

针对汇率波动风险，东软采取风险转移策略。公司将持续加强对汇率变动的分析与研究，继续采取适当外汇避险方法，选择合适的币种报价，通过采取与客户共担风险等措施，降低汇率波动可能带来的不利影响。

针对人力资源风险，东软采取了风险控制策略。东软聚焦新业务、业务转型、高端职位等关键人群的获取和培养，优化管理体系，提高人力资本准备度，打造创新业务团队，强化创新、高绩效文化，深化创新激励机制，持续激发员工的创业热情，为公司持续发展提供人才储备和保障。

4. 监控和检查

在建立风险管理系统后，东软在风险识别、评估、应对过程中穿插监控和检查环节，确保及时发现问题，并采取纠正措施。东软对风险采取的措施是在图3-5所示的原则下进行的管控。

图3-5　风险控制原则

定期对风险进行监控和检查，有助于验证风险管理方案的有效性，也能发现成效与不足，为改进管理方案提供依据，为改进风险应对方式和优先排序提供思路，也有利于进一步识别新的风险。

5. 全面风险管理的效应

东软分别在战略及策略上进行全面风险管理与业务的融合工作。东软通过内控部门的风险评估和建议，针对不同风险，结合当年实际的业务发展方向和战略规划来进行风险管理。例如，在汇率风险的应对中，东软每年采用对软件出口收入带来外币资金的远期结汇、与客户商讨合理选择外币报价的币种等规避风险的手段；在应对合规经营的风险上，东软采用加强自查自审的内部监督，以及与外部监管相结合的手段，倡导公平、高效、合法的商业交易原则，反对商业贿赂及腐败行为，在重点领域进行自查自纠，建立举报机制，加强宣导力度，以规范员工的行为。

（三）本量利分析

解决方案类业务是东软的传统业务，支撑了东软营业额的半壁江山。目前，东软拥有约200个业务方向，近700种解决方案，可以在医疗健康、社保、智慧城市、企业互联等方面为众多客户提供专业化的行业解决方案。解决方案类业务有着项目工作量投入大、项目执行周期长、项目计划与实际执行差异较大等特点。这对东软的财务核算、成本控制提出挑战。过去，项目经理对项目的利润考核缺乏具体概念，无法在交付项目的完美程度、项目实施人员的工作量投入与项目执行后的利润之间保持平衡。近年来，为提高一线项目经理的经营意识，提高项目可视、可预、可控的盈利能力，东软将管理粒度细化到项目级。东软在目标成本管理、本量利分析等理念的指导下，每年发布各业务单元标准开发人月成本，并全面开展项目级的成本概预算管理。

1. 解决方案类业务的人月成本管理

东软人月成本分为四级：

（1）直接人月成本 $P1$=实施费用+研发费用

（2）开发人/月成本 $P2$= $P1$+人均开发公共费用

（3）业务单元人/月成本 $P3$= $P2$+人均销售费用分摊

（4）公司人/月成本 $P4$= $P3$+人均区域管理费用分摊+人均总部管理费用分摊

如果报价<$P1$，则开发人员的直接费用得不到补偿，项目自身是亏损的。

如果 $P1$<报价<$P2$，则报价能够补偿开发人员的自身费用但不能补偿开发整体费用，开发整体是亏损的。

如果 $P2$<报价<$P3$，则开发整体费用得到补偿，有一定的利润空间，但不能覆盖销售费用，因此可控利润为负。

如果 $P3$<报价<$P4$，则收入能够覆盖自身的全部费用，得到正的可控利润，但是不足以承担公司分摊的费用，因此，净利润为负值。

如果报价>$P4$，收入可以弥补全部的直接和间接费用，企业可以取得正的净利润。

利用本量利分析原理，变动成本（V）为直接人月成本；固定成本（F）包括开发公共、可控费用和区域总部分摊（见图3-6）。

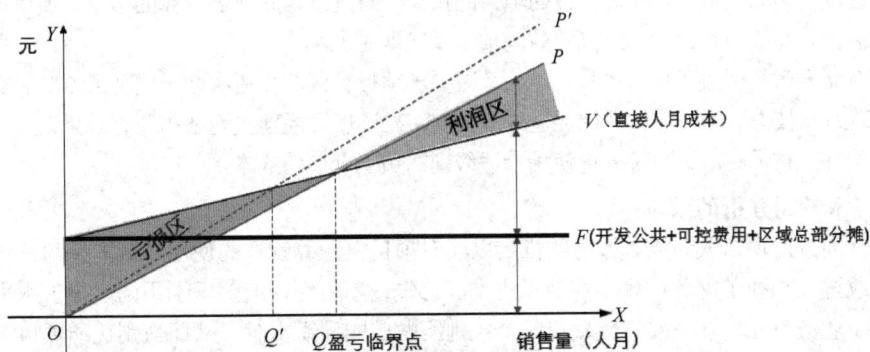

图3-6 人月成本盈亏临界点分析图

① 当业务单元签订的人/月数为 Q 时，盈亏平衡；若业务单元签订的人/月数<Q，则亏损，若业务单元签订出的人/月数>Q，则盈利；

② 如果人/月报价 P'>P，则保本的销售人/月数降低，利润区间增大；

③ 如果人/月报价 P'<P，则保本的销售人/月数增加，利润区间缩小；

④ 固定费用的高低直接影响了业务单元的利润大小，甚至是决定了业务单元的盈亏。

2. 解决方案类业务的项目概预算管理

对于解决方案类业务，东软在项目管理流程中对项目进行概预算管理，如图3-7所示。东软要求业务单元在签订合同前需完成项目概算，首先计算出项目预估的实际费用，使用公司发布的标准开发人月成本乘以预估工时得到预估的实施费用，再加上其他费用预估后得到预估的合同总成本，最后计算合同毛利。各级审批人员依据预估合同总成本和合同毛利给出合同审批意见。

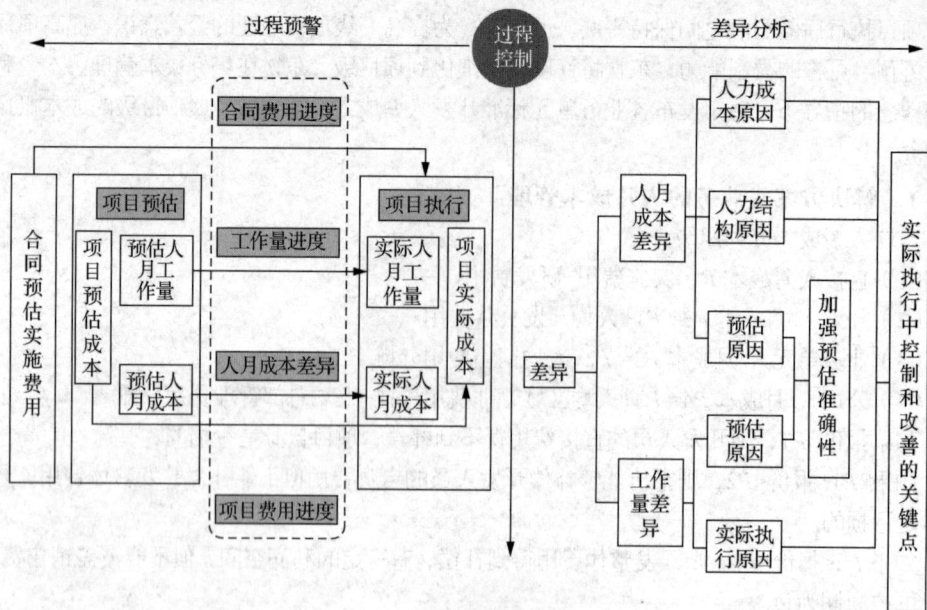

图 3-7 项目管理流程

签订合同后，业务单元需要完成项目预算；项目经理需要将预估的工时细化到人员类别和对应职级。业务单元用公司发布的职位、职级标准费率乘以项目经理预估的工时得到细化的预估实施费用以及预估合同总成本。

项目管理员根据之前指定的项目预算审批当月的实施人员的费用，同时比较项目实际进度与预算进度、实际成本与相同进度下的项目的预算。对进度延后或超预算的项目，项目管理员会进行通报。在结项时，东软对高绩效的项目予以即时激励。

即时激励政策促进了项目的按期达成，减少了项目计划的变更次数，提高了项目的交付效率。该政策从技术选型阶段就开始促进成本控制，鼓励项目经理主动利用现有成果，成功地实现了复用并节省了成本，同时注重使用合适级别的员工以节约成本。

3. 本量利分析的效应

东软通过对项目人月成本概念的推广以及对项目概预算管理的使用，对本量利分析模型进行了改进，加强了财务核算，控制了成本。首先，项目经理能够识别不同的报价水平能够为公司、业务单元、开发部门及项目四个级别所做出的利润贡献，从而甄别优质项目、优质客户，避免一味追求合同额总量而忽视盈利能力的情况。其次，项目概预算的编制，能够使项目经理对项目的开发进度、人员及成本费用投入和可能出现的风险有一个比较合理且详细的预估。这一方面能够在报价时避免因预估不足导致合同收入难以弥补开发成本的情况，另一方面能够在项目执行过程中将每一级的利润考核及成本控制责任明确化，确保项目经理依照预算配备适当职级人员及合理工时。专门的项目管理员对项目实际完工进度、成本投入情况进行监控，一旦实际情况与预算偏差超过可接受范围，项目经理就将在第一时间收到通报，从而尽早控制风险。

同时，项目的实施交付需要大量工程师出差到现场。实施概预算管理后，出差人员需要在出差之前提交出差申请并预估差旅费金额。一旦该项目的差旅费的累计预估数接近或超过预算，项目经理就需要修改预算并报批相关领导，否则出差人员无法借款或报销差旅费。这一方面可以控制不必要的出差，另一方面也能够将变动费用的控制由事后移到事前，从而避免项目经理过度追求客户满意度而忽略成本投入的情况发生。

（四）资源优化

1. 资源优化模型的使用

资源优化的着眼点在于"优化"。它既包括企业资源的使用和安排的优化，也包括资源配置的优化。资源配置是否需要优化的判定标准主要是资源的使用是否带来了生产的高效率和企业经济效益的大幅度提高。

随着软件行业竞争的加剧、汇率的波动、人力成本的刚性增长以及产品报价很难提高等原因，东软的盈利空间面临着巨大的挑战。东软 70% 以上的成本为人力成本，即人力成本是现阶段关乎东软生存与发展的关键性成本，也是挖掘新核心竞争力的根本。在此背景下，东软为持续提高各业务单元的盈利能力，不断地探寻资源优化模型，开始试行人员配置优化模型。人员配置优化模型在已实施的部门中初见成效。

东软制定的人员配置优化模型基于运筹学。在该模型下，东软在保证业务单元经营目标实现的前提下，制订最优生产计划，使人工成本与产出效益保持合理比例，实现组织资源的高效率利用。各业务单元以现有人员配置情况构建人员配置优化模型，通过分析业绩的增长速度、人力成本的上涨幅度与利润率的增长之间的关系，制订适合自身可持续发展的人力成本经营优化方案，切实在人员招聘、调配和薪酬调整的过程中进行管控，力争用最小成本保持组织的正常运转，努力实现优化目标。

目前，大部分业务单元从人员职级结构和人力成本水平两方面进行优化（见图 3-8），并且根据不同的人员属性，制定不同的优化目标、途径、具体措施（见表 3-1）。

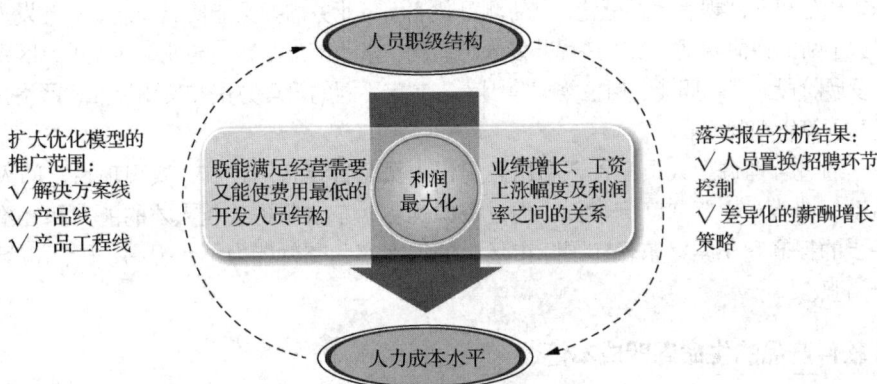

图 3-8　业务单元优化图

表 3-1　　　　　　　　　　　　　　　　费用优化

	目标	途径	具体措施
开发费用	将开发费用控制到最小	合理配置开发人员职级，优化人员结构，维持一定的利润率	部门开发人员最优配置比例；通过优化人员结构，将开发费用控制到最低，使利润率保持在一定水平
销售费用	将销售费用控制到最小	业绩与费用配比	根据业绩产出核定费用额度
公共费用（职能费用）	用最小的代价保持业务单元正常运转	将公共费用保持在合理范围内	判定目前公共费用是否存在下降空间；提高公共人员的效率

2. 资源优化的效应

在东软的发展过程中，离岸服务外包类业务一直是东软营业利润的重要来源。2008 年，东软来自境外的主营业务收入占总收入的比例接近 40%。然而，受人民币持续走强、国内人力成本持续增长、国际服务外包向东南亚转移等因素的影响，到 2016 年，来自境外的主营业务收入只占东软总收入的 20% 左右，且境外收入的毛利率略低于境内收入的毛利率（见表 3-2）。在人力成本增长和外币贬值的双重压力下，东软将资源优化融入服务外包类业务，通过合理调配人员，利用最优化人员配置及费用控制，降低工作空闲率，在极大程度上缓解了公司完成目标利润的压力，并为公司向自主软件产品业务的转型提供了良好的保障。

表 3-2　　　　　　　　　　　东软 2016 年度主营业务分地区情况

主营业务分地区情况					
分地区	营业收入（元）	营业成本（元）	毛利率（%）	营业收入比上年增减（%）	营业成本比上年增减（%）	毛利率比上年增减
华北	1 718 268 923	1 204 036 825	29.93	-0.65	2.05	减少 1.85 个百分点
华东	1 105 091 598	785 771 124	28.9	-4.04	-2.76	减少 0.94 个百分点
东北	1 017 569 424	680 852 182	33.09	7.4	35.02	减少 13.69 个百分点
华南	734 435 137	495 117 170	32.59	29.88	29.67	增加 0.11 个百分点
西南	558 830 066	355 126 753	36.45	13.06	13.29	减少 0.13 个百分点
山东	423 451 783	282 325 853	33.33	22.5	18.66	增加 2.16 个百分点
西北	289 903 498	169 550 800	41.51	-12.68	-17.7	增加 3.56 个百分点
华中	269 398 591	179 296 259	33.45	-25.44	-25.55	增加 0.10 个百分点
国际	1 617 900 064	1 218 418 569	24.69	-11.31	-15.82	增加 4.03 个百分点

东软优化事业部现有人员配置，重新测算既能满足业务需要又能使成本最低的开发人员结构，通过不断的评估测试，给出最优开发人员结构。事业部加强费用与业绩匹配度，区别业务模式、发展阶段、销售职能、岗位类型等因素，制定不同的管理方案和费用标准，严格执行费用审批和预算管理制度。

东软通过合理调配人员配置，利用最优化人员配置及费用控制，实现项目之间人员的合理流动，将人员空闲率降到最低。通过资源优化，东软服务外包人才的能力和经验得到了进一步的提高和积累，东软在国际市场中的提案率和交付能力不断提高，国际市场竞争力不断增强。

（五）软件产品的生命周期成本管理

东软鼓励商业模式创新，以实现从依赖人员规模增长向知识资产模式转型。东软鼓励各业务单元开发适应市场需求的软件产品，鼓励和支持各业务单元进行软件产品的交叉销售，获得相应市场价值回报。另外，东软还鼓励各业务单元间的知识共享与积极合作，以提高软件产品的研发效率。

东软采用全生命周期成本管理模式，对软件产品进行成本管理。产品研发部门向集团项目管理中心，提交公司级产品认定申请时，需同时向财务管理部提交产品成本预算并接受评审。通过评审的产品预算一方面将作为标准成本用于后续成本分析及管控，另一方面将被加成成为产品的内部转移价格。

产品预算包括研发成本、维护成本、交付成本、售后成本、生产成本、质检成本、生产环境建造成本、存货物流成本、市场费用。在产品预算编制中，业务单元首先要对产品进行市场调研分析、逐年预估不同生命周期下的产品销量，并判断不同周期下的业务规模、人员配置规模等情况，从而逐年预估全生命周期内产品成本。产品各类成本预算编制及监控方法如表 3-3 所示。

表 3-3　　　　　　　　　　　　　　产品成本预估及考核表

成本项	业务单元预算编制参与部门	预估方法	成本监控点
研发维护成本	研发部、财务部	根据产品研发里程碑计划确定研发团队的规模及所需的设备和材料 研发维护预算=研发团队人数×人员单价+总变动费用预估+专项购置费预估+分摊费用预估	里程碑达成情况/人员规模/人员单价/变动费用水平/采购成本
交付成本	实施部、采购部、财务部	交付成本预算=销量×（单位产品标准交付工时×标准工时单价+单位产品交付变动费用分摊+耗材消耗定额）	实际工时/人员单价/变动费用/耗材使用量/耗材采购价
售后成本	售后部、采购部、财务部	售后成本预算=销量×标准故障率×（维修标准工时×标准工时单价+单位产品售后变动费用分摊+物料消耗定额）+呼叫中心人数×人员单价×（该产品消耗工时预估/呼叫中心总工时）	维修实际工时/维修人员单价/变动费用/耗材使用量/耗材采购价/呼叫中心规模/呼叫中心人员单价
生产成本	研发部、生产部、采购部、财务部	生产成本预估=销量×（物料消耗定额×标准价格+标准工时×标准工时单价+标准工时×变动制造费用预算总数/直接人工标准人时总数+标准工时×固定制造费用预算总数/直接人工标准人时总数）	次品率/物料使用效率/物料采购价格/生产效率/人员单价
质检成本	质检部、财务部	质检成本预估=（质检部门人数×人员单价+变动费用）×（该产品质检耗费工时预估/质检部门总工时）	人员规模/人员单价/工作效率
生产环境建造成本	生产部、基建部、采购部、财务部	工程造价=厂房租赁成本+厂房改造成本+设备采购成本+设备安装调试成本+分摊费用预估	工程进度完成情况/物料外采价格/服务外采价格/耗材使用效率
存货物流成本	物流部、采购部、财务部	存货物流成本=（物流团队人数×人员单价+总变动费用）×该产品分摊比例+运输/保险费预估+仓库房租分摊+其他费用分摊	人员规模/人员单价/变动费用水平/进货批次与批量/运输、装卸工具与包装方式/运输装卸服务价格
市场费用	市场部、财务部	市场费用预算=∑各生命周期阶段预计开展的市场活动成本	预算超支情况

公司基于资金占用成本按照净现值折现法计算产品生命周期总成本，并将其除以预估总销量，即可得到生命周期内产品平均成本。在此基础上加成得到的产品内部转移价格可作为业务单元交叉销售的结算价格。

在各年年初，业务单元一方面需用实际成本和销量更新预估数，另一方面需要根据当前市场的实际情况更新预估数据。同时，业务单元需滚动计算产品最新的平均成本并与上一年的计算结果进行比较，若差异大，则需调整新一年的内部转移价格（见表 3-4）。

表 3-4　　　　　　　　　　　　　　产品全生命周期成本预算表

项目	引入期	成长期	成熟期	衰退期	累计
软件成本					
研发成本			—		—
维护成本				—	—
交付成本			—		

项目	引入期	成长期	成熟期	衰退期	累计
软件成本					
业务单元承担的免费售后服务成本	—	—	—	—	
市场费用	—	—	—	—	
其他	—	—	—	—	
软件成本小计					
硬件成本					
外购硬件成本					
硬件其他					
硬件成本小计					
生产运营成本	—	—	—	—	
生产成本、质检成本					
生产环境建造成本					
存货物流成本					
生产运营成本小计					
出厂价合计					
销售量预计					
保本点销售额					
保本点利润-生产部门					
出厂价销售额					
出厂价利润					

从产品预算开始执行起，业务单元就按照作业成本法进行实际成本的归集，而相关部门按照成本控制点严格监控产品的各项成本。对于成本监控，业务单元需以预算为标准，分析实际成本与预算成本之间的差异原因并反馈到相关责任部门。

东软有几十种软件产品及软硬件一体化产品。每个产品所处的生命周期不尽相同，所处的行业（领域）的特性分明。产品的生产、交付、售后及市场活动策划都需要各部门的有效配合，各部门需针对不同产品给出相适应的方案。产品全生命周期的成本管理体系能够将研发、交付、采购、售后、质量、基建、市场等部门紧密结合在一起，使各部门能够围绕"在保证质量的前提下降低成本"这一核心目标协同工作，同时也能使各部门、各环节的成本控制有据可依。这样，每一个环节上的控制点就能落实到具体部门、具体员工。一旦发现偏差，相关部门、相关人员就能够精准定位、快速响应。软件产品的生命周期成本管理体系中包含赏罚分明的考核制度，可以充分调动员工的工作积极性。

东软通过对产品全生命周期的成本管控，强化了业务单元的成本意识，促进了各业务单元技术复用、知识共享，提高了集团的资源使用效率。

四、企业管理会计人才的培训与培育

作为一个拥有数百名财务人员的上市公司，东软对于管理会计人才的培训不局限于传统成本管理、预算管理、管理会计工具等方面。为建立现代化的东软财务管理体系，东软的管理会计人才培训将更多地聚焦在战略决策、风险管理、业务知识、管理沟通、信息系统运用等方面。

在培训及培育方式上，东软分别采取了：在职学历提升、会计专业资格提升、外部培训及论坛活动、公司内部培训、公司内部职位轮岗、在职的自我摸索、在职的上司指导、对外考察交流、公司内部跨部门的讨论和临时借调业务部门等方式。东软鼓励财务人员采用在职学历提升和获得会计专业资格的方式自我深造。近年来东软的职工中拥有研究生以上学历及中高级会计、注册会计师（CPA）、特许公认会计师（ACCA）会员资格的人员在日益增多。东软定期组织内外部的培训活动，引导职工结合业务及当前环境，围绕风险管理、全面预算管理等主题进行讨论，来达到在企业内实现知识共享的目的。在企业的内部培训当中，东软对新员工采用导师制的培养方式，让新员工通过有经验的前辈的指导来迅速理解业务的运作模式并提高自身的能力。

为了解实施的人才培养方式是否有效达到了预期的目的，东软会制定管理会计的年度培养计划，并结合培养计划进行年度绩效考核。每位员工的年度实现目标和培养计划会根据实际需求进行更新调整。同时，除了在计划和目标的达成性以外，东软还会在合规、诚信、沟通、积极等方面对员工进行系统的量化考核。

五、经验总结与展望

东软的财务部门配合公司战略转型，探索出一套有东软特色的财务管理体系。东软通过积极推进卓越运营改善计划，加快战略管控型财务管理体系建设，以全面预算为核心，以业绩考核体系和财务报告体系为支撑，全面推进公司流程完善与风险管理、信息系统升级、标准成本定额管理以及薪酬改革与激励机制落实，实现对公司业务的战略引导、全程控制及全面监督。

伴随区块链、大数据、云计算、人工智能、财务云等新兴 IT 技术的跨越式发展，新兴技术与财务管理的高度融合，成为企业高质量发展的重要保障。随着集团化、国际化进程的深入，东软需要不断创新依托信息化技术的财务管理技术和方法，不断拓宽财务工作的内涵，实现集团运营的高效集成，让企业经营财务管理更加精益化、智能化、透明化。

创业初期的东软，抓住了机遇，收获了寻求生存与发展的灵感，而东软的财务部门与时俱进有梦想也很务实。今天的东软秉承创业精神在不断超越中谋求转变，而东软的财务部门也将在更广泛的空间里发挥无穷的潜能，为组织整体增添无尽的生命力。

专家点评

现代财务管控体系的核心是围绕企业发展的战略目标，为企业的各项战略决策提供信息支持，并力争在战略实施的事前预测、事中调控和事后评价等方面最大限度地发挥作用。

东软的财务部门在集团的业务发展规划和战略部署的指引下，确定了财务管控体系的建设目标，并积极应用先进的管理会计工具，在业财融合方面取得了良好的成效。以下就其中比较突出的几个方面进行点评，希望对管理会计在我国企业的有效应用有所帮助。

案例点评

一、战略地图的应用

由卡普兰和诺顿在平衡计分卡基础上创立的战略地图，是以平衡计分卡的四个层面（财务层面、客户层面、内部流程层面以及学习与成长层面）为核心，通过分析这四个层面的相互关系而绘制的企业战略因果关系图。与平衡计分卡相比，战略地图增加了两个层次的东西，一是颗粒层，即每一个层面下都可以分解为很多要素；二是动态层，也就是说战略地图是动态的，可以结合战略规划过程来绘制。

东软的战略地图（见图3-1）的特色体现在以下3个方面。

（1）将员工培训及信息系统能力、文化与激励作为企业持续发展增长的动力。

（2）根据客户需求定义了三个关键流程：创新流程、经营流程、售后服务流程。

（3）定义了如何创造价值以及为谁创造价值的逻辑关系——只有目标客户满意，财务目标才能实现。

东软的战略地图，既符合其自身在新阶段的战略定位和整体布局，又符合战略地图的主逻辑线，即东软通过在人力资本、信息资本和组织资本等方面（学习与成长层面）的创新，在获得战略优势的同时提高了经营效率（内部流程层面），并把特定价值带给市场（客户层面），从而实现股东价值（财务层面）。

二、全面风险管理

东软的全面风险管理体系的构建和应用的特色体现在风险分析、评估、应对、监控与督查的全面性上，建立了全方位的风险管理过程控制框架。在风险管理过程框架中，沟通与协商、监控与检查穿插其中，形成一套包含环境描述，风险识别、分析、评价、应对以及监督检查等的闭环管理。

有效的全面风险管理，必须具备有效的决策、执行、制约、监控、沟通、协调、反馈等机制。东软的全面风险管理与业务融合的方式，是从战略及策略的制定与执行入手，针对不同风险，通过内控部门的风险评估和建议，结合当年业务发展方向和战略规划来实现的；并且已在宏观经济风险、市场风险、汇率风险和人力资源风险的评估、应对与监控等方面取得了良好的效果。

三、项目的本量利分析模型和概预算管理

本量利分析模型是现代企业管理的重要工具之一。本量利分析的核心是考察成本发生的变化以及这些变化的影响因素。本量利分析首先将成本按其性态划分为固定成本和变动成本，随后进行盈亏平衡点（保本点）分析。在企业的生产决策、定价决策、资源分配、预算管理、绩效评价等方面，本量利分析都发挥着重要作用。

东软的主要业务是为医疗健康、社保、智慧城市、企业互联等领域的客户提供专业的解决方案类服务。东软将本量利分析模型引入解决方案类项目，旨在提高项目可视、可预、可控的盈利能力。具体来讲，东软将目标成本管理、本量利分析等管理会计理念融合起来，通过每年发布各业务单元标准开发人/月成本，全面开展项目级的成本概预算管理。

东软所实施的本量利分析的特色在于对项目人/月成本的界定和分级。通过将人/月成本分级，东软可以确定项目报价能够弥补各类级人/月成本的区间，以及报价能够覆盖全部直接费用与间接费用的临界点。

依据盈亏平衡分析，东软得以实施解决方案类项目的概预算管理。

东软通过基于项目人/月成本的本量利分析，能够使项目经理了解不同的报价水平可向公司、业务单元、开发部门及项目各自贡献多少利润，并据此甄别项目和客户的优劣，避免项目经理为追求合同额总量而忽视盈利能力；通过编制项目概预算，能够使项目经理对项目的开发进度、人员及成本费用投入等进行合理的预估，并对可能出现的风险有所预见，有利于发现偏差并及时纠正；同时，项目的实际执行结果与概预算的比较，又是项目绩效测评与激励政策制定的依据；通过对重大差异发生的原因进行重点调研，可以分清责任，并为以后时

期进行更为准确的概预算提供依据。

四、软件产品的生命周期成本管理

传统的成本会计核算仅重视产品在生产制造阶段的成本。在现代经济社会里，企业仅关心产品的生产成本显然是不够的，而应当从战略的角度关注产品生命周期内发生的全部成本。

产品生命周期成本是指企业内部及关联方发生的由生产者负担的成本，包括产品策划、开发、设计、制造、营销、物流等过程中的成本。

加强产品的生命周期成本管理，有助于优化企业的成本管控、定价决策、生产决策、市场策略等。基于生命周期成本的产品定价决策，除了考虑补偿产品的直接成本之外，还考虑了产品开发和衰退阶段的成本。企业对产品全生命周期成本的考量，在帮助管理者克服只关注制造阶段成本的短期行为管理倾向的同时，也有利于企业根据产品全生命周期成本各阶段的分布情况，确定成本监控的主要阶段。

东软的产品研发投资在全生命周期成本中，占很大比重；且研发阶段耗用时间较长。在市场需求多变的情况下，东软从产品研发到投入市场的阶段面临着很大的不确定性。

对此，东软采用全生命周期成本管理模式，对软件产品进行成本管理。由产品研发部门向财务部门提交产品成本预算。各业务单元通过对产品市场的调研分析，逐年预估不同生命周期下的产品销量，并判断不同周期下的业务规模、人员配置规模等情况，从而逐年预估全生命周期内的产品成本。

通过全生命周期成本管理体系，东软实施了如下改进措施。

（1）建立了"以客户为中心、以市场为导向"的决策评审流程，以保证产品的研发满足市场需求。这一方面避免了盲目投资，另一方面，全生命周期产品预算控制了产品研发进度，保证资金投入有重点、有效率，平衡了市场竞争压力和客户多变的需求，将产品快速推向市场。

（2）加强了不同部门和人员的沟通协调，达成了目标协同。对于拥有几十种软件产品及软硬件一体化产品的东软来讲，面对生命周期阶段不同、所处的行业领域不同的各种产品，特别需要生产、交付、售后及市场活动策划部门的有效配合，对不同产品给出相适应方案。实行产品全生命周期的成本管理，能够将生产、交付、采购、售后、质量、基建、市场等部门紧密结合在一起，使各部门能够围绕"在保证质量的前提下降低成本"这一核心目标协同工作。

（3）成本控制实现了有据可依，每一个环节上的控制点可以落实到具体部门、具体员工，企业一旦发现偏差，相关部门、相关人员就能够精准定位、快速响应。赏罚分明的考核制度可以充分调动员工的工作积极性。

五、结语

东软的管理会计业财融合实践，是一个比较成功的案例，其特点表现在对管理会计理论和方法的多层面应用及应用的灵活性方面。东软结合自身业务经营特点与战略管理需求，对战略地图、风险管理、本量利分析、全生命周期成本管理的理论和方法进行定制整合，并将整合后的体系嵌入企业的经营流程和财务管控流程，由此获得了较好的效果。这一业务财务融合的案例，一方面丰富了管理会计在我国的应用实践，另一方面，也对国内其他企业具有很好的启示作用。

预算管理

案例四 技术赋能的互联网企业的价值管理实践

明算科技（北京）股份有限公司

【摘要】企业的核心使命是创造价值。随着人工智能、大数据、移动互联网、云计算等信息技术的迅猛发展，新数字技术开始向整个社会体系渗透并赋能。作为信息社会核心的互联网软件企业，如何有效进行价值管理，实现企业的价值最大化，是至关重要的问题。明算科技（北京）股份有限公司是全球领先的智能微应用式信息系统工程技术及相关产品（IASP以及对应智能微应用集群）供应商。本案例描述了明算科技（北京）股份有限公司创业9年来，秉承"技术引领市场""企业价值最大化"的经营管理理念，始终以技术创新为驱动，不断研发专利技术提高核心竞争力，提出创新性的面向数据架构（DOA）信息系统工程技术方案，并研发出世界首款智能微应用式信息系统支撑平台IASP。在此基础上，公司打造业财一体的预算管理服务云平台和智能营运监控系统，助力明算科技（北京）股份有限公司本身和客户企业价值管理的实践过程。明算科技（北京）股份有限公司的专利技术和新型管理系统，可以发挥异构数据互联互通的优势，打破不同业务系统所形成的信息孤岛，以预算追踪为核心，强调业财一体的实时数据采集与反馈，从而帮助企业的不同关联对象及时了解企业的营运情况，准确判断企业价值变化，为企业管理层决策提供支持，提高价值创造能力。

【关键词】价值管理；以预算为核心的智能营运监控；微应用式管理云

明算科技是全球领先的智能微应用式信息系统工程技术及相关产品（IASP以及对应智能微应用集群）供应商。公司秉承"技术引领市场"的经营理念，历时9年，不忘初心，砥砺前行，攻克面向数据架构（DOA）信息系统技术难题，成功研发出以智能应用服务平台（IASP）为核心的微应用式新型信息系统，该系统以数据融合互联为基础，应用模块相互解耦，结构简单，集成便利，性能可靠，是信息系统工程技术重要发展方向。在此基础上，公司根据"管理会计指引"，成功研发出以"智能报表""智能账务"和"智能业务单证"三大微应用集群为核心的智能业财一体化管理云，简称"明算云"。明算云通过智能业务单证，实现业务数据和财务数据在业务作业过程中的直接融合，结合智能账务处理和智能报表，立体呈现企业经营活动对预算、核算和企业价值的全方位影响，实现业务计算和财务计算的全面融合。该系统采用拼装模式，助力企业逐步建立和完善智能化管理系统，实现企业价值最大化。

一、初衷：专注预算管理平台，打造有价值的软件企业

（一）有效的综合信息管理工具，影响企业价值管理

明算科技的创始人及创始团队的主要成员都曾就职于国内优质的投资类公司，先后参与过

作者：魏勤（明算科技（北京）股份有限公司）、邹艳（北京航空航天大学）
案例指导与点评专家：邹艳（北京航空航天大学）

许多重点投资项目的财务评估和投后风险控制，在对目标企业提供服务的过程中发现，投资人的追求是："发现价值，评估价值，帮助目标企业实现价值最大化"。通常投资人对目标企业的投资决策会受到多方因素的影响，而"目标企业的价值"是影响投资决策的一个重要因素。在多年的投资实践中，明算科技创始人及团队发现：一个好的、有价值的目标企业，其管理者通常都具有较好的预算管理理念和预算执行能力，因为只有坚持实现企业的全面预算管理，才能够以预算管理为核心，统筹企业各部门和全体员工的经营管理活动，按照既定的工作目标，实现预定的企业价值。管理者还高度重视对企业的管理软件工具的使用，以期达到随时掌控企业营运综合信息，实时调整管理决策的目的，然而现有的管理软件很难满足他们的需求。

（二）市场不缺单一业务管理软件，唯缺综合分析工具

明算科技创始团队通过对市场上大部分管理软件进行分析，发现现行的大部分企业信息管理工具，基本上都是基于业务分类的管理软件，如财务记账软件、办公 OA、客户关系管理 CRM 等。企业决策者若想获取一些综合性、分析性、预测性的信息，就只能穿行于一个个的信息孤岛中，或者靠人力从各系统中摘取数据，手工完成其他表格，或者花重金请专业公司打造综合管理系统（如 ERP 等）。但传统的 ERP 系统建设思路"重流程控制，轻分析对比"，缺乏"大处着眼，顶层设计，以管理监控为主轴；小处着手，立足急需，以实时反馈为目标"的系统建设思路，结果往往是花费大量时间和精力，构建完成的系统貌似大而全，采购、生产、销售、办公、人事、财务无所不包，但实际上过于关注数据在各模块间的按流程、按规则运动，较少关注信息变动产生的综合影响。

尤其是传统的财务类管理软件，基本上是遵循"记账会计"规则设计，以提供财务报表为工作重点，难以满足决策者对企业发展变动趋势、未来盈利预测和企业价值变化等多项高端财务分析数据的需求。因此，无论是想实时掌握目标企业的"资金流向"和"价值增长"等信息的投资人，还是想提高企业预算管理水平的企业管理者，都急需新的、综合性的信息管理工具。

（三）立足预算管理平台，打造新型软件企业

这种综合型信息管理工具的最大特点是，以"企业价值管理"为目标，以"实时预算追踪"为重点，通过"全员参与，协同作业，信息共享，实时反馈"运行机制，让企业的营运状态实时呈现在相关人员面前。

基于市场需求，2009 年 4 月，在北京市中小企业发展中心及北京信中利投资有限公司的联合支持下，北京圆通慧达管理软件开发有限公司（明算科技的前身，以下简称"圆通慧达"）正式成立。该公司的设立初衷是基于对"预算管理"在"企业价值管理"中重要作用的认识，希望开发并推广一个帮助企业推行全面预算管理的软件。这个软件帮助企业客户建立一套有效的预算管理机制，实现对目标企业的价值管理，如此明算科技自身也成长为"最好的预算管理软件提供商"。

二、探索：研发专利技术，快速提高自身价值

2009 年，圆通慧达独立研发的"预算执行监控系统"在哈尔滨机电集团成功试用。该系统重点解决了预算管理中预算编制及追踪的难题。然而，在该系统的推广过程中，明算科技创始人却发现了软件行业发展本身的问题，由此引发了其对自身未来发展战略和价值

提高的思考和探索。

（一）软件行业生产方式落后，软件企业价值亟待提高

通过对行业现状的仔细分析，以及与国际同行业企业的横向对比，明算科技的创始人发现：在我国，大部分软件生产企业都还在沿用"手工作坊"式生产方式，人们常常把软件开发从业者称之为"码农"。大家年复一年、日复一日地按照客户的特定要求，开发着一个又一个定制的管理系统，即使是那些已经发展了 20 年以上的软件企业，大部分也都是在某一行业或某一领域单打独斗。许许多多功能相同的模块被一次次重复编写，难以复用，更难以像工业化生产那样，实现专业分工、协同作业，从而极大地影响了我国软件企业价值的提高。

究其原因，主要是：各种企业的情况千差万别，即使是两个在同一行业、同等规模、同样经营模式的企业，其各自在管理上对信息系统的数据要求也会有差异；按照传统软件架构设计开发的系统，由于模块间的强耦合，以及按需定制的特性，使得在许多地方都有相同的管理模式和流程的两个企业也难以在彼此的系统之间进行功能复用和模块拼装。因此明算科技的创始人自问，如果按照原定的目标继续经营和发展，"圆通慧达"的企业价值何在？

（二）行业不缺少技术力量，但缺少技术协作机制

在旧模式下，大部分的系统开发都是沿袭"需求分析→系统设计→软件开发→安装调试→使用培训"的建设方式，使得"调研时间长，生产周期长，联调周期长，更改难度大"成为必然。尤其一些大型企业的系统建设周期跨时 2～3 年，常常出现系统交付后，使用环境发生了变化、业务发生了变化等一系列问题，结果导致"交付即修改，修改即烂尾"的情况时有发生。由于无法实现模块化生产和拼装机制，尽管软件开发公司林立，但鲜有分工协作。许多技术力量都在做大量的重复性工作，行业生产效率极低，企业价值较小。而解决问题的关键是要找到一种新的系统构建方式，解决既往系统功能间强耦合问题，实现软件生产的工业化。

鉴于当时软件类公司发展中存在的问题，2010 年明算科技的创始人与团队经过反复讨论，最后决定放弃既定的"成为最好预算管理软件提供商"的创业初衷，下决心打造一个"以技术创新为引领的最具价值企业"。他们希望通过技术的手段，实现功能模块的自由组合与拼装，解决行业生产方式落后的难题，他们坚信，只有实现软件模块的工业化生产，才能大大提高软件企业的劳动生产率，实现企业价值的最大化。

（三）提高企业价值不是梦想，但需要坚持大胆创新

通过充分的调研与分析，明算科技的创始团队最终确定了技术突破口：以数据融合技术研究为出发点，集中解决异构数据的融合和系统拼装生产问题。

在 2011—2015 年的 5 年时间里，明算科技的创始人及其团队先利用 SOA 技术，初步实现构件化系统，部分解决强耦合问题，之后放弃 SOA 技术，而找到了基于 DOA 架构，实现系统完全离散化的创新解决方案。明算科技的创始团队潜心研发，终于攻克了信息系统研发领域中的"异构数据交换融合"这一重大难题，成功研发出具有颠覆性、革命性和划时代意义的"智能应用服务平台（IASP）"。该技术采用面向数据的 DOA 架构，完全超越了当今世界流行的面向服务的 SOA 架构。

明算科技的"面向数据的构件化（DOA）信息系统技术"获得了国家软件发明专利证书。该技术的核心是可以实现各类软件中异构数据的互联互通，帮助企业打破信息孤岛，重新构建

新型综合营运监控管理系统。不但能够链接企业原有业务系统，还能接入第三方企业提供的公有云服务，并在此基础上添加新的智能应用，满足企业不断产生的新需求，而无需修改老系统（见图4-1）。该技术通过"专业化生产和社会化合作"改变了软件行业的"手工作坊式"的落后生产方式。

独特的专利技术与核心能力，提高了企业自身的价值。2015年圆通慧达获得了国家高新技术证书及股东追加的投资，2016年4月完成股份制改造，正式更名为"明算科技（北京）股份有限公司"。

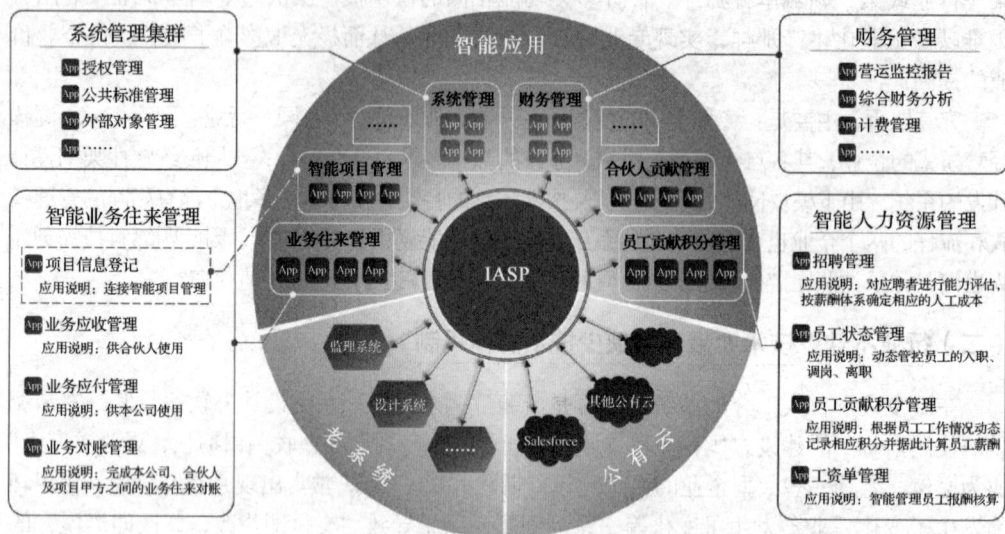

图 4-1 IASP 在信息系统中的地位与作用

三、尝试：以智能预算管理为核心，前瞻管理企业价值

在企业价值管理过程中，对企业价值的评估，是管理会计的一项重要工作。明算科技作为一个创新型公司，在创建伊始就把"以预算管理为核心的企业价值管理"作为了企业的管理原则和目标。因此，在整个企业的发展过程中，明算科技坚持以预算管理为核心，围绕"企业价值管理"的初衷，开展一系列的新型管理系统研发和试点，在完成智能应用服务平台（IASP）研发的同时，积极开展了"智能预算管理系统"建设的探索与实践。

（一）组织保障，规范预算管理体系、方法与制度

企业全面预算管理，是一项复杂的系统工程。为了强化财务管理在预算管理中的引导和协调作用，明算科技做了以下工作。

一方面，通过组织建设保障预算的引领作用，专门设立了"财务专家委员会"（见图4-2）。财务专家委员会一方面参与核心产品的开发指导工作，另一方面聘请专人负责指导公司预算规划及执行管理的相关事宜。同时，每个部门都设专人负责本部门的预算工作，财务部统筹预算决算工作。

另一方面，针对本企业的特点，制定了一套行之有效的预算管理指标体系和预算编制方法以及跟踪反馈制度。这套指标体系将预算指标、会计科目和管理报表有机结合在一起，成为新型管理系统标准化管理基础。

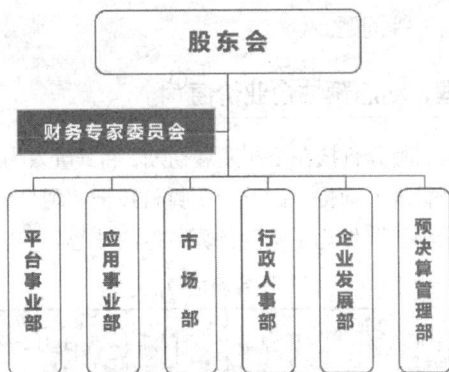

图 4-2　企业组织架构

（二）以预算为轴，构建立体、多维度预算监控网

基于管理企业价值对企业日常营运活动进行管理，其最大好处就是：从顶层设计开始就把预算管理放在了首位；将影响企业价值的各项预算指标分解到部门，落实到人，预算责任落实以后，可以极大发挥企业各方参与者的积极性，因为依据企业的发展远景，设定符合发展远景，让大家一致认同的价值信念，就可以放手让员工实现价值创造，而不必事事请示、层层汇报。但这种机制的实现，需要有一个可以及时、全面反映企业营运状况的信息系统作为支撑。基于此，明算科技利用其技术优势，在本企业优先打造了一个以"预算监控"为重点，集"员工工作台""管理驾驶舱"和"决策指挥中心"于一体，多方位向信息使用者提供执行、分析和预测数据的智能化全业务管理平台（见图 4-3）。

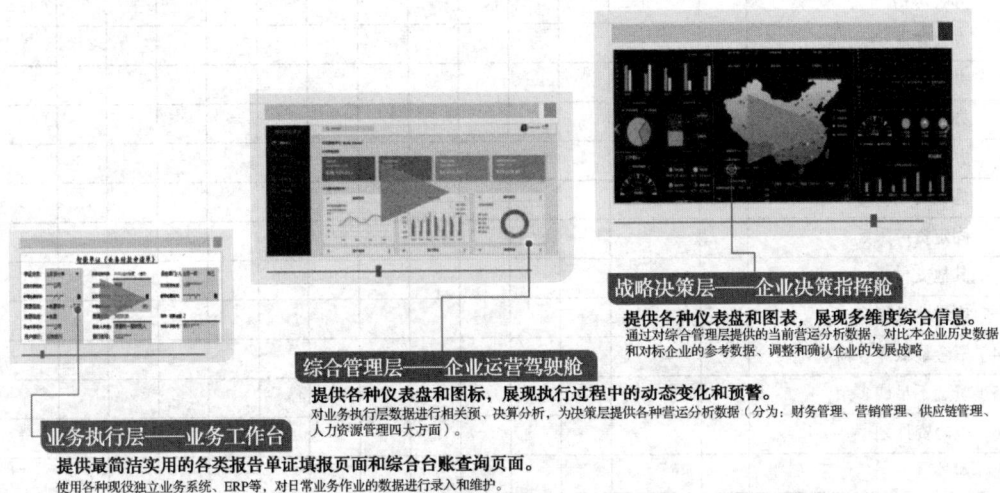

战略决策层——企业决策指挥舱

提供各种仪表盘和图表，展现多维度综合信息。
通过对综合管理层提供的当前营运分析数据，对比本企业历史数据和对标企业的参考数据、调整和确认企业的发展战略

综合管理层——企业运营驾驶舱

提供各种仪表盘和图标，展现执行过程中的动态变化和预警。
对业务执行层数据进行相关预、决算分析，为决策层提供各种营运分析数据（分为：财务管理、营销管理、供应链管理、人力资源管理四大方面）。

业务执行层——业务工作台

提供最简洁实用的各类报告单证填报页面和综合台账查询页面。
使用各种现役独立业务系统、ERP等，对日常业务作业的数据进行录入和维护。

图 4-3　三位一体的智能化全业务管理平台

智能化全业务管理平台以"业财一体"为追求，在"预算管理为核心、业务信息为基础、智能转换为手段、营运监控为目标"的思想指导下，遵循"业务任务计划化，任务计划预算化，预算指标财务化，核算监控实时化"的现代化管理原则，采用"一次录入，分段复核，自动转换"的数据管理手段，通过各类"智能业务单证"的录入，审核管理，实时采集业务进程中的相关信息，并按照"管理会计指引"和"企业会计准则"，自动将业务信息转换为标准的财务信息，为管理决策者提供业务、财务两条主线下的数据对比信息，改变过去财务"事后诸葛"的工作模式（财务数据置于业务后端，事后记录，事后核算），将管理会计工作重点转向"事前预测和事中管控"。该平台解决了营运管理过程中，决策综合信息获取困难，业务数据、财

务数据存在时差和口径不统一等问题。

（三）加强资金预算管理，动态预估企业价值[①]

同大部分初创企业一样，明算科技在公司发展初期，将"量入为出"作为营运管理的重点，将"预期现金流"作为融资管理的前提，因此，明算科技把"现金流预算监控表"（见表 4-1）中的"当期可供使用的资金小计"作为了资金预算监控的核心。

表 4-1　　　　　　　　　　　　现金流预算监控表

收支预算指标	年度预算	月度预算累计	1月	2月	3月	4月	5月	6月	7月	8月	9月	10月	11月	12月
（1）期初资金余额														
库存现金														
银行存款														
其他货币资金														
（2）当期可供使用的资金小计														
销售现金收入														
应收账款回笼														
其他收入														
（3）当期实际使用的资金小计														
生产用原材料消耗														
员工薪酬及福利														
办公房租														
办公物业														
办公水电														
办公用品														
办公费用														
运输费用														
固定资产采购														
其他支付														
应缴业务税金														
（4）资金最低库存需求														
（5）资金不足或多余														
（6）投融资计划														
对外融资														
贷款本金														
贷款利息														
股权融资														
对外投资														
（7）期末现金余额														

一方面，明算科技坚持项目管理制度，对于任何一项业务的开展与否，都需要通过财务部门的盈亏预估，评价其对"可供使用资金余额"产生的影响，为决策者提供项目立项的决

---

① 注：文中数据均非实际数据。

策参考依据，并通过强化项目资金收支管理，保证每一个执行项目能够按照预期实现资金收入，从而避免了许多软件企业有规模没利润的尴尬。尤其在发展前期，企业投入了大量的人力、物力进行专利技术研究，控制研发费用支出，适时终止不当技术研究支出，控制研发人员成本投入。

另一方面，明算科技从 2009 年就开始注重现金流向的记录，并在 2012 年制定了本公司收支预算管理指标体系，坚持执行月末"由下向上"的《资金收支预算追踪表》（见表 4-2）编制及上报流程，以及月初"由上至下"《资金收支预算审核表》下达流程。并且设计了一套与现金相关的《智能资金收支业务单》，这套单证严格按照预算指标体系对相关收支进行了归类。执行层工作人员在填报单证（见图 4-4）时，便基本完成了核算和提供了预测所需要的统一标准基础信息，单证提交后，管理层从业务、票据、预算审核三方面并行审核，同时也可以通过该单证查询与本部门相关的预算的执行情况，然后选择是否审批通过该单证（见图 4-5）。最终，决策层在汇总所有单证进行终审时，不仅可以了解某项业务的收支情况，同时可以获得许多与决策相关的参考信息。例如，某项收支可能对企业财报的影响，对企业各项能力指标的影响，对企业估值的影响等。

表 4-2　　　　　　　　　　　　　　资金收支预算追踪表

收支预算指标	年度预算值	累计完成值（截至当月银讫）	月度预算值（当月）	月度实际值		
				银讫值	账讫值	预估值
（1）期初资金余额						
库存现金						
银行存款						
其他货币资金						
（2）当期可供使用的资金小计						
销售现金收入						
应收账款回笼						
其他收入						
（3）当期实际使用的资金小计						
生产用原材料消耗						
员工薪酬及福利						
办公房租						
办公物业						
办公水电						
办公用品						
办公费用						
运输费用						
固定资产采购						
其他支付						
应缴业务税金						

续表

收支预算指标	年度预算值	累计完成值 （截至当月银讫）	月度预算值 （当月）	月度实际值		
				银讫值	账讫值	预估值
（4）资金最低库存需求						
（5）资金不足或多余						
（6）投融资计划						
对外融资						
贷款本金						
贷款利息						
股权融资						
对外投资						
（7）期末现金余额						

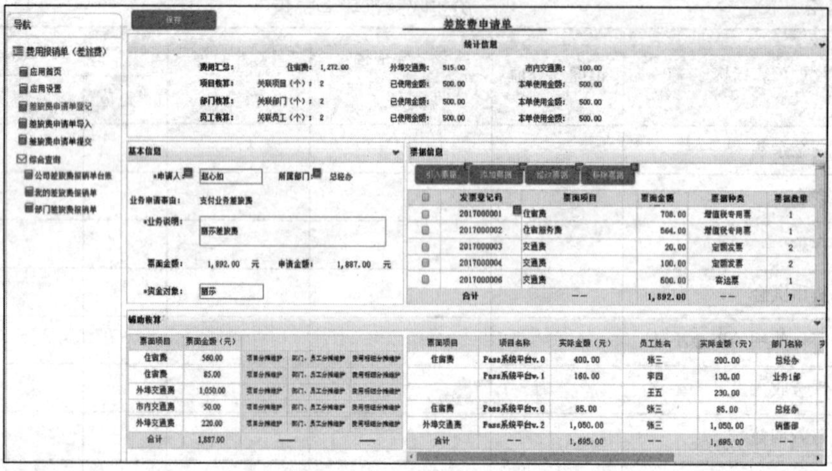

图 4-4　智能业务单证填报

图 4-5　智能业务单证审核

应用所有这些资金预算管理手段，其最终目的是要通过对现金余额和可控现金的分析，动态实现对企业价值的预估，为投资者和其他报表信息使用者提供及时、准确、全面的企业资金动态信息和价值变动信息。

（四）业财融合，管理企业价值

明算科技通过上述实践探索，坚持以"预算管理为核心，营运监控为手段，信息系统为工具"的指导思想构建智能营运管理系统，采取"业务任务计划化，计划任务预算化，预算指标财务化，核算监控实时化"的管理方法，有效融合业务、财务两方面的信息采集需求，实现两类数据的实时共享。明算科技的智能预算管理系统（见图 4-6）通过"业务单证录入—财务智能记账—预算智能追踪—核算智能分析"四个方面，极大地发挥管理会计"控制、服务与参谋"的作用，既方便执行者遵守作业规范，实时记录作业信息，并根据相关信息，了解自身所创造的价值；又为管理者全面掌握企业营运综合信息，实时调整营运战略，实现公司价值最大化提供有力的数据支撑。

图 4-6 智能预算管理系统

四、服务：以专利技术为工具，助力客户提高价值

明算科技作为软件行业的后起之秀，在通过技术创新迅速提高自身价值的同时，也为一些有行业代表性的企业重新搭建了以数据融合为基础，打破信息孤岛的新型信息管理系统，帮助这些企业对现役系统进行更新换代，从而实现业财融合的目标。

（一）数据融合，服务客户，有效整合新旧系统

在社会经济高速发展的今天，企业的业务有可能从单一到复合，经营模式有可能从独立到连锁……而企业已建立的信息管理系统可能无法适应企业多业务并存、多地域经营发展的现状，这需要管理信息系统随之变化。但由于历史的原因，许多企业在推进信息化管理的进程中，都不同程度地遇到了"信息孤岛并存，系统烟囱林立"等问题，其中最难解决的就是各个业务系统与财务系统之间的大量数据无法统一、对接与交换的问题。

明算科技的一个试点客户由于其业务拓展到海外，原来的 ERP 系统已经无法满足总部对海外业务管理的需要。从决策层来看，当前最主要的是要解决如何获取海外机构的相关信息，加强海外机构的资金管理。同时，原有 ERP 系统因为开发较早，所以缺失许多管理分析功能，因此，原 ERP 系统供应商建议这个企业放弃原有的 ERP 系统，重新按照新的管理流程搭建两套新的 ERP 系统供海外机构使用。但这对企业来说，投入成本及转换成本都过高。

明算科技经过调研，给出了针对新需求的建设方案：以 IASP 为基础，采用 IB 云技术，帮该企业建设一套以"数据融合产品 IASP"为基础，以资金预算监控和财务分析为重点的决

策辅助系统（见图4-7）。该系统绝大部分数据来源于原有 ERP 系统，通过重新建立数据标准和自动转换技术，既满足了该企业对管理系统提升的需求，又解决了对海外机构资金管理的需求。

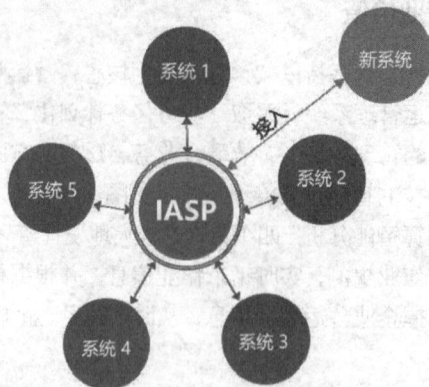

图 4-7　以 IASP 连接新老新系统示意

实践证明，明算科技独有的"数据融合"专利技术以点带面，有效整合企业已有的、新建设的信息系统，大大提高了软件使用效率，节约了系统升级成本。成本的减少将会直接影响客户企业的经济效益和企业价值。

（二）打造智能管理系统，助力客户价值管理

前期实践表明，明算科技独有的"数据融合"专利技术，支持"独立开发，拼装组合"的系统构建模式，特别适用于搭建复杂的多业务管理系统，为客户实施"业财融合"的管理会计理念和"管理企业价值"提供技术支持。明算科技围绕向企业管理者提供经营决策依据的目标，以明算科技自主研发的智能应用服务平台（IASP）为核心层，逐步搭建能帮助企业的利益相关方"了解企业发展历史、监控企业发展现状、预测企业发展未来"的业财一体智能运营管理系统（见图4-8）。

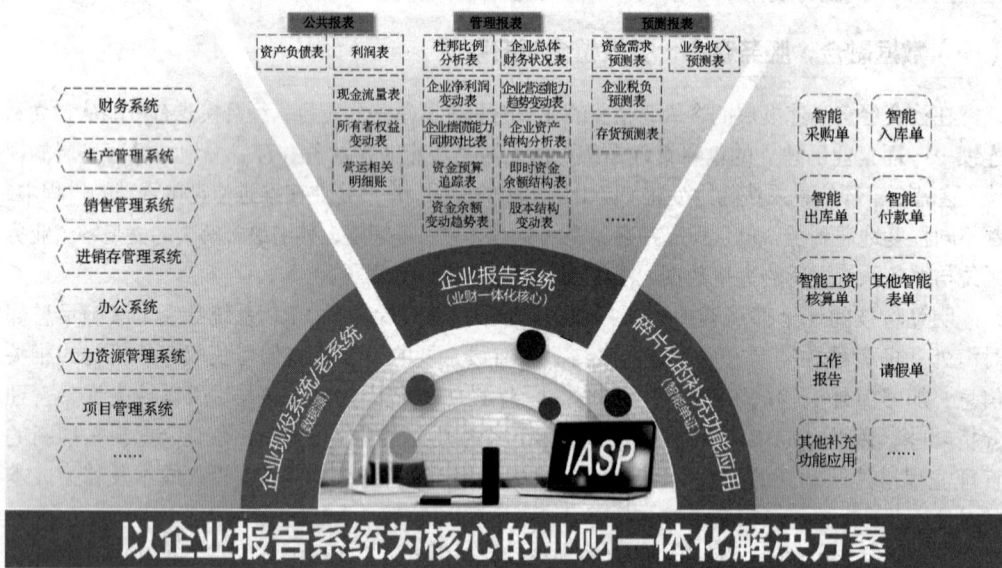

图 4-8　业财一体智能运营管理系统

智能应用服务平台通过面向数据的整合方式，以及构件化的系统应用开发和集成模式，有效整合企业已有的、新建设的和未来待建的信息系统。无论原有系统是在远端（如云服务）或是近端（如本地），IASP 都可以将数据连通，与新安装的模块集成使用。IASP 平台打破了新旧模块之间、近远端之间的数据壁垒，无缝拼接新模块，方便系统集成和升级（见图 4-9）。新开发的软件也可以随时安装进入已有系统，不需要下线进行系统更新，大大提高了软件的使用效率和节约了升级成本。在选择优先构建核心系统后，可以分功能、分业务，边建设，边使用，边调整，边扩建，以最小投入获得最大效能比。同时企业的系统既可以安装在本地的数据库中，也可以在云平台中使用。每一个管理软件的模块也可以在电脑端进行操作与查看，或是根据使用习惯在手机端进行同样的操作，适用于现代化的企业管理，将价值管理的理念落到实处，实现了财务工作与业务活动的有机融合，助力企业价值提高。

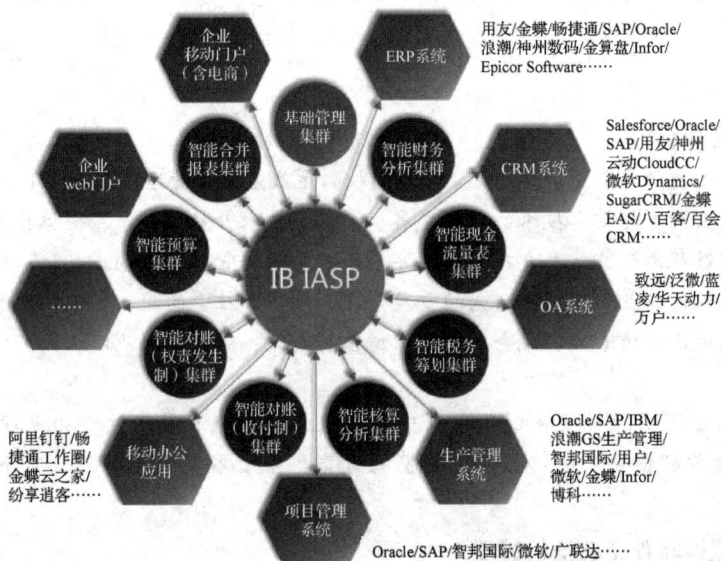

图 4-9　IASP 平台与其他应用程序

五、展望：坚持合作共赢，共创企业价值

现代社会，是一个信息爆炸的时代，企业价值的高低，不仅通过相关财务指标反映，还与企业的信息化管理水平有着密切的联系，任何良好的管理愿望，都需要用最简单易行的方法去落实与实现，否则就是纸上谈兵。

在过去的 9 年中，明算科技转换视角，以敢为天下先的勇气，大胆创新，克服一个又一个困难，创造性研发出数据融合专利技术，为改变软件行业的生产方式奠定了新技术基础。从公司 2009 年 4 月成立至今，明算科技已经拥有"数据交互系统""数据隔离存储方法和系统""面向多应用的数据存储系统和数据存储、调用方法"等十余项国家发明专利和实用新型专利，以及以"明算智能应用服务平台系统（IASP）"为基础的十余项软件著作权。

同时，作为管理会计的实践者，明算科技持之以恒的践行"企业价值管理"，不断改进"业财一体智能运营管理系统"。业财一体智能运营管理系统本着"简化管理流程，减少重复工作，保障数据统一性"的原则，在统一建立各类项目"业务预算指标，核算会计科目和财务分析指标"间的关联关系的基础上，通过对各类业务单证（如"工作任务单""费用报销单""业务确认单"等）的智能管理，在采集业务信息的同时，遵循本企业会计记账原则，将业务数据智能转化为财务信息，实现对相关预算指标、财务指标的实时跟踪和分析。并通过历史数据和未来合同执行信息，预测由于业务作业对项目财务结果的可能影响，帮助项目管理者和企业决策者从多角度发现问题，及时做出调整决策，充分发挥管理会计对企业营运的辅助决策作用。

作为一个技术创新型企业，在技术推广的道路上，明算科技深知其所要面对的客户将会是不同行业、不同类型，管理需求千差万别，因此只有坚持合作共赢，以开放合作的心态，诚邀管理专家和同业共同参与，充分发挥各自在专业领域的优势，才能为客户提供"有效利用已有系统，实现各种异构系统互联互通，开发满足新业务需求模块"的优质服务。在完成数据融合技术创新的同时，明算科技还尝试完成了 IB 云技术和 MISApp 移动化技术的探索。明算科技希望通过提供真正的公有云（Software as a Service，SaaS），为广大中小型企业以较低的成本，实现业财一体的企业管理。

专家点评

企业的核心使命是创造价值，财会管理的核心主线是价值管理。随着人工智能、大数据、移动互联网、云计算等信息技术的迅猛发展，新数字技术开始向整个社会体系渗透并赋能，企业价值创造过程离不开信息支持，以数字为基础的财会管理逐步向信息化、网络化、精细化方向发展。软件产业作为中国新兴的重要产业，是信息社会的核心。互联网新数字技术时代，软件企业通过价值管理实现企业的价值增值最大化，对软件企业以及国民经济发展都至关重要。

本案例描述了明算科技在创业成长中的价值管理实践及其做法，为互联网软件企业有效开展价值管理提供了新思路和可借鉴的方案。基于本案例，以下针对下面四点进行延伸讨论。

一、互联网软件企业价值管理

企业的核心使命是创造价值。价值链（Value Chain）是指企业价值创造过程中一系列不相同但相互关联的价值活动（Value Activities）的总和。管理会计关注组织经营活动（价值活动），通过改善组织经营为组织创造价值。管理会计本质上是企业组织的一种价值管理行为（冯巧根，2015）。

新技术的发展和应用，对软件企业价值链的构成和价值管理产生重大影响。价值创造活动逐步由个体企业的行为演变为网络成员的共同作用（Moore，2006）。软件企业是以开发、研究、经营、销售软件产品或软件服务为主的企业组织。新技术与管理的创新融合，使互联网软件企业的经营活动发生深刻变革，互联网软件企业转为面向客户需求的解决方案提供商，通过满足特定细分的客户群体的需求来创造价值，进而增强企业竞争力。

Kathandaraman 和 Wilson（2001）指出，价值网的价值创造取决于3个要素：企业核心能力、优越的顾客价值和企业间的相互关系（见图4-10）。互联网软件企业价值管理应围绕这3个要素展开。顾客价值是价值创造体系的核心要素；作为技术密集型、知识服务型企业，软件企业的核心能力尤为关键；在网络经济的环境下，软件企业的生存和发展不仅取决于企业和客户的关系，企业的竞争力也不仅取决于企业自身的竞争优势，企业参与合作或组织合作的能力越来越重要。

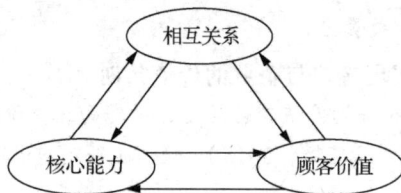

图 4-10　价值创造的要素体系

二、技术赋能是互联网软件企业价值创造的基础

Prahalad和Hamel（1990）把核心能力定义为技能和竞争力的集合，对企业竞争成功有贡献的"学习的堆积过程"。核心能力就是企业所特有的而其他企业不具备的，且难以模仿并能给企业带来竞争优势的知识、技能或特殊的资产。核心能力具有价值性、稀缺性和难以模仿性等特征。核心能力是创造新顾客价值的基础。企业核心能力的积累决定企业的经营范围，决定创造新顾客价值的广度与深度。互联网软件企业通过创新行为（技术创新和管理创新）创造价值。

技术赋能强调企业在新技术下的赋能行为。鉴于创业之初国产软件行业存在生产方式落后、缺少技术协作机制的问题，明算科技努力打造"以技术创新为引领的最具价值企业"，不断研发专利技术提高核心能力，攻克了信息系统开发领域"异构数据交换融合"的难题，成功研发出以面向数据的构件化（DOA）信息系统技术为核心的智能应用服务平台（IASP），该技术有效解决了企业信息系统建设存在"信息孤岛"的问题，成功实现了多种复杂异构数据系统的互联互通。

创立以来，明算科技已经拥有"数据交互系统""数据隔离存储方法和系统""面向多应用的数据存储系统和数据存储、调用方法"等十余项国家发明专利和实用新型专利，以及以"明算智能应用服务平台系统（IASP）"为基础的十余项软件著作权。这些专利技术支持"独立开发，拼装组合"的系统构建模式，为明算科技打造能帮助客户企业的利益相关方"了解企业发展历史，监控企业发展现状，预测企业发展未来"的智能运营管理系统提供了基础。

三、建立智能预算管理系统，提高企业价值管理水平

《全球管理会计原则》指出，管理会计挖掘、分析、传递和利用与决策相关的财务与非财务信息，从而为组织机构创造价值并持续维护其价值。有效的价值管理离不开管理会计信息平台的支持，管理会计信息平台将业务信息和价值信息结合起来，以价值信息指导业务活动创造价值，实现"价值溯源、业务求本"的业财融合。

明算科技在创建伊始，就把"以预算管理为核心的企业价值管理"作为了自己企业的管理原则和目标，在完成智能应用服务平台（IASP）研发的同时，积极搭建"智能预算管理系统"，践行"由财到业—由业到财"的企业价值管理模式。

明算科技以预算为核心和抓手，前瞻管理企业价值的做法较为可取。从管理活动过程看，预算管理贯穿于管理活动的全过程，预算管理的环节就是企业价值管理的环节；从信息体系的呈现方式看，预算具有较强的整合协同能力，可以有效整合业务信息、财务信息等信息体系，便于获取价值信息。

明算科技通过"智能预算管理系统"，预估企业价值，有效管理企业价值。智能预算管理系统是一个能为企业内部管理决策服务的，能够创造企业价值的信息系统，能够反映企业整体层面和具体项目层面（业务层面）的进展情况和效益情况。该系统通过全面预算管理，以监控企业整体层面运营情况为出发点，逐层渗透到具体项目层面，实现了"由上到下""由财到业"的穿透式管控。同时，该系统通过目标成本管理，以项目组为核算单元，从具体项目层面的业务单证处理、账务处理方面，反映预算执行情况和对财务报表的影响，实现了"由

下到上""由业到财"的穿透式管控。

四、满足客户需求，实现客户与企业的价值共创

进入21世纪以来，企业的一切价值管理活动已经转向客户价值经营，即通过为客户创造价值来获得企业的价值增值（冯巧根，2015）。软件企业通过价值网络的价值创造模式来满足客户需求，实现客户价值的最大化。

明算科技是全球领先的智能应用服务平台技术（IASP）供应商及平台产品提供商。通过技术创新、业务创新和管理创新，明算科技为客户提供业财一体的预算管理服务云平台和智能营运监控管理系统，助力客户的价值管理及价值提高。主要体现在：其一是对于已经拥有各种业务系统的企业，它可以发挥异构数据互联互通的优势，打破不同业务系统所形成的信息孤岛，并根据管理者的需要，提供新的综合管理信息统一看板。而对于广大的中小企业，则是利用这项专利技术，打造一个公共的、业财一体的预算管理服务云平台。为不同企业构建适合自身管理水平的营运监控管理系统。而这种新型管理系统，以预算追踪为核心，强调业财一体的实时数据采集与反馈，从而帮助企业的不同关联对象了解企业的真实营运状况，真实反映企业价值。在企业为客户创造价值的同时，客户的行为选择也会为企业创造价值，最终实现客户与企业的价值共创。

综上，明算科技创业9年来，秉承"技术引领市场""企业价值最大化"的经营管理理念，始终以技术创新为驱动，基于价值网络开展价值创造活动，践行价值管理。首先，明算科技不断研发专利技术，攻克信息系统开发领域"异构数据交换融合"的难题，成功研发出以面向数据的构件化（DOA）信息系统技术为核心的智能应用服务平台（IASP），成功实现了多种复杂异构数据系统的互联互通，提高了其核心技术能力。其次，搭建"智能预算管理系统"，在企业内部践行"由财到业—由业到财"的价值管理模式，提高其核心管理能力，完善其核心产品。再次，针对客户不同的实际需要，提供预算管理服务云平台和智能营运监控管理系统。以其专利技术产品"IASP"为技术支撑，发挥异构数据互联互通的优势，用独创的"微应用中心"，采用拼装模式，改进和完善与企业发展相适配的智能管理信息系统，为企业管理层决策提供支持，助力企业价值管理，提高企业维护价值和创造价值的能力，实现明算科技与客户企业的价值共创。

随着网络经济的发展，单纯局限于企业内部无法得到更大的发展，价值创造更强调企业、客户和利益相关者等多方互动。软件企业需要关注由客户、供应商、合作企业等利益相关者构成的价值网络，关注价值共创。价值共创作为软件生态系统的鲜明特征，能够实现软件生态系统内部的资源、能力和创新整合。未来，明算科技应持续开展技术创新，搭建价值共创网络，加强与利益相关者的互动与合作，实现企业价值、客户价值和社会价值的共同提高。

案例五 集团型企业"343"经营模式下的全面预算管理体系

徐工集团工程机械股份有限公司

【摘要】集团型企业是一个复杂的大系统,其由众多子系统有机构成。各子系统围绕集团的战略目标相互作用、协调运营。资源如何配置、组织如何统筹、集团如何管控、战略如何落地等问题是集团型企业在经营管理中经常遇到又难以解决的关键问题。徐工集团工程机械股份有限公司历经多年管理探索与实践,搭建助推战略落地的战略管控体系,以"315"经营魔方为方法论,以全面预算管理体系为载体,涵盖了卓越绩效模式的七大要素,即领导、战略、市场、资源、过程、监测及结果,以一种新颖的表达方式升华了卓越绩效模式。该体系将与绩效相关的各种管理理论进行梳理,对企业所运用的各种管理工具和手段进行整合,使各种理论各得其所、各种管理工具和手段各司其职并最终形成合力。该体系将绩效管理渗透到运营管理的方方面面,将战略与执行结合起来,使战略的落地得到保证。"343"经营模式下的全面预算管理体系能够有效解决管理层级多、业务链条长的大型企业集团战略落地的难题,为徐工集团工程机械股份有限公司战略落地起到了良好的促进作用,是管理会计应用的有效实践。

【关键词】战略;全面预算;"315"经营魔方;"343"经营模式;信息化

一、徐工集团的管理困境与出路探索

徐工集团工程机械股份有限公司(以下简称"徐工集团")在发展过程中遭遇了"成长的烦恼"。一是各种先进的管理理论,如战略决定论、市场营销论、产品创新论、精益制造论、人力资源论、财务中心论、资本运营论、信息成败论、绩效评价论等,究竟哪个最佳? 二是各种先进的管理工具,如战略地图、平衡计分卡、全面预算管理、价值链管理等,如何系统性协调? 规划计划脱节、目标分解不透、责任难以追究、管理链条太长、管理过程复杂、资源配置错位、制度执行不严、经验指导基础八大问题影响集团战略落地。

针对以上管理难题,徐工集团历经多年管理探索与实践,搭建助推战略落地的战略管控体系——"343"经营模式:"3"指"三个更加注重"经营思想,即更加注重经济增长的质量和效益、更加注重体系运行的效率和务实、更加注重产品技术的先进性和可靠性,"三个更加注重"指导目标平衡;"4"指"四大经营理念",即国际化、精益化、补短板、可持续,"四大经营理念"指导闭环管理;"3"指"三个全面"经营方针,全面对标行业最先进企业和产品,即全面推出新思维、新招数和新业态,全面提高企业资产质量、盈利能力和核心竞争力,"三个全面"指导体系建设。

作者:吴江龙、王大彦、崔武江、郝宏刚
案例指导与点评专家:温素彬(南京理工大学)

"343"经营模式以"315"经营魔方为方法论，以全面预算管理体系为载体，涵盖了卓越绩效模式的七大要素：领导、战略、市场、资源、过程、监测、结果，梳理与绩效相关管理理论，整合相应管理工具和手段，使理论各得其所，管理工具和手段各司其职，形成合力，将绩效管理渗透到运营管理的方方面面，将战略与执行结合起来，保证战略的落地到位。

"343"经营模式（见图 5-1）下的全面预算管理体系能够有效解决管理层级多、业务链条长的大型企业集团战略落地的难题，在徐工集团进行战略落地的过程中发挥了良好的促进作用，是管理会计应用的有效实践。

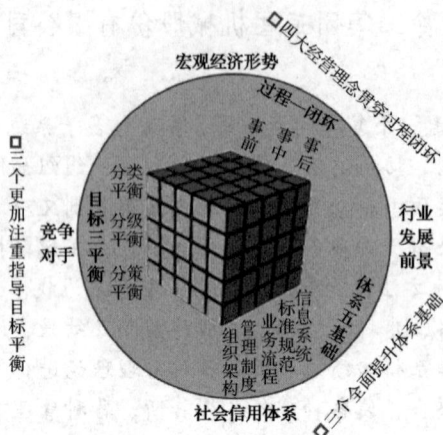

图 5-1　徐工集团的"343"经营模式

二、徐工集团全面预算管理体系的构建与推广应用

徐工集团自 1989 年 3 月成立以来，始终处于中国工程机械行业领先的位置，曾被授予国家质量领域最高奖"全国质量奖"和国家工业领域最高奖"中国工业大奖"，是中国工程机械行业规模最大、产品品种与系列最齐全的大型企业集团。徐工集团的预算管理先后经历了 3 个阶段（见图 5-2）。

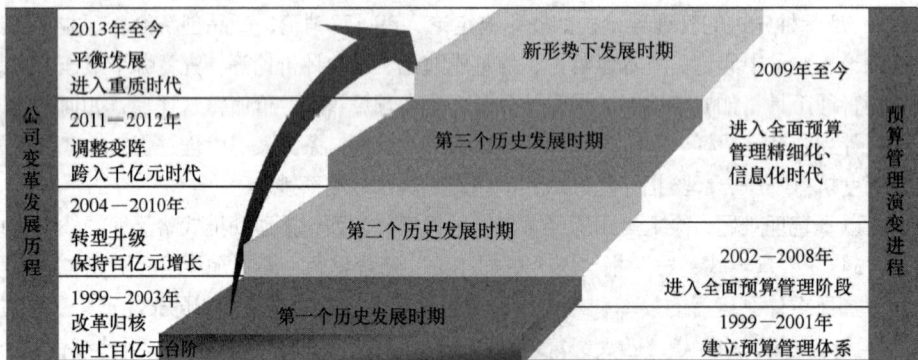

图 5-2　徐工集团的发展历程与预算管理进程

（1）1999—2001 年，是财务预算管理阶段。其间，工程机械行业处于低谷，预算管理主要围绕财务指标开展工作。通过梳理预算意识、力推预算管理、控制各项成本费用，实现预算目标。

（2）2002—2008 年，徐工集团的预算管理进入全面预算管理阶段。其间，徐工集团正处于

"转型升级，保持百亿增长"的第二个历史发展时期。2002 年，徐工集团已形成完善的全面预算管理体系，其明确了全面预算管理的内容、流程和各部门职责，规范了预算执行过程控制和调整，为预算管理的发展打下了坚实基础。

（3）2009 年以来，徐工集团的预算管理进入全面预算管理精细化、信息化阶段。徐工集团从 2009 年开始实施以 ERP 为代表的信息化提升工程，打造以 ERP 为数据处理和交互中心，以预算管理系统为主线和抓手，以客户关系管理（CRM）、产品生命周期管理（PLM）、制造执行系统（MES）等专业信息系统为工具的信息化体系，用信息化手段打通经营管理的各个领域，实现经营数据流、信息流的无缝对接和融会贯通。

2013 年，实施完成全面预算信息化系统上线后，徐工集团结合自身的管理模式和管控要求，设计、总结了"经营魔方"预算信息化管控模式，并以全面预算管理为主线，搭建了"343"经营模式下的全面预算管理体系。

（一）"315+343"全面预算管理体系概述

徐工集团全面预算管理体系（见图 5-3）以"315"经营魔方为方法论：第一，"3"平衡是指基于业务活动和资源需求的三项平衡，包含"目标平衡""专业平衡"和"分级平衡"；第二，"1"闭环是指战略时钟"1"闭环，体现为基于规划目标、预算编制、执行监控、分析调整、预算考核的闭环管理；第三，"5"基础是指全面预算管理体系的五项基础，即组织责任、统一标准、系统集成、制度流程、人员能力。

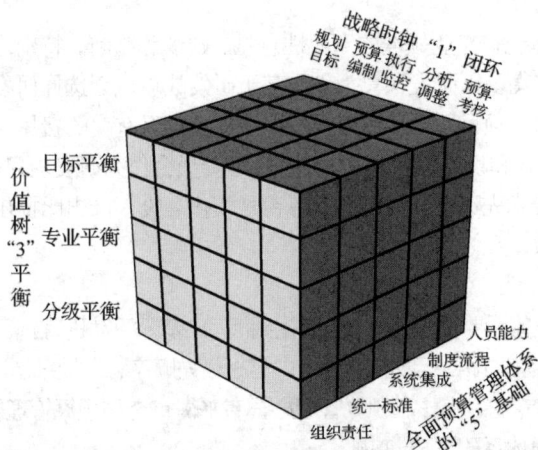

图 5-3 徐工集团全面预算管理体系

"315"方法论是可以普遍应用的方法。"315"与"343"是一般与特殊的关系：徐工集团在"315"方法论的基础上构建了独特的经营管理模式，进而形成了"343"经营模式下的全面预算管理体系。

（二）全面预算管理的体系构建

1. 以"315"经营魔方为方法论的各层级全面预算管理体系建设

（1）战略时钟"1"闭环

"343"经营模式下的全面预算管理模式强调环环相扣，是"全员、全方位、全过程"的管理活动，是一种一体化、科学化、标准化的现代化管理理念。徐工集团严格按照时间节点推进各项管理工作，通过战略时钟行走实现规划目标、预算编制、执行监控、分析调整、预算考核等管理活动的闭环化、精准化（见图 5-4）。

图 5-4　战略时钟

（2）基于业务活动和资源需求的"3"平衡

① 目标平衡。

预算目标是企业目标或战略意图的体现，合理的预算目标可以引领企业价值的增长。

a. 梳理徐工集团或某事业部的盈利模式。表述生产单位、生产产品、销售地区（可以区分出口内销）、销售模式，并填列每种模式下的销售价格、成本、变动费用等。

b. 梳理约束条件。梳理企业现有产能、市场份额、销售模式结构、资金约束、人员约束，以及根据战略规划预计需要调整的资源和能力。

c. 梳理固定费用。输入固定费用，形成盈利情况。

d. 设定目标值。结合企业战略导向，设定收入或利润等目标。

e. 目标平衡。通过规划求解，进行目标平衡测算，在不同的约束条件下，计算最优目标。

② 专业平衡。

专业平衡的重点体现在专业领域的专业性意见、建议和判断，特别是对项目周期和项目各要素的分析、论证和平衡。以研发预算为例，基于研发战略规划选择研发项目，项目立项后申报研发预算。每一个研发项目活动，用完全成本法把与项目有关的费用支出全部分配归集到相关项目中，包含人员投入和设备投入。公司技术管理委员会作为研发项目领域的关键平衡机构，针对申报研发项目的技术先进性、可靠性、可否规模化、投入产出比提出专业审批意见，提高研发资源有效投入的效率和效益。

③ 分级平衡。

按照全面预算管理体系要求，预算必须细化到活动，基于活动进行预算管理，推动达成共识。每项活动必须包含五要素，即目标收益、活动内容、优先顺序、审批级别以及时间金额。预算需满足自身管理的需求、专业线审核和预算管理办公室平衡审查和预算管理委员会审批的需求。

（3）全面预算管理体系的"5"基础

① 组织责任。

徐工集团设立了以董事会领导负责的预算管理委员会，它是预算的最高决策机构和管理机构。预算管理委员会下设全面预算管理办公室。该办公室为全面预算工作的管理协调和执行机构。公司 CFO 担任该办公室的主任，经营管理部、财务部部门负责人担任办公室副主任，各职能部门负责人为办公室成员。全面预算管理办公室结合职能职责进行预算管理工作。

事业部及分子公司依照集团预算管理架构设置本预算责任主体预算管理组织，承接集团预算管理要求，对本预算责任主体进行预算闭环管理。

需要强调的是，推动预算管理和协同效应的关键抓手是全面预算管理办公室。为了加强预算管理办公室职能，徐工集团将具有预算归口审核职能的部门纳入预算管理办公室，如经营管理、财务、研发、质量、生产、人力、营销管理、企业文化等职能，建立协同机制。徐工集团加强集团预算平衡审核职能：年度预算以承接企业战略规划为目标，由集团本部全面预算管理办公室综合各职能部门需求统一下发预算编制要求，即全面预算管理办公室是预算管理要求的唯一出口。徐工集团建立集团预算管理办公室层级平衡机制，充分考虑制造厂与集中平台的先后关系。通过"三上三下"的预算沟通流程，实现集团和事业部的沟通和协调。全面预算管理审核责任体系如图 5-5 所示。

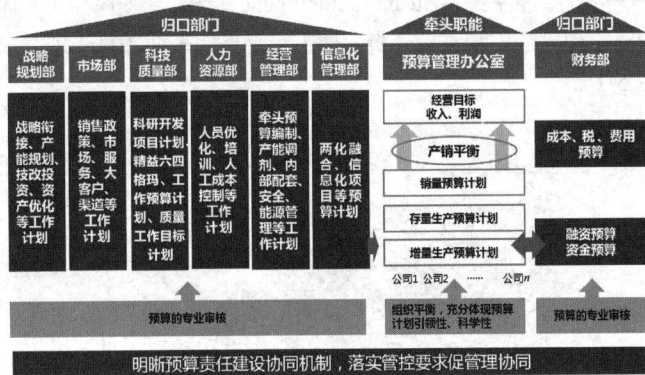

图 5-5　全面预算管理审核责任体系

② 统一标准。

在集团型企业中，预算管理作为一项重要的管理职能，其功能发挥的关键支撑要素之一就是标准化。徐工集团"343"经营模式的全面预算管理模式建立在"一套预算"的原则上。所谓的"一"，即为"统一"，统一基础，统一标准。集团化预算需要在集团内是一个预算管理平台，具体反映在以下几个方面。

a. 统一预算信息化平台，以全面预算信息化系统为统一预算管理平台。

b. 统一科目分类，即消除各单位之间的不合理、差异化的科目。

c. 梳理统一的指标及指标口径，统一各类指标的计算标准，统一公式。

d. 梳理统一的产品分类、地区分类。

e. 推进职能管理与预算的衔接流程标准化，如研发预算、投资预算、人力预算等，相关职能管理与预算管理的衔接关系、口径等衔接性非常重要。

通过定标准来促进各组织之间的沟通和协调，同时消除差异，使与各单位、各部室相关的分析结果更合理、更可靠，业绩评价和考核更具说服力。

③ 系统集成。

a. 推进流程信息化。通过企业资源计划（ERP）系统打通研发、生产、供应、营销、服务流程，实现"研、产、供、销、服"全价值链一体化及财务业务一体化（见图 5-6）。

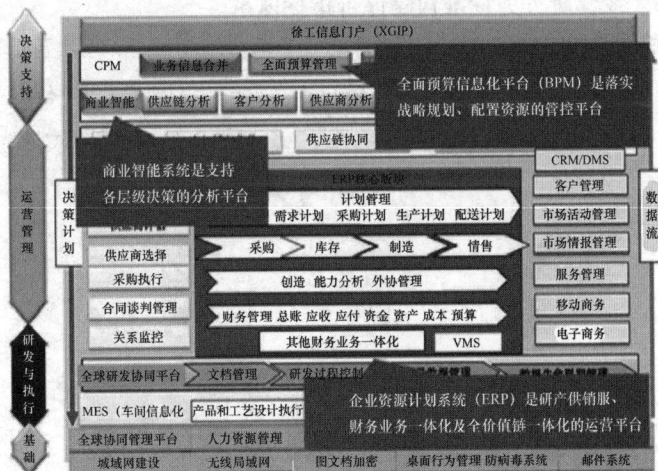

图 5-6　徐工集团信息门户

b. 统一预算信息化管控平台。以信息化平台建设为基础，在原有 ERP 运营平台的基础上建立预算管理信息化管控平台——预算管理系统（Business Performance Management，BPM）和决策支持平台——商业智能系统（Business Intelligence，BI），支撑徐工集团进行目标平衡、年度预算、月度预算、预算监控和预算分析，便于满足集团全面预算管理需求，落实战略目标和管控要求（见图 5-7）。

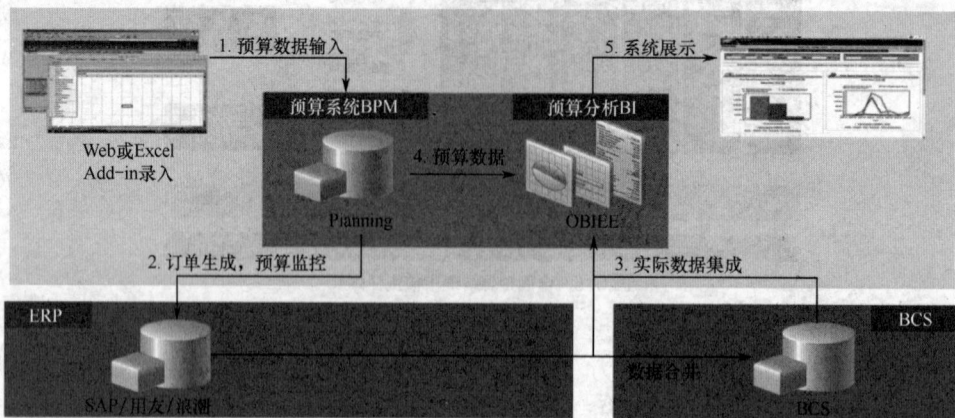

图 5-7　徐工集团预算信息化系统集成

c. 强化系统信息协同。强化预算监控，将 BPM 系统预算数据生成订单，导入 ERP 系统，以在 ERP 系统中在线实时监控预算执行情况；强化预实分析，将 ERP 系统实际数据自动抽取导入 BPM 系统，以在 BPM 系统中进行预实对比分析，做到事后监督；强化决策支持，将 BPM 系统预实数据导入 BI 系统，支持不同层级用户决策，支持不同主题、不同视角。

④　制度流程。

基于多年的管理实践，"制度管人、流程管事"的管理理念在公司内部得到普及，徐工集团系统梳理、评估基础管理中存在的问题，健全管理制度，优化业务流程，制定并实施《全面预算管理制度》《全面预算信息化系统运行管理规定》等制度，从制度层面将全面预算管理确立为公司"狠抓全年目标落地"的重要管理手段。

⑤　人员能力。

徐工集团按照全面预算管理模式要求，推动"公司战略—组织目标—员工绩效"之间的层层分解与有效衔接，以工作绩效为导向，强化员工绩效管理，提高人员素质能力。

2. 以"315"经营魔方为标准构建评价指标体系

为确保全面预算管理体系建设在集团各单位、各层级同步推进，切实营造全集团一盘棋的管理局面，徐工集团按照"以目标为导向，以目标为标准"的原则，在以"315"经营魔方为方法论的基础上，以"315"经营魔方为标准构建评价体系（见图 5-8）。

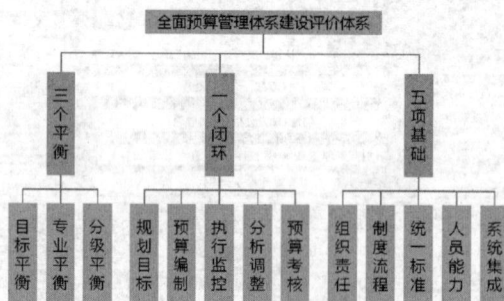

图 5-8　徐工集团全面预算管理体系建设评价体系

在明确以"315"经营魔方为评价体系的基础上，制订分解指标，明确评价维度、评价指标、评价标准及评价周期（见表 5-1），并根据评价结果对各单位、各层级进行分类、分级、分策管理，以引导先进、督促后进，从实现共同提升。

表 5-1   徐工集团的全面预算管理体系建设评价指标

序号	评价维度	评价指标		评价内容及标准	分值	评价周期	评价主体
1	三个平衡	目标平衡	原则依据	预算目标与徐工集团中长期及年度战略目标契合度	3	半年度	全面预算管理办公室
2				战略目标会依据每年的战略评估情况进行滚动调整	3		
3				预算目标应实行分类管理	2		
4				明确的预算目标制定原则	2		
5				预算目标应符合集团整体要求	2		
6		专业平衡	职能协同	全面预算管理中各职能之间的协同有效性	3		
7				业务活动周期和要素审核	2		
8		分级平衡	职责划分	对预算决策机构、预算管理机构、预算考核机构及各责任中心的职能划分做明确规定	2		
9				各级预算管理机构的职责与职权清晰、合理	2		
10	一个闭环	规划目标	战略承接	承接战略目标，预算管理执行机构将预算目标分解到部门，部门根据需要向下分解	2		
11				向下分解的明细应满足财务控制及各责任单位自行控制的要求	2		
12		预算编制	内容规范	年度经营计划制订、各类预算项目的定额是预算编制的基础	2		
13				预算内容要完整，应包括资本预算、经营预算及财务预算等	3		
14				在信息系统进行预算编制，并在规定的时间内将相关的需求信息提供给归口管理部门	2		
15				应明确各汇总层需汇总及审批的预算项目	2		
16		执行监控	业务监控	对于预算内控制应遵循总额及计划事项双重控制原则	2		
17				对预算外事项发生的理由和预计的操作计划进行详细报告说明，并经预算管理部门批准	2		
18				有预算预警系统随时进行监控，对超预算情况及时报警	2		
19				超预算事项批准后应相应调整其考核指标	2		
20				定期输出日报、月度快报、月度分析报告，对业务执行情况进行定时反馈	3		
21		分析调整	综合分析	预算分析应涉及差异产生的原因，解决方案及建议	2		
22				预算管理办公室应对预算差异进行追踪，并出具差异整改报告	2		
23				预算调整应有规范的预算调整申请报告，包括调整的理由、内容	2		
24				预算调整由预算管理办公室审核，预算管理委员会审批	3		
25				预算调整后应相应调整预算考核指标，报上级管理机构审批	2		
26		预算考核	考核应用	预算准确度	3		

序号	评价维度	评价指标		评价内容及标准	分值	评价周期	评价主体
27	一个闭环	预算考核	考核应用	预算编制的及时性和过程的规范性	2	半年度	全面预算管理办公室
28				根据预算执行情况进行结果应用，如薪酬调整、示范推广等	2		
29	五项基础	组织责任	组织设置	设置预算管理的最高决策机构并发挥作用	3		
30				设置管理日常事务的预算执行机构，可单独设立相应部门或挂靠在某部门下，设专岗负责	2		
31				设置专门的预算考核机构，可在负责业绩考核的部门设专岗负责	2		
32				各个部门（责任中心）设专职或兼职预算员	2		
33		制度流程	设计有效	预算制度的体系是否全面	3		
34				明确规定各重要管理方面和管理环节所涉及的管理流程	2		
35				对预算制度的执行情况进行定期检查，对违反制度的情况能够及时制止并加以惩罚	2		
36				在预算制度不适应实际情况时进行制度修订并制定相应的修订程序	2		
37		统一标准	基础分类	统一科目分类，统一指标口径、计算公式，统一产品分类，预算科目与会计核算科目标准化，职能管理与预算的衔接流程标准	2		
38			管理办法	科研开发、质量成本、安全环保、信息化核算办法标准化	2		
39		人员能力	人员素质	对关键岗位人员素质提出明确要求，包括综合素质、运营管理、财务管理等各方面，三年以上工作经验	2		
40			人员稳定	关键岗位近三年内人员流动不大于1人次	2		
41			工具应用	预算管理负责人、关键用户熟练操作全面预算信息系统及应用	2		
42			备案培训	人员离职及新到岗人员需要在集团经营管理部备案，新到岗人员需培训和认证	2		
43		系统集成	系统覆盖	BI系统、全面预算信息化系统、ERP系统等信息化系统上线情况	2		
44			系统维护	全面预算信息化系统维护及时性、准确性；BI系统日报维护及时性、准确性；预算系统与BI系统差异反馈	3		
45			运行有效	BI系统、全面预算信息化系统、ERP系统等信息化系统运行有效	2		
			合计		100		

3. 管理会计工具在全面预算管理体系中的运用

徐工集团在设定预算目标时，会应用竞争力分析、优势-劣势-机会-威胁（SWOT）分析、竞争对手分析等工具，并结合历史数据、行业数据、国内外宏观经济数据等，预判市场总量及新、老产品市场占有率，为预算精确编制打好基础。

在预算编制环节中，成本性态分析被用于确定费用的可控类型；项目投入产出被用于分析各类技改、研发项目投资的科学合理性；定额成本、目标成本法被用于确定生产成本和主营业务成本；约束理论被用于编制产销存预算来平衡产量、销量和库存。

在预算执行与控制环节中，徐工集团在采购与制造环节，应用企业资源规划（ERP）、标准成本法、成本差异分析、作业成本法、最优生产批量、最优订单批量、零库存管理、适时管理（JIT）、精益六西格玛、供应商评价等方法；在销售环节，应用客户盈利能力分析、客户满意度调查与分析、竞争对手分析、应收款风险管理等工具；在研发环节，应用了产品生命周期管理（PLM）等信息化系统保证预算执行的效率和效果，确保各项预算指标落地。

同时，为了优化次年度的预算编制，徐工集团一方面应用企业内部价值链分析、外部价值链分析，另一方面通过应用因素分析法、趋势分析法、预实对比分析法等对数据进行深层次挖掘和分析，找到真正有助于企业价值创造的活动、作业或项目。

最后，在考核过程中，徐工集团针对组织绩效应用了关键绩效指标（Key Performance Indicator，KPI）、平衡计分卡（Balanced Score Card，BSC）、经济增加值（Economic Valve Added，EVA）等管理会计工具方法。

4. 实现管理会计推广应用的过程与措施

（1）细化计划、预算与预测管理

"战略目标—预算计划—执行监控—分析改进—考核评价"的管理闭环是否能够有效运行决定了战略目标能否有效落地，而管理闭环的运行效率不仅取决于制度流程的完善程度，还取决于从"战略目标→预算计划→绩效目标"的转化效率，预算计划编制的质量直接决定了战略目标的分解是否有效、绩效目标制定是否科学。因此"细化计划、预算与预测管理的重点在于从"战略目标"到"预算计划"，再从"预算计划"到"绩效目标"的有效转化。

① 从战略目标到预算计划：经营魔方预算"315"。

按照经营魔方预算"315"的要求，徐工集团强化战略规划对预算管理的引领作用，通过战略时钟运行走打通管理闭环。徐工集团的战略规划部门严格按照战略时钟要求于每季度末，定期组织进行战略回顾及评估，识别战略执行中新的机遇与挑战、存在的问题并调整方向，完成战略规划滚动调整。

在完成战略回顾、评估的基础上，徐工集团利用全面预算管理系统（见图5-9），按照"三上三下"工作流程实施预算计划编制工作。全面预算管理办公室牵头组织预算计划的编制工作，归口部门结合专业职能进行专业审核，在"三上三下"审核过程中突出重点：第一稿审核目标平衡，收入规模、成本费用、工资总额、资金等方面要与战略目标相平衡；第二稿审核业务平衡，各项业务活动要与企业经营目标相平衡；第三稿审核要素平衡，各项业务活动下的要素要相互平衡，确保预算计划与战略目标相平衡、专项计划与预算计划相平衡、业务活动与专项计划相平衡，最终确定切实可行的年度预算计划。

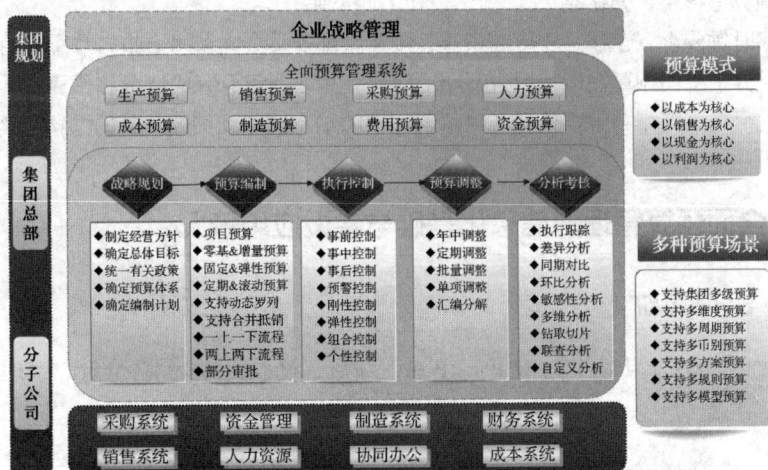

图 5-9　徐工集团全面预算管理系统

② 预算计划到绩效目标：绩效目标制定"SMART①"。

根据集团公司的战略整体要求，徐工集团强化自上而下的绩效目标分解体系，遵循绩效指标制定"SMART"原则设计指标结构和管理层级，通过关键成功因素分析（KSF）将战略目标展开为关键绩效指标，指标包含国际化、精益化、补短板、可持续四个绩效维度，并结合分子公司的战略目标、运营情况完成经营目标责任状、关键成功因素分解计划制订。

（2）深化管理报告与业绩评价

为强化预算计划执行力度，徐工集团建立了以集团董事长为核心、以分管运营副总裁及各单位一把手为支撑的集团预算考核评价委员会：集团董事长亲自指挥并按期调度，集团经营管理部与各分子公司预算与经营调度体系密切监测推动，各职能和业务体系协同联动。

① 在战略制定过程中开展滚动绩效分析。

战略规划部对整体绩效的达成情况进行定期分析。决策层对绩效分析结果进行评审，用于战略分析与调整。在制定五年战略和目标时，上一规划期的战略目标和规划完成情况、系统的 KPI 绩效数据分析（包括与标杆、竞争对手的绩效对比）是战略评审、战略分析的主要内容之一。

② 实施决策层绩效分析，评价"对比分析"制度。

根据《全面预算管理制度》的要求，分子公司每月对其绩效数据进行分析，各职能部门对其所负责的绩效数据进行分析，形成月度绩效分析报告，并将报告提交经营管理部；经营管理部对分子公司分析报告进行汇总分析后，提交决策层；决策层每月通过经营分析例会，每年通过管理评审会进行绩效评审，评审结果为战略决策、经营管理、改进与创新提供充分依据。

③ 实施管理层绩效分析、评价"回头看"制度。

各部门、各分子公司根据其职责，定期收集整理绩效统计数据和信息，并进行绩效分析与评价，用于内部主要过程改进与创新、资源调整与分配，并为战略决策及调整提供依据。

④ 执行层绩效分析，评价"自查与监督相结合"制度。

各过程、子过程归口管理单元对岗位绩效数据进行分析，关注岗位及子过程绩效的改进与创新，并为部门行动计划更新及调整提供依据。

此外，徐工集团的预算管理委员会定期进行全面预算管理的专项考核审计工作，旨在纠正总部各部门和各单位在预算执行中存在的问题，充分发挥内部审计的监督作用，维护全面预算管理的严肃性、周密性。审计工作结束后的 5～7 日内，审计人员必须形成专项审计报告，并提交预算管理委员会，作为调整预算、改进内部经营管理和绩效考核的重要参考依据。

（3）在预算考核中，强化结果应用与薪酬激励机制

按照战略时钟要求，在预算年度结束时，预算管理委员会向董事会报告预算执行情况；集团审计部门对分子公司预算完成情况进行全面审计，并依据预算完成情况和预算审计情况对相关责任单位进行结果应用，主要体现在对薪酬标准的动态调整及绩效薪酬的挂钩兑现上。

三、实施全面预算管理的信息化基础与建设应用情况

（一）SAP ERP 系统

徐工集团自 2009 年开始实施 SAP ERP 系统项目。该系统包含财务会计、管理会计、资

---

① SMART："S"即 Specific，具体的；"M"即 Measurable，可以衡量的；"A"即 Atfainable，可以达到的；"R"即 Relevant，与其他目标具有一定的相关性；"T"即 Time-bound，具有明确的截止期限。

金管理等财务业务模块，以及采购管理、物流库存管理、生产管理、销售管理等经营业务模块，其使物流、资金流、信息流三流合一，是徐工集团所有信息系统的核心。SAP ERP 系统的搭建，实现了研、产、供、销、服、财务等企业业务统一管理，加强了徐工集团对各分子公司的纵向管控和各分子公司的横向集成能力。SAP ERP 系统的实施也为全面预算管理的系统集成奠定了信息化基础。

（二）全面预算信息化平台

自 2012 年开始，徐工集团与德勤（Deloitte）合作实施全面预算信息化平台建设，已完成对徐工集团本部、事业部、分子公司的全面覆盖。全面预算信息化平台涵盖年度预算编制、月度预算编制、月度预算监控、月度预算分析、日报等模块，有效实现了规划目标-预算编制-执行监控-分析调整-预算考核的全流程管控。全面预算信息化平台的搭建为全面预算管理提供了专门的载体和工具。

（三）商业智能分析平台

2012 年，徐工集团在实施全面预算信息化平台一期项目的同时梳理了基于全面预算的分析指标体系，并融合各种管理会计工具，实施了商业智能分析平台项目。商业智能分析平台着重实现了预算分析功能，支持不同层级用户决策，支持不同主题、不同视角，具体功能包括核心指标分析、盈利分析、产销分析、成本分析、专项分析、资金分析、效率分析等，支持趋势、钻取、对标等多种分析方法，具备仪表盘、柱状图、饼图、趋势图等多种分析结果展现形式，并且实现了分析结果的移动展现，是徐工集团的价值管理与决策支持系统。

四、基于全面预算管理的管理会计报告

（一）运营综合分析报告

运营综合分析报告涵盖了经营过程主要环节及主要运营指标，实行经营分析例会制和经营分析报告制，其中经营分析例会每月召开一次，经营分析报告分为月度、季度、年度报告，经营分析例会和经营分析报告由经营管理部牵头组织，下属各单位运营情况分析由各单位预算部门牵头组织。

经营管理部根据例会情况和各单位的运营分析材料撰写整体运行情况分析报告报总裁，分析报告主要包含 4 个部分。

一是宏观环境分析。重点分析政策法律因素、经济因素、技术因素、社会因素等对企业经营环境的影响。

二是市场竞争分析。重点分析国内外行业及主要竞争对手的行业地位、市场占有率、销售策略，产业方向、行业走势及关联度产业等。

三是经营指标分析。①发展能力指标分析，主要包括对营业收入、主营业务收入、备件收入、出口收入、二手车收入、经营租赁收入等指标的分析，其中，备件收入分析应包括备件占主营收入比分析，出口收入分析应包括出口收入占主营收入比分析、市场占有率等。②运营能力指标分析，主要包括对应收账款、存货、成品资金及周转效率的分析，其中，应收账款情况分析应包含应收账款账龄分析、逾期分析等，存货分析包括原材料分析、半成品分析、产成品结构分析等。③风险控制能力指标分析，主要包括对回款率、现金流以及应收账款逾期控制等指标的分析。④盈利能力指标分析，主要包括对利润总额、利润率、毛利率、管理费用、财务费用、销售费用、研发费用、制造费用等指标的分析。

四是改进措施分析。针对宏观环境分析、市场竞争分析及经营指标分析的结果，提出改进措施，供领导决策时参考。

（二）专项业务分析报告

专项业务分析报告包括对经营环节的各类专项分析，由各相关职能部门按各自职责进行不定期组织编制，如应收账款专题分析报告、毛利率提高专题分析报告等（见表5-2）。

表5-2 徐工集团管理会计报告

序号	名称	报告作用
1	徐工集团回款日报	监控每日资金回笼情况
2	徐工集团销售日报	监控每日销售情况，反映月度销售预算进度
3	徐工集团月度预算计划	明确各项经营指标的月度预算目标，指导月度经营管理工作，并为月度绩效管理提供考核目标值
4	徐工集团月度主要经营指标统计表	综合反映月度经营指标完成情况，为决策层及时反映年度计划进度及企业运行形势，并为月度绩效管理提供考核依据
5	徐工集团月度产销存报表	通过统计分析企业各产品月度产量、销量、库存量反映各产品板块市场形势及内部产销衔接情况，促进产销平衡
6	徐工集团月度重点指标分析报告（如应收账款、存货）	监控企业关注的重点指标，多维度反映指标趋势，及时识别风险点，为决策层提供决策依据
7	徐工集团关键成功因素分解计划月度推进表	反映支撑经营指标实现的关键举措的实施进度，为制定后续改进措施明确反向
8	各单位月度预算分析报告	全面分析月度预算计划、关键成功因素分解计划等执行情况，重点识别差异原因，并明确改进措施
9	徐工集团主机销量及行业销量统计报表	对标行业及竞争对手分析各产品板块市场占有率情况及变动趋势、产品结构及变动趋势，为市场策略及产品定位提供决策依据
10	徐工集团月度预算快报	提前测算当月经营指标预计完成情况及次月预算，为决策层提供及时的、有价值的信息资源，支持决策
11	徐工集团季度运营分析报告	全面总结分析经营管理工作阶段性进展，识别亮点、剖析问题，明确下季度经营目标及关键举措
12	徐工集团重大项目完成情况季度报表	全面总结分析企业重大项目推进情况，重点识别进度落后的项目，并明确下一步项目工作计划
13	徐工集团年度预算大本	以年度预算大本的形式下发企业对各单位全年度的经营指标要求及关键举措，指导企业全年度经营管理工作
14	徐工集团战略评估报告	评估战略目标实现情况，对外部环境及内部资源能力进行全面评估，确定战略计划调整方向，指导预算计划编制
15	徐工集团其他专项分析报告（人力资源、信息化等专业职能分析报告）	针对运营过程中的机会、问题点、改进点等进行专项分析，供决策层参考

五、实施全面预算管理的管理效益

（一）战略时钟行走打通管理闭环，推动战略目标有效落地

通过"343"经营模式下的全面预算管理，徐工集团主要做到了以下几点：一是承上启下，发挥了贯通集团、事业部、公司桥梁作用，使各级单位的预算统一以集团战略为导向；二是实现从规划目标-预算编制-执行监控-分析调整-预算考核评价的闭环管理；三是保障预算管理成

为落实集团发展战略的有效工具，促进集团-事业部-分子公司-部门-员工的目标和行动的协同，保障预算管理具有较强的可操作性，充分发挥集团"一体化"运营优势，实现战略目标。

（二）基于目标平衡，实现目标最优

徐工集团基于每年的滚动战略规划在调整未来的投资、研发、销售模式等方面，通过目标平衡工具，在年度预算、月度预算编制时，测算不同战略举措下的盈利模式及盈利结构，形成最优的预算目标，更好地指引整体经营管理。

（三）基于业务活动，提升预算管理的科学性和有效性

一是基于项目进行研发预算及投资预算管理。要实现基于项目的预算管控，必须清晰项目投入资源、支出、进度以及项目收益等，梳理相关业务流程，统一核算办法及科目口径等，从而合理归集及分配研发项目、投资项目相关费用支出。通过研发项目、投资项目预算管理方式，明确项目活动所消耗的资源，集团可以更加科学地调度与分配资源，对有限的资源进行最佳配置，实现资源价值最大化。同时，徐工集团将有限的资金和人力资源、设备资源等投入到高产出的项目中去，实现集团利益的最大化。

二是徐工集团整合业务活动五要素、专业线审核、预算管理办公室审查、委员会审批，预算计划基于业务活动，反映业务线、专业线及优先排序，形成审核监督机制，通过全面预算信息化平台实现年度预算、月度预算、月度监控、预算分析层层分解与衔接。

（四）构建完整的财务人员配置体系与培养机制

一方面，提高了集团财会人员的总体学习深度，同时合理调整财务人员在财务核算和管理会计领域的分布比例，管理会计人员比例呈逐年上升趋势。徐工集团加大对财务人才的引进和培养，建立了完整的队伍整体素质提升的实现机制。

另一方面，实施财务负责人委派管理机制。总裁办公室下设的财务会计管理中心负责各单位财务负责人的委派和管理工作。管理中心对委派人员进行业务指导与监督，并负责对其进行岗位培训和资格认证。委派人员负责对委派单位财会机构实施约束机制，组织财会人员的业务培训和考核。最后，委派人员定期报告其履职情况，由管理中心管理，保证外部独立性。

（五）充分发挥全面预算管理体系功能的后续工作

第一，以企业战略目标为基准，以 CFO 为系统管控主体。全面预算管理体系必须以企业战略目标为导向，在财务战略目标的指引下整合企业资源，以财务管理为核心，实现企业价值最大化。同时，全面预算管理体系的构建必须以 CFO 为管控系统主体，赋予其相应的地位和职权，确保体系的建立和有效运转，以实现企业最终的战略目标。

第二，以预算管理为主线，以风险管理、内部审计为协同。预算管理能够有效地将企业战略目标与日常生产经营活动链接起来，通过分散权责、集中监督来优化配置企业资源，将财务管理工具统筹整合到战略财务管理体系中，通过体系的协同效应，实现企业的战略财务目标。

第三，以业务循环为基础，以经济循环为优先。在战略既定的前提下，徐工集团有效地以采购、制造、销售、投资、研发等业务循环为基础，贯彻实施战略财务目标。在全面预算管理体系中，经济循环包含两层含义：一是企业经济活动的循环，二是这种循环应是以较小的耗费来取得较大的收益，这样企业才能不断地创造价值、积累财富，实现可持续发展。

第四，以信息技术为支撑，以严格考核为保障。信息技术是全面预算管理体系的有力支撑，要站在战略高度统筹规划信息技术的应用，建立便捷高效的企业信息网络，将管控体系通过计

算机信息系统链接起来，确保信息流转顺畅。同时，通过层次分明的目标考核体系，加大对各级人员的考核，激励与约束并重，确保管控体系的有效运转。

专家点评

一、徐工集团"315+343"全面预算管理体系的创新、应用与效果

（一）"315+343"全面预算管理体系的创新

（1）实现管理闭环

"343"经营模式下的全面预算管理模式强调环环相扣，严格按照时间节点推进各项管理工作，实现战略目标、计划预算、执行、分析、考评、调整优化等管理活动闭环化、精准化。

（2）实现预算编制平衡

徐工集团根据战略科学合理确定预算目标值，排好计划优先顺序，分析瓶颈、影响因素、资源配置，发挥预算目标价值的引领作用。企业对专业项目的预算要积极听取专业领域的意见、建议和判断，特别是对项目周期和项目各要素的分析、论证和平衡。此外，企业要在目标收益、活动内容、优先顺序、审批级别以及时间金额维度进行预算管理，推动达成共识。

（3）多维度夯实预算实施基础

a. 组织层面，徐工集团设立由董事会领导负责的预算管理委员会，下设全面预算管理办公室，同时将具有预算归口审核职能的部门纳入预算管理办公室，建立协同机制。

b. 管理层面，强化集团预算平衡审核职能，年度预算以承接企业战略规划为目标，由集团本部预算管理办公室综合各职能部门需求统一下发预算编制要求。

c. 预算标准统一。徐工集团全面预算管理模式建立在"一套预算"的原则上，实现统一基础、统一标准。

d. 一体化系统集成程度高。徐工集团通过企业资源计划系统打通研发、生产、供应、营销、服务流程，实现研、产、供、销、服全价值链一体化及财务业务一体化。

e. 加强工作人员能力管理。徐工集团推动"公司战略-组织目标-员工绩效"之间的层层分解与有效衔接，以工作绩效为导向，强化员工绩效管理，提高人员素质能力。

f. 强化制度流程管理。徐工集团普及"制度管人、流程管事"的管理理念，系统梳理、评估基础管理中存在的差距和问题，健全管理制度，优化业务流程，制定并实施制度。

（4）细化评价指标体系。徐工集团以"315"经营魔方为标准构建评价指标体系，制订分解指标，明确评价维度、评价指标、评价标准及评价周期，并根据评价结果对各单位、各层级进行分类、分级、分策管理，以引导先进、督促后进，进而实现各单位、各层次的共同提升。

（二）"315+343"全面预算管理体系实施措施行之有效

1. 细化计划、预算与预测管理

徐工集团按照经营魔方预算"315"的要求，通过战略时钟行走打通管理闭环，严格按照战略时钟要求定期组织实施战略回顾及评估，识别战略执行中新的机遇与挑战、存在的问题并调整方向，完成战略规划滚动调整。

预算审核实行"三上三下"策略：第一稿审核目标平衡，收入规模、成本费用等方面要与战略目标相平衡；第二稿审核业务平衡，业务活动与企业经营目标相平衡；第三稿审核要素平衡，业务活动下的要素要相互平衡。

2. 深化管理报告与业绩评价

为强化预算计划执行力度，徐工集团建立了以集团董事长为核心、以分管运营副总裁及各单位一把手为支撑的集团预算考核评价委员会，并有效实施如下措施。

（1）在战略制定过程中开展滚动绩效分析。

（2）实施决策层绩效分析，评价"对比分析"制度。

（3）实施管理层绩效分析，评价"回头看"制度。

（4）执行层绩效分析、评价"自查与监督相结合"制度。

3．在预算考核中，强化结果应用与薪酬激励机制

按照战略时钟的要求，在预算年度结束时，集团预算管理委员会向董事会报告预算执行情况；集团审计部门对分子公司预算完成情况进行全面审计，并依据预算完成情况和预算审计情况对相关责任单位进行结果应用。

（三）"315+343"全面预算管理体系应用的效果显著

通过"343"经营模式下的全面预算管理，徐工集团主要实现了以下管理效益。

（1）战略时钟行走打通管理闭环，推动战略目标有效落地。

（2）基于目标平衡，实现目标最优。

（3）基于业务活动，提升预算管理的科学性和有效性。

（4）构建完整的财务人员配置体系与培养机制。

二、徐工集团管理会计案例的启示

（一）管理实践方面的启示

在本案例中，基于传统全面预算管理存在的问题和不足，徐工集团针对全面预算管理不系统、不全面、与战略不匹配、落地应用不扎实等具体问题，结合自身经营管理的实际，将自身的经营模式和预算管理方法论相结合，构建了既有经营管理内容又有支撑经营管理的方法论体系，形成了完整的全面预算管理模型，是具有实践价值的管理创新。该案例具有以下启示。

（1）构建体系，形成闭环管理。

（2）业财融合，实施立体管理。

（3）重视战略，经营与战略高度结合。

（4）信息化管理，信息化助推全面预算的科学、高效实施。

（二）对管理会计理论和实践的贡献

从案例写作来看，徐工集团全面预算管理案例写得翔实、具体，以问题为导向，逻辑主线清晰，极具创新性。案例实用性强，更有说服力，为管理会计理论提供了鲜活的实践事例。

从理论贡献来看，徐工集团在进行全面预算管理时，梳理了相关管理理论，整合了相应管理工具和手段，使各理论各得其所，使管理工具和手段各司其职。徐工集团推行的"343"经营模式和"315"方法论，具有一定意义的管理普适性，引导理论界和实务界进一步提炼和总结管理会计理论，为构建管理会计基础理论提供了可能。

（三）对未来发展的建议

随着市场的发展和实践的推进，建议徐工集团在以下方面加以思考。

（1）如何在预算立方体中更多地体现利益相关者关系管理？

利益相关者是实现全面预算管理的关键，所以，企业绩效和可持续发展需要利益相关者的支持，在今后的优化中，徐工集团要加强利益相关者关系管理，渗透到全面预算管理中。

（2）如何在全面预算管理中体现生态文明？

生态文明建设是制造业的重要使命，如何将生态文明纳入全面预算管理体系中，值得进一步优化。

（3）如何将成本管理更好地内化于预算管理中？

降成本是供给侧结构性改革的重要内容，特别是制造业，如何在预算管理者中强化降本增效，是下一步重要工作。

案例六　基于平衡计分卡的全面预算管控体系

北京易亨电子集团有限责任公司

【摘要】发挥管理会计的作用，促进企业转型发展、提高企业创造价值的能力，对国有企业尤为重要。本案例描述了北京易亨电子集团有限责任公司为有效解决多法人并存的困局，开展并建设基于平衡计分卡的全面预算管控体系的创新实践过程。北京易亨电子集团有限责任公司成立于1998年，是隶属于北京电子控股有限责任公司的国有独资企业，以园区地产租赁、提供物业增值服务为主要经营业务。"十二五"期间并入北京易亨电子集团有限责任公司的30余家企业大多已退出原有科技主业，承担起了更多的法人企业合并整合与商用地产经营管理任务。为改善相对滞后的经营管理和体系建设状况及实现战略转型，北京易亨电子集团有限责任公司融合自身多法人并存集中管理的模式，充分利用现有资源，实践创新，构建起"资产经营管理平台"战略定位下的"基于平衡计分卡的全面预算管控体系"。北京易亨电子集团有限责任公司以全面预算管理为抓手，融合平衡计分卡的管理手段和管理思想，将平衡计分卡与预算有机结合起来，以内控体系建设、财务共享服务中心、管理会计人才梯队建设为基石，通过平衡计分卡进行战略分解，确定年度经营任务，进行预算填报、预算质询、绩效责任书签订、预算管控、预算绩效引导、预算执行情况反馈，使全面预算管理贯穿于规划、决策、控制、评价等各个管理环节，融合业务活动的全过程，形成PDCA闭环，提高了经营管理质量和效率，有力地推动了企业的价值创造和转型升级。

【关键词】平衡计分卡；全面预算管理；多法人并存集中管理；园区地产业

一、案例背景

(一) 易亨集团简介

北京易亨电子集团有限责任公司(简称"易亨集团")成立于1998年，注册资本1.18亿元，是隶属于北京电子控股有限责任公司(简称"北京电控")的国有独资企业，下属企业37家。易亨集团以园区地产租赁、提供物业增值服务为主要经营业务，在北京6个中心城区、37处地理位置，持有可供经营的房地资产37万平方米，重点打造了易亨科技大厦、易亨·东道产业园、易亨·环星创业园、易亨孵化器、通易时代广场科技创意园、易亨·龙潭湖创意园、南锣鼓巷北京·印象创意园、易亨·元九文化创意园、苏州街商务园、沙河电子科技园、大观园商务庭院、北无商务园、吉乐众创科技园等多个各具特色的园区，服务的客户超过400家。

2012年，北京电控"十二五"战略规划部署确立以易亨集团为载体的北京电控资产经营管理平台，聚焦"释放提升存量资源价值、做好改革调整与企业重组融合、推进社保稳定和非经

作者：陈兵慧、孙福清、边丽冰、刘洋、邵晨、师玉鑫、魏高洁、张宁
案例指导与点评专家：邹艳 (北京航空航天大学)

营性资产集中管理，积极、稳妥地处理好各类历史遗留问题"四项核心工作任务。"十二五"期间，易亨集团共并入 7 个集团及其投资链上 30 余个所属企业。并入易亨集团的这些企业大多已退出原有科技业务，但持有房地资产，存在需要提供稳定保障的职工和支付企业补贴的离退休人员，承担保障一方平安的社会责任，还有许多一时难以解决的历史遗留问题，短时间内难以注销，形成众多法人并存的集团企业（见图 6-1）。

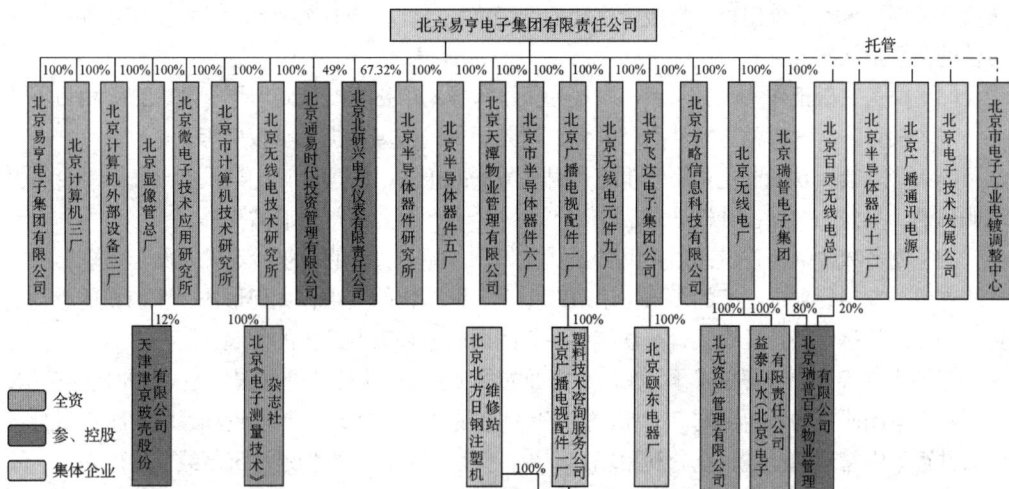

图 6-1　北京易亨电子集团有限责任公司的投资链

易亨集团成为北京电控资产经营管理平台后，亟待深化改革，提高业务管理水平和存量资源的价值。此外，易亨集团转型进入市场竞争充分的商业地产租赁领域后，要按照市场经济规律的要求提高管理水平和运营效率，响应市场的变化，提高竞争能力。因此，业务实质一样、多法人存在是易亨集团不可回避的现实问题，如何实现在此条件下的高效管理一直是其研究的重要课题。

（二）应对多法人并存集中管理转型挑战的需要

1. 易亨集团多法人并存集中管理转型

为了有效解决多法人管理效率低、管理风险大的困局，易亨集团于 2012 年创新性地提出"多法人并存集中管理模式"，即在不取消成员企业法人资格的前提下，努力克服多法人带来的管理障碍，实现企业的扁平化、集中管理（见图 6-2）。在这一管理思想的指导下，易亨集团开始由"分灶吃饭"向"多法人并存集中管理"的转型，逐步构建企业在战略、架构、运营、财务、人才和企业文化等各个方面的集中管理，构成企业发展的一整套管理体系。

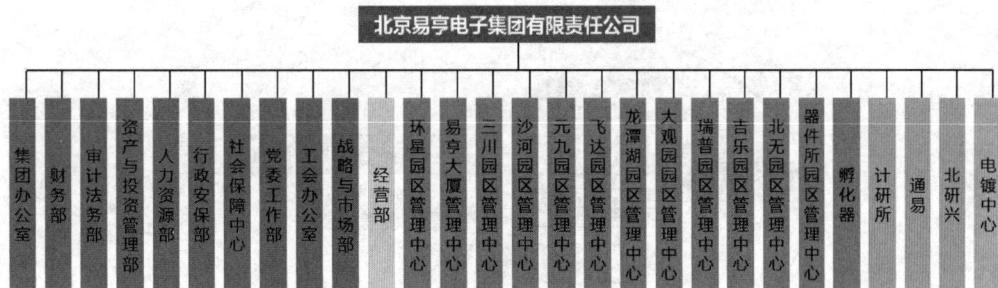

图 6-2　北京易亨电子集团有限责任公司的组织机构

2. 助力易亨集团经营转型的需要

在探索"多法人并存集中管理模式"的过程中，易亨集团承担了更多的存量资源整合与商业地产经营管理任务，面临诸多的挑战。

（1）企业负担重：既要消除产能落后的科技产业，全力退出劣势企业（"十二五"期间退出 57 家），又要全力以赴发展园区产业，努力让新增的收入能够覆盖并入企业的"维稳"（维持稳定）成本，同时还要积极、稳妥地处理并入企业的各项"维稳"问题。

（2）存量资源效益低：由于硬件设施老化、经营管理落后、历史负担较重等原因，大量存量房产长期、低价对外出租，形成价格洼地，经济效益低，同时需要承担社保稳定巨额费用，经营处于亏损状态。

（3）财务基础工作不扎实：突出表现为凭证审核不严格、账务处理不规范、会计科目不统一、成本核算不科学、财务软件品牌众多、对外提供的核算数据不够权威等。

（4）管理会计功能弱化：因疲于应付对外数据的报送，管理会计工具没能与业务结合，没有明确的、系统的管理会计框架和应用，不能为企业经营业务提供有效支撑。

（5）财务人才队伍建设落后：财务人员在知识、能力、专业、年龄等各方面与易亨集团的战略定位、发展要求不匹配的矛盾突出；对于人、财、物的集中，如何形成一个有机的整体，打造一个高效运营的管理模式，是摆在易亨集团面前迫切需要解决的问题。

多法人并存集中管理模式下，在财务方面如何创新，以优化资源配置，支撑企业战略转型，成了易亨集团研究的重要课题。为此，易亨集团引进先进的管理会计理论和经验，融合自身多法人并存集中管理的模式，充分利用现有资源，实践创新，探索构建"资产经营管理平台"战略定位下的"基于平衡计分卡的全面预算管控体系"。

二、多方面持续改善管理会计建设环境

"十三五"时期，我国经济发展方式转变，供给侧结构性改革推进，国有企业改革深化，对提高企业内部信息质量、企业管理水平和价值创造能力，推动经济转型升级提出了更高要求。加快发展中国特色的管理会计，既有助于推动企业建立和完善现代企业制度，实现管理升级，增强核心竞争力和价值创造力，促进经济转型和产业升级，也为深化财税体制改革、建立现代财政制度提供基础保障。易亨集团自"十二五"中后期起，持续改善管理会计建设环境。

（一）"一把手"工程，搭建业财融合的管理会计体系

易亨集团将管理会计列为"一把手"工程，总经理挂帅，负责资源调配；财务总监牵头，负责规划实施；各业务主管配合，推动业财融合，形成了由上到下、由点及面、快速推进管理会计应用的良好局面（见图 6-3）。

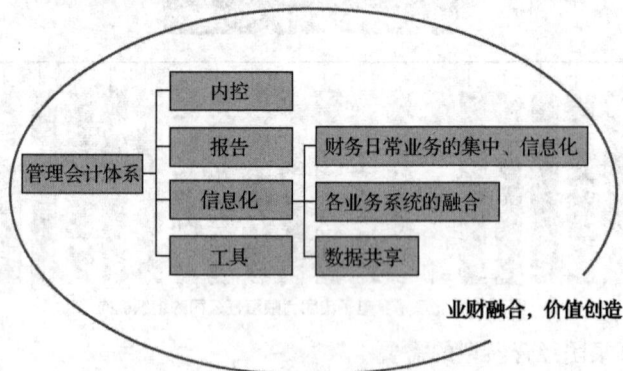

图 6-3　业财融合的管理会计体系

（二）建立以全面预算为抓手的管理组织架构

全面预算管理作为战略落地工具，融合业务活动的全过程。董事会下设预算管理委员会，建立管理会计组织架构。预算管理委员会由董事长、总经理、相关主管领导等五名成员构成，董事长担任主任，其他领导担任副主任；预算管理委员会下设全面预算管理小组，并设财务部为管理办公室；经营部、各职能部室及园区管理中心作为预算执行机构（见图 6-4）。

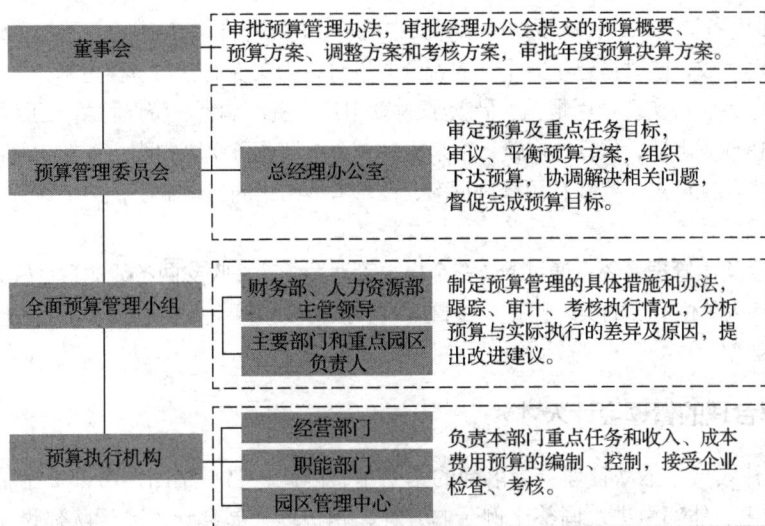

图 6-4　全面预算管理组织架构

（三）完善内控体系

内控体系建设将管理会计的预测、决策、控制和考核职责制度化，降低企业经营风险，实现了由采购、运营、销售、资本运作的全价值链管控。易亨集团从业务流程出发，对内部环境、风险评估、控制活动、信息与沟通、内部监督五方面的风险点和对应控制点进行梳理和提炼，将分解后的风险、风险控制措施、检查方法和风险控制矩阵嵌入管控流程，形成《内控管理手册》《内控评价手册》（见图 6-5），有效控制主要风险，持续提高综合管理水平。

图 6-5　管理会计相关控制程序

（四）建设财务共享服务中心

财务共享服务中心借助信息化手段，通过对财务业务进行流程再造与标准化，达到强化集团管控，提高业务标准化、规范化程度和整合财务资源及加强战略支持的目的。财务共享服务中心的建设可从系统、数据、人才三个方面为管理会计的建设提供保障，是管理会计实施不可或缺的一环。财务共享服务中心建设契合易亨集团"多法人并存的集中管理"模式，推动了业财一体化进程，对企业降低成本、提高效率至关重要，同时为管理会计建设提供了更广的操作空间。易亨集团的财务共享服务中心包括：NC 财务核算系统、费控系统和资金集中管理系统。

（1）NC 财务核算系统：实现财务核算集中统一、BI 分析自动输出，与费控系统对接实现支出凭证自动生成，同时搭建了一个开放融合的平台，为实现信息共享奠定基础。

（2）费控系统：实现费用报销、借款/预付款申请、资产购置、资产付款、工程项目申请、工程付款、超预算申请、预算外申请、往来支付 9 个申请业务模块的线上审批；通过与预算数据库连接，实现预算实时控制及预算执行率、预算考核结果的自动输出；实现财务凭证自动生成并传输到 NC 系统。

（3）资金集中管理系统：通过 NC 资金集中管理系统，按收支两条线的运行模式，实现对下属 21 家法人单位资金的实时监控、按日上收、按月度预算下拨，确保了资金安全，提高了资金的使用效率。

（五）培养合理的管理会计人才

管理会计人员是推动管理会计落地的生力军，因此，易亨集团财务部提出了"以才定岗、内部优化、外部引进，调整比例"的方针，积极地开展会计人才梯队建设，取得了积极的成果。

（1）打破财务传统岗位设置，根据业财融合的需要设立战略财务、业务财务、财务共享服务中心财务（见图 6-6）。

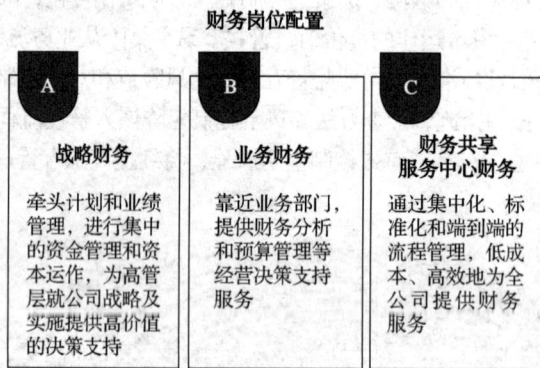

财务岗位配置

A	B	C
战略财务	**业务财务**	**财务共享服务中心财务**
牵头计划和业绩管理，进行集中的资金管理和资本运作，为高管层就公司战略及实施提供高价值的决策支持	靠近业务部门，提供财务分析和预算管理等经营决策支持服务	通过集中化、标准化和端到端的流程管理，低成本、高效地为全公司提供财务服务

图 6-6　财务岗位配置

（2）定期培训、参观学习，开拓财务人员眼界，增强危机意识。与北京国家会计学院、中税网、中华会计网、大成方略达成战略合作伙伴关系，每月组织财务人员参加不同主题的财务现场培训；组织人员参观中兴通讯股份有限公司、华为技术有限公司等标杆企业。

（3）引进可培养的优秀人才，优化财务人员结构，搭建老中青结合梯队。近年来，易亨集团引入国内知名高校毕业研究生、海外留学人员，参与管理会计体系的建设；财务人员，本科以上学历的占比 81%，具有中级以上职称的人员占比 65%。

（4）精简人员数量，调整岗位人员比例。通过优化分流、信息化提升等手段将财务部人员由 50 余人压缩至 20 人，且核算人员占比由 80% 下降至 60%，管理会计占比由原来的 20% 提高至 40%，最终实现"三·七"结构的人才目标（见图 6-7 和图 6-8）。

人员学历结构　　　　　　　　　　　　人员职称结构

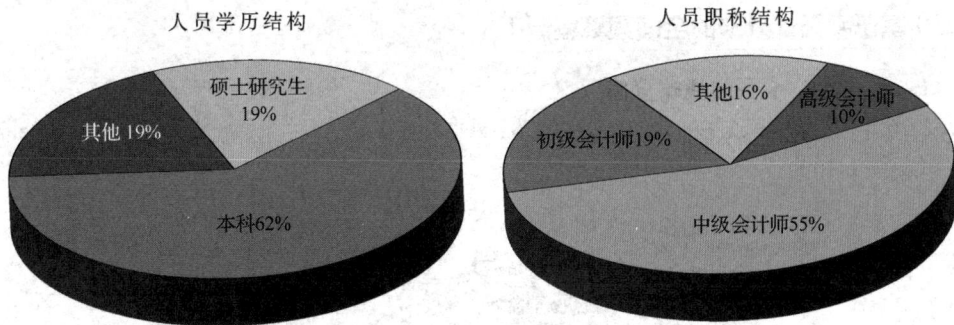

图 6-7　财务人才构成

五年

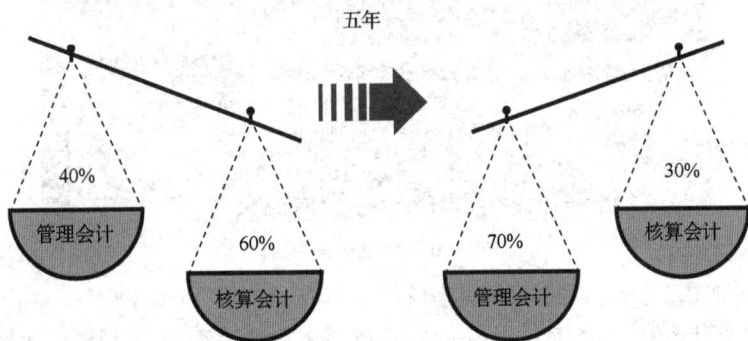

图 6-8　财务人才转型

三、建设基于平衡计分卡的全面预算管控体系

（一）基于平衡计分卡的全面预算管控体系的整体部署

易亨集团以全面预算管理为抓手，与平衡计分卡有机结合，将全面预算贯穿于规划、决策、控制、评价等各个管理环节，实现了业财一体化和价值链管理，形成了具有易亨特色的基于平衡计分卡的全面预算管控体系，推动企业"稳健经营、持续发展"。

易亨集团全面预算管理将所有能够用货币计量的定量项目及不能用货币计量的定性项目均纳入预算管理范畴，形成了经营规划、指标下达、填报、质询、上报、管控与服务、绩效引导、总结优化的闭环管控体系（见图 6-9），确保全面预算管理科学、系统、有序地进行。

图 6-9　PDCA 闭环管控体系

易亨集团全面预算管理将集团整体战略规划落实分解为各预算单位的具体经营目标及重点工作任务，使集团的战略规划和具体行动方案紧密结合，从而实现"化战略为行动"。各预算单位通过完成预算目标，落实重点工作任务，促进了集团战略目标的实现。

（二）基于平衡计分卡的全面预算编制

1. 平衡计分卡下的战略分解

2016 年，围绕北京电控"1221"总体战略，易亨集团制定"十三五"战略规划，确定"12345"战略（见图 6-10）。

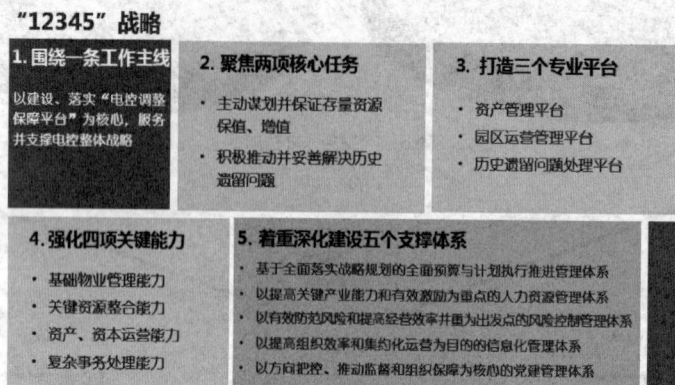

"12345"战略

1. 围绕一条工作主线

以建设、落实"电控调整保障平台"为核心，服务并支撑电控整体战略

2. 聚焦两项核心任务

- 主动谋划并保证存量资源保值、增值
- 积极推动并妥善解决历史遗留问题

3. 打造三个专业平台

- 资产管理平台
- 园区运营管理平台
- 历史遗留问题处理平台

4. 强化四项关键能力

- 基础物业管理能力
- 关键资源整合能力
- 资产、资本运营能力
- 复杂事务处理能力

5. 着重深化建设五个支撑体系

- 基于全面落实战略规划的全面预算与计划执行推进管理体系
- 以提高关键产业能力和有效激励为重点的人力资源管理体系
- 以有效防范风险和提高经营效率并重为出发点的风险控制管理体系
- 以提高组织效率和集约化运营为目的的信息化管理体系
- 以方向把控、推动监督和组织保障为核心的党建管理体系

图 6-10　易亨集团战略地图

根据战略地图，易亨集团将战略落实分解为平衡计分卡的四个维度目标，并作为年度经营目标及重点工作任务的导向和依据，通过全面预算绩效引导对年度经营目标进行考核。

（1）学习与成长

通过专业知识学习、职业素养提升、企业文化建立，易亨集团着力完善预算管控体系、人力资源管理体系、风险控制管理体系、信息化管理体系、党建管理体系五个支撑体系，支持企业稳步发展。

（2）内部运营

根据园区品质、运营模式、园区定位，易亨集团确定园区"投资改造一批、现状提升一批、处置转化一批"的工作规划。在进一步提高物业管理能力和资源整合能力的基础上，易亨集团强化资产、资本运营能力，充分发挥"电控调整保障平台"的支撑和保障作用，着力推动各类历史遗留问题的解决。

（3）客户

易亨集团以"客户需求"为中心，按照"以创新基础服务为支撑，以整合商务服务为重点，以关键产业服务为突破"的服务创新工作思路，在优化服务、提升体验的过程中，逐步形成"产品+服务"的商业模式。

（4）财务

易亨集团计划到"十三五"末期，营业收入增长到 42 000 万元；利润总额增长到 6 000 万元（见表 6-1）。

表 6-1　　　　　　　　　　　　　易亨集团"十三五"主要经济指标规划

指标＼年份	2016 年	2017 年	2018 年	2019 年	2020 年
营业收入（万元）	26 004	30 000	34 000	38 000	42 000
利润总额（万元）	1 800	3 000	4 000	5 000	6 000

2. 确定年度经营任务

每年第三季度，易亨集团召开经济运行分析会，在分析集团当年经营状况和预算执行情况的基础上，根据平衡计分卡目标，确定下年度重点工作任务和主要经营指标（见图 6-11）。

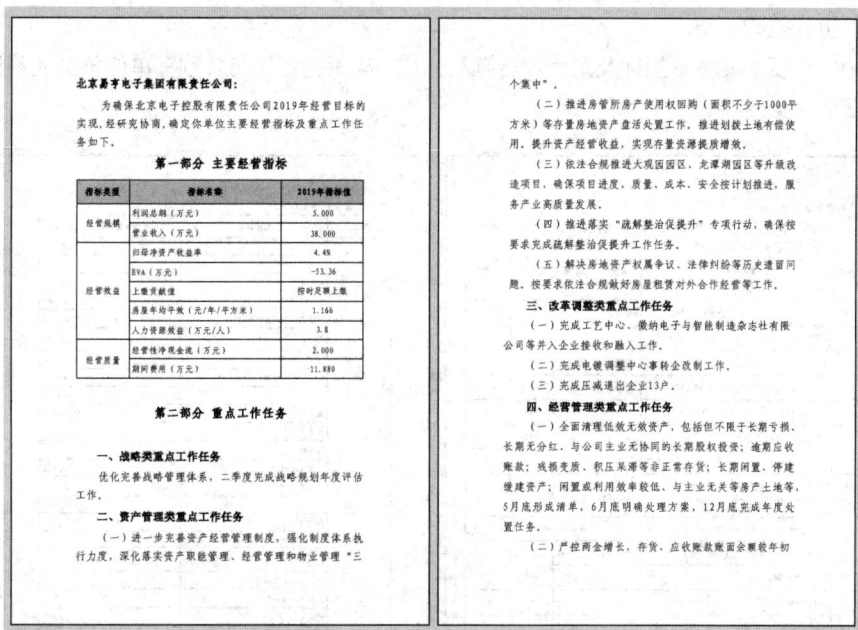

图 6-11 重点工作任务和主要经营指标

3. 全面预算管理的编报

（1）指标下达

每年 11 月，易亨集团召开下年度全面预算管理工作布置会议，将集团总体预算目标和重点工作任务分解下发至各预算单位。

（2）预算填报

各预算单位根据下达的指标，填报重点任务责任书，编制经济指标预算（见图 6-12）。重点任务分为共性任务和个性任务，其中，共性任务是按照集团年度经营计划和目标，所有预算单位均需完成的工作；个性任务根据各预算单位的工作职能、战略定位而确定。经济指标预算提供预算填报模板，并根据业务需要详细化、定义化预算科目，明确填报内容和范围，提高预算填报的准确性；采用增量预算法编制预算，预算填报系统通过输出近两年的历史数据为预算单位提供填报依据，提高预算的可比性。

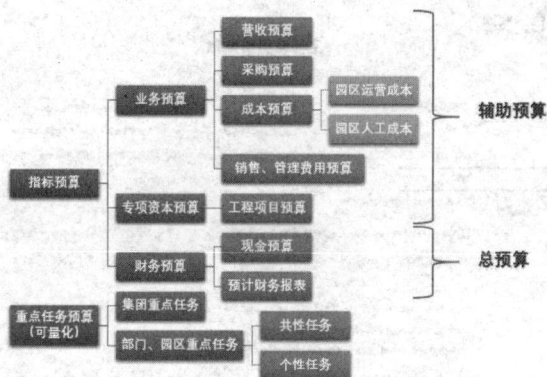

图 6-12 全面预算管理内容

（3）预算质询

易亨集团通过务虚会、一对一沟通、集团经理办公会质询、修订补充等多个环节，确保预算填报的有效性和合理性，最终形成各预算单位年度经营业绩责任书。

（4）责任签约

为确保年度主要经营指标及重点任务顺利完成，集团总经理与各预算单位负责人签订经营业绩责任书（见图 6-13）。

沙河园区管理中心:

为确保北京易亨电子集团有限责任公司2019年经营目标的实现，经研究协商，确定你单位主要经营指标及重点工作任务如下：

序号	重点任务		1季度	2季度	3季度	4季度
	共性任务					
1	规范落实主题常日制度及“三会一课”制度		3/3/3/1/0	3/3/3/1/1	3/3/3/1/0	3/3/3/1/1
2	《易亨时讯》：投稿不少于12篇		3篇	3篇	3篇	3篇
3	规范公务用车使用		完成	完成	完成	完成
4	安全管理	安全责任：安全工作考核达标	≥85分	≥85分	≥85分	≥85分
5		隐患排查系统使用率100%	1	1	1	1
6	制度建设：制度监督审核符合率≥92%		≥92%	≥92%	≥92%	≥92%
7	视觉识别系统应用标准符合率100%		1	1	1	1
8	经济指标：预算执行偏差率≤±10%		≤±10%	≤±10%	≤±10%	≤±10%
	个性任务					
9	客户满意度≥2018年客户满意度测量值+1%或≥90%		≥+1%或≥90%			
10	配套资源：毛利率预算执行偏差率≤±10%		≤±10%	≤±10%	≤±10%	≤±10%
11	收款及时足额率≥95%		≥95%	≥95%	≥95%	≥95%
12	合规性管理		完成	完成	完成	完成
13	特种作业持证上岗率达到≥100%		1	1	1	1
14	有效投诉事件数量<5件		<5件	<5件	<5件	<5件
15	服务创新项目≥2项		完成			
16	实时关注园区拆迁工作		完成			

附件2（2019年度经济指标预算）

沙河园区管理中心:

项目	预算科目	2019年预算核定量（单位：元）
园区成本	办公费	14000.00
	交通费	1200.00
	加班餐费	3700.00
	业务招待费	3000.00
	日常维修费（含材料费）	157000.00
	工程费用（单项1万元（含）以上，10万元以下）	172976.00
	设备设施工具检验费	30660.00
	设备设施维保费	111400.00
	车辆使用费	14500.00
	保安费	302400.00
	保洁费	300500.00
	租摆费	-
	房屋/场地租赁费	715000.00
	安全投入费	35500.00
	小计	1567136.00
非经营物业管理费用	办公费	-
	日常维修费（含材料费）	-
	工程费用（单项1万元（含）以上，10万元以下）	-
	设备设施工具检验费	-
	设备设施维保费	-
	保洁费	-
	物业费	-
	小计	-
成本费用合计		1567136.00
资产购置		14000.00
工程项目支出		9755.37
资本性支出合计		23755.37
预算合计		1390921.37

图 6-13　易亨集团沙河园区 2019 年度经营业绩责任书

（三）全面预算日常管控

1．事前专项决策

以园区升级改造为例，工程项目实施前，申请部门需在费控系统中提交工程项目申请单（见图 6-14），系统将自动判断该项工程是否在预算内。若在预算内，则项目经过领导审批即可实施；若不在预算内，则申请部门需在费控系统中提交超预算或预算外申请，财务部将采用投资回收期、投资报酬率、净现值等方法对该工程项目的投资效益进行分析，为决策提供支撑。

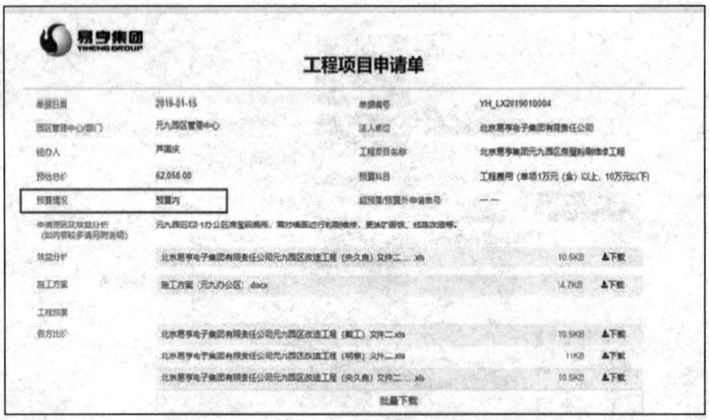

图 6-14　工程项目申请单

2．事中系统实时监控

全面预算管理融合财务共享服务中心建设，以费控系统建设为切入点，整合预算数据库、实现与预算勾稽，做到预算执行情况实时控制、自动输出（见图 6-15）。

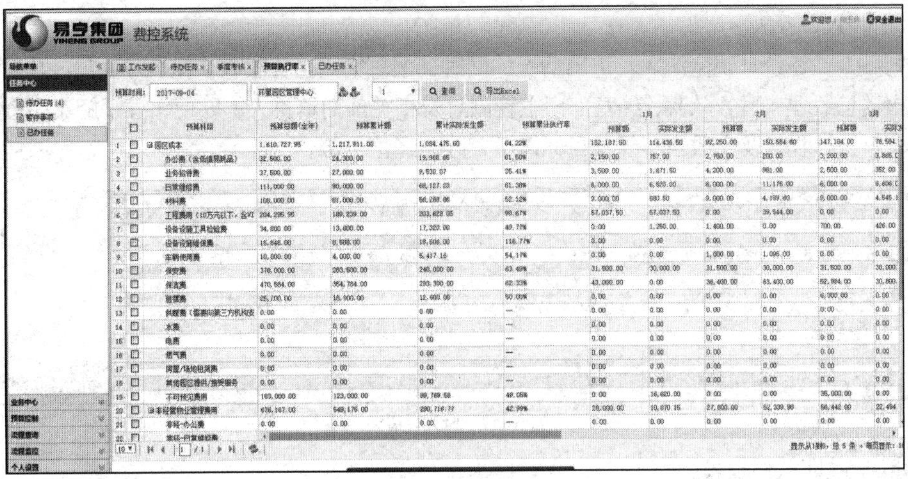

图 6-15　预算执行情况

3．事后"三位一体"的管理报告体系

易亨集团通过日常监控报告、财务分析报告、经济运行分析报告"三位一体"的管理报告体系，加强企业日常运营监控，分析预算执行情况，进而为企业管理人员有效经营和最优化决策提供依据。

（1）日常监控报告

① 现金流情况日报表。

易亨集团指定专门财务人员每日统计汇总企业现金流入、流出情况，编制现金流情况日报表（见图 6-16），并报送总经理、财务总监及财务负责人，以便领导及时掌握企业当日现金流量及本年累计现金流量。

2017年易亨集团现金流情况日报表

2017-8-30

当日现金流入		当日现金流出		当日净现金流	
上一日累计净现金流	388 199 102.50	当日流出合计	—	净现金流	—
当日流入合计	—	项目分类明细		项目分类明细	
项目分类明细		经营性现金流出	—	经营性净现金流	—
经营性现金流入	—	园区成本			
房租收入		职能部门费用			
物业收入		职工薪酬			
水费		离退费用			
电费		退押金			
供暖费		往来款			
停车费		税金			
通信接入		其他			
广告资源					
押金					
往来款					
其他					
投资性现金流入	—	投资性现金流出	—	投资性净现金流	—
投资收回或收益	—	购置固定资产	—		
处置固定资产	—	专项工程支出	—		
筹资性现金流入	0	筹资性现金流出	0	筹资性净现金流	0
取得借款	0	偿还债务及利息	0	累计净现金流	388 199 102.50
				可用现金余额	365 226 893.62

当年累计现金流入		当年累计现金流出		当年累计净现金流	
合计	227 947 074.32	合计	200 129 919.86	净现金流	27 817 154.46
项目分类明细		项目分类明细		项目分类明细	
经营性现金流入	226 837 968.21	经营性现金流出	183 803 618.98	经营性净现金流	43 034 349.23
房租收入	157 491 326.82	园区成本	36 824 643.09		
物业收入	4 552 865.27	职能部门费用	7 720 191.41		
水费	1 900 426.85	职工薪酬	66 966 790.82		
电费	11 554 375.89	离退费用	21 399 263.00		
供暖费	1 795 618.66	退押金	7 239 765.22		
停车费	921 230.43	往来款	4 466 603.19		
通信接入	55 678.11	税金	29 797 952.24		
广告资源	112 500.00	其他	9 388 410.01		
押金	16 415 096.04				
往来款	18 606 133.20				
其他	13 432 716.94				
投资性现金流入	1 109 106.11	投资性现金流出	16 326 300.88	投资性净现金流	-15 217 194.77
投资收回或收益	877 978.51	购置固定资产	1 354 155.75		
处置固定资产	231 127.60	专项工程支出	14 972 145.13		
筹资性现金流入	0	筹资性现金流出	0	筹资性净现金流	0
取得借款	0	偿还债务及利息	0		

图 6-16　现金流情况日报表

② 收入日报表。

财务人员在统计现金流入、流出情况的同时，汇总集团当日收入（见图 6-17），并以短信形式报送总经理、财务总监、经营部门主管副总及相关部门负责人，以便领导了解集团当日收入、本年累计收入及完成当年经营目标情况，改善经营决策。

易亨集团收入日报表

2017年8月30日

日园区收	计园区收	与电控签约指标(万元)	完成签约指标（%）	集团经营目标（万元）	完成集团经营目标(%)	时间比率（d/365）
0	17838	30000	59.5%	28500	62.6%	66%

注：1.集团园区收入目标是30 700万元，扣除通易2 200万元后为28 500万元

2.不含北研兴、通易

短信内容：【易亨集团经营日报】8月30日园区收入　　万；当年累计　　万；集团经营目标28 500万；完成率　63 %　；时间进度比　66 %

图 6-17　收入日报表

③ 应收账款周报表。

易亨集团指定专门财务人员通过账实核对，每周统计各园区租金收入情况（见图 6-18），汇总欠款客户的金额、事由，并发送集团领导及各园区负责人，为园区及时催缴租金提供依据，以降低坏账风险。

易亨集团

易亨集团园区收入到账监控周报表（截止日期：2017.8.25）

填报日期：2017/8/25

单位：元

收入	园区名称	2017.1.1-8.25合同金额		累计应收款		本年累计实收		逾期未到账		未付款原因	已采取措施	预计到账时间	备注
		房租	物业	房租	物业	房租	物业	房租	物业				
房租及物业收入	易亨大厦管理中心	22,569,193.30	1,003,477.94	22,779,712.30	1,003,477.94	22,365,571.61	1,150,710.91	0.00	0.00				
	三川园区管理中心	20,424,662.58	264,767.74	20,448,411.91	264,767.74	20,353,252.88	280,202.23	101,168.41	5,691.57	1.美文花退租，房租由保证金中扣除 2.乾元揽地涉诉中 3.东德控股、辣东控股请款流程中	已催收		
	环星园区管理中心	22,664,396.80	661,964.04	22,935,607.43	661,964.04	22,586,756.45	707,614.62	0.00	0.00				
	飞达园区管理中心	2,731,000.37	25,945.71	2,731,000.37	25,945.71	2,546,448.16	3,650.00	195,701.13	11,147.71	1.北京华梦家联房地产官司中 2.东方金字塔请款流程中	已催收	本周	
	龙潭湖园区管理中心	23,621,919.98	682,752.20	24,559,505.64	682,752.20	26,688,292.16	1,110,278.72	656,926.06	33,161.07	1.北京宇翔电子经营部续签合同洽谈中，面积减少，客户要求用退回的原有保证金冲抵本月房租。2.致健推荐多次催收，客户经营困难；3.其他13家企业在财务流程中	已催收		
	大戏园园区管理中心	5,148,830.76	39,616.46	5,407,374.76	39,616.46	5,330,621.27	226,579.46	0.00	0.00				
	瑞普园区管理中心	6,169,572.64	207,050.14	6,232,375.78	207,050.14	6,179,376.62	204,334.21	93,646.26	2,089.64	建科研、爱生屋在请款流程中	已催收	本周	
	吉乐园区管理中心	16,047,425.12	11,286.00	16,205,687.12	11,286.00	16,497,409.43	11,286.00	0.00	0.00				
	北天园区管理中心	11,735,150.00	10,950.00	11,735,150.00	10,950.00	11,764,253.00	85,665.00	0.00	0.00				
	器件所园区管理中心	3,586,230.75	93,804.00	3,586,230.75	93,804.00	4,112,886.86	178,479.19	0.00	0.00				
	小计	134,698,382.30	3,001,614.23	136,621,056.06	3,001,614.23	138,424,868.44	3,958,800.34	1,047,441.86	52,089.99				
合计		137,699,996.53		139,622,670.29		142,383,668.78		1,099,531.85		备注：累计应收合计-本年累计合计=-337万，与逾期135万差额472万，主要受龙潭湖园区通用收入、器件所园区预收的影响。			

备注：①累计应收款=本期合同金额加+以前年度逾期未交款（不含三元、韦尔历史欠款）

②本年累计实收是指累计现金流入，包括收到的本期应收、预收和以前年度欠款

③逾期未到账=累计应收款-本年累计实收-不属于本期应确认的收入

④瑞普园区累计应收款及逾期未到账均不包含瑞普三元、瑞普韦尔历史欠款房租778万元、配套能源55.7万元，合计833.7万元

图 6-18　应收账款周报表

④ 押金收支情况月报。

易亨集团指定专门财务人员通过核对合同应收押金与实际收到押金，每月汇总出具押金收支情况月报表（见图 6-19），统计当月欠缴押金的客户、金额及事由，并报送集团领导及园区负责人，以提醒园区及时催缴，降低经营风险。

易亨集团园区经营押金收支情况月报表

填报时间：

园区名称	上年押金金额	累计应收押金（本年合同数+上年未收）	本期累计实收押金	本期累计流出押金	本期押金余额	本期应收未收押金	未收款原因	已催收款项	预计到款时间	备注
易亨大厦管理中心	11,355,433.59	372,265.41	1.1-8.31现金流入日报	1.1-8.31现金流出日报						
三川大厦管理中心	3,900,257.90		455,198.99	44,198.99	730,163.24	11,080,471.34				
环星大厦管理中心	5,059,846.90	60,808.50	428,006.90	423,006.90	-	4,356,764.80				
沙河大厦管理中心	1,016,379.92		1,090,429.58	1,090,429.58	74,319.25	6,086,007.26				
元九大厦管理中心	2,358,419.25		9,469.74	9,460.76	-	1,025,840.68				
飞达园区管理中心	409,094.96		0.00			2,050,419.25				
龙潭湖园区管理中心	6,070,514.70	55,733.99	-			409,094.95				
大胶园区管理中心	2,366,020.95	180,762.00	339,992.72	295,827.72	130,004.45	6,280,502.97	经营部在与客户协商中	已催款		
鹰普园区管理中心	990,094.46	149,325.84	192,993.00	192,993.00	178,743.75	2,380,270.20				
方略园区管理中心	5,069,896.90	60,804.59	429,004.90	421,004.90	-	4,356,264.00				
北天园区管理中心		55,731.99	-			409,094.95				
古乐园区管理中心		180,762.00	339,992.72	295,827.72	130,004.45	6,280,502.97				
器件园区管理中心	6,070,514.70	148,325.84	192,993.00	192,993.00	178,743.75	2,380,270.20				
计研所		60,804.50	429,004.90	429,006.90	-	4,356,264.80				
潮涌园			455,191.99	465,196.99	730,161.24	11,080,471.14				
通易		60,808.50	428,006.90	423,006.90	-	4,356,264.80				
合计	44,701,126.28	1,387,143.07	4,768,287.36	4,679,967.36	2,152,142.13	67,196,005.31				

取数规则：

1. 上年押金金额：从11日前手工输入初次数

图 6-19　押金收支情况月报表

（2）财务分析报告

财务分析报告分为月度报告和年度报告，结合集团重点任务及主要签约指标完成情况，采用比率分析、趋势分析、对标分析的方法，对营业收入、营业成本、毛利及毛利率、期间费用、利润总额、现金流等指标进行分析，得出企业经营效益，发现问题所在。

① 比率分析：包括成本费用占收入比率和盈利能力分析（见表6-2和表6-3）。

表 6-2　　　　　　　　　　　　　　成本费用占收入比率　　　　　　　　　　　　　单位：万元

项目 \ 年份	整体情况		集团可控		通易公司	
	2016 年	2015 年	2016 年	2015 年	2016 年	2015 年
收入	28 246	26 368	26 036	24 129	2 210	2 239
成本占比	47%	51%	47%	51%	49%	58%
销售费用占比	0.25%	0.60%	0.27%	0.65%	—	—
管理费用占比	36%	46%	39%	49%	2%	12%
其中：稳定费用占比	17%	21%	18%	23%	—	—
成本费用合计占比	84%	97%	86%	100%	51%	69%
其中：职工薪酬占比	14%	20%	15%	22%	—	—
利润总额占比	12%	12%	10%	12%	42%	17%

表 6-3　　　　　　　　　　　　　　盈利能力分析

盈利能力状况	2012 年	2013 年	2014 年	2015 年	2016 年
净资产收益率	−4.03%	−3.24%	1.52%	3.24%	7.59%
总资产报酬率	−1.58%	−1.38%	0.62%	1.03%	2.49%
销售（营业）利润率	−15.33%	−10.99%	4.03%	5.19%	12.07%
成本费用利润率	−14.27%	−10.70%	4.31%	5.98%	14.84%

② 趋势分析：主要指标趋势分析（见表6-4及图6-20），现金流量趋势分析（见表6-5）。

表 6-4　　　　　　　　　　　　　　主要指标趋势分析　　　　　　　　　　　　　单位：万元

主要指标 \ 年度	2012 年	2013 年	2014 年	2015 年	2016 年
营业收入	19 148	20 918	23 836	26 368	28 246
营业成本	6 455	7 844	10 027	11 391	12 837
营业毛利	12 693	13 074	13 809	14 977	15 409
期间费用	14 118	13 632	12 263	11 503	10 076
成本费用合计	20 573	21 476	22 290	22 894	22 913
利润总额	−2 936	−2 298	961	1 369	3 409

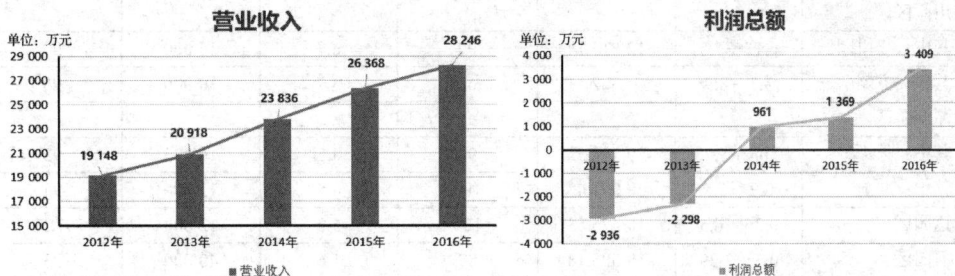

图 6-20　主要指标趋势

表 6-5 现金流量趋势分析 单位：万元

项目	2012 年	2013 年	2014 年	2015 年	2016 年
经营活动产生的现金净流量	10 219	2 227	−2 895	6 725	6 242
投资活动产生的现金净流量	−151	−1 071	−1 260	−512	−2 403
筹资活动产生的现金净流量	−1 994	−1 444	−982	−682	−865
现金净流量合计	8 074	−288	−5 137	5 531	2 974

③ 对标分析。

对比标杆企业毛利率情况，如表 6-6 所示。

表 6-6 标杆企业毛利率

标杆企业	2015 年毛利率	2016 年毛利率
中国国贸	60%	65%
嘉里建设	78%	79%
电子城集团	48%	52%

与同行业单位面积管理人员数量最优值进行比较，如图 6-21 所示。

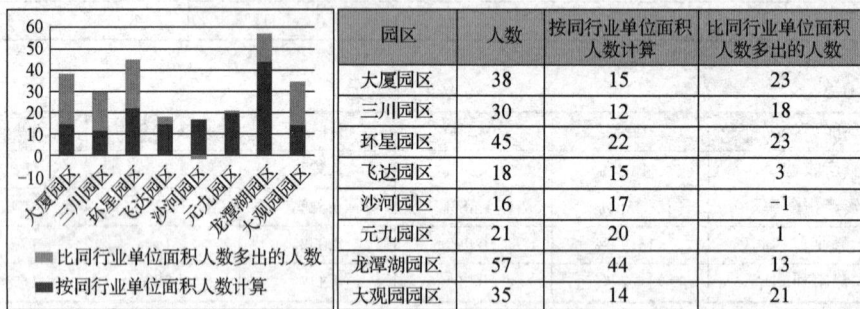

园区	人数	按同行业单位面积人数计算	比同行业单位面积人数多出的人数
大厦园区	38	15	23
三川园区	30	12	18
环星园区	45	22	23
飞达园区	18	15	3
沙河园区	16	17	−1
元九园区	21	20	1
龙潭湖园区	57	44	13
大观园园区	35	14	21

图 6-21 单位面积管理人员数量比较

2016 年对标企业平均出租单价及出租率如表 6-7 所示。

表 6-7 平均出租单价及出租率

各园区	2016 年			周边竞争对手		
	平均单价（元）	出租面积（m²）	出租率（%）	平均单价（元）	出租面积（m²）	出租率（%）
易亨大厦园区						
其中：易亨大厦	3～13.166 4	10 522.24	96	7	15 000	97
其中：微电子	0.3～11	4 149.52	98	4.2	3 000	97
环星园区						
其中：环星园区	1.5～7.6	16 810.05	91	5.2	15 000	99
其中：无研所	0.95～5	4 215.56	98	4.2	3 000	97
三川园区						
其中：三川园区	6.15～7.5	12 815.14	99	6.7	15 000	99
其中：方略	3.3～8.9	382	62	3.7	10 000	95
龙潭湖园区						
其中：天潭	0.64～5.73	29 138.52	90	4.5	16 000	95
其中：北显	2.7～7.5	18 991.43	100	4.5	15 000	95
飞达园区	0.36～6.5	16 475.53	100	5.2	12 000	97.50
沙河园区	0.5～3.29	18 005.18	87	1.6	40 000	93
元九园区	0.27～5.87	22 019.89	100	4.3	30 000	97
大观园园区	0.8～7.34	15 641.9	98	3.5	5 000	98

各园区	2016 年			周边竞争对手		
	平均单价（元）	出租面积（m²）	出租率（%）	平均单价（元）	出租面积（m²）	出租率（%）
瑞普园区	2～5.8	13 936.74	98	4.4	6 000	97.50
计研所		5 384.7	96	3.55	5 000	100
吉乐园区	1.61～2.8	58 050.22	98	6.45	18 000	98
北无园区	1.6～4.5	22 688.49	100	6.93	20 000	91
器件所	1～1.5	11 752.59	97	1.6	40 000	93

（3）经济运行分析报告

经济运行分析报告，按季度和年度对集团主要经济指标及重点任务完成情况进行跟踪、总结，主要分为主要经营指标完成情况、重点任务完成情况等。

① 主要经营指标完成情况：包括签约指标完成情况（见表 6-8）、长短期借款、期间费用预算及三年情况、稳定保障支出及三年情况、收入预算及三年情况（见图 6-22）、毛利及毛利率三年情况、利润预算及三年情况（见表 6-9）等。

表 6-8　　　　　　　　　　　　　　主要指标签约完成情况　　　　　　　　　　　　单位：万元

指标名称	2016 年					2015 年同期数	同比增减率
	年度预算数（签约值）	1～3 月累计预算值	1～3 月实际完成数	年度预算（签约）完成率	1～3 月累计预算完成率		
1. 营业收入	26 004	6 320	6 197	24%	98%	6 129	1%
主营业务收入	26 004	6 320	6 197	24%	98%	6 129	1%
2. 利润总额	1 000	−600	−588	−59%	−8 400%	−1 293	55%
3. 净利润	992	−620	−623	−63%	−8 900%	−1 328	53%
归属于母公司所有者的净利润	811	−620	−606	−75%	—	−1 340	55%
4. 成本费用总额占营业收入的比重	98%	99%	108%	110%	109%	106%	2%
5. 现金及现金等价物净增加额	—	2 500	2 763	—	−217%	382	623%
经营活动产生的现金净流量	2 014	3 204	3 693	183%	340%	680	443%

园区收入

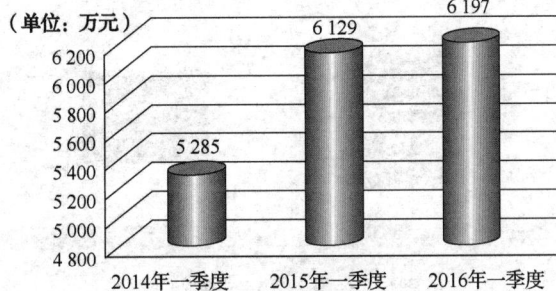

图 6-22　收入指标三季度对比

表 6-9　　　　　　　　　　　　　　利润总额三年对比情况表

指标名称		2014 年 1～3 月		2015 年 1～3 月		2016 年 1～3 月	
		金额	同比增长率	金额	同比增长率	金额	同比增长率
利润总额	园区地产服务业	−1 327	25%	−1 293	3%	−588	55%

② 重点任务完成情况：根据"12345"战略，易亨集团对经营质量、资产管理、园区运营管理、历史问题处理、五大支撑体系建设完成情况进行跟踪分析（见图 6-23）。

图 6-23　重点任务完成情况汇报

（四）全面预算绩效引导

　　易亨集团制定《绩效引导管理控制程序》《全面预算执行情况评价作业指导书》，将各预算单位预算执行情况与绩效挂钩，对员工和各预算单位进行激励。

　　易亨集团以重点工作任务季度、年度时点完成情况（含经济指标预算执行情况）为季度、年度考核依据，将各预算单位重点工作任务完成情况总分设置为 100 分，各项任务平均分配，单项任务完成为满分，未完成为 0 分。

（五）预算执行总结优化

易亨集团本着"战略引导、事先规划、方法创新、过程控制、全员参与、效益最大"的原则，结合上年度预算管理过程中出现的共性问题及下年度集团发展要求改进预算管理方法，促进业财融合，充分发挥预算管理的工具作用，助推企业发展（见图 6-24）。

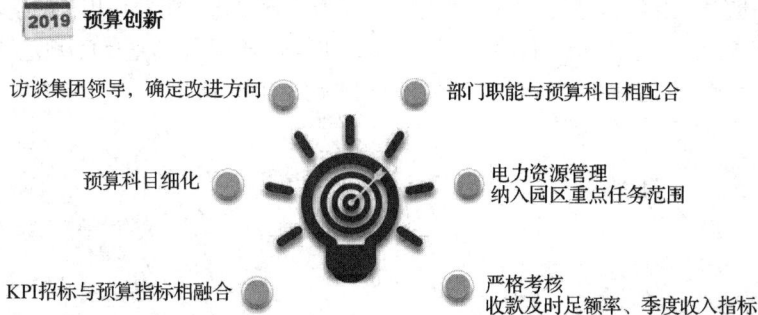

2019 预算创新

- 访谈集团领导，确定改进方向
- 预算科目细化
- KPI招标与预算指标相融合
- 部门职能与预算科目相配合
- 电力资源管理纳入园区重点任务范围
- 严格考核收款及时足额率、季度收入指标

图 6-24　优化预算管理

易亨集团通过撰写年度预决算报告对全年预算工作系统总结，从经营指标和重点任务完成情况进行分析，检验战略执行结果，把脉集团经营状况，制定下年度经营目标。

四、易亨集团全面预算管控体系实施效果

经过几年来的探索与改进，易亨集团基于平衡计分卡的全面预算管控体系取得了显著成绩。

1．确保战略目标的顺利实现

易亨集团基于平衡计分卡的全面预算管理，使集团的长期战略规划与短期经营目标，财务数据与重点任务，财务与业务有机结合起来，形成了战略规划、战略分解、经营目标、重点任务、财务指标、任务分解、预算填报、预算质询、绩效责任书签订、日常监控、绩效引导、改进提升的 PDCA 闭环管理体系，体现了管理会计的事前规划、事中管控、事后评价的作用，确保集团战略目标的顺利实现。

2．日常监控体系扎实、有效

管理报告体系贯穿于集团运营始终，形成了全方位、多角度监控模式。日常监控包括现金流量日报、营业收入日报、应收账款周报、押金情况月报，对影响现金流的主要指标实时监控；财务分析报告、经济运行分析报告，运用各种管理会计工具，主要从经营指标和重点任务完成情况，对一段时期的经营质量把脉。

3．经营风险不断降低

风险管控体系建设将集团所有业务流程化、制度化。易亨集团出具《内控评价手册》《内控管理手册》并落实执行，从集团的内部环境、风险评估、控制活动、信息沟通、内部监督 5 个方面入手，确保了集团经营管理的合法合规、资产安全、财务报告及相关信息的真实、完整，提高了经营效率和效果，促进了集团实现发展战略。

4．管理会计理念深入人心

几年来，易亨集团管理会计从无到有、从有到逐步完善和推广，创新实践已初见成效，逐步被集团各部门、园区所接受，财务工作不再是枯燥无味的数据，而是与业务融合、参与集团的价值创造，为经营保驾护航。融合业务的管理会计相关流程和制度得到了很好的执行。

5. 易亨集团的管理质量和效率有所提高

易亨集团将财务工作由事后管理向事前管理转变，主动融入价值链管控中，发挥数据分析、管理工具应用的专业优势，对经营预测、园区改造、降本增效、战略规划等方面进行把关，有效防范了经营管理的无效性、低效性。

6. 管理会计的价值创造作用日益凸显

管理会计在集团经营规划、决策、控制、评价等方面发挥了重要作用，特别是通过本量利分析、对标管理，提出了指导价格和目标成本，使企业走出了价格洼地、规范了成本计量。2012—2016年园区租金单价持续增长、成本费用占比逐年下降（见图6-25）。

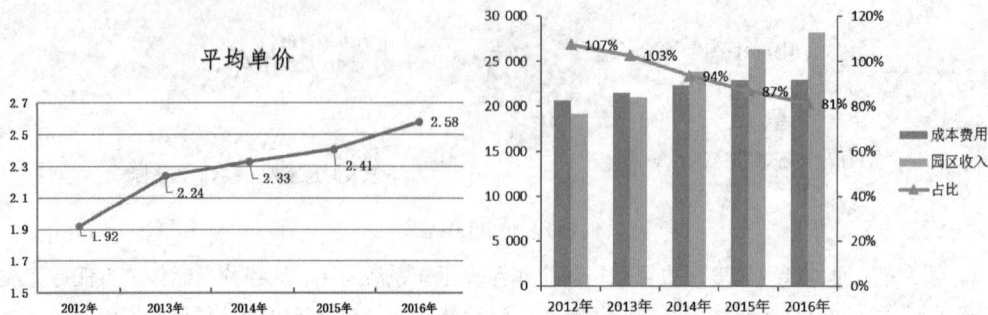

图6-25　平均单价及成本费用占收入比重

随着社会的不断发展，经济水平不断提高，市场竞争愈发激烈，管理会计在企业的经营发展过程中发挥着举足轻重的作用。"路漫漫其修远兮，吾将上下而求索"。管理会计是一个系统工程，易亨集团在"十三五"乃至"十四五"期间，将继续完善基于平衡计分卡模式的预算管理和管理会计建设，在环境、人员、数据、工具、融合等5个层面（见图6-26）求得突破，加强和完善价值链管控，从战略高度对信息化建设进行统一部署和推进，逐步上线资源管理系统整合业务板块，打破业务壁垒和信息孤岛，实现实时业务和资源共享，使易亨财务成为经营决策的支持者和价值创造不可或缺的一环。

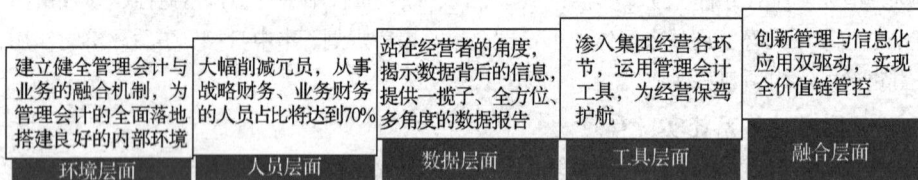

图6-26　管理会计建设的5个层面

专家点评

十九大报告指出，我国经济已由高速成长阶段转向高质量发展新阶段。中国企业开始转向转型升级、追求高质量增长阶段。在国有企业转型升级的过程中，承担着相应社会服务功能的非核心主业（如物业服务、工程维修）的企业如何转型升级、提高价值创造能力，成了相关企业的管理者不得不面对的问题。案例企业就是这样一个企业。作为北京电控资产经营管理平台，易亨集团以全面预算管理为抓手，通过构建基于平衡计分卡的全面预算管控体系，有效开展园区产业的存量运营，提高了管理质量和效率，促进了园区利润的提高，值得学习和借鉴。

一、以全面预算管理为抓手构建易亨管理会计体系

管理会计是一种创造价值的管理活动，基本目标是为经营决策服务。构建以管理会计为

重点的精细化管理体系是中国企业塑造核心竞争力、实现高质量发展的必要条件。

易亨集团是隶属于北京电控的国有独资企业，以园区地产租赁、提供物业增值服务为主要经营业务。北京电控通过"十二五"战略规划部署，将易亨集团转型定位为北京电控资产经营管理平台，核心工作任务有四个：释放提高存量资源价值、做好改革调整与企业重组融合、推进社保稳定和非经营性资产集中管理、积极稳妥处理好各类历史遗留问题。"十二五"期间有7个集团及其投资链上30余个所属企业并入易亨集团。作为一个多法人并存的园区产业运营企业，易亨集团迫切需要通过市场化运作提高商业地产运营效率，提高存量资源的价值，提高竞争能力。管理会计要为易亨集团创造价值，支持企业转型升级，需要找到一个切实可行的抓手。

美国著名管理学家戴维·奥利曾指出，全面预算管理是为数不多的几个能把组织的所有关键问题融合于一个体系之中的管理控制方法之一。作为应用最为广泛的管理会计工具，全面预算管理是企业为了实现战略规划和经营目标，采用预算方法对预算期内所有经营活动、投资活动和财务活动进行统筹安排，并以预算为标准，对预算执行过程和结果进行控制、核算、分析、考评、奖惩等一系列管理活动的过程。

易亨集团已进入存量运营阶段，拥有多个各具特色的产业园区，具备一定体量的土地储备和可供出租出售的物业。易亨集团现阶段的主要任务是对产业园区开展有效的运营和服务，在现有存量房产的基础上深挖盈利，迫切需要财务管理为业务运营提供信息与决策支持。管理会计的本质是为整个管理活动过程提供全过程、全层级的决策经营信息。全面预算管理是企业全过程、全方位及全员参与的预算管理。全面预算管理为管理活动与信息的融合提供了最好的实现途径。从管理活动的过程看，预算管理贯穿于管理活动的全过程，在管理活动的每个环节，预算管理都有与之相匹配的环节；从信息体系的呈现方式看，预算具有较强的整合协同能力，可以有效地整合业务信息、财务信息等信息体系。基于此，全面预算管理可以作为构建管理会计体系的有力抓手，来助推企业开展价值创造活动。

易亨集团根据北京电控确立的发展方向，融合自身多法人并存集中管理的模式，以全面预算管理为抓手，构建"资产经营管理平台"战略定位下的"基于平衡计分卡的全面预算管控体系"，通过预算来及时跟进战略目标实施进度，严格把关成本开支，并为未来期间企业现金流量与利润预测提供数据支持。

二、将平衡计分卡与全面预算管理结合

平衡计分卡是哈佛大学教授Kaplan和Norton教授在1992年提出的，是以企业信息为基础，从财务、客户、内部运营、学习与成长四个维度，将组织战略落实为可达成的目标及可操作的衡量指标的一种新型绩效管理体系。平衡计分卡实现了四个"平衡"：财务与非财务的平衡、长期与短期的平衡、内部与外部的平衡、成果与驱动的平衡。Kaplan教授和Norton教授（1996）进一步创造性地提出了基于战略的平衡记分卡，将全面预算管理和平衡计分卡结合起来。平衡计分卡以实现战略为动因，以可衡量的指标为结果，从多角度描述企业的战略，并及时反馈企业的各项生产经营情况，最终完成从考核到更正到战略实施再到战略修正的过程。在整个过程中，平衡计分卡是战略管理与全面预算之间的对接工具。

第一，平衡计分卡能指导预算指标制定。全面预算是企业为了实现战略计划和经营目标，按照一定的程序编制、审查、批准的，以量化形式表现的企业预算期内经营活动、投资活动、财务活动的统筹计划。预算要以战略为导向，但不能直接以战略为依据，而平衡计分卡则是战略目标和战略规划的具体化。产业园区市场正面临新的转折和发展，面对企业负担重、市场化运营风险大的局面。易亨集团将平衡计分卡引入全面预算管理，根据北京电控资产经营管理平台的定位，制定了"12345"战略，然后利用平衡计分卡将企业战略进行分解，将战略落实分解为平衡计分卡的四个维度目标，明确了年度经营目标及重点工作任务，进而制定了相应的公

司级的预算指标以及园区级的预算指标，并将其当作执行的标准。

第二，平衡计分卡有助于化战略为行动。平衡计分卡通过综合建立财务评价指标体系并结合非财务评价指标体系，将企业战略目标变为可以量化的目标值；全面预算管理则对未来一定时期企业内部各种财务及非财务资源进行分配、监控、考核，以便有效地组织和协调企业的生产经营活动，完成既定的经营目标。易亨集团通过基于平衡计分卡的全面预算管理将集团整体战略规划落实分解为各预算单位的具体经营目标及重点工作任务，通过全面预算管理来指导企业运营管理工作，使集团的战略规划和具体行动方案紧密结合，从而实现"化战略为行动"；各预算单位通过完成预算目标、落实重点工作任务，促进了集团战略目标的实现。

三、易亨集团基于平衡计分卡的全面预算管控体系实践的启示与建议

易亨集团以全面预算管理为抓手，将平衡计分卡与预算有机结合起来，通过平衡计分卡战略分解，确认年度经营任务、预算填报、预算质询、绩效责任书签订、预算管控、预算绩效引导、预算执行情况反馈，使全面预算管理贯穿于规划、决策、控制、评价等各个管理环节，融合业务活动的全过程，实现了业财一体化和价值链管理，形成了具有易亨特色的平衡计分卡模式下的全面预算管控体系，推动企业"稳健经营、持续发展"。

第一，注重环境建设。全面预算管理组织体系是全面预算管理最为重要的基础保障。易亨集团通过搭建"一把手"负责的全面预算组织管理体系、完善内部控制体系、建设财务共享服务中心、培育管理会计人才，从组织、内控、信息系统、人才等四方面持续改善管理会计环境，为成功实施全面预算管理提供了坚实的基础。

第二，战略导向，绩效引导。《管理会计应用指引第200号——预算管理》指出，预算管理应遵循战略导向的原则，应围绕企业的战略目标和业务计划有序开展，引导各预算责任主体聚焦战略、专注执行、达成绩效。易亨集团通过平衡计分卡将企业战略目标变为可以量化的目标值和可操作的预算指标，将各预算单位预算执行情况与绩效挂钩，对员工和各预算单位进行激励，形成了"战略为导向"的绩效管理机制，保证了企业战略的有效执行。

第三，过程控制。《管理会计应用指引第200号——预算管理》指出，预算管理应遵循过程控制的原则，应通过及时监控、分析等把握预算目标的实现进度并实施有效评价，为企业经营决策提供有效支撑。易亨集团的过程控制包括：事前专项决策、事中系统实时监控和事后"三位一体"的管理报告体系。易亨集团注重工程项目预算审批，以费控系统建设为切入点，整合预算数据库，实现与预算勾稽，做到预算执行情况实时控制；通过日常监控报告、财务分析报告、经济运行分析报告"三位一体"的管理报告体系，加强企业日常运营监控，分析预算执行情况，及时为经营决策提供信息和支持。

第四，业财融合闭环管理。有效的全面预算管理是一个完整的体系，应以业务为先导、以财务为协同，将预算管理嵌入企业经营管理活动的各个领域、层次、环节。易亨集团根据企业业务特点和管理要求，将所有能够用货币计量的定量项目及不能用货币计量的定性项目均纳入预算管理范畴，形成了经营规划、预算指标下达、填报、质询、上报、管控与服务、绩效引导、总结优化的闭环管理系统，确保全面预算管理科学、系统、有序地进行。

易亨集团未来需要在平衡管理和权变管理两方面进一步加强基于平衡计分卡的全面预算管控体系的建设。目前易亨集团在基于平衡计分卡分解战略时，更偏重于财务指标，其他3个维度的指标可进一步优化；在预算执行控制中更偏重于成本控制，可进一步关注收入与支出的平衡。易亨集团未来也可以在业财融合、价值链管控、价值创造等方面进行进一步的探索、实践，提高企业价值创造能力，促进企业可持续发展。

案例七 基于战略地图的全面预算管理体系的构建与应用

北京汽车集团有限公司

【摘要】随着全球经济的快速发展，企业业务模式的调整与创新的速度越来越快。适应企业发展的预算管理体系对企业的生存与发展至关重要。北京汽车集团有限公司在经历快速发展之后，面对市场竞争和自身经营发展的需要，提出"由传统制造型企业向制造服务型和创新型企业战略转型"的总体目标。与此同时，北京汽车集团有限公司也在不断摸索与转型相适应的财务管理模式，其中全面预算管理体系的建设与完善尤其重要。本文全面梳理了原有全面预算管理体系在北京汽车集团有限公司面对激烈市场竞争过程中出现的问题。针对主要问题，北京汽车集团有限公司构建了适应市场变化和集团经营特点的基于战略地图的全面预算管理体系，并详细介绍了该体系的主要内容及其在集团内的具体应用。依据所建管理体系在集团中的应用情况，对其应用效果进行了综合评价，对其整体应用进行了总结。

【关键词】战略地图；全面预算；体系；价值管理；信息化

一、实施基于战略地图的全面预算管理的背景

北京汽车集团有限公司（以下简称"北汽集团"）成立于 1958 年，是中国五大汽车集团之一。目前，北汽集团已发展成为涵盖整车（包括新能源汽车）研发与制造、通用航空产业、汽车零部件制造、汽车服务贸易等业务的国有大型汽车企业集团。2000 年以来，伴随着中国汽车工业的发展，北汽集团也经历了跨越式的发展，营业收入规模从 73.1 亿元增长到 4 061 亿元，复合增长率达到 28.5%，成为国内汽车行业发展最快的整车企业之一。2013 年以来，北汽集团已连续四年跻身美国《财富》杂志全球企业 500 强，在世界 500 强的排名快速提升。2016 年北汽集团以 549.33 亿美元营业收入，排名第 160 位，比上一年提升 47 位。

随着北汽集团的高速发展和行业环境的快速变化，结合自身的经营与管理特点，北汽集团逐步搭建完成制度流程规范、执行效率较高的全面预算管理体系。然而，由于市场环境的竞争加剧和管理环境的巨大变化，在实施全面预算管理的过程中，现有预算管理体系与环境、市场和管理的快速变化难以适应；预算管理过程不能缩小经营管理与实际环境的差距，从而导致预算管理难以真正发挥有效的管控作用。集团实施基于战略地图的全面预算管理，主要基于以下几个原因。

第一，原有的全面预算管理体系与战略缺乏有效衔接，预算管理的战略导向性不足，影响资源配置的合理性，影响集团战略的实现。随着市场竞争环境的剧烈变化，集团仍沿袭以前的

作者：张建勇、叶小华、郑明英、宋军、袁露露
案例指导与点评专家：温素彬（南京理工大学）

预算目标确定方法，管理注意力和行动多集中于短期经营细节，而不是重点关注长期战略执行情况，无法将预算目标与战略目标统一起来，使预算和企业战略出现分离，导致预算"不能明确地反映战略"，集团战略无法真正得以贯彻。

第二，原有全面预算管理体系的动态调整能力较弱，难以适应集团规模的迅速扩张和经营质量的提高。经过多年的发展，集团规模迅速扩张，原有的全面预算管理体系已明显无法与之相适应。集团经营质量需要集团在全面预算管理的资源配置、核心竞争力打造及预算执行效率效果上不断提升。

第三，原有的全面预算管理体系未全面识别企业的核心价值驱动因素，难以满足集团价值最大化的财务管理目标。原全面预算管理体系通常将总收益分解成若干财务指标来进行价值驱动因素分析，更关注直接反映到财务指标上的业务，对于非财务类的集团核心价值驱动因素，如强大的领导力、卓越的管理流程等关注不足，影响集团价值提高。

第四，原有的预算管理体系覆盖范围不足，需要进一步强化预算管理与绩效考核的有效衔接。原有的预算考核指标体系不全面，预算指标比较单一，没有形成一个多层次的指标体系；预算激励机制没有与预算考评结果联系起来。

二、基于战略地图的全面预算管理体系的构建与应用

（一）基于战略地图的全面预算管理的内涵

基于战略地图的全面预算管理体系以企业战略为导向，是一套行之有效的综合性企业管理方法。北汽集团结合自身的实际情况，设计总体层面的平衡计分卡，将集团的整体目标在部门之间有规划地进行分解，并通过预算执行、预算考评等，实现对集团业务全过程及各部门的协同管理，以提高集团的经济效益，实现集团的经营目标。

1. 建立以战略为导向的预算管理体系

战略地图描述的企业战略是全面预算管理的根本目标。通过战略地图的绘制，北汽集团制定了自身的战略目标及发展愿景，对全面预算管理进行方向指导，从而将两者有效地结合起来。

第一，战略地图的四个层面是预算指标制定的基础。

第二，多维预算控制是有效实施全面预算管理的保障机制。

第三，战略地图是全面考评的依据。

2. 将全面预算作为目标管理

企业预算管理是企业目标管理的重要组成部分，因为企业预算的编制、执行、考核的过程，实质上就是对企业经营管理目标的确定、分解、落实、考核的过程。企业预算管理，既是一种预算管理，又是企业经济活动的一种目标管理。

3. 将全面预算作为价值管理

预算是调度与分配企业资源的起点。预算管控着眼于企业各层级、各部门使用资源的效率及对各种资源的需求。北汽集团通过预算的编制和平衡，决定人力资源、财务资源、资金资源的分配。北汽集团可以通过全面预算管理，协调资源在企业内的分配和使用，提高资源配置效率。企业通过制定预算，能够主动把握外部经济环境的变化及其可能给企业带来的影响。通过编制预算可以使目标管理落到实处，使企业充分挖掘和合理利用一切人力、物力和财力，以取得最大的经济效益。目标的建立可以起到两个作用：一是引导，即引导企业的各项活动进入预定的轨道运行；二是激励，即最大限度地发挥企业员工的积极性，创造最大的经济效益。

（二）全面预算组织体系

北汽集团全面梳理原有预算管理组织体系，明确不同层级、不同部门的详细职责与管理流程。建立"多部门均衡协同、三级"全面预算管理组织体系，形成业务财务联动组织联动机制，以提高业务一体化水平，为业务决策提供支持。北汽集团预算管理的组织机构分为预算决策层、预算管理层和预算执行层三个层次（见图7-1）。其中，董事会是预算管理的最高决策机构；预算管理委员会负责预算管理的组织工作；在预算管理委员会的领导下，预算管理办公室负责具体工作；各单位为预算管理的执行层。

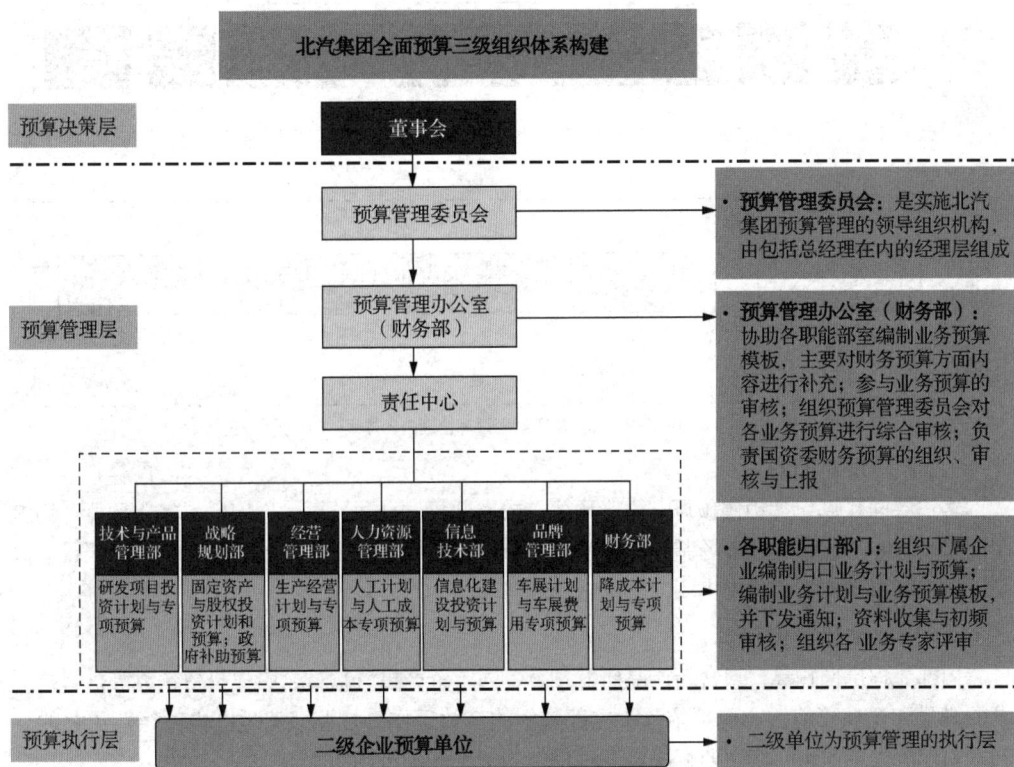

图 7-1　北汽集团全面预算管理组织框架

预算决策层为董事会，负责审定集团公司的预算管理制度，并授权相关部门执行，负责批准预算管理委员会上报的总体预算方案，负责批准北汽集团、全资企业及控股企业的预算方案及重大预算调整方案，负责批准北汽集团共同控制企业的主要预算指标及调整，负责审定预算执行奖惩制度，授权相关部门监督、执行；授权并监督相关部门开展预算执行审计。

预算管理层为预算管理委员会，由北汽集团财务部、经济运行部、战略规划部、人力资源部等多个部门组成，具体工作范围包括：审核集团公司相关的预算制度并报董事会批准，审核预算编制、控制、分析和考核工作；对集团总体预算草案提出质询，并提出改善建议；对北汽集团、全资企业及控股企业的预算草案、调整草案提出质询及建议；提请董事会批准北汽集团总体预算草案及调整草案，并组织实施；提请董事会批准北汽集团、全资企业及控股企业预算草案及调整草案；提请董事会审议集团共同控制企业预算主要指标及调整。

预算执行层为各二级单位，具体负责组织本单位预算的编制与审核。

（三）全面预算管理内容体系

基于战略地图的全面预算管理体系的内容包括客户层面预算、内部流程层面预算、学习成长层面预算、财务层面预算（见图 7-2）。整个全面预算管理内容体系形成以战略为基础、客户预算为起点、内部经营预算为核心、人力资源预算为保障、财务预算为结果的相互联系的有机整体。

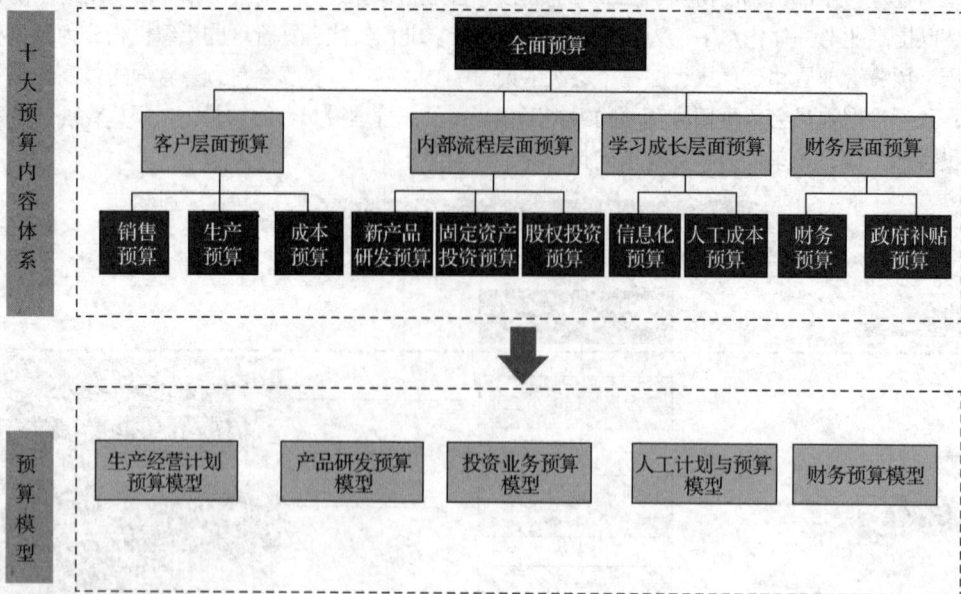

图 7-2　北汽集团全面预算管理内容体系

1. 客户层面预算

客户层面预算包含销售预算、生产预算、成本预算。全面预算管理应以"客户预算"为编制的起点。客户预算通过市场调查来了解企业重要客户的需求，并据此预测客户的购买量、购买价格、购买额，从而确定集团内部的销售预算。

2. 内部流程层面预算

内部流程层面预算，包含新产品研发预算、固定资产投资预算、股权投资预算等。客户需求的满足和企业价值的实现都依赖于内部流程的有效运作。按照战略地图内部经营流程的思想，内部流程层面预算应主要解决经营过程中的资源的配置问题。

3. 学习成长层面预算

学习成长层面预算，包含信息化预算与人工成本预算。学习成长层面是提高企业竞争力的主要因素，包括人力资本、信息资本及组织资本。在学习成长层面，企业要考虑人工成本预算。而企业信息资本的投入也对企业内部流程管理起到了重要的支撑作用，最终有利于企业战略目标的实现，因此，北汽集团设置了内部系统改造计划完成率等指标。

4. 财务层面预算

财务层面预算，包括财务预算与政府补贴预算，其中，财务预算包含经营、投资和筹资预算。财务层面关键性预算目标可以是企业价值，也可以根据企业自身确定的战略目标设置，如股东价值最大化、EVA 等。根据杜邦分析法，一般还应包括一些代表企业偿债能力、营运能力及盈利能力的指标，如销售增长率、总资产收益率、总资产周转率、应收账款周转率、存货周转率、资产负债率等。

（四）全面预算管理指标体系

北汽集团的全面预算管理指标体系（见表 7-1）包括财务、客户、内部运营、成长发展和否决五个维度的指标，涉及二级指标 12 个、三级指标 19 个。

表 7-1　　　　　　　　　　　　集团全面预算管理指标体系

维度	二级指标	三级指标	数据来源	业务部门
客户预算指标	售后服务	客户满意度	销售预算	经营管理部
	市场指标	整车销量	销售预算	经营管理部
		市场占有率	销售预算	经营管理部
内部运营预算指标	产品开发	新产品符合率	研发预算	技术与产品管理部
	资本性投资	固定资产投资效益指标	固定资产投资预算	技术与产品管理部
		股权投资项目效益指标	股权投资预算	技术与产品管理部
	质量	质量成本	成本预算	财务部
	成本管控	年度降本达成率	成本预算	财务部
	存货周转	库存系数	生产预算	经营管理部
学习成长预算指标	人力资源管理	整车劳产率	人工成本预算	人力资源管理部
		人工成本占主营业务收入比	人工成本预算	人力资源管理部
财务预算指标	经济效益	总资产收益率	财务预算	财务部
		净资产收益率	财务预算	财务部
		营业收入	财务预算	财务部
		利润总额	财务预算	财务部
	资金占用	总资产周转率	财务预算	财务部
	现金流量	经营现金流入营业收入比	财务预算	财务部
	费用控制	毛利率	财务预算	财务部
		期间费用率	财务预算	财务部

（五）全面预算管理流程体系

北汽集团的全面预算管理流程体系如图 7-3 所示。

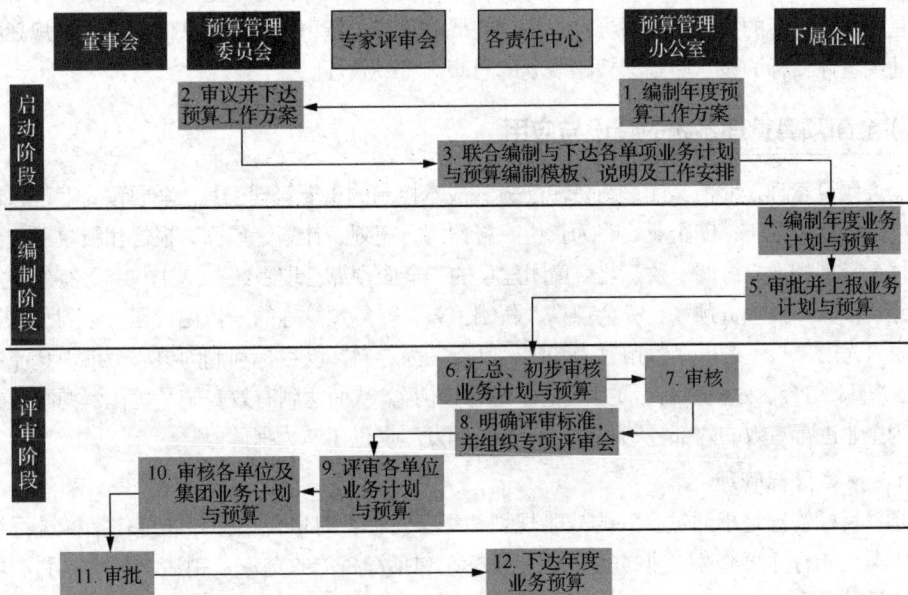

图 7-3　北汽集团的全面预算管理流程体系

（六）全面预算管理考评体系

北汽集团的全面预算管理考核体系如图 7-4 所示。

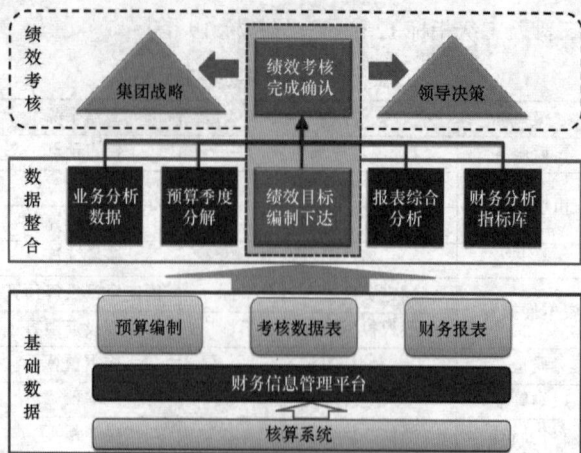

图 7-4 北汽集团的全面预算管理考核体系

1. 实现业绩考评与预算、核算的无缝连接

绩效考核与预算紧密结合，总资产收益率、净资产收益率、总资产周转率、经营现金流入营业收入比、毛利率、期间费用率、年度降本达成率等财务类指标，以及人工成本占主营业务收入的比例等人力资源管理类指标都与财务预算挂钩。财务预算的准确性也直接影响绩效考核结果。北汽集团通过绩效考核引导相关部门提高预算的准确率，从而提高集团的综合管理水平和核心竞争力。同时，绩效考核结果与财务核算结果紧密结合，财务类指标完成情况以财务核算结果为基础。

2. 业绩考评目标与战略规划保持一致

预算管理承接战略规划，是为保障战略目标的实现进行的管理活动。预算的编制、执行、分析、调整和考评等所有管理内容都围绕战略指引的思想开展。业绩考评的目的是通过奖惩机制激励各级各部门完成预算目标。所以，业绩考评指标和预算目标都是对预算计划的分解，并通过考评预算目标的执行情况引导经营活动在战略思想的指引下开展，从而保证战略规划的实现，业绩考评目标的设定原则和战略规划的思想具有一致性。

（七）全面预算管理系统的建设与应用

全面预算管理是北汽集团进行资源配置和成本控制的重要管理工具。全面预算管理超越传统的纯财务预算范畴，以企业战略为指引，将预测、规划、计划、预算、报告和绩效考核通过目标体系紧密相连、协调一致。北汽集团建设的"全面预算管理系统"（见图7-5）有效地实现了对经营预算、投融资预算、资金预算、薪酬预算、财务预算等的一体化管理，做到了总量平衡、量入为出。该系统以经营预算为基础，以市场为导向，以目标利润为核心，以现金流量为保证，"上下结合、分级编制、逐级汇总、综合平衡"，从而达到有效实施及优化资源配置的目的，为企业进行有效的内部控制和协同以及长期发展提供了有力保障。

1. 预算目标管理

预算目标管理是指通过企业的战略规划和经营目标，对量化指标和非量化指标进行统一管理。量化指标主要包括企业的主要经营目标，包括净资产收益率、销售增长率、利润增长率、主营业务利润率等，系统进行目标分解、下达，形成各个部门及直属机构的预算目标。非量化指标主要包括企业经营过程中的战略举措，包括生产率战略、收入增长战略、品牌形象战略等，系统提供将非量化指标分解为具体的行动计划，并且结合量化指标，在执行过程中进行监督与考核。

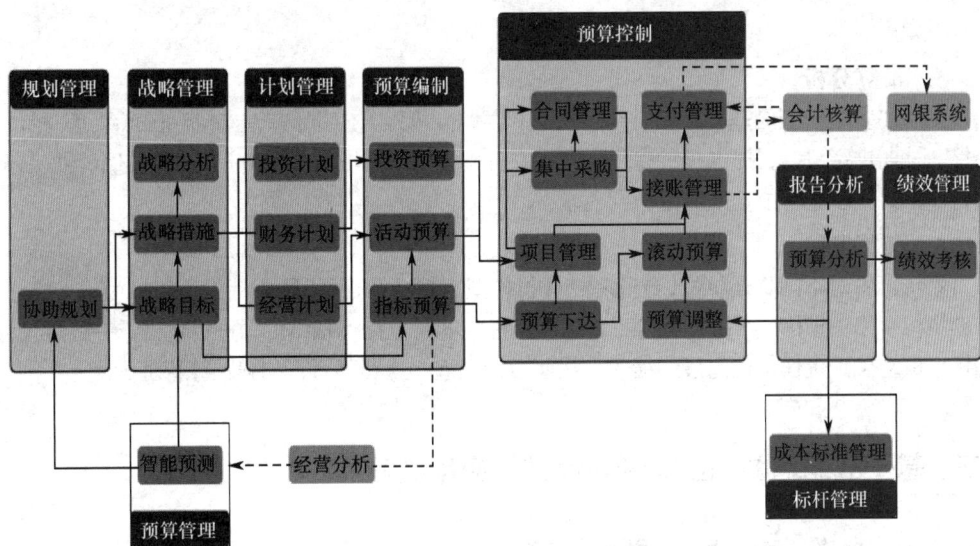

图 7-5　北汽集团的全面预算管理系统

2．预算编制

预算编制是预算系统的核心。北汽集团的全面预算管理系统提供预算编制、预算下达、预算分解、预算上报、预算汇总、汇总平衡、多数据版本等主要功能。北汽集团的全面预算管理系统预算编制具有以下特点。

（1）系统提供编制流程设计，实现不同归口部门管理各自预算，并通过图形化审批界面，节省编制时间，提高编制效率。

（2）系统提供滚动预算编制。支持多种滚动预算方式，如年度内滚动和跨年度滚动等，支持不同滚动期间，如年度、季度、月度等。根据已执行预算对未来进行滚动预测，以便及时调整，确保预算顺利执行。

（3）系统提供 Excel 集成，不仅提供在线 Excel 编制，还可在离线 Excel 编制后，将数据传入到系统中，从而实现与 Excel 的无缝集成。

（4）系统提供数据版本，编制中可以形成多个数据版本，不同版本之间可互相切换查看及进行比较，并可将任一版本作为最终版本上报。

（5）系统提供下达分解和汇总平衡功能，支持自上而下、自下而上、上下结合的多种编制方式。

3．预算调整

系统提供预算调整、预算调剂、小金额调整等多种调整方式，并提供批量调整等辅助功能，调整后形成的调整单可统一管理，并通过与流程审批的结合，实现预算调整业务流程，以达到根据市场变化追加或调整预算的目的。系统提供调整数据版本，可将调整过程中的记录保存成调整版本，并且与编制版本区分，调整的数据不会影响年初制定的预算数据。

4．预算执行与控制

系统可从核算或者报表系统中将数据提取到预算系统中，获取预算执行数；可提供执行数填报指标，进行手工填报。以预算数据为标准，提供事前预测、事中控制、事后分析的组合执行控制方案。支持刚性预算控制/柔性预算控制、单项预算控制/组合预算控制、当期预算控制/累计预算控制、百分比预算控制/公式预算控制等多种预算控制方法。由于预算的控制点可能分布在不同的业务系统中（如项目管理、合同管理、资金、资产、核算等），系统根据控制点的不同提供标准接口，既可从外部系统提取执行数，也可将控制数提供给外部系统，从而使预算执行不偏离标准。

5．预算分析

系统在多维模型的基础上提供统计查询和主题分析服务。统计查询支持对任意维度、科目、指标、时期进行组合，提供多种展现样式，并且支持数据钻取和穿透查询，提供量纲转换、金额特殊格式显示等功能，以满足不同需求。

6．预算考核

系统可针对不同责任单位，建立考核评价模型。模型可按照不同指标类型划分为基本指标、辅助指标、修正指标、否决指标等，将量化指标与非量化指标相结合，进行评价，并通过设置指标权重，确定责任单位的最终绩效，从而激励先进，惩罚落后，加强预算管理力度。

三、基于战略地图的全面预算管理的应用成效

（一）落实战略，使资源配置更为合理有效

从战略管理的角度来看，企业的全面预算管理必须与企业战略紧密结合。以战略导向指导设计高效、合理的战略性资源的配置计划，并以价值形式或其他数量形式综合反映企业的未来计划和目标；促进企业内部各部门之间的合作与交流，减少相互间的冲突与矛盾，使资源有效利用。

基于战略地图的全面预算管理将战略地图与企业预算管理结合起来，克服了预算和企业发展战略脱节的缺点，根据企业的销售、生产、分配及筹资等活动确定明确的目标，进而对预算的执行和控制进行分析并调节差异，指导企业在市场竞争中趋利避险，全面落实企业战略目标的具体行动方案与控制制度，全面实现企业战略目标。

基于战略地图的全面预算管理使短期的预算指标与企业长期发展战略相适应，长期的发展目标蕴含在短期的经营目标中，使各年度、季度和月份预算的推行有助于企业长期发展目标的实现。这样的预算管理就取得了预期效果。

（二）服务经营更为有效，带来经济效益的提升

北汽集团搭建基于战略地图的全面预算管理体系，改变了下属企业重规模轻效益的思想。在我国经济持续低迷、汽车行业产能过剩、人工成本持续上涨等不利因素的影响下，在北汽集团全面预算管理的作用下，北汽集团在"十二五"期间末期的经营效益较期初翻了两倍。在北汽集团，基于战略地图的全面预算管理体系发挥了如下作用。

一是制定的企业目标及政策预算是经过规划、分析的，并加以数量化，有系统的编制，使企业的目标及政策能具体体现。例如，企业（追求利润最大化、降低成本或是提高质量目标）一旦拟定目标，便可制定策略及政策，并定期检查执行结果。

二是有助于预测未来的机会与威胁。企业问题错综复杂，若不预先规划，查出问题发生的原因，恐怕会难以补救。预算促使组织成员对各项环境变化事先加以预测并采取相应措施。规划虽然不能完全消除风险，但有助于组织成员了解组织本身的优缺点，洞悉未来潜在的机会与威胁，把风险降至最低。

（三）使全面预算管理有效发挥激励作用

北汽集团通过战略地图使下属企业认识到预算考评及依靠考核评价对员工进行激励的重

要性，而不仅仅关注预算的执行。基于战略地图的全面预算管理体系的控制作用贯穿在整个经营活动过程中。预算的编制是管理者对企业资源如何利用进行的事前控制；预算的执行是管理者进行的事中控制，以便在预算的执行中随时发现差异，及时调整和纠正；预算的差异分析、考核、总结经验教训则属于事后控制。预算一经确定，就必须付诸实施，各部门都对实际情况进行计量，并将计量结果与预算进行对比，及时揭示实际执行情况脱离预算的差异，分析其原因，以便采取必要措施，保证预定目标的实现。

四、经验与建议

（一）充分认识战略地图管理工具

企业中管理制度的变革都需要全体员工的认同，需要所有员工之间的充分沟通和协同合作。目前，大多数企业对战略地图的认识并不充分，部分企业也只是财务部和人力资源部去实施，既没有高层领导的参与，也没有员工积极参与，违背了基于战略地图的全面预算管理全员参与的原则。因此，企业要建立配套的组织结构，必须摒弃职能分工过细、各部门协调程度过低的组织结构。

（二）将战略地图与预算管理融合的关键因素

1. 绘制战略地图是全面预算管理的根本前提

全面预算管理作为企业优化资源配置及内部治理的重要手段，其根本目标就是要实现企业的战略目标及可持续发展。企业绘制战略地图首先是要根据企业内外部环境因素的分析制定企业的战略目标及发展愿景。它是对全面预算管理的方向指导。

2. 基于战略地图的预算指标是全面预算实施的基础

预算从根本上是为企业战略服务的。预算指标的制定是预算编制的基础，必须包含影响企业价值实现和可持续发展的关键指标和影响因素。而战略地图的四个层面（财务、内部流程、客户及学习成长）是对企业发展的驱动因素的全面分析。以战略地图的四个层面为基础设定的预算指标包含财务指标及非财务指标。

3. 建立预算考核体系是全面预算有效实施的保障

战略地图是全面考评的依据。企业通过对战略地图的四个层面的因果关系和相互作用机制的分析设定预算考评指标，并结合层次分析法设定驱动企业战略目标实现的各指标的权重。这样，预算考评便具备了全面性和科学性。

专家点评

一、北汽集团面对的管理问题具有普遍性

作为国有大型企业，北汽集团很早就开始应用管理会计工具，并取得过良好的效果。北汽集团结合自身的经营与管理特点，以《北京汽车集团有限公司预算管理办法》为起点，逐步搭建完成制度流程规范、执行效率较高的全面预算管理体系，实现了预算管理从无到有、从粗放到精细化的转变，对集团整体的经营管理和资源配置发挥了重要作用。

然而，随着市场环境的竞争加剧和管理环境的巨大变化，在北汽集团实施全面预算管理的过程中，原有的预算管理体系与环境、市场和管理的快速迭代和变化明显难以相适应；预算管理过程的开放性不足，不能缩小经营管理与实际环境的差距，导致预算管理难以真正发挥有效的管控作用。

事实上，北汽集团原有的全面预算管理体系存在的缺乏与战略有效衔接、动态调整能力较弱、难以满足集团价值最大化目标、结果应用范围不足等问题具有普遍性，其预算管理目标、流程、标准和范围均需要进一步调整和完善。因此，北汽集团推行基于战略地图的全面预算管理机制，为解决这些问题提供了新思路和切实可行的方案。

二、启示、贡献与建议

北汽集团在高速发展过程中推行全面预算管理体系，其结合行业环境的快速变化，针对原有全面预算管理体系缺乏与战略有效衔接、动态调整能力较弱、难以满足集团价值最大化目标、结果应用范围不足等问题，建设并完善全面预算管理体系，使其适应环境、市场和管理的快速迭代与变化，最终实现传统制造型企业向制造服务型和创新型企业战略转型为目标，构建了基于战略地图的全面预算管理体系。

（一）对企业预算管理的启示

（1）战略地图得到有效应用。企业制度的变革需要全体员工的认同、需要高层领导的参与，而本案例立足将北汽集团的战略落实、贯彻于全面预算管理体系之中，建立了配套的组织结构，并制订了高效、合理的战略性资源的配置计划，以价值形式综合反映企业未来目标。

（2）在构建与应用全面预算管理体系的过程中，北汽集团将战略分解、贯彻到企业销售、生产、分配等活动的目标当中，将战略落地为具体的行动方案与控制制度，最终有助于全面实现企业战略目标。

（3）本案例反映出，通过战略地图，企业能够认识到预算考评的重要性及结合考核评价激励员工的重要性。在事前、事中、事后各流程阶段进行计量和对比，及时揭示实际情况脱离预算的差异，迅速采取措施能保证预设目标的实现。

（4）本案例的一大亮点在于包含了全面预算管理系统的建设与应用。北汽集团建设网络化的"全面预算管理系统"，有效地实现了对经营预算、投融资预算、资金预算、薪酬预算、财务预算等的一体化管理。该系统以经营预算为基础，以市场为导向，以目标利润为核心，以现金流量为保证，为企业进行有效的内部控制和协同及长期发展提供了有力保障。

（二）对管理会计理论和实践的贡献

从实践意义来看，北汽集团基于战略地图的全面预算管理案例写的翔实、具体，其以原有全面预算管理体系存在的问题为导向，逻辑主线清晰，更容易体现管理会计的具体工具在企业管理中发挥的作用。这样的案例实用性强，更有说服力，为管理会计理论提供了鲜活的实践事例。

从理论贡献来看，本案例通过对战略地图、平衡计分卡、全面预算管理等管理会计方法进行有机整合，设计并建立了基于战略地图的预算体系，改革了相应的组织体系，分解了全面预算的内容、指标、流程、考评体系，并实现了相应的信息化建设。案例最终落实战略，使资源配置更合理、有效，且全面预算管理有效发挥了激励作用，带来了北汽集团经济效益的提升。这将引导理论界和实务界进一步提炼和总结管理会计理论，为管理会计从应用层面上升至理论层面提供可能。

（三）对该管理体系未来发展的建议

北汽集团需要在组织学习成长方面进一步提高和加强管理。目前，北汽集团对于通用人才培养、员工培训使员工了解战略地图与发展规划的具体执行部分内容较少。只有员工真正了解了集团战略与具体考核指标的联系，他们最终才会与集团持有趋同的核心价值观。北汽集团可进一步强调并落实人力资源投资，以保持企业长久的竞争力。

成本管理

案例八　基于价值链的全面成本管理

珠海格力电器股份有限公司

【摘要】 作为生产制造企业，珠海格力电器股份有限公司近年来在成本管理实践中不断摸索，形成了一系列先进的管理方法与实务经验。本案例详细描述了珠海格力电器股份有限公司基于价值链的全面成本管理实践，并提炼和总结了在精细化成本管控方面的经验，以供其他企业参考和借鉴。例如，"十"字形价值链成本管理体系是涵盖企业全产业链及竞争对手的全价值链成本管理体系，有助于提高上下游资金运营水平；产品标准成本管控平台适用于实施产品细分化战略的公司，能在产品设计阶段有效控制产品成本；标准成本法和作业成本法运用于采购、生产和物流过程，能有效减少成本浪费；通过本量利分析，企业可以理清成本、产销量及利润之间的量化关系，合理规划产销计划，实现预期利润。

【关键词】 价值链；全面成本管理；精细化

一、公司简介

（一）公司概况

珠海格力电器股份有限公司（以下简称"格力电器"）的总部位于珠海，拥有 7 万多名员工，建有珠海、重庆、合肥、郑州、武汉、石家庄、芜湖、长沙、巴西、巴基斯坦十大生产基地以及长沙、郑州、石家庄、芜湖、天津五大再生资源基地，分为凌达压缩机、格力电工、凯邦电机、新元电子、智能装备、精密模具、再生资源等板块，覆盖了从上游零部件生产到下游废弃产品回收的全产业链条，拥有包括重庆格力、巴西格力、湖南绿色再生资源、珠海凌达压缩机、珠海凯邦电机、格力美国销售公司等 50 多家子公司。该公司拥有格力、TOSOT 两大品牌，主营家用空调、中央空调、空气能热水器、生活电器、工业制品、手机等产品。

格力电器至今已开发出 20 个大类、400 个系列、12 700 多个品种规格的产品，产品远销160 多个国家和地区，用户超过 3 亿人。其中，格力家用空调产销量自 1995 年起连续 22 年位居中国空调行业第一，自 2005 年起连续 12 年领跑全球。2015 年，格力电器位列"福布斯全球上市公司 2 000 强"的第 385 位，挺进世界 500 强。

（二）业绩状况

2005 年至今，格力家用空调产销量连续 12 年领跑全球，2006 年荣获"世界名牌"称号。2016 年，格力电器实现营业总收入 1 101.13 亿元，净利润 154.21 亿元，纳税 130.75 亿元，连续 15 年位居中国家电行业纳税第一名，累计纳税达到 814.13 亿元（见图 8-1）。根据《产业在线》的数据，2016 年格力家用空调国内市场占有率达到 42.73%；根据《暖通空调资讯》的数据，格力商用空调国内市场占有率达到 16.2%，连续 5 年保持第一。

作者：陈杭、熊巍、赵雯、吴俞玲、刘炎姿
案例指导与点评专家：李玲（中央财经大学）

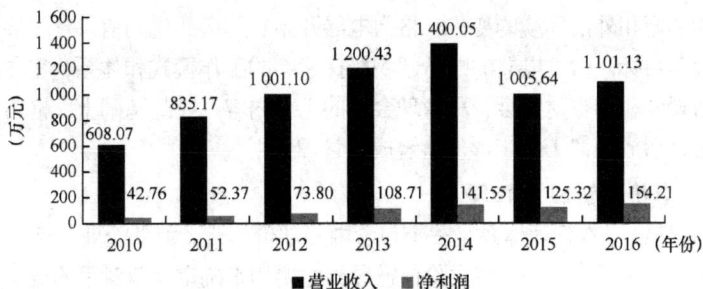

图 8-1　2010—2016 年格力电器历年经营状况

2016 年，格力电器实现营业收入 1 101.13 亿元，同比增长 9.5%，实现归属于上市公司股东的净利润 154.21 亿元，同比增长 23.05%。

如图 8-2 所示，2016 年格力电器空调营收和利润远高于行业内其他企业。

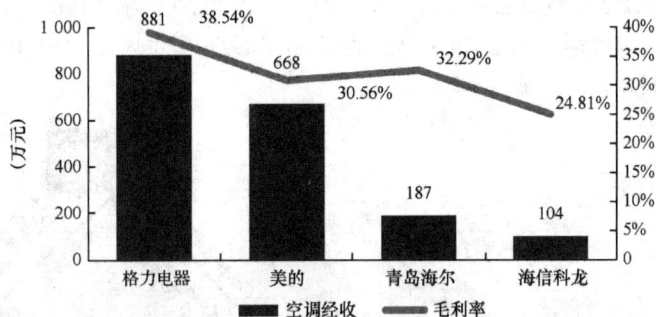

图 8-2　2016 年中国空调企业的经营状况

（三）创新优势

格力电器有全球领先的空调研发中心，目前拥有科研人员 10 000 多名、国家级技术研究中心 2 个、国家级工业设计中心 1 个、省级企业重点实验室 1 个；设有 9 个研究院、52 个研究所、727 个实验室。格力电器累计申请技术专利 31 633 项，其中申请发明专利 13 194 项，18 项核心技术被鉴定为"国际领先"水平，2 项技术荣获国家科技进步奖，33 项成果列入国家科技项目。图 8-3 所示为 2010—2016 年格力电器的技术专利增长情况。

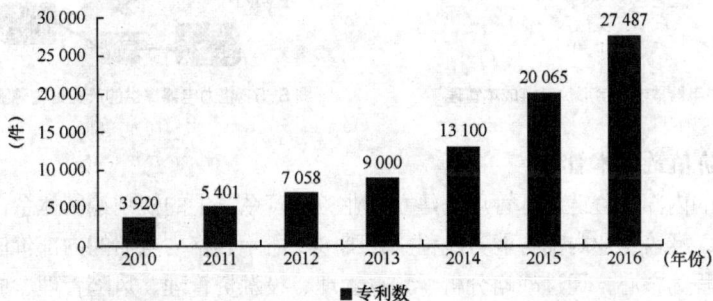

图 8-3　2010—2016 年格力电器的技术专利增长图

二、格力电器基于价值链的全面成本管理实践

（一）格力电器价值链成本管理的整体框架

格力电器的各业务部门和职能部门根据公司发展目标和战略制定本部门的经营目标。近年

来，随着竞争的加剧和外部环境的变化，格力电器开始实施多元化和信息化发展战略，各业务部门随之调整经营目标。格力电器的财务部积极探索新的工作模式和体系，在内部成立财务共享中心，并重新划分和调整财务会计和管理会计的工作内容。在此基础上，格力电器拓展了财务管理工作思维，形成了"十"字形价值链成本管理体系。

1. "十"字形价值链成本管理

"十"字形价值链成本管理体系是一个包含内外部价值链，涵盖企业全产业链及竞争对手的全价值链成本管理体系。其中，横向价值链分析主要用来确定竞争对手的成本水平和经营业绩，为公司战略定位提供决策支持；纵向价值链将成本管理对外延伸至公司的供应商和经销商，除了传统的供应商管理和应收账款管理外，还增加产业链信用，构建产业链金融平台，加强上下游资金运营水平（见图 8-4）。

产业链金融平台依托格力电器庞大的资金规模，将银行的金融服务向纵深扩展。为专业化地提供产业链金融服务，格力电器成立了保理公司，开展产业链金融服务。以供应链金融为例，格力电器的供应商和经销商通过赊销和预付为格力电器分担资金风险，格力电器为供应商和经销商提供信用支持或融资（见图 8-5）。

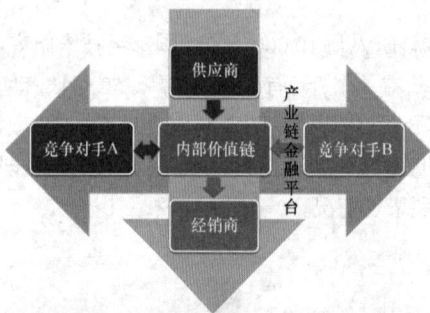

图 8-4　格力电器"十"字形价值链成本管理

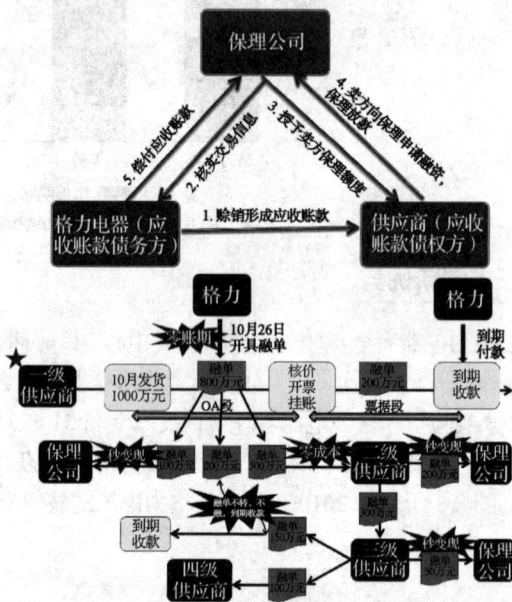

图 8-5　格力电器提供的产业链金融服务

2. 内部价值链成本管理

格力电器的内部价值链成本管理是建立在业务运营系统上的规划控制体系，以价值链为成本管理对象，涵盖企业内部各业务流程。如图 8-6 所示，格力电器的内部价值链成本管理以企业业务过程为核心，通过战略分析、预算管理、投融资管理、风险管理、成本管控、资本运营、绩效管理等管理会计活动参与业务过程，并通过管理会计报告向管理层提供决策支持。管理层根据管理会计报告的数据结果，做出战略、投融资、研发、供应链、物资、生产等方面的决策。

格力电器价值链成本管理追求以最小的投入实现最大产出，通过消除价值流各环节的一切非增值部分来提高企业整个资金的运用效率，以最低的费用来满足客户的需求，提高企业的综合竞争力。

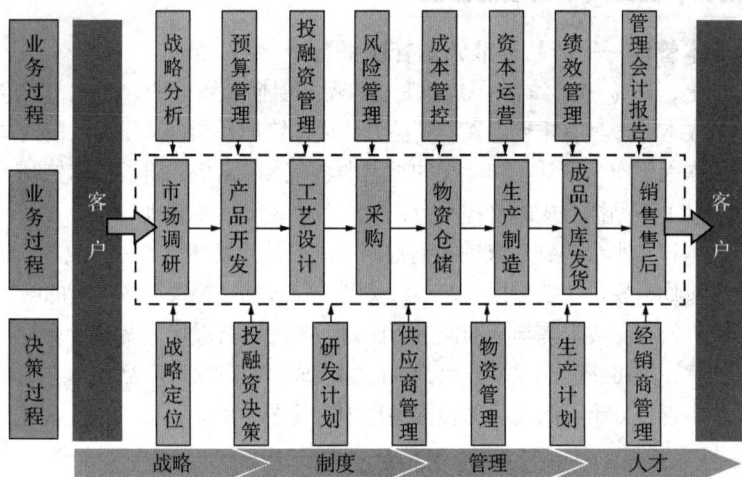

图 8-6　格力电器的内部价值链成本管理

3．责任成本管理模式

格力电器引入了责任成本中心与自主经营结合的成本管理模式，建设以分厂、班组为中心的责任成本中心，全面实施责任成本预算，完善分厂、职能部门自主成本管理体系，提高分厂、班组、职能部门的自主管理创新能力和内部责任成本控制的竞争力，最终实现成本管理全员、全面、全过程的工作目标。如图 8-7 所示，格力电器建立了责任成本中心评价体系，设置了定量与定性相结合的综合考评指标，建立了生产单位与非生产单位两种维度的考评方式；设置了激励各单位创收入、降成本项目的加分项，以进一步激励各单位推进 OGSM（O-Objective，目的；G-Goals，目标；S-Strategies，策略；M-Measures，衡量）项目；将各单位绩效指标达成情况进行月度公示，并在成本推进会上将考评结果进行通报，将复评结果纳入月度干部绩效考评范围，对各单位领导的绩效、荣誉、晋升等产生直接影响；制定了指标异常事项反馈流程、审批流程、调整流程，以建立与各单位沟通互动的渠道，不断完善绩效考评体系，提升考评的科学性、合理性。通过 OGSM 项目管理模式，格力电器将利润指标分解下发至各单位、车间、班组，建立以班组为中心的责任成本管理体系，设置专项奖励基金，激励全员参与推进 OGSM 项目，以项目驱动公司利润目标的达成。

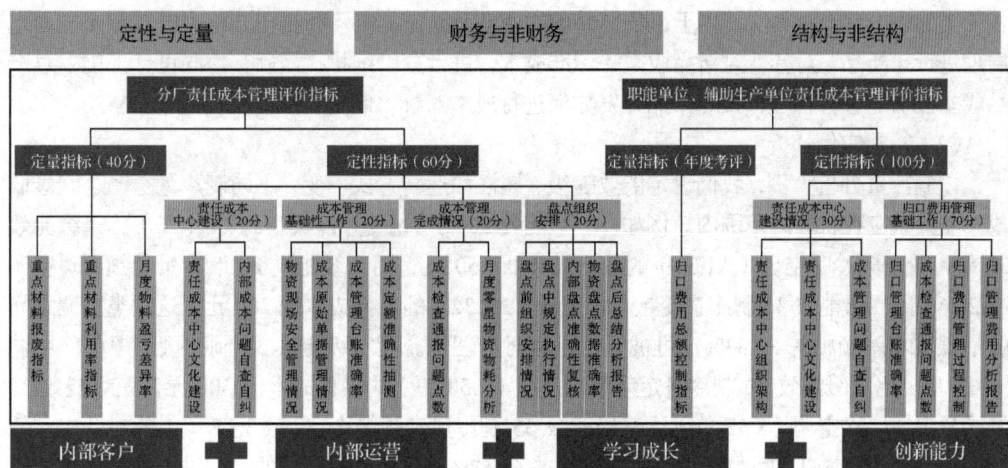

图 8-7　格力电器的成本管理模式

（二）格力电器价值链成本管理的方法

1. 设计成本管理——产品标准成本管控平台

在成本起因上，70%～80%的产品成本是在产品设计阶段形成的，因此，在产品设计阶段进行前馈性精益成本管理具有重要意义。精益设计成本管理是指设计研发阶段的成本管理，要求研发部门将成本因素作为设计工作考虑的重点内容。除了常规的研发成本控制手段外，格力电器创造性地建立了产品标准成本管控平台，其服务于设计成本管理。

产品标准成本管控平台是针对家用内销空调产品设计开发环节的一种成本分析方法。格力电器将产品成本按物料模块、功能模块、系统类型、能效档次等进行多维度的归类，并为每类成本制定标准值。新产品成本需与标准值进行比对，参照已有最优方案进行调整。若新产品成本比现行标准更优，则将新产品成本升级为新的标准成本，确保对产品成本实施精细控制，让格力电器产品成本管控处于不断优化的良性循环中（见图8-8）。

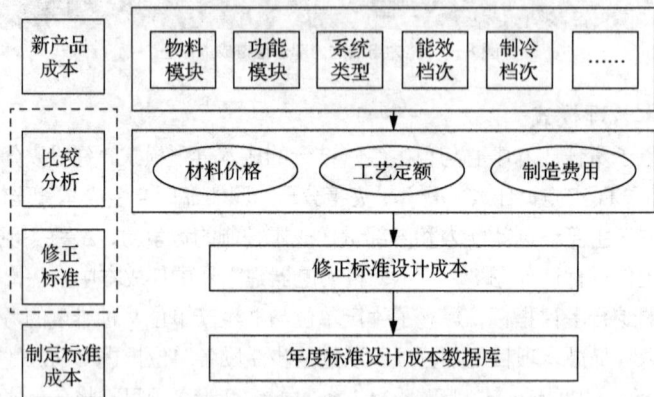

图 8-8　格力电器产品标准成本管控平台

（1）基本操作原理

家用内销空调产品一般分单冷和冷暖两种属性，有定频和变频两种运转方式，包含一级、二级和三级三种能效等级，以及 23、26、32、35、50、72 等多种制冷量。格力电器在这 4 个维度上，对每类家用内销空调产品的最优成本进行各种维度之间的单项或多项组合成本比对分析，找出其中的异常值，并通过维度之间的关联，对标准成本进行联动管理。

首先，对机型成本按材料属性、零件属性分别进行分类，对已有机型数据进行分析，建立各分类的成本标准；其次，由于市场材料价的变动及新产品的不断推出，格力电器需要按固定周期进行"新品"对标，对新品成本、标准成本，进行分析维护；最后，协同设计部门，对产品成本按功能进行管理，指导产品开发如何进行成本对标，制定合理的目标成本。

（2）特定实例分析

以制冷量分析为例，我们设定能效等级、属性和运转方式不变，不同制冷量空调之间最低成本差异率应在合理的范围内。例如，一级能效 26 制冷量变频冷暖空调（A1.26）比一级能效 32 制冷量变频冷暖空调（A1.32）的最低成本低 150 元，而二级能效 26 制冷量变频冷暖空调（A2.26）比二级能效 32 制冷量变频冷暖空调（A2.32）的最低成本低 200 元，这两类空调之间的最低成本差额相差 33.33%，可被认定是相对合理的。而二级能效 35 制冷量定频单冷空调（2.35 单）比二级能效 50 制冷量定频单冷空调（2.50 单）的最低成本低 500 元，三级能效 32 制冷量定频单冷空调（3.32 单）比三级能效 35 制冷量定频单冷空调（3.35 单）的最低成本低 300 元，这两类空调之间的最低成本差额相差 66.67%，显然是不合理的，需进一步查找差异原因。通过分析，我们发现，2.35 单和 2.50 单使用不同的铜管，这两类铜管单价差异较大；而

3.32单与3.35单使用相同的铜管，成本差异主要来自压缩机差异，而这两种压缩机单价差异较小。由此，我们可以考虑，在2.50单中使用其他规格或其他供应商的铜管替代目前使用的铜管，以降低成本、提高利润（见图8-9）。

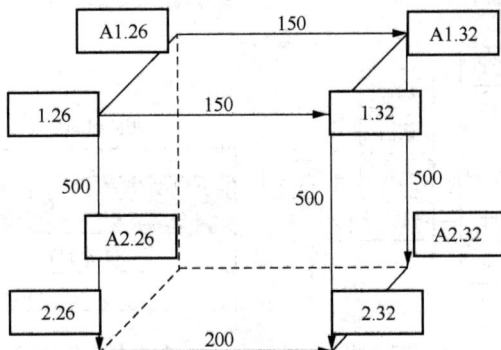

图8-9 产品标准成本计算示意

2. 制造成本管理——标准成本法

采购成本是指在价值链各环节，因采购发生的全部成本费用。采购成本不仅包括购置费用，还包括采购不合格造成的质量成本，延期供货造成的停工损失，采购过量造成的仓储费用和资金占用费等。生产成本管理是传统成本管理的重点，其主要是对生产制造环节中的成本进行管控。格力电器在生产中实行准时制生产方式（Just In Time，JIT），利用强大的供应链控制力，采用定额领料和落地结算方法，进行无库存生产，对采购成本和生产成本进行管控。在生产制造企业中，采购和生产的关系极其紧密。下面要介绍的标准成本法，实际上是精益采购成本管理和精益生产成本的集中体现。

（1）基本操作原理

在标准成本法下，制造成本通常由料、工、费组成。因此，标准成本体系通过三条路径实现（见图8-10）。

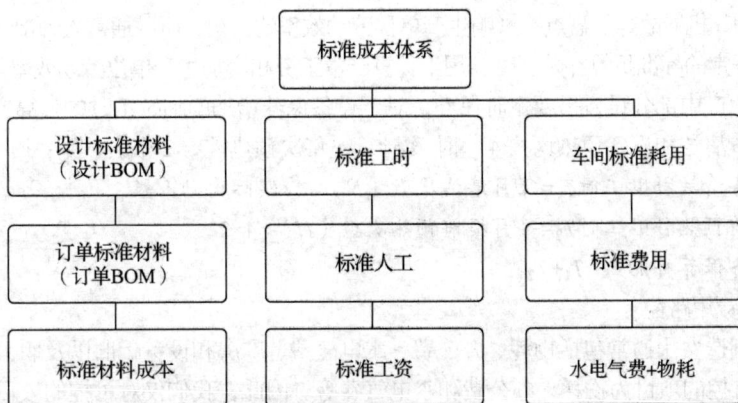

图8-10 标准成本体系框架

① 标准材料路径：格力电器的研发部门根据产品需要的材料及合理的损耗率制定设计标准材料清单（Bill Of Material）（以下简称"设计BOM"），生产部根据订单实际需要修改订单标准材料清单（以下简称"订单BOM"），财务部根据订单BOM计算标准材料成本。由于近年来，标准化批量生产的订单逐渐减少，小批定制化生产订单越来越多。因此，格力电器的生产部下达订单时，会根据客户的实际需求，对设计BOM进行修改，形成订单BOM。财务部根据订单BOM计算的标准材料成本，就是在不存在材料超支及浪费的情况下发生的材料成本。图

8-11 所示为空调 BOM 的部分层次结构。

② 标准工时路径：标准工时是直接生产人员的标准作业时间，指在正常条件下，受过训练的熟练工作者，以标准的作业方法及合理的劳动强度和速度，完成一定的质和量的工作所需的作业时间（见图 8-12）。

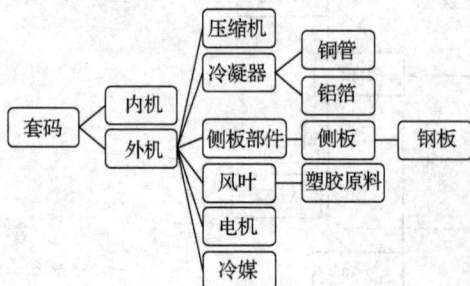

图 8-11 空调 BOM 的部分层次结构

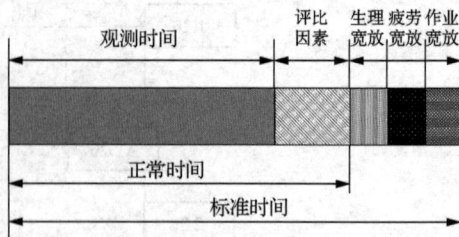

图 8-12 格力电器标准工时的组成部分

标准工时=正常作业时间×（1+宽放率）=观测时间×评比系数×（1+宽放率）

观测时间：作为作业测定的一种手法，使用秒表进行观测，可得出作业的时间（利用统计学方法：$\mu\pm3\sigma$ 剔除异常值）。

评比系数：使用秒表观测实际操作的时候，由于操作者的熟练程度、工作热情、努力程度等有较大的差异，有的干得非常快，有的则干得很慢，所以有必要对作业者的作业速度进行评价；评价时所采用的系数叫作评比系数。

宽放率：指操作者除正常工作时间之外必需的停顿及休息时间，包括操作者个人事情引起的延迟、疲劳或无法避免的作业延迟时间。

宽放率=生理宽放+疲劳宽放+作业宽放+管理宽放

人力部与工艺部根据各工序、环节生产的实际情况，核定产品工时。人力部综合考虑当地和同行业薪酬水平，给定小时工资水平。财务部根据产品工时和小时工资水平，计算各生产单及各产品的产量工资，用于评价生产单位劳动效率，计算产品成本。此外，由于实际生产中，经常发生切换、试制、机器故障、盘点等影响生产单位劳动效率的情况，所以通常人力部、工艺部和财务部会根据一定的标准折算补贴工时，用于计算产量工资和增加生产单位劳动效率。

例如，生产中部分设备需要定时保养，对于设备保养增加的临时工时的计算方法如下。

假定设备清洁和设备预热均按 4 小时/次计算，每次预热需要 2 个人，则：

设备清洁补贴工时 T_1=每月清洁次数（N）×4×实际出勤人数

提前预热补贴工时 T_2=每月提前预热次数（N）×4×2

设备保养补贴 $T_{总}$=T_1+T_2

③ 标准费用路径。

产品的制造费用通常包括物耗、办公费、水电气费、厂房和设备折旧以及职工福利费等内容，其中，可控的项目为物耗、办公费和水电气费等。因此，我们仅对可控的项目设定标准并进行管控。财务部根据上期发生的各种费用，制定各个工序发生的年度或月度的标准制造费用率。然后，按标准制造费用率计算本期各工序的标准制造费用，与实际发生的制造费用进行对比，分析差异的合理性，对其中不合理的项目进行追责和考核；对制造费用的节约，其中有借鉴意义的做法，奖励相关人员，并进行推广。

（2）建立标准成本管理的组织责任

格力电器的标准成本管理涉及多个部门。为提高标准成本管理的效率，格力电器成立了标准成本管理工作小组，确定设计标准、生产订单、工时定额等各环节的工作职责和工作任务，推进实施标准成本管理（见表 8-1）。

表 8-1　　　　　　　　　　　　　标准成本管理的组织责任

成本项目	责任部门	工作职责
建立和改进 BOM	研发部门、工艺部	确定标准材料及用量
生产订单	生产部、经营部	确定订单材料及用量，根据市场需求对材料及用量提出改进意见
定额收发料	采购及生产部门	采购部根据订单需求采购材料，生产部根据订单需求领料
标准人工成本	人力部、工艺部	制定标准作业时间，制定工时、效率标准和人工成本标准，对提高劳动效率提出改进意见
标准制造费用	设备动力部	确定制造费用标准，并对费用节约提出改进意见
标准价格	财务部	确定和调整各项价格标准
标实耗差异分析	财务部	分析标准耗用与实际耗用的差异，并提出合理化的改进意见

（3）实施步骤

这里以标准材料成本的管理为例，具体阐述格力电器是怎样实施标准成本管理的。

① 设计 BOM。

经营部收集市场需求，向设计部提出产品需求。设计部开发新产品或在现有产品基础上进行改进，完成方案设计。工艺部负责设计方案的工艺性审核，确定工艺流程和要求。试制分厂负责对新产品批量生产前的试制及落实试制问题汇总、反馈及跟进等有关工作。检测中心实验室负责安排测试和提供测试报告。在此过程中，格力电器不断改进产品清单，直到达到可批量生产状态才确定产品设计 BOM。

② 齐套检查。

齐套是指生产订单需求物料与实际库存物料之间的匹配情况，即现有库存是否能满足生产订单需求。生产部每天利用齐套检查程序对 48 小时内生产计划的物料齐套情况进行检查，并将出现的不齐套物料通报给相关责任单位，由责任单位对不齐套物料进行核查并反馈。

③ 有料排产。

生产部每天严格执行齐套检查，并按照有料排产的原则组织生产，物料不齐套不允许排产，并按停产责任追究不齐套的责任单位。

④ 定额领料。

生产单位分总装和配套两类，其中，总装为产成品组装分厂，而配套为半成品制造分厂。总装根据生产计划生成总装需求，配套根据总装需求生成生产订单。生产单位必须严格按生产订单领料，不允许多领料。若物料发生损坏，则由工艺部和质检部联合出具报废清单，明确责任单位。生产单位将物料退到物资回收中心，从物资回收中心拿到退料单，再重新去物资仓库领料。物流配送中心的物料配送主要以 6 小时为周期，将 6 小时以内的计划需求物料配送至生产单位（见图 8-13）。

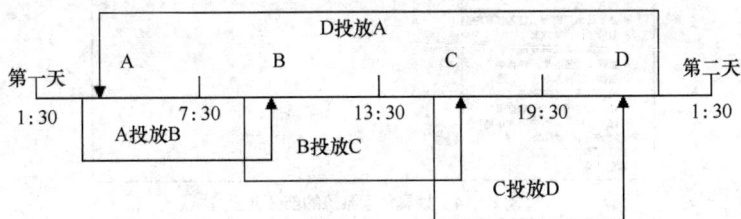

图 8-13　材料配送示意图

将 24 小时分割为 4 个时段，物流中心计划员根据从 SAM 系统中导出的进度信息，获得定额拣选需求计划明细（电子拣选单），并按照时间节点发放。

⑤ 落地反冲。

计算机中心负责落地结算系统的开发及后续完善工作，并严格按照成品机下线数量进行原材料反冲，严格按照拣选单号、订单号对生产单位领料进行冲减，确保反冲扣减的发料批次与使用的实物一致。

⑥ 差异分析。

在此阶段，材料的差异分析，主要是数量差异分析。财务部负责分析各生产单位标准耗用数量与实际耗用数量之间的差异，剔除返包订单领料、退料及技术部门领料等合理损耗，计算生产单位的材料超耗或材料节约，并对成本管控的相关责任人进行奖励和考核。

3．制造成本管理——作业成本法

作业成本法以作业量为成本分配的基础，其以作业为成本计算的基本对象，旨在为企业作业管理提供更为相关、相对准确的成本信息的成本计算方法。目前，格力电器的子公司珠海格力精密模具有限公司和珠海格力智能装备有限公司均采用作业成本法进行成本管理。

珠海格力精密模具有限公司和珠海格力智能装备有限公司有别于格力电器的其他公司。它们所进行的产品生产既非批量化生产，也非小批定制，而是根据客户订单单独设计和制造，且其生产过程复杂、制造费用较多、成本动因不明确。如果采用传统的以产品为对象的成本核算方法，则每个产品都需要单独核算成本，工作量大且难以准确归集。

为了弥补传统成本计算方法存在的"将固定成本分摊给不同的产品"和"产生误导决策的成本信息"两个重要缺陷，格力电器结合产品特征对格力电器生产的"模具"及"设备"等实施作业成本法，利用 ERP 系统和根据成本动因细分的成本作业中心，归集各作业中心的成本，使得各作业中心资源的消耗可追溯或分配到作业，然后使用不同层面和数量众多的作业动因将作业成本分配到各套产成品"模具"和"设备"中，使得分配基础更加合理，更能保证该产品成本计算的准确性。

（1）模具管理

珠海格力精密模具有限公司开发了用于管理模具的模具管理系统。该系统记录了模具的基本信息，并被用于维护模具的基本数据（见图 8-14）。

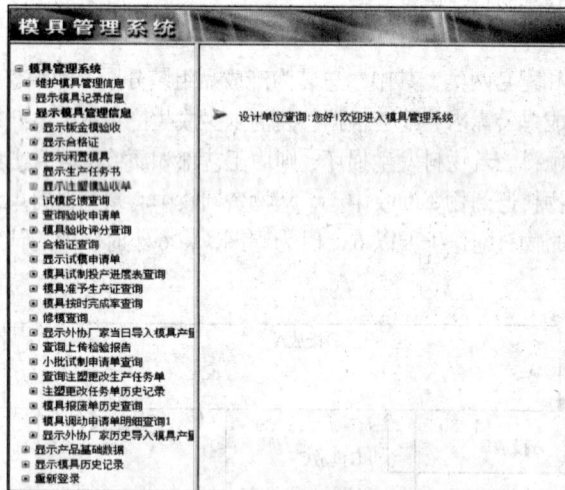

图 8-14　模具管理系统的部分截图

（2）划分作业单位

目前，珠海格力精密模具有限公司的工作重点是完成金属效果免喷涂注塑成型、模内热切技术、PT-25 线轴、一体式前倾离心风叶模具、3D 打印技术等新型技术新材料的研究与应用，其产品包括钣金模、注塑模、精密模和工装四大类。根据已有产品的加工环节，我们将主要工序分为 CAD、CAM、DHD、CNC 等 60 余种，以此作为成本归集对象（见图 8-15）。

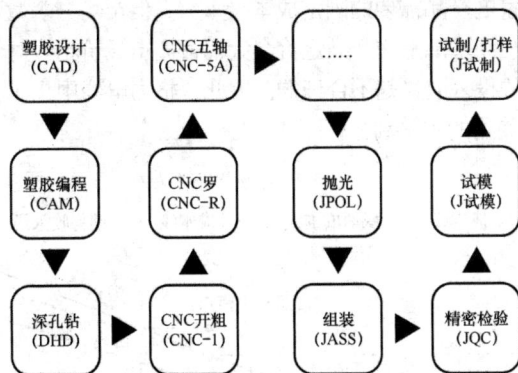

图 8-15　格力精密模具有限公司工序构成

（3）确认模具的生产成本

模具的生产成本被划分为材料成本、人工成本和制造费用，其中，材料成本根据模具实际耗费的材料数量和价格计算得到；人工成本和制造费用均按照作业成本法核算：人工成本根据每道工序实际分配的员工发生的各项成本费用计入各道工序中；制造费用中占比较大的水电气费、折旧费、物耗可按照工序单独核算，其他成本可合并计入其他费用，并且制造费用分为工序实际使用部分与工厂分摊部分，分别进行核算。该工序实际使用的固定资产、物耗等，分别计入该工序中。工厂分摊部分则按照一定的方式分摊计入各道工序，如厂房折旧可按照该工序生产线占厂房面积的比例分摊计算。计算公式如下：

厂房折旧=厂房价值÷20×该工序占用厂房面积÷厂房总面积

最后根据各产品实际工序及在各工序中的制造工时分摊计算各项费用。例如，注塑模 A1 制造过程包括 CAD、CAM、DHD 和 CNC 等 53 道工序，则其计算结果为：

A1=CAD+CAM+DHD+CNC+…

其中 A1 在某工序的计算方法如表 8-2 所示。

表 8-2　　　　　　　　　　　某工序成本费用的计算公式

项目	计算公式
材料	BOM 材料费
人工	该工序总人工×A1 在该工序的工时÷该工序总工时
水电气费	该工序总费用×A1 在该工序的工时÷该工序总工时
折旧费	A1 在该工序使用的设备总折旧×A1 在该工序的工时÷该工序总工时
物耗	该工序总费用×A1 在该工序的工时÷该工序总工时
其他	该工序总费用×A1 在该工序的工时÷该工序总工时

4. 投资决策管理——本量利分析

本量利分析也是格力电器价值链成本管理的重要工具。为研究销量变化对成本、收入和利润的影响，格力电器引入本量利分析，通过分析生产成本、销售利润、产品数量三者的关系，掌握盈亏变化的规律，指导公司选择能够以最小的成本生产最多产品并可使公司获得最大利润的经营方案。

本量利分析的难点在于对变动成本和固定成本的划分。除了直接材料费用和直接人工费用，格力电器对成本费用也进行了深入研究和细分，其将生产单位的模具费、水电气费、办公费、差旅费、员工福利费及产品运输装卸费等计入变动费用，将固定资产折旧、研发和职能部门的办公费、无形资产摊销、认证评审费等费用划分为固定费用，据此进一步进行本量利分析。

格力电器将本量利分析应用于新产品开发、新生产线投入方面。通过本量利分析，格力电器发现某款研发阶段的家电产品需要的固定成本投入大，但市场需求数量有限，导致单位成本较高，也会导致在目标利润基础上的产品定价会大幅偏离市场价格。对于对销售单价比较敏感的家电产品来说，这样的投入明显是不合理的。因此，格力电器中止了该产品的投入研发。图8-16所示为格力电器所使用的本量利分析图。

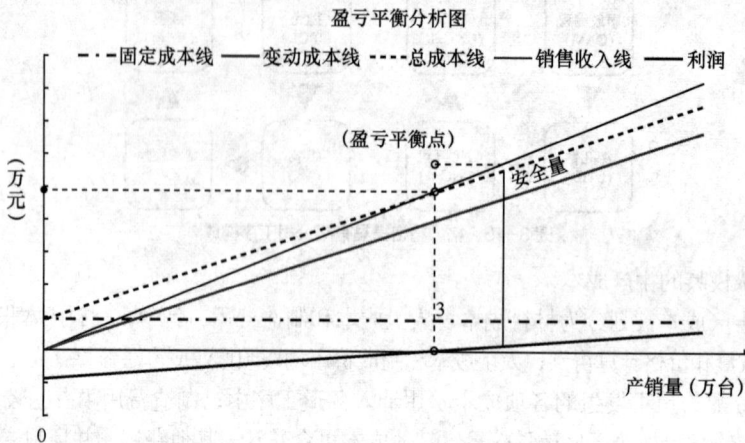

图 8-16　格力电器所使用的本量利分析图

（三）价值链管理的技术辅助支持

1. 集成的 ERP 系统建设

近年来，格力电器以"信息化、工业化"深度融合为主攻方向，着力建设横向、纵向全面集成的实时共享的信息平台；横向通过采购协同平台和销售协同平台延伸并打通上下游，支撑供应链上的高效协同，保持公司整个链路上的竞争力；纵向通过 MES（制造企业生产过程执行系统）系统贯通现场执行层和管理层，支撑精细化管理，保持现场作业的高效率。

根据业务需要，格力电器建立了基础文档系统、MES 系统、定额领料和落地反冲系统、PDM（产品数据管理）系统、模具管理系统、零星采购系统、OA 系统等，又根据管理的需要，将不同系统的数据集成到格力电器的 ERP 系统（BAAN 系统）中（见图 8-17）。根据不同的取数需求，ERP 系统为不同角色设置不同的权限。这既能满足管理会计的数据需求，又能确保数据的保密性。此外，格力电器还成立了大数据中心，对 BAAN 系统上的数据进行集中管理，确保数据的及时性和有效性，并保持取数渠道的畅通。

格力电器还搭建了财务商业智能系统（BI）。该系统被用于财务分析，其主要包括税务筹划、原材料耗用分析、物资账龄分析、全面预算管理、应收账款管理等十七大模块，涉及税务、成本、价格、物资管理等多项财务分析内容。

2. 构建大数据管理中心

格力电器迎合时代发展的趋势，敏锐察觉到大数据对于企业发展的重要意义，成立了大数据中心，下设数据挖掘、应用分析、项目管理等岗位。大数据中心负责构建公司大数据管理体系及引进和推广能使数据高效运行的新技术、新方法，以支持公司改进产品和管理决策。

依托大数据中心，格力电器的管理会计可以综合运用多种管理会计工具，掌握更完整、全面的财务信息，更好地履行财务工作职责，对企业的生产经营进行监督，为管理者决策提供更有效的数据支撑。格力电器的大数据中心的组织架构如图 8-18 所示。

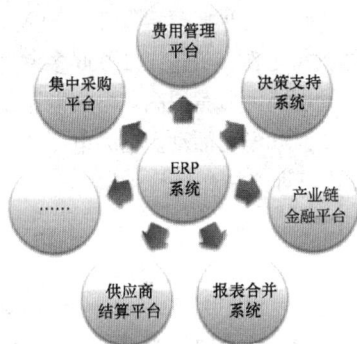

图 8-17 格力电器信息化系统

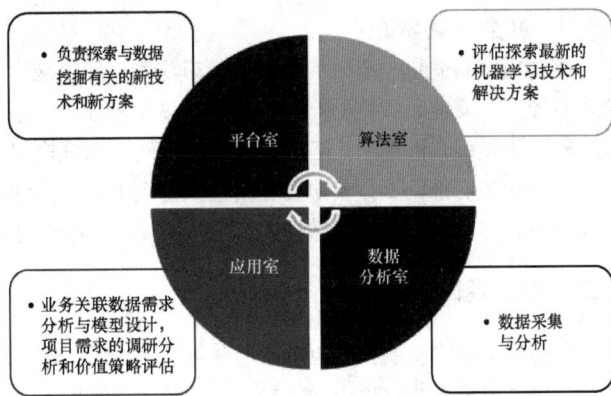

图 8-18 格力电器的大数据中心的组织架构

3. ERP 系统环绕的开发与应用

为满足精细化核算的需求，格力电器在现有 ERP 系统应用的基础上开发了一系列环绕，以强化和完善 ERP 系统功能（见图 8-19）。格力电器通过科学的业务分析，论证了通过 ERP 系统自动计算标准成本价的可行性：通过梳理基础数据如材料定额、工时定额、材料采购价的制定及维护流程，测算合理的工资率及费用率，修订标准成本价核算规则，开发新的系统运算程序，实现了标准成本价的自动计算。由于在实现标准成本价自动计算时，对系统基础数据也进行了疏通，使之更加准确、及时和完整，形成一个全面、多维度的数据库，从而进一步强化了 ERP 系统功能，如材料定额对比分析、生产效率对比分析、产品实际利润分析等。

图 8-19 格力电器信息化建设项目之标准成本价自动计算项目

三、实施效果与改进建议

（一）实施效果

1. 经营效益领先行业

公司近 5 年营业总收入均超过千亿元，主营业务空调产品销售收入持续保持行业领先地位。公司净利率稳步增长，保持了较高的盈利水平。

2. 管理成效突出

格力电器通过预算管理，规范各单位的资金使用流程，监控各部门的经营活动；通过费用管控，实现财务对公司业务的有效介入，对财务的全过程管理有效加强；通过 ERP 系统的财务模块进行会计核算，使基础核算工作量大量减少；通过财务共享中心，实现数据来源统一，减少了财务会计和管理会计的重复工作，并确保了信息的前后关联，对账和财务管控更加方便；通过绩效目标和绩效考核，财务部对其他单位的成本管控更加有效。此外，财务由核算、监督和报告向预测、控制和评估纵深发展，财务人员在公司价值创造与成本管控中发挥的作用越来越大，财务部的职能由辅助支持向核心业务转变，财务在公司的执行力和权威性被广泛认可。

3. 社会效益显著

格力电器将先进、有效的管理会计方法推广至供应商，对供应商开展管理会计工具导入、成本管控技术交流、实地驻厂、管理会计体系搭建等一系列的支持工作，促进了 2 000 多家供应商的同步发展。近年来，格力电器的供应商成本管控和物资管理能力显著提高。格力电器还广泛参与由政府部门、行业协会和其他单位组织的国内外财务交流和学习活动。格力电器总部每年接待来访参观交流的人数达 1.6 万，积极对外宣传展示先进管理方法和经验。

（二）改进建议

经过 26 年的发展，格力电器的财务部已经发展成为结构较为完善的组织：管理会计和财务会计各司其职，相互促进，共同发展，其中，管理会计发挥了越来越重要的作用。但管理会计工作仍然存在一些不足，需要从以下几个方面改进。

1. 培养管理会计人才

目前，格力电器所聘用的管理会计的人数占财务人员总量的比例不到 10%。由于人才储备不足，所以管理会计工作难以系统、全面地展开。因此，在后续工作中，格力电器应大力培养管理会计人才，鼓励财务会计学习管理会计方面的知识和技能，并为他们提供相关的交流学习机会。

2. 强化内部管理会计意识

格力电器的部分部门，对财务部的定位停留在财务会计这一层面，对财务部的工作配合局限于反映、报告企业经营成果和财务状况这一职能范围内，束缚了管理会计的工作开展的宽度和广度。因此，格力电器应强调宣贯管理会计在经营中的重要作用，强化公司内部其他部门的管理会计意识。

专家点评

一、案例概述

格力电器是集研发、生产、销售、服务于一体的国有控股上市公司，其家用空调产销量长年位居中国空调行业第一。长期以来，格力电器以卓越的产品品质和成本管理在行业内居于龙头地位。近年来，格力电器实施战略转型升级，推进卓越绩效管理与精益管理，实施基于价值链的全面成本管理。在价值链成本管理中，综合运用一系列的管理会计工具，在推进公司成本管控精细化及事前、事中和事后的全面成本管控方面取得显著成效，为同行业企业提供了有益的经验借鉴与参考。

格力电器从战略出发，围绕价值链成本管理这一主线，搭建了"以理念体系为指导、以业务过程为载体、以财务共享为支撑"的财务管理体系；基于商业关系，公司构建了贯通供应链上下游和适时追踪竞争对手的"十"字形价值链成本管理体系；从业务运营看，公司将业务、财务与决策有机结合，实现战略、制度、管理、人才四位一体。该公司成本管理的特色在于：能适时洞察经营环境，根据业务环境合理选择管理会计工具与方法，并利用其在价值链上的竞争优势降低经营成本。

二、案例评价

本案例重点描述了格力电器基于价值链的全面成本管理的实践，而这种实践之所以能够顺利实施并取得良好效果，与其长期的战略定位、管理理念与管理方法、组织结构与制度背景以及成本管控的价值链思维等密不可分。

（一）良好的制度背景与管理基础

1. 因时而变的战略定位：信息化、智能化、多元化

格力电器的发展经历了4个重要的时期：以产品品质为导向的发展期、专注技术突破的突

破期、实施智能化和多元化的转型升级期、注重社会责任的使命期。目前，格力电器以"信息化""工业化"的深度融合为主攻方向，重新布局信息化战略，着力建设横向与纵向全面集成的实时共享的信息平台。横向通过采购协同平台和销售协同平台延伸并打通上下游，支撑供应链上高效协同，保持公司在整个链条上的竞争力，纵向通过MES系统贯通现场执行层和管理层，支撑精细化管理，保持现场作业的高效率。此外，围绕智能家电和智能制造两大板块，格力电器将造空调的技术延伸出去，发挥从产品到设备的协同效应，达到多条赛道并驾齐驱的发展目标——在家电制造等传统领域纵深发展，在智能装备制造等新兴领域不断开疆拓土。

2．与时俱进的管理理念与管理方法

自1991年成立以来，格力电器始终以弘扬工业精神、追求完美质量、提供专业服务、创造舒适环境为企业使命，致力于打造全球领先的制造企业，缔造世界知名品牌。为实现这一理念，各部门、各岗位积累了大量先进的管理经验和管理方法。例如，格力电器的物料和生产管理工作以BOM和工时体系为基础，主要采用"定额领料"和"落地反冲"方法的极致结合，通过ERP手段对定额物料的领用和生产过程物料的使用进行控制，实现物料管控手段创新、管控效率提高。这是物料管控过程中的一大创举。再如，引入责任成本中心与自主经营结合的成本管理模式，建设以分厂、班组为中心的责任成本中心，全面实施责任成本预算，完善分厂、职能部门自主成本管理体系，提高分厂、班组、职能部门自主管理创新能力和内部责任成本控制竞争力，最终实现成本管理全员、全面、全过程的工作目标。

3．完善的组织架构与管理制度

自1991年成立以来，经过多年的管理探索，格力电器已经形成包括研发系统、生产系统、销售系统和职能系统四大系统，家用空调技术开发部、生产部、进出口部、财务部和审计部等50多个部门的组织架构。这些部门中，有的侧重于使用价值的管理，有的侧重于价值的管理，有的侧重于劳动要素的管理，有的侧重于信息的管理。各部门分工协作，对公司的一切物质资源、经营过程和经营结果进行合理规划和控制，从而为企业积累价值和财富。

4．完善的人才培养机制

格力电器遵循"公平公正、公开透明、公私分明"十二字管理方针，通过制度建设、文化建设和员工培训来强化管理，提高内在的核心竞争力。格力电器拥有一整套"选、育、用、留"人才培养体系，奉行"能者上、庸者下"，为各类人才提供了发展通道。同时，搭建了有效的奖励机制，全方位激发员工的荣誉感和激情。日益完善的人才管理机制，为公司的持续发展奠定了稳定的基础。

（二）全链条管控成本，多方法有机结合

1．因势而变的全方位价值链成本管理

格力电器以价值链为基础，形成成本管理的归口分工，从成本管理的组织架构（见图8-20）到价值链不同环节的具体成本管控方法都独具特色。例如，在产品研发设计阶段，通过标准成本管理与目标成本管理的有机结合，控制研发设计成本；在产品制造阶段，综合应用标准成本管理与作业成本管理等方法，对制造各环节进行作业的梳理与控制，有效去除非增值作业，灵活运用精益管理的思维与方法，最大限度地控制制造成本；对于新产品开发、新生产线投入等投资决策则采用本量利分析法进行管理，掌握盈亏变化的规律，指导下属企业选择能够以最小的成本生产最多产品并可使公司获得最大利润的经营方案。

而对于某些特定成本费用支出，格力电器也会灵活采用各种有效的方法最大限度地进行精益核算与管理。例如，对原材料实行集中采购，充分发挥集团规模优势，提高采购议价能力，有效控制采购成本；通过定期或不定期地对重要原材料耗用差异进行专项分析，推进关键物料的成本控制工作，提高公司材料利用效率；通过国内首创"定额领料-落地反冲"结算模式、提高设备利用率、降低办公费用、提高仓储设备利用率等积极措施，持续减少制造和日常办公费用。

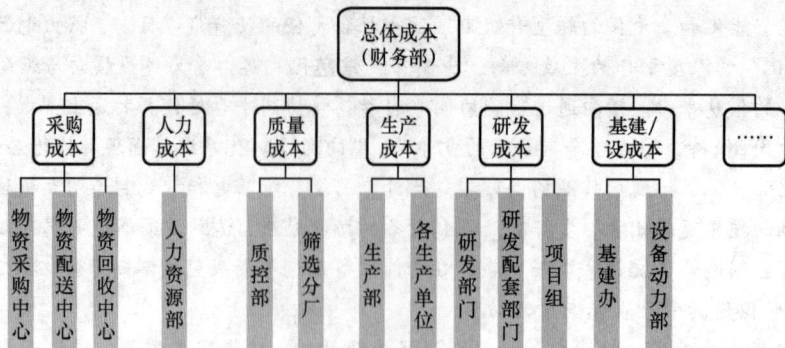

图 8-20　格力电器成本管理组织架构

2. 独具特色的责任成本管理与考评制度

格力电器建立责任成本中心评价体系，设置定量与定性相结合的综合考评指标，建立生产单位与非生产单位两种维度的考评方式。设置激励各单位创收入、降成本项目的加分项，以进一步激励各单位推进OGSM（O-Objective，目的；G-Goals，目标；S-Strategies，策略；M-Measures，衡量。）项目。将各单位绩效指标达成情况进行月度公示，并在成本推进会上将考评结果进行通报，纳入月度干部绩效考评范围，对各单位领导绩效、荣誉、晋升等产生直接影响。制定指标异常事项反馈流程、审批流程、调整流程，以建立与各单位沟通互动的渠道，不断完善绩效考评体系，提升考评的科学性、合理性。通过OGSM项目管理模式，将公司利润指标分解下发至各单位、车间、班组，建立以班组为中心的责任成本管理体系，设置专项奖励基金，激励全员参与推进OGSM项目，以项目驱动公司利润目标的达成。

三、案例启示与建议

（一）将权变思想融入企业管理，灵活应对环境变化

格力电器能够将权变思想融入企业管理实践，因时而变，因势而动。格力电器能够将不同的管理会计理念和方法灵活变通，其针对内部资源及外部环境的变化以及价值链的不同环节，随时调整控制标准与管理方法：根据变化的环境对公司经营做出准确评价，进而采取更加适当的方法应对环境变化和形势要求。

（二）运用新信息化手段强化管理会计职责

管理会计的职责在于：根据获得的信息，预测公司经营状况，规划公司资源，帮助公司管理者做出决策；对公司经营业务实施有效的控制，并评价公司的经营业绩。管理会计的工作重点不在于收集经济数据，而在于从收集到的经济数据中挖掘有用的信息。格力电器注重信息化手段的配合运用和不断改进，从而提高其获取数据的能力与速度，为强化管理会计职责做好必要的技术支撑和手段保障。

（三）各环节、各部门、各岗位人员通力配合，共创价值

管理会计对资源的统筹规划，需要各部门的配合。管理会计制定的各项标准，也需要各部门的支持。管理会计需要从各部门获取各种数据，并将这些数据转换为有利于改善公司经营的信息。因此，管理会计与各部门密不可分，管理会计的工作需要各部门的配合，同时，对各部门的工作又存在一定的制约。

根据"信息化""工业化"深度融合的转型方向与公司目前的信息化环境，格力电器应紧跟未来信息化高速发展的步伐，尽可能地满足经营决策对数据可得性、可用性与多样性的要求，以快速响应瞬息万变的商业竞争环境。此外，灵活应用管理会计技术和方法加强对经营情况的深度分析以及进一步规范管理会计报告，都将会使公司的管理水平进一步提高。

案例九 基于"组织+产品"价值链的全面成本管理

中兴通讯股份有限公司

【摘要】中兴通讯股份有限公司是全球领先的综合通信解决方案提供商。随着公司规模不断扩张,中兴通讯股份有限公司的业务流程日趋复杂,成本问题也随之凸显。作为产品主导型公司,内外价值链的各个环节都存在着"我影响了谁,谁影响了我"的现象,因此,孤立地解决单点问题,无法做到全成本最优。通过数十年的管理实践,中兴通讯股份有限公司通过基于"组织+产品"价值链的全面成本管理探索与实践,已建立"一线&一网&多点"的端到端成本管理模式,拉通从供应商、公司内部到最终客户的产品价值链流程,并关注每个环节的自我和关联方成本管理,对公司产品的成本竞争力提高发挥了至关重要的作用。

【关键词】成本领先战略;组织价值链;产品价值链;关联方成本管理;端到端成本管理模式

一、中兴通讯构建全面成本管理体系的背景

中兴通讯股份有限公司(以下简称"中兴通讯")成立于 1985 年,在香港和深圳两地上市,是中国最大的通信设备上市公司,也是全球最大的四家电信设备商之一。

中兴通讯是中国第一批实施"走出去"战略的通信设备制造企业,早在 1995 年就启动了国际化战略,并相继与和记电讯、法国电信、英国电信、沃达丰、西班牙电信等全球顶级运营商建立了长期合作关系,在全球移动通信 50 亿人的连接中,中兴通讯至少参与了 10 亿人的连接,为超过 160 个国家和地区提供产品和通信服务。

作为中国企业最早"走出去"的代表之一,中兴通讯面对来自全球市场的竞争压力,成本竞争优势关乎公司的生死存亡,因此,中兴通讯一直都非常重视成本管理工作,在实际的成本管理工作中,公司先后出现各种各样的问题。

问题一:只降成本不重市场价值

衡量企业成本优势的原则是,在保证与行业提供同等产品价值的前提下,降低公司相对于行业的成本,即尽量削减不增加产品差异性的成本,盲目地降成本可能会损害产品或服务的价值。

在实际运作中,中兴通讯的一些部门可能会出现这类问题,因成本节约是可被直接计量的显性成本,而市场价值损失是难以直接计量的隐性成本,仅关注显性成本会造成成本管理上的"短视"。

作者:李莹、王秀红、徐琴
案例指导与点评专家:邹艳(北京航空航天大学)

问题二：只需管理我司或本部门的成本

企业需在全球产业链中与供应商和客户进行长期的合作，成本管理不仅需关注自身，还要关注对供应商和客户成本的溢出影响，关注产业链的整体盈利能力；同样，企业内部的局部成本最优并不等于整体成本最优，也要关注本部门工作对上下游成本的关联影响，实现端到端的整体成本最优。

中兴通讯是绩效导向型组织，内部按照价值链将组织分段，部分组织之间会形成壁垒，因此，成本管理不仅要关注自身成本管理，还要关注关联方成本管理，避免"各自为政"。

问题三：成本只是财务的事

成本产生于营销、研发、采购、生产、交付等各个业务环节，而财务仅仅是成本"计量器"，不是成本的根源，所以，成本管理必须深入业务流，发动全员、全过程参与，尤其是研发和营销。

研发决定公司产品的相对成本优势，"糟糕"的产品设计将影响后端的采购、生产、交付等各个环节；营销决定公司产品的相对市场价值，"盲目"的商务承诺也将给后端的研发、生产、交付等带来很大挑战。

二、中兴通讯的成本领先战略

成本领先战略是指通过有效途径，使企业的全部成本低于竞争对手的成本，以获得同行业平均水平以上的利润。为了达到这些目标，企业就要在管理方面对成本给予高度的重视，尽管质量、服务以及其他方面也不容忽视，但贯穿于整个战略之中的是使成本低于竞争对手。自2005 年起，中兴通讯提出"成本领先战略"，专设成本战略办公室，将常设机构放在财务部，分两个阶段落实成本领先战略，开展成本管理工作：基于组织价值链的成本管理阶段（2005—2016 年）和基于产品价值链的成本管理阶段（2016 年至今）。

（1）成本领先战略的愿景：有竞争力的成本；一流的成本管理体系；全员的成本文化。

（2）成本领先战略的四要素：保持竞争优势是成本领先战略的动因；节约是成本领先战略的动力；全员参与是成本领先战略的基础；全过程控制是成本领先战略的保障。

（3）成本领先战略的基本原则。

① 兼顾客户、供应链和竞争需求：包括客户总成本最优（Total Cost of Ownership, TCO）、供应链管理和行业竞争三个方面。其中：客户总成本最优是指，做到"运营性支出（Operating Expense，OPEX）+资本性支出（Capital Expenditure, CPEX）"的综合最低，协助客户提高价值。供应链管理是指，提高对供应商的议价能力，优化整个供应链的交付效率。行业竞争是指，分析行业的成本竞争态势，提高公司成本竞争力。

② 面向成本的设计（Design to Cost, DTC）：产品成本是设计出来的，成本管控要从源头入手，在前端设计时就要平衡各种需求及设计能力。

③ 端到端管理：建立基于产品的经营单位与专业团队联合的端到端运作机制，实现产品全价值链成本的可视、可控。

④ 目标成本管理：成本工作需遵循 PDCA 的管理思路，包括制定成本目标、跟踪成本进展、预警成本风险、分析成本达成等，并形成固化的管理流程。

⑤ 产品质量为先：各级成本工作需满足公司的质量红线要求，公司要在达到质量标准的前提下，实现全成本管理的最优化。

⑥ 经营责任制：成本管理的第一责任人为业务负责人，第二责任人为成本总监。各业务

负责人需签署成本管理责任状，各成本总监需协助业务负责人做好成本管理工作。

三、基于组织价值链的全面成本管理体系

成本管理工作推行初期，为了快速建立成本管理组织、规范运作机制，中兴通讯将成本管理融入行政组织，通过行政指令落实成本举措，取得了较好的管控效果，并在全公司范围内营造了成本节约文化氛围。本阶段的成本管理立足于组织价值链，将"成本领先战略"分为七大子战略，覆盖研发、产品、物流、工程服务、质量、人力、费用七个方面，建立基于 PDCA 循环的成本运作机制，同时关注各环节内部的自我成本管理和各环节之间的关联方成本管理。

（一）七大成本子战略

公司按照组织价值链将成本管理工作分为七个子战略（见图 9-1），在各子战略中需同时关注自我和关联方成本管理。

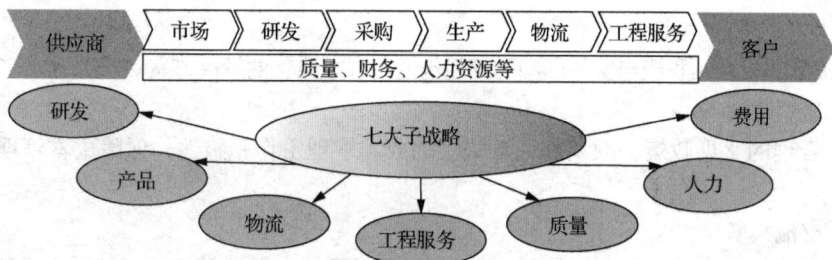

图 9-1 七大成本子战略

（二）PDCA 的成本管理机制

成本管理是一项系统性工作。建立成本的持续优化机制，需要有完善的制度、规范的程序及具体的举措，其中，完善的制度是前提，规范的程序是基础，具体的措施是关键。成本管理的 PDCA 循环如图 9-2 所示。

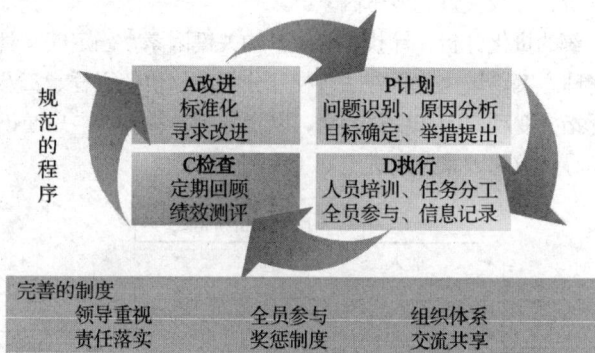

图 9-2 成本管理的 PDCA 循环

1. 完善管理制度

完善的制度是保证各种管理动作顺利实施的前提。对于成本管理的制度保障，要从领导重视、全员参与、组织体系、责任落实、奖惩政策、交流共享等方面进行考虑。

（1）领导重视

成本管理工作需要领导的高度重视，自上而下地持续推动。领导在中兴通讯持续成本管理

中的作用表现为：调动各方形成全员成本管理的意识和文化，设定成本的共同愿景；设定有挑战性的成本管理目标，并组织制订成本管理规划；分配资源，设定相应的激励政策；及时组织交流和沟通，并进行知识共享。

（2）全员参与

全面的成本管理体系要体现成本管理中的"三全性"——全员、全面、全过程。加强成本管理，首要工作是培养全员成本意识，变少数人的成本管理为全员的参与管理。

（3）组织体系

即设置成本管理团队，明确组织架构及工作流程。目前中兴通讯对很多产品线都设有日常成本跟踪的机制，将成本目标分解至项目组和个人，如月度例会跟踪、季度考核奖惩等。

（4）责任落实

中兴通讯遵循"谁施加影响谁负责"的原则，将管理重点从成本发生部门转向成本设计部门，从前端进行成本控制，关注可控成本、设计成本和被影响成本。

① 可控成本：严格按照目标执行，在不降低标准的条件下降低成本。

② 设计成本：明确本部门行为对其他部门成本的影响，不得孤立评估本部门降成本的效果。

③ 被影响成本：积极与实施影响的部门沟通，寻求最优的解决方案。

（5）奖惩政策

制定合理的奖惩政策，激发和调动员工的成本管理工作积极性，保障成本管理目标的实现。

（6）交流共享

成本管理横跨公司的各个环节，各部门之间需建立良好的交流平台，推广优秀及失败的经验。

2. PDCA 成本管理循环

（1）P——计划

"凡事预则立，不预则废"。计划是成本管理中最重要的一环。中兴通讯通过四个步骤开展成本管理计划工作。

步骤一：量化分析，寻找关键的成本因素

中兴通讯通过系统的量化分析，寻找影响成本的关键因素，确定成本管理的工作重点，制订有针对性的成本管理方案。量化分析方法有杜邦分析法、价值工程、二八原则、柏拉图等。杜邦分析法用于解释指标变动原因和变化趋势，以指导制定举措。中兴通讯按照杜邦分析法将产品成本逐层分解，寻找敏感因素及改进空间（见图9-3）。

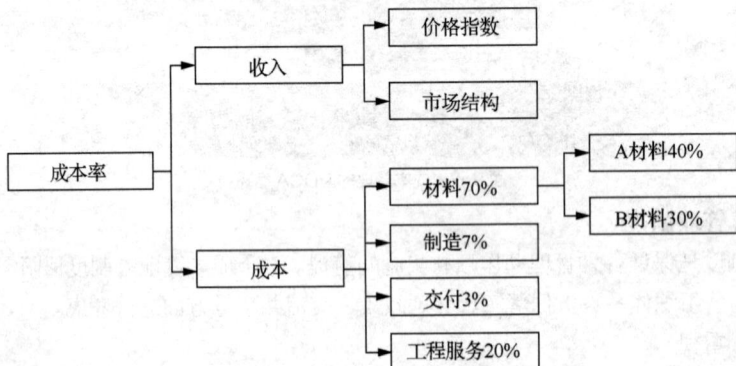

图 9-3 成本的杜邦分析法

步骤二：溯本追源，分析问题的主要原因

前端成本在后端才会暴露出来，因此中兴通讯必须建立成本追溯制度，不能只在成本发生部门找原因，利用鱼骨图分析法绘制"鱼骨图"，分析现状并追溯源头问题（见图9-4）。

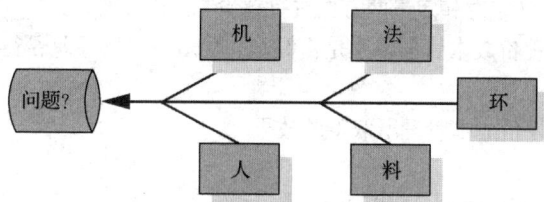

图9-4 成本分析的"鱼骨图"

鱼骨图分析法又称 5M 因素分析法，包括人、机、料、法、环 5 个方面。"人"是指人为因素，"机"是指软、硬件条件，"料"是指基础准备以及物料，"法"是指工作方式与方法，"环"是指内外部环境。5 个方面就像鱼的"主刺"一样，每根主刺上还有很多的小刺，这些小刺就是与主刺相关的问题。

步骤三：确定产品成本目标

在确定产品成本目标时，要关注市场价格变化，分析竞争对手策略，且过程中需结合产品盈利要求，不断修正成本目标。成本目标的分解示意如图9-5所示。

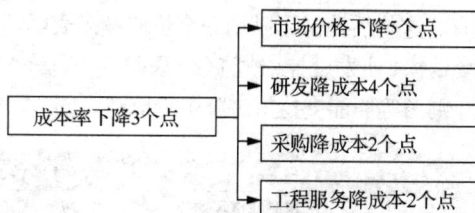

图9-5 成本目标的分解示意

步骤四：提出降成本的具体措施

公司要从研发、采购、生产、商务等方面详细规划并制定举措，对于重点举措则需投入更多资源。成本管控举措分解表如图9-6所示。

分类	降成本措施标题	降成本措施内容	实施负责人	降成本措施预计启动时间	降成本措施预计结束时间	成本目标	降成本措施预期降低成本额/原成本额	降成本措施预期降低成本率	降成本措施实际启动时间	最新进展
研发	措施1	研发设计简易机柜，给小容量设备配套使用；部分运营商接受	×××	2005年10月	2006年2月	×××	300/1120	—	—	完成——完成招标，价格为860元，起量重新招标可达700元
	措施2	改进最小系统、DSRAM、Flash以及FPGA	×××	2005年10月	2006年6月	×××	84/2733	3.07%	2005-10-10	完成——转产中
	措施3	改进阻容器件	×××	2005年10月	2005年10月	×××	40/277	14.04%	2005-10-10	完成，量产
	措施4	改进电源模块、改进FPGA设计	×××	2005年11月	2006年6月	×××	241/3365	7.16%	2005-10-10	完成，量产
	措施5		×××	2005年11月	2006年6月	×××	50/488	10.25%	2005-12-15	完成，量产
	措施6	料单改进、去掉少许器件、降低单板性能	×××	2005年10月	2006年2月	×××	15.5/2064	0.75%	2005-10-10	试生产中
	措施n	设计降成本	×××	2005年11月	2006年2月	×××	349/999	34.93%	2005-11-1	量产
	......									
合计：以上研发降成本举措完成量产后：在2006年××亿元发货规模下，预计可以带来成本降低××××万元，成本率降低8.4个百分点										

图9-6 成本管控举措分解表

（2）D——执行

中兴通讯从 4 个方面执行成本管理：对成本管理活动的相关人员实施培训，尤其是与生产一线有关的人员及班、组长；按计划将管理活动进行分工，并将各项活动的责任落实到具体的个人、班组以及产品线；广泛征集员工意见及措施，对于可落地举措，及时付诸实施；搜集在成本管理活动中的所有有关资料，以便研究和检讨。

（3）C——检查

中兴通讯建立成本举措跟踪机制，按月复盘产品成本变化及各项举措落实情况；同时，建立成本管理测评体系，从定性和定量两方面进行评价。

① 定性方面主要评价成本管理体系是否健全、成本管理程序是否得以运行、成本管理措施是否落实等；

② 定量方面主要评价成本管理所取得的效果。

（4）A——改进

中兴通讯根据成本测评情况，开展成本改进工作。

① 注重各部门内部及部门之间的及时交流和反馈，尤其是成本受影响部门应及时与施加影响部门沟通，并相互协商综合的成本优化举措。

② 及时总结成本实践的优秀案例，提炼并融入各种管理标准和制度，在全公司范围内宣传和贯彻。

③ 将尚未解决的问题作为下一个重点，纳入下一次 PDCA 管理循环。

（三）基于组织价值链的全面成本管理：自我和关联方成本管理

迈克尔·波特提到，"每个公司都是在设计、生产、销售、发货和辅助其产品的过程中进行各项活动的集合体。所有的这些活动都可以用一个价值链来表明。"结合中兴通讯的特点，公司内部价值链可分为市场销售、研发设计、物流（含采购/生产/交付）、工程售后 4 个环节（见图 9-7），人力资源、质量、财务等职能支持贯穿整个价值链。

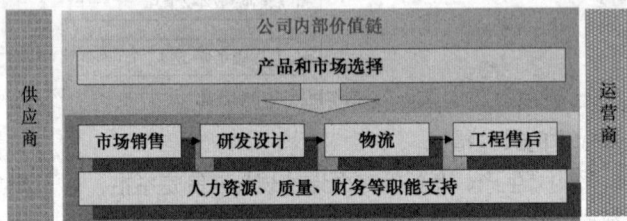

图 9-7　企业内部的价值链流程

任何一个环节能否单独对其成本进行有效的管理和控制？答案显然是否定的。每个环节的成本或多或少都被其他环节影响，没有哪个环节可以做"超然独立的神仙"，因此，基于价值链的全成本管理可以分为：自我成本管理和关联方成本管理。

1. 自我成本管理：重在设计

自我成本管理有可设计的空间，如不同的物流模式对物流成本的影响不同，不同的运输方案对运输成本的影响不同。市场销售、研发设计、工程售后等均需考虑设计方案对本段成本的影响。自我成本管理的分段图如图 9-8 所示。

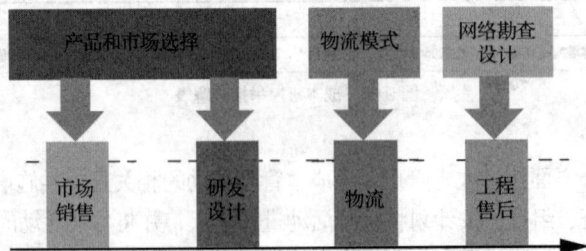

图 9-8　自我成本管理的分段图

2．关联方成本管理：设计与反馈

各个环节在价值链所处的位置不同，其管理方式也不同。市场销售和研发设计环节，从商务方案和产品设计的角度相互影响，并共同"设计"了物流及工程售后的成本，因此这两个环节的关联方成本管理更应强调设计，"一开始将成本设计好"；而物流和工程售后环节，更多的是按照已有的商务条款和产品设计方案进行交付，因此这两个环节的关联方成本管理更应强调反馈，"把我们的要求告诉设计方"。关联方成本管理的交叉表如表 9-1 所示。

表 9-1　　　　　　　　　　　　关联方成本管理的交叉表

| | 市场销售 | 研发设计 | 物流 | | | 工程售后 |
			采购	生产	交付	
营销		功能承诺、客户需求引导	信息传递、交期、指定采购			工程勘察、工程界面、性能指标承诺、商务承诺
研发	产品质量、产品适应市场、需求响应		通用件、新品材料数量、独家	可生产性、模块化和标准化、版本升级规划、新品返工次数	体积、重量	安装复杂性、运维成本、版本切换
采购	供应速度、错漏发、采购质量	供应商管理、材料选型		来料质量、缺料	交货期	采购地点、来料质量、外购件服务
生产					生产周期、发货批次、厂房分散	质量、进度、交付地点、错漏发
交付						
工程服务	工程质量、工程进度	客户需求			工程进度、站点发货	

（1）市场销售环节成本管理

市场销售环节处于公司价值链的前端，是联系客户和公司的纽带，对后端成本影响重大，公司所有的成本最终都要通过市场销售环节的订单所得来补偿。

① 关联影响分析（见图 9-9）

市场销售对其他环节的影响：过渡承诺客户需求会加大研发成本；市场预测不准，过度承诺交货期限影响物流成本；售前工勘不细，影响工程施工。

其他环节对营销的影响：产品功能、质量、供货速度、工程施工质量等。

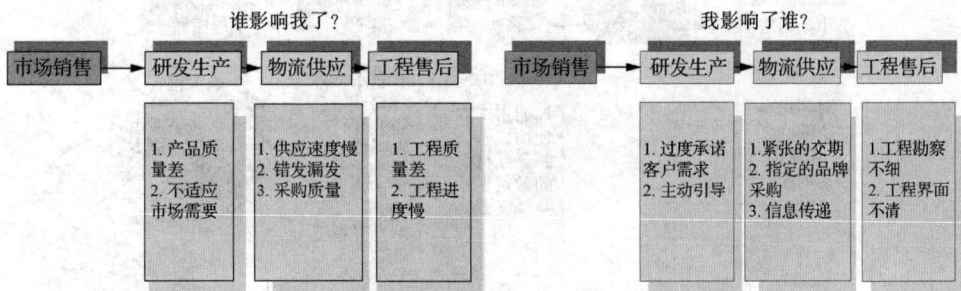

图 9-9　市场销售环节的关联成本影响分析

② 关联方管理：加强沟通，优化商务方案。

a．研发部门：建立客户需求反馈机制，主动引导客户需求。

b．物流部门：建立物流信息平台，加强信息沟通与传递。

c．工程服务部门：售后环节前移，参与售前项目管理。

◇ 案例1：引导客户需求降成本

公司某单板是24路/板，远端模块容量是480线/960线，而客户网络规划经常是500/1000线。营销部门把客户需求及时反馈给研发部门。研发部门经过认真评估，认为：如果公司要满足客户网络规划500线的要求，需要额外增加用户框、用户板、电源板、SP板等，甚至需要更换模块种类，会带来较多研发成本，对项目盈利影响较大，建议营销部门尽量引导客户采用公司方案。接到此建议后，营销人员通过采取各种方法，成功引导客户网络规划按照远端模块的"初始容量240/480线、终局容量480/960线"来设计，有效控制住整体成本。

（2）研发设计环节成本管理

研发部门承担着产品成本实现的重要职责，研发设计环节的设计成本决定80%的产品成本。

① 关联影响分析

✓ 谁影响了我（见图9-10）？

客户需求、价格和市场预测影响研发设计成本。

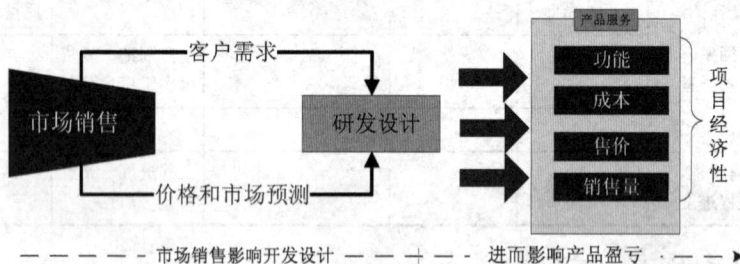

图9-10 "谁"影响了研发环节的成本

✓ 我影响了谁（见图9-11）？

市场销售：研发设计对客户反应的快速和准确响应与否，将影响客户关系和市场拓展。

采购：研发设计影响通用件、独家率、新品材料的数量。

生产：研发设计影响可生产性、模块化和标准化、产品返工次数等。

工程售后：研发设计影响工程安装成本、服务成本等。

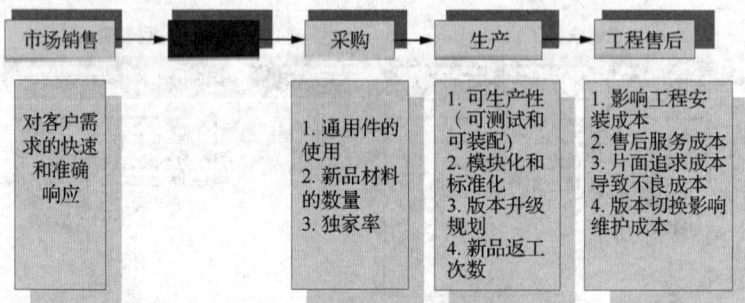

图9-11 研发设计环节影响了"谁"的成本

② 关联方管理：协同研发，"全"成本目标

研发设计环节的关联成本管理如图9-12所示。

✓ 市场销售部门：快速、准确地响应市场需求。

✓ 采购部门：提高通用件率，降低独家率，控制新增材料，自主研发等。

✓ 生产部门：提高可生产性，提高产品质量，做好版本规划。

✓ 工程售后部门：提高工程可安装性和可维护性，做好版本规划等。

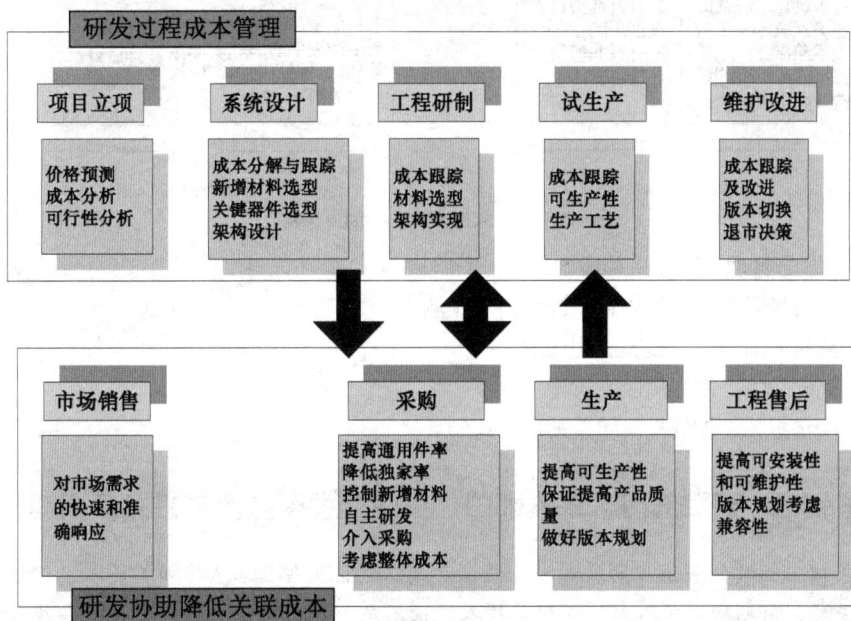

图 9-12　研发设计环节的关联成本管理

◇ 案例 2：自主研发降采购成本

　　某用户板上最初用A公司的IC套片，成本较高且议价难度大。自××年开始，公司自行研发的替代IC大规模商用，成本降低一半。此外，与M公司多年谈判降成本无果，后启动自研IC，虽未大规模商用，但已增强公司议价能力，大幅降低采购成本。因此，总结自主研发降成本的"三重境界"。

　　第一重：自力更生是常道

　　对于IC芯片等关键材料，供应商往往享受高额的垄断利润。要想有效地降低采购成本，产品线可考虑自主研发路线，在降低成本的同时，也有利于技术积累。

　　第二重：借力发力多成效

　　对于IC芯片等高科技材料，个别产品线能力有限，需借助公司整体力量，甚至外部合作者。

　　第三重：不战而屈人之威

　　在特殊情况下，即使产品线能力有限，但只要进行策略性的自研或合作开发，也能给垄断供应商施压，增强议价能力，从而降低采购价格。

（3）采购环节成本管理

① 关联影响分析

采购环节的关联成本影响如图 9-13 所示。

✓ 市场需求信息传递不到位、前方引导客户不到位影响采购成本。

✓ 研发材料选型造成独家采购，材料非通用化导致备料困难。

✓ 来料质量、缺料对生产周期、交付周期和工程进度的影响。

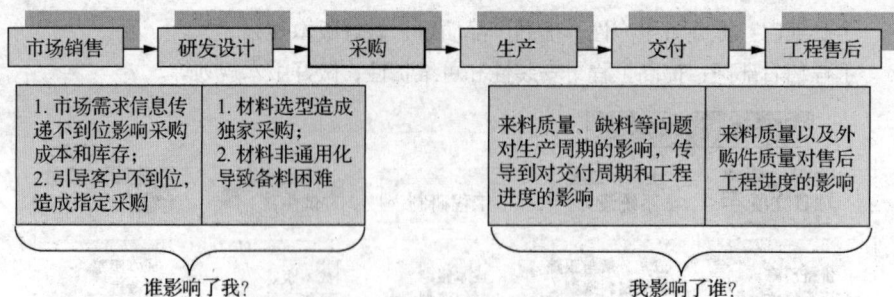

图 9-13　采购环节的关联成本影响

② 关联方管理：降低采购成本

✓ 与市场联动，做好信息反馈和需求预测。

✓ 与研发部门携手提高通用化率。

✓ 充分竞争，加强供应商管理。

✓ 严格把关，加强来料质量和缺料控制。

◇ 案例3：研发部门、采购部门、供应商携手打造三方共赢局面

年初招标时，某供应商反馈有一种新加工工艺能大幅降低A的加工成本，但该工艺技术较新，前期研发投入大，供应商投入意向不足。在了解情况后，公司产品线负责人组织采购部门多次与该供应商沟通，对该项目提供多方支持，打消供应商疑虑，促使供应商顺利投产。在短短三个月内，该供应商就顺利完成样品测试，并可批量供货，此项举措每年可节约×××万元的成本。

（4）生产环节成本管理

① 关联影响分析

生产环节的关联成本影响如图9-14所示。

✓ 市场需求计划的均衡性影响生产的均衡性。

✓ 研发通过模块化标准化设计、可生产性设计、降低生产成本。

✓ 采购环节的来料质量、缺料问题对生产周期和效率的影响。

✓ 生产质量和生产周期对交付周期和工程进度的影响。

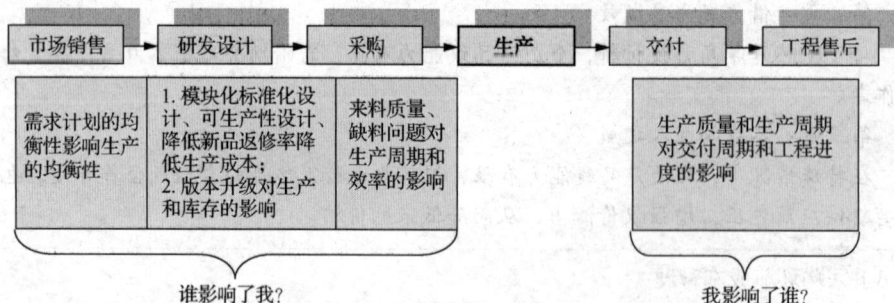

图 9-14　生产环节的关联成本影响

② 关联方管理：精益生产

✓ 生产操作流程改进，提高生产效率。

✓ 生产资源管理，最大限度降低资源耗费。

✓ 对其他环节进行信息反馈，提交信息传递的顺畅，联合降低生产成本。

◆ 案例4：从集装箱大小倒推包装设计

　　某公司设计手机包装盒在之初定位国际客户，体积大且包装精良。在某市场销售一段时间后，公司发现客户对价格更敏感，可接受简约紧凑型包装。公司重新设计包装，根据集装箱大小倒推每部手机包装盒的大小，调整后一个集装箱可装运更多手机，在降低包装成本的同时还降低了国际运费。

（5）交付环节成本管理

① 关联影响分析（见图9-15）

✓ 运输报价以及交货期约定、需求传递不及时与不均衡。

✓ 研发可生产性设计以及产品体积和重量的设计。

✓ 采购来料质量、缺料以及生产质量、厂房分散，工程售后环节的工勘等影响。

✓ 交付及时性对工程进度产生影响。

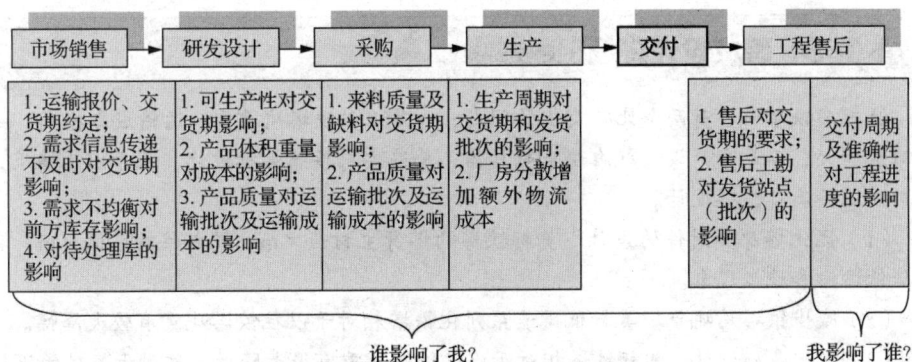

图9-15　交付环节的关联成本影响分析

② 关联方管理：使命必达

✓ 建立分国家物流信息数据库，为商务报价和项目物流策划提供决策支持。

✓ 加强项目级物流策划，提高交付规划能力。

✓ 统一对逆向物流、清关的管理。

✓ 调整库存考核导向，加强前方库存管理。

✓ 加强交付环节对其他环节的信息反馈，让沟通更顺畅。

（6）工程服务环节成本管理

工程售后是公司的核心价值链环节，包括工程项目的开通以及后续的良好运行服务。

① 关联影响分析

✓ 谁影响了我（见图9-16）？

研发设计：安装成本、施工成本、维护成本以及OPEX。

采购：采购地点、采购质量、外购件服务。

物流：延迟发货、错漏发、发货方式。

市场销售：功能承诺、商务承诺、用户界面定义。

✓ 我影响了谁？

工程售后执行对收款、后续签单的影响。

网络勘察设计对物流的影响。

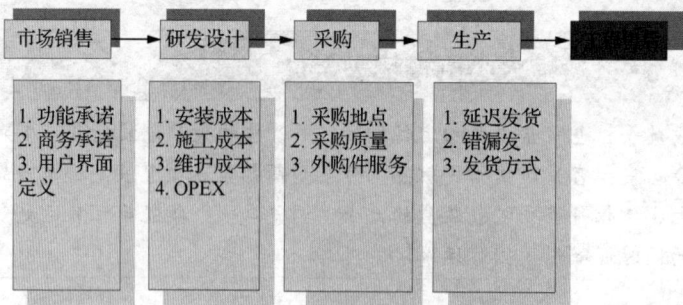

图9-16 "谁"影响了工程服务的成本

② 关联方管理：反客为主，前端介入

- ✓ 协同研发，新产品的开发过程实现可安装、可维护以及OPEX成本的降低。
- ✓ 提供详细、明确的发货计划给物流，信息畅通。
- ✓ 售后参与售前，提供支持，降低后期执行风险。
- ✓ 优化勘察设计，提供详尽的工勘报告。

◇ 案例5：研发设计降低工程成本

公司某铁塔项目有两个比较突出的问题：一是以往铁塔吨重重，运输成本提高，施工难度加大；二是客户设计标准越来越具体，普遍要求按照美标设计。基于以上情况，公司决定按美标铁塔设计。

（1）优化塔身和附件的设计。美标铁塔的塔身主材长×m，较以往铁塔低×m，有效降低运输和施工成本。

（2）减少铁塔总吨重。美标低风速系列化铁塔相对于以往铁塔吨重有较大降幅。

（3）优化基础设计。美标铁塔相对于以往铁塔吨重有很大降低，作用于基础的下压力也随之降低，使得基础的材料用量较以往铁塔有较大节约，也缩短了施工时间。

四、基于产品价值链的全面成本管理体系

基于组织价值链的全面成本管理阶段的中兴通讯成本工作侧重按行政组织划分，通过行政指令快速落地成本要求，但这在组织之间容易出现"部门壁垒"的情况，需要公司投入较多精力来打破"部门壁垒"。而在竞争日趋加剧的环境下，作为产品主导型公司，中兴通讯需要提高并确保产品竞争力，所有内部管理必须通过"产品"进行端到端的拉通。所有内部管理必须通过"产品"进行端到端的拉通。原有按组织价值链分段的成本管理模式需要优化，原有模式虽然在每个环节都会关注自我和关联方的成本管理，但是在面向产品时，两者并不能很好地协同，部分时候存在"重自己，轻关联方"的倾向，导致公司在产品维度上的成本管理并非最优。基于此，中兴通讯于2016年开始构建基于产品价值链的全面成本管理体系。

本阶段的成本管理立足于产品价值链，建立基于"产品竞争力模型"的成本管控模型，从产品端到端经营来构建成本管理体系，在组织架构、运作机制等方面进行配套强化；将成本工作分解为系统产品、终端产品、工程服务三个业务域，各业务域下设规划、设计、采购、生产、交付等专业域；提出"一线&一网&多点"的成本管控要求，即：一条以产品规划为起点的全生命周期控制线，一张覆盖全价值链的成本管理网络，多个打通端到端流程的成本联合小组。

（一）基于产品价值链的成本架构

中兴通讯于 2016 年成立公司成本战略委员会，将成本工作提升为公司层面的 TOP 任务，取消原按组织价值链分段的团队架构，调整为按产品价值链设置的端到端组织模式（见图 9-17）。

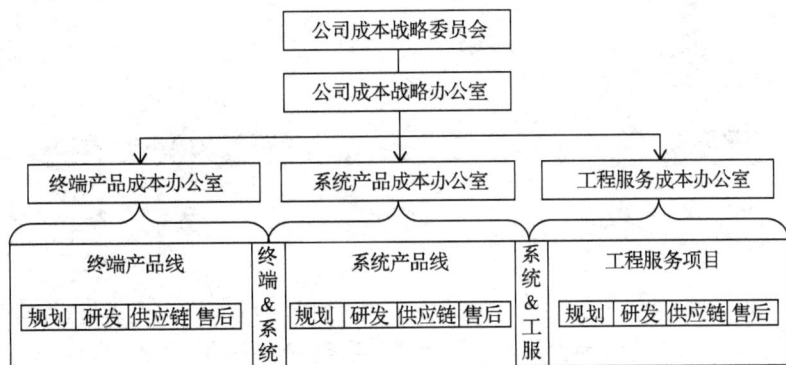

图 9-17　成本战略委员会的组织架构

不同产品线有各自关注的成本管控重点：系统产品需关注源头降成本，从产品设计及方案入手，不仅要对标行业成本水平，也要关注对后端采购、生产、交付及工程服务的影响；终端产品需关注端到端的成本操盘和盈利提高；工程服务需关注项目成本管控，保障并挖潜盈利能力。

（二）基于产品竞争力的管理模型

中兴通讯基于产品竞争力的管理模型来思考成本工作，同时关注外部评价与内部评价、全成本最低及综合收益最大，真正将成本纳入产品端到端经营的一个重要环节，而并非独立看待。产品竞争力的成本管理模型如图 9-18 所示。

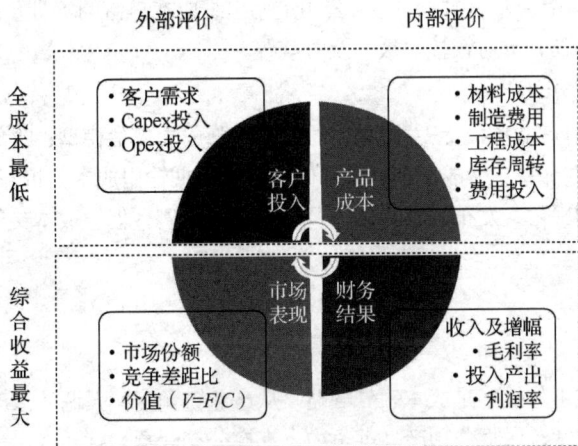

图 9-18　产品竞争力的成本管理模型

（三）基于"一线&一网&多点"的管理方案

基于"一线&一网&多点"的成本管理方案具体如下（见图 9-19）。

第一，各级成本组织架构，需按照"经营单位为主，专业团队为辅"的思路，形成网状结构。经营单位包括产品和市场经营团队；专业团队包括招标、采购、制造、交付等职能单位。

第二，根据本团队对其他团队的业务配合需求，团队之间设置成本联合小组，旨在解决流程断点，统一目标及行动。假设 A 团队对 B 团队提出业务需求，则由 B 团队牵头解决业务需求，并纳入 B 团队的重点任务。

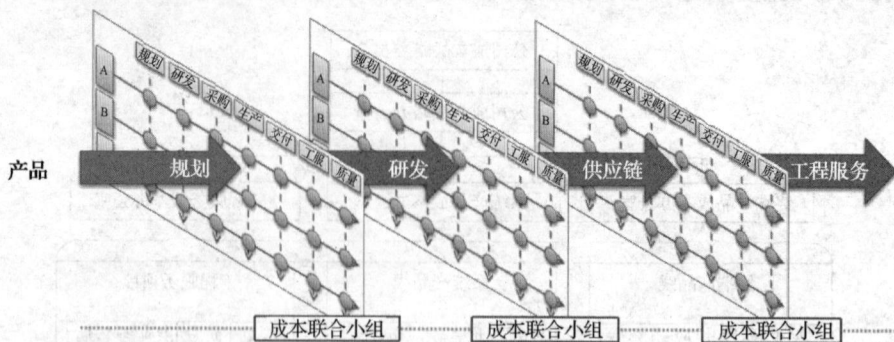

图 9-19 "一线&一网&多点"的成本管理方案

（四）强化"三个中心"的运作机制

成本管理已经嵌入产品经营的方方面面，是产品竞争力的核心体现，因此，公司需要建立长效的管理机制。在新的经营要求下，各层级成本工作将围绕"三个中心"展开，即管理中心、能力中心及信息中心。通过各中心的联合运作，实现成本工作的规范化和例行化。

1. 规范的管理中心

其按产品制定一级目标，再按价值链分解二级目标。各级成本管控目标须与公司下达的经营目标相结合，所有降成本效果均需体现在财务指标上。其还按月跟踪并发布进展，做出重大风险及时升级决策；按月发布考核结果，并用于成本奖励发放。

2. 专业的能力中心

各经营单位需设置专/兼职成本总监；公司定期组织成本总监的培训及技能认证；公司每半年组织一次成熟度测评，针对管控短板，及时整改。

3. 统一的信息中心

其输出"财务指标-业务指标-关键动作"的三级降成本评估模型；收集各类成本信息（内外部），建设成本数据体系，为成本趋势预判做准备；定期输出成本分析报告，做好决策支撑；搭建文化宣传、贯彻平台，发布成本竞争力及成本优秀案例，倡导成本文化。

五、结语

中兴通讯的成本工作战略是成本领先战略。从产业链角度，强调从供应商、公司到客户的价值共赢；从公司角度，保障公司产品竞争力，支持公司经营目标达成。

公司的成本工作可以分为两个阶段：基于组织价值链的全面成本管理（2005—2016 年）和基于产品价值链的全面成本管理（2016 年至今）。前者强调组织分工及关联影响管理，"夯实基础"，运行时间长，易执行但不易协同；后者强调基于产品维度的跨领域协同，"管控升级"，目前还在实践探索中。从实践效果看，该模型在解决产品价值导向、市场快速响应、目标一致性管理、跨体系团队协同等方面已体现一定优势。

成本管理模型及方法并非一成不变，随着内外部环境的变化及公司经营要求调整，成本管理侧重点及要求都会有所变化，因此，只有不断地实践修正，才能形成一套有效的管理体系。

![专家点评图标]**专家点评**

作为价值体系中的重要部分，成本管理在企业的经营与发展中具有重大意义。随着全球化的发展以及工业互联网建设步伐的加快，市场竞争日益激烈，成本已成为决定通信制造企业能否盈利、获取竞争优势的关键。新经济环境下，传统的成本管理模式已不能满足企业的要求，通信制造企业迫切需要探索新的成本管理机制及方法。中兴通讯作为中国最大的通信设备上市公司，其成本领先战略下的基于"组织＋产品价值链"的全面成本管理的实践及成功经验，为通信制造企业构建适合时代发展的有效的成本管理机制和体系提供了新思路和可借鉴的方案，同时也给中国制造业转型升级、获取成本竞争力指明了新的发展方向。基于本案例，以下有针对性地进行延伸讨论。

一、价值链与战略成本管理融合

价值链（Value Chain）是企业价值创造过程中一系列不相同但相互关联的价值活动（Value Activities）的总和，每个企业都是设计、生产、营销、交付和支持产品一系列活动的列活动的集合，企业的竞争优势来源于企业的每个作业环节，并贯穿产品始终（迈克尔·波特，1985）。价值链作为企业业务活动的价值载体，反映了企业价值创造的动态过程（王化成和尹美群，2005），为管理会计工具发挥价值创造功能提供了平台。

战略成本管理（Strategic Cost Management）就是从战略角度进行成本管理，是指企业从战略角度全面了解企业成本管理的状况，对企业内部各项成本活动进行战略分析，在企业战略目标下通过成本影响因素分析，建立成本竞争力。而从成本维度分析，成本发生的过程就是价值创造过程，成本链和价值链的内涵一致。成本优势潜力可以通过管理整个价值链来实现（Cooper＆Ellram，1993）。企业只有通过分析价值活动的各项作业，识别成本动因，制定符合自身情况的正确战略目标，才能全面有效地开展战略成本管理工作并且达到保持成本领先战略的目标（杰姆斯·爱德华兹，1998）。因而，将价值链分析与战略成本管理融合起来十分必要的。

企业在实行战略成本管理时，不仅要对企业内部成本进行管控，还要关注企业所处的外部环境对企业成本产生的影响。价值链成本管理是围绕企业战略，以优化价值链作为企业进行成本管理的主要目标，要求企业改善与价值链上下游主体的互动合作，不能只考虑企业自身利益而是兼顾全体伙伴的共同利益，多方协作、互利共赢，实现信息共享、风险共担，最终使企业能够从企业内、外部两个方面双向规划，更有针对性将企业产品的生产成本与企业创造的价值分解到企业内、外部价值链的各个节点上，然后再对价值链的各个节点进行检查和整合，打通内外节点进行全方位成本管理，对各个节点统筹整合做到成本最优，实现价值最大化。

二、成本领先战略下基于价值链的端对端全面成本管理

中兴通讯是中国最大的通信设备上市公司和全球最大的四家电信设备商之一，面对着来自全球市场的竞争压力。随着国内竞争加剧以及国际经济分化，对中兴通讯而言，成本竞争优势关乎公司的生死存亡，全成本领先至关重要。针对公司存在的各部门各自为政、只降成本不重市场价值等问题，中兴通讯于2005年开始提出"成本领先战略"，将价值链与战略成本管理融合，探索搭建基于组织＋产品价值链的全成本管理模式（见图9-20）与机制，有效打通了供应商端和客户端，保障了公司产品竞争力，支撑公司经营目标达成。

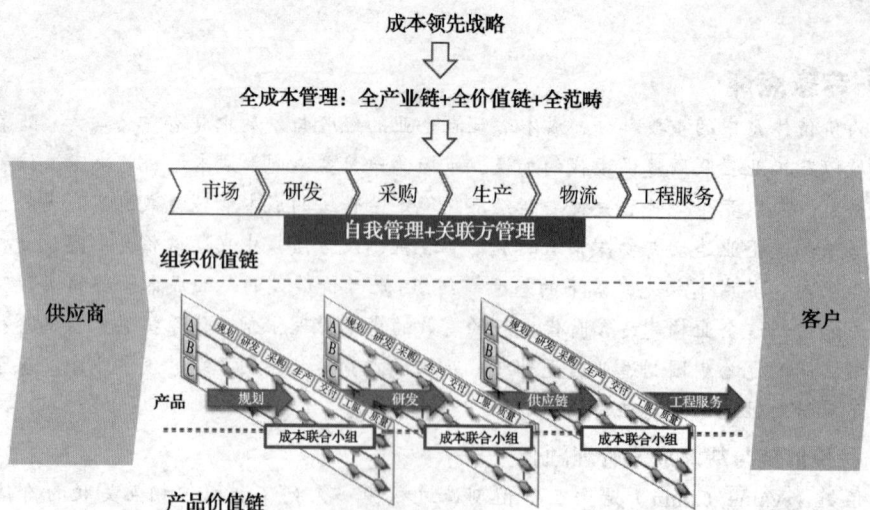

图 9-20　中兴通讯基于价值链的端对端全成本管理模式

（一）战略先行，搭建全成本管理机制

企业的成本管理不管采取什么模式，都应该围绕企业战略这个主题进行，否则企业的成本管理将会是盲目的、无价值的。中兴通讯基于通信设备制造行业环境以及公司发展定位，将公司战略明确为成本领先战略，力求以最低的成本提供全产业范围的产品从而战胜对手。基于成本领先战略，中兴通讯从2005年就开始完善成本管理制度体系，培育全员成本文化，建设全成本管理的持续优化机制，对企业生产经营的全过程以及管理的全方面进行成本管理，提高成本竞争力。

全成本管理机制强调"全产业链、全价值链、全范畴"成本管理。全产业链成本管理站在"客户、中兴通讯、供应商"整个产业链的角度，关注整体成本最优，兼顾客户、供应链和竞争需求。全价值链成本管理则围绕"市场、研发、采购、生产、物流、工程服务"组织价值链的各环节进行自我和关联方成本管理；全范畴成本管理不仅关注显性成本管理，还关注隐性成本管理，重视面向成本的设计，将产品成本管控从事后发生端，前移至设计源头，在前端设计时就平衡各种需求及设计能力。

（二）实施端对端全过程管理

中兴通讯基于PDCA的管理思路，遵循制定成本目标-跟踪成本进展-预警成本风险-分析成本达成-改进优化的管理流程，实施成本管理循环进行全过程成本管理；在持续经营的过程中，不断地对自身成本管理体系进行优化和改进，优化价值链系统，建立了基于产品的经营单位与专业团队联合的端到端运作机制，实现产品全价值链成本的可视、可控，通过低成本战略构建企业的竞争优势。

（三）基于组织+产业价值链的全面成本管理

良好的价值链是企业对成本进行有效管控的基础，基于价值链的全面成本管理可以实现对产品成本有效管控的目的。价值链成本管理以系统性为出发点，全面地对企业及企业所处的经营环境进行成本管理。价值链成本管理一般包括：明确企业战略、识别与确定价值链、价值链成本分析与管理、改进优化企业价值链成本等几个环节。改进与优化企业价值链成本是在对价值链成本管理评价之后的修正环节，是上一循环的终点和新循环的起点。

中兴通讯基于价值链的全面成本管理经历了组织价值链全面成本管理和产品价值链全面成本管理两个阶段。

组织价值链全面成本管理阶段：基于成本领先战略及企业特点，中兴通讯将内部价值链分为市场销售、研发设计、物流（含采购/生产/交付）、工程售后四个环节，创新性地提出了独具特色的"自我关联+关联方管理"，对部门间成本的关联影响展开分析，明确成本管理的重点与管理策略。

产品价值链全面成本管理阶段：中兴通讯对组织价值链成本管理进行优化，提出基于产品竞争力的管理模型和"一线&一网&多点"的端对端成本管理方案"，开始构建基于产品价值链的全面成本管理体系，进一步加强部门间的协同融合，追求产品成本系统最优。

三、启示与建议

中兴通讯基于"组织+产品"价值链的全面成本管理实践，将战略成本管理、价值链管理与全面成本管理有效地进行融合，保障了产品成本竞争力。

首先，战略先行。价值链成本管理模式的根本出发点在于企业战略。通过通信设备制造业以及公司内外环境的客观分析，中兴通讯制定了成本领先战略，围绕成本领先战略，系统、全面地开展成本管理工作；其次，搭建全成本管理机制，以整个价值链系统为对象，有效开展组织价值链和产品价值链成本管理，将成本管理向设计端前移，注重关联方管理，强调产品导向的跨部门、跨体系融合，打造产品竞争力；最后，实施全过程管理，适时随着内外部环境变化及公司经营要求调整，在实践中不断修正、完善成本管理模型及方法，形成了独具特色的端对端全面成本管理体系。

企业价值链成本管理由内部价值链成本管理和外部价值链成本管理两大类构成。当今企业不再是经济环境中孤立的个体，而是身处于整个产业的生态圈，这要求企业对自身发展的思考需要包含上下游的利益相关者，进行协同竞争。除了实施内部价值链成本管理，企业更要立足全局关注价值链上的成本管理，通过与上下游的主体相互配合协同，在企业生产活动的每一环节中都创造更大的价值，从而确保企业在全产业链的竞争中保持优势。中兴通讯基于组织+产品价值链的成本管理，更偏重于内部价值链管理，未来可关注外部价值链成本管理，加强内外部价值链成本管理的协同，进一步实现企业价值最大化。

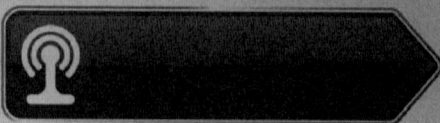

营运管理

案例十　企业管理软件行业的 项目损益管控实践

金蝶软件（中国）有限公司

【摘要】企业管理软件提供商通常会面临由于客户需求不确定、内部信息不对称等所造成的项目建设进度、成本难以有效控制的问题。金蝶软件（中国）有限公司从软件行业项目管理的实际情况出发，建立了完善的项目损益管控体系，全面覆盖了商机管理、项目前期投入、合同签订、项目执行、决算关闭的项目全生命周期过程。通过充分总结考虑每个节点的风险因素，并在每个节点创新性地植入管理会计要素，从而有效控制了项目进度、成本风险，保障了项目的顺利交付。在项目前期的报价过程中，金蝶软件（中国）有限公司以项目损益为准绳实现了管理会计的决策职能；在项目执行过程中，金蝶软件（中国）有限公司融合了管理会计的预算控制职能；在项目关闭以后，金蝶软件（中国）有限公司以有效工时百分比（UT：指客户认可的工时占应录入工时的比例）考核发挥了管理会计评价考核职能。金蝶软件（中国）有限公司自主研发并应用了项目损益管理信息化工具，有效地将管理会计思想与软件项目的业务过程进行了融合并落地实现，达到了业务驱动财务、财务反馈业务的管理效果，取得了较好的项目管理成效。

【关键词】项目管理；进度控制；成本管理；风险防控；损益预算；考核

一、企业管理软件行业项目不确定性带来的经营难点

　　软件产业是信息产业的核心，是信息社会的基础性、战略性产业。软件产业不仅能创造十分可观的经济效益，而且由于其强大的渗透和辐射作用，对经济结构的调整优化、传统产业的改造提升和全面建设小康社会起到了重要的推动作用，是国民经济和社会发展的"倍增器"。

　　国内企业自身管理水平的参差不齐决定了国内的软件提供商的服务模式往往是"项目"交付模式。但是，与其他行业项目的模式不同，管理软件项目很难在合同签订时明确约定交付标的和质量标准。这是因为客户的需求随着自身的发展以及管理理念的变化在不断变化，国内软件提供商经常会根据客户需求的变化而随时调整交付服务的内容和资源的投入，从而给管理带来了看似矛盾的两个诉求：要么为了提高客户满意度和市场份额不计资源投入增加个性化定制的比重；要么为了追求企业利润，降低经营风险，提高软件产品的标准化程度，减少风险较高的个性化定制内容。

　　同时，管理软件行业是一个知识密集型行业，项目和产品的交付质量、进度，实际上只有研发工程师和实施顾问才能讲清楚。当项目比较多的时候，项目管理者往往会面临信息不对称的尴尬局面。"项目能不能按时交付""收入能不能按时确认""资金能不能按时回流""项目能

作者：刘丹彤、邵剑
案例指导与点评专家：何敬（北京国家会计学院）

不能为企业带来利润"等问题的答案，一般只能通过事后算账才能知道，而在项目交付过程中对可能存在的风险如何识别、控制和规避，变成了企业上下谁也说不清楚的问题。

总之，在管理会计的实践中，如果只是强调全面预算管理、利润中心会计，或者成本管理等传统工具，则企业管理软件提供商极有可能面临重大经营风险。

二、项目损益管控体系的实现思路和建设历程

金蝶软件（中国）有限公司（以下简称"金蝶软件"）是一家以软件销售、提供运维服务为主，兼营软件咨询、开发、培训等业务的企业管理软件提供商。金蝶软件自 1993 年成立以来，随着业务规模的不断扩大，先后在全国设立了 70 余家分支机构，并于 2005 年在中国香港上市。作为国内知名的管理软件提供商，金蝶软件很早就应用了管理会计工具，并在当时的历史背景下取得了很好的经营效果。随着市场环境的变化，金蝶软件的管理会计实践也在不断发展和创新。

在经历了 3～5 年的创业期、5～10 年的高速成长期后，2012 年，金蝶软件引入 IBM 战略咨询，意图通过迅速扩大企业规模，达到增加市场份额、分享规模红利的目的。但是，经过市场验证，金蝶软件发现增加的市场份额、高比例的营收增长，带来的是更高的项目成本。2012 年，金蝶软件遭遇自创建以来的第一次经营亏损。这对于处于完全竞争环境下的金蝶软件来说，无异于是致命的。

为此，在金蝶软件执行总裁的亲自牵头和组织下，集团财务部与运营管理部联合制定了以"净结算+利润"为主的指标考核模式，共同实施了以项目损益管控为核心的"青蓝计划"。青蓝计划带来了营销运营体系的变革，让项目全过程管理围绕"项目赢利"的目标展开，实现项目报价不随意、售前资源不浪费、交付资源不失控的项目管控策略。第二年金蝶软件就扭亏为盈。经过多年的实践验证，基于价值链的项目损益管控体系是金蝶软件最为成功的管理会计实践创新。

（一）推行"项目责任制"，贯通前端销售与后端交付环节

金蝶软件的分支机构以"项目"形式承担本区域的软件相关产品的销售及相关服务输出工作。为了实现"项目盈利"的目标，金蝶软件在实施青蓝计划的过程中开发了以"项目责任制"为核心的项目损益管控体系。该体系打破了原来"销售和交付两张皮"的僵化机制，将"企业与员工之间、销售与实施之间"由原来的"不相关"或"矛盾体"关系转型为"利益共同体"，实现风险共担、利益共享，以保证项目盈利，正面影响业绩。

青蓝计划的实施为金蝶软件带来了经营模式的根本性变革。青蓝计划的总体实施进度如图 10-1 所示。一是在项目签约前进行严格的交付可行性分级论证和审批。二是在成本控制上，杜绝盲目性。科学的项目概算和预算体系保证预期投入的合理性，严格的过程管控政策加上利益制衡机制保证对成本支出的有效控制，即时、准确的核算降低及时预警利润目标实现的风险。三是在利益分配上，没有"大锅饭"。以前，项目盈利与否和员工利益没有直接关系；以后，商机到交付，销售、售前、实施人员的报酬与晋升将取决于项目的利润，项目盈利状态统计结果将会决定员工是获得升迁还是被降级、免职甚至辞退。

（二）信息系统的建设历程

根据项目管理的特点，金蝶软件自行研发并应用的项目损益管理系统遵循了软件项目开发交付的标准流程，经历了顶层设计、试点先行、全面推广和持续优化的过程。

图 10-1　项目损益管理系统建设时间规划

1. 顶层设计

2012 年，金蝶软件将"项目损益管理"工作提上日程，其提出控制项目成本、提高项目整体盈利能力的工作目标，同时建立了信息系统研发小组，要求财务部与研发团队紧密配合，尽快打造符合企业战略的项目损益管理系统，并进行了整体工作部署。

金蝶软件在系统设计时本着"业财融合、风险管控"的原则，建立了以 UT 为核心的激励与考核制度。交接方案经理（Transition Solution Manager，TSM）从项目周期的合理性出发，充分科学地预计顾问人天工作量；项目管理审核（Project Management Review，PMR）从项目建设的可控性出发，加强项目过程管控，确保进度、成本、质量、风险可控的全方位管理体系的运行；流程保障审核（Process Assurance Review，PAR）对项目交付过程进行资料的配送和成果的回收，对责任单元内资源进行调配。通过梳理价值链上的各节点，确立了从商机业务开始到项目决算关闭的全过程风险节点管控核心。

总体来看，项目损益管控分为三类控制，包括事前管控、事中管控和事后管控（见图 10-2）。事前管控分为商机阶段、需求与方案阶段和报价阶段。在签约后，事中管控主要是针对项目交付过程的控制。事后管控主要是对项目验收和关闭的控制。其中，售前流程（Sale）和实施交付流程（Do）的具体内容如表 10-1 所示。

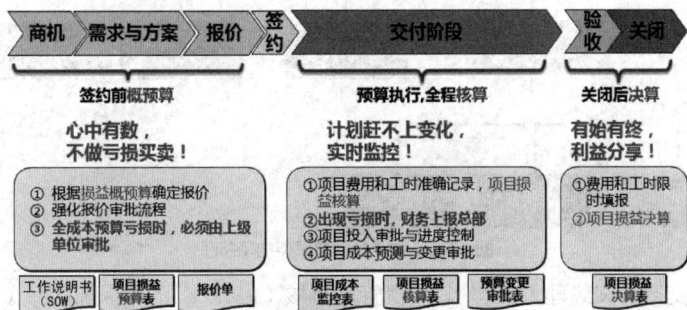

图 10-2　项目损益管控总体控制图

表 10-1　　　　　　　　　　　　　　　售前流程和实施交付流程设计

项目节点	流程
售前阶段（Sale）：	
商机确认	设计了商机流程
主导进程	设计了销售项目立项流程、申请打单预算流程、使用打单预算流程、追加打单预算申请流程
方案论证	WBS、项目损益及报价编制与审核流程
商务谈判	报价审批流程、SOW 及合同编制与审核流程

项目节点	流程
实施交付阶段（Do）：	
项目启动	项目团队任命流程、项目立项管理流程、项目基线确认流程
实施交付	项目需求变更申请流程、交付过程费用报销流程、顾问资源调度与管理流程、跨机构及责任中心资源申请与调度流程、项目计划与汇报流程、项目团队变更流程、项目经理变更流程、项目监控流程、项目暂停/重启流程、项目内部暂停流程
验收交付	项目验收交接流程、项目成本决算流程
职能管理	客户投诉处理流程、项目满意度调查流程、项目管理文档管理流程

2. 试点先行

金蝶软件通过选择，最终确定了位于经济发达地区的广州分公司和深圳分公司作为试点。对于试点项目的实施，金蝶软件主要通过组织结构调整、能力提高、激励与考核制度配套三个方面进行落地实施。

（1）组织结构调整

为了配合项目损益管控，经营责任中心建立项目管理组织——项目管理办公室（Project Management Office，PMO）。PMO 的主要职责：一是负责有关工作说明书（Statement of Work，SOW）和人天销售的工作；二是对项目交付过程进行资料的配送和成果的回收；三是对交付工作质量进行监控；四是对责任单元内资源进行调配。经营责任单位必须建立专业的 POM，经营责任单位下级组织可以根据需要成立 PMO。试点项目组织架构调整图如图 10-3 所示。

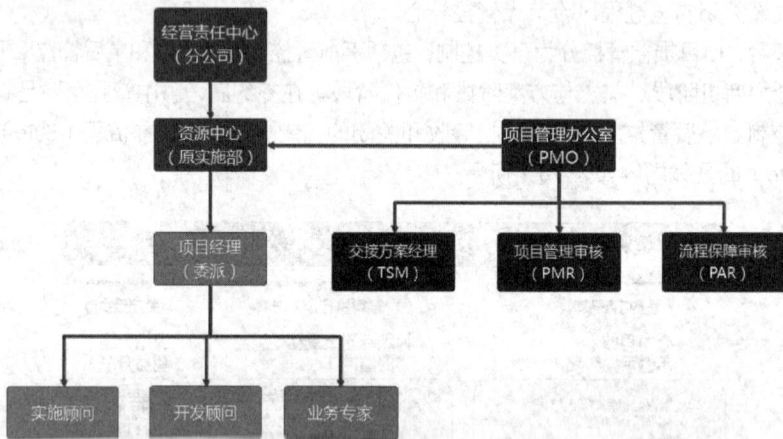

图 10-3 试点项目组织架构调整图

PMO 下设交接方案经理（TSM）、项目管理审核（PMR）、流程保障审核（PAR）等岗位。原实施部改为资源中心，主要负责顾问的招募和能力培养。

（2）能力提高

金蝶软件通过 TSM 提升服务售前专业性。

金蝶软件通过 PMR 和 PAR 提高项目质量和管控能力。

精益配送：根据项目所处的行业和领域以及项目实施阶段，由 PAR 制定标准的模板，并送样板到项目组，提高项目的标准化程度，赋能一线实施人员。

管理过程：定义（D）—计划（P）—监控（E）—处理异常和事件（H）—项目结束（C），由 PMR 对实施交付过程进行监控，确保项目范围、进度、成本、质量可控，对过程中的差错，由 PMR 根据项目情况，统一或者个别进行项目指导，提高顾问能力。

（3）激励和个人考核评价体系

金蝶软件建立以 UT 为核心的激励和个人考核评价体系。

一是对顾问的绩效考核模型：收入=基本工资+UT 绩效奖金。顾问对绩效奖金有渴望，更加关注 UT，主动找项目管理人员——项目经理（Project Manager，PM）参与项目。

二是对 PM 的绩效考核模型：收入=基本工资+项目 UT 绩效奖金。PM 为了获得项目，主动找到 TSM，或者推动老客户签署更多项目变更请求（Project Chanse Requirment，PCR）。

三是对 TSM 的绩效考核模型：收入=基本工资+指标完成奖金+项目利润绩效奖金。TSM 有人天工作量的销售指标，主动找到销售人员，签署更多人天工作量合同。

PMR、PAR 对交付过程进行有效监控，确保与客户签订的人天工作量合同能得以按时完成，避免 UT 在执行过程中出现偏差，从而损失企业利益。

3. 全面推广

通过试点分公司的应用，金蝶软件不断优化和完善过程文档，形成了标准的"项目全生命周期管理流程和制度体系"，合计建立流程 26 个，工具模板 42 个，管理制度 6 个，操作指引 5 份，使得"青蓝计划"具备了在全国分公司全面推广的基础。2012 年 9 月，金蝶软件开始在全国范围内进行推广，全国所有分支机构正式纳入青蓝计划管理体系。

4. 持续优化

项目上线运行以后，金蝶软件根据业务实际运行情况，以及财务对项目风险的控制情况，进一步对风险管控的标准以及业务流程的合理性进行了优化。包括项目损益体系收入确认优化、项目损益预算审批流程优化、项目损益数据准确性优化等。同时，金蝶软件建立了长期优化的制度和管理机制。

三、金蝶软件项目损益管理信息系统的应用

信息系统将项目划分为三个阶段，即售前阶段、交付阶段、关闭阶段。

售前阶段包含商机确认、需求调研与方案设计、报价三部分内容。在该阶段，销售人员通过各种各样的渠道获取客户商机的信息，并进行汇总。该阶段的主要工作是进行商机筛选和商机甄别，对有效商机进行系统录入。有效的商机是分配预算的必要条件。企业在售前阶段还需要完成客户需求调研和方案设计，明确产品能够根据客户需求提供针对性解决方案以后，开始报价，方案设计和报价是售前阶段的核心，是获取项目订单的关键，其中，项目报价管理在信息系统中进行，需求调研及方案设计由售前顾问按照专业分工开展。获取订单后，项目进入交付实施阶段，交付阶段的费用及工作量均在系统中记录，交付完毕，客户进行验收，验收后项目进入关闭阶段。关闭阶段主要处理项目后期费用报销。

（一）事前管控：项目售前阶段的预算管控

售前阶段的项目控制，主要通过以下两个工具来完成。一是通过"签约前预算表"，强化对售前费用的控制；二是通过"项目损益预算表"确定报价（见图 10-4）。

"签约前预算表"主要控制的是项目前期费用。项目在初期充满了不确定性，企业为了拿单必须投入资源，而投入了大量资源，未必成单。"签约前预算表"就是为了调和这种矛盾而设计的，该预算数据在项目报价时会并入"项目损益预算表"中。商机提交人需要预估项目前期的投入费用（这些费用必须是符合企业制度要求的），同时必须预判费用的投入额度，如果滥用费用额度，即使拿下订单，后续该费用并入项目整体费用中，会降低项目预期收益，影响

考核。同时在报价时，也需要综合考虑前期费用投入的回收，过多的投入将导致项目报价的提高，增加项目拿下的难度，如果未拿下订单，该费用计入分支机构总体费用中，也会影响整体考核；相反，如果前期资源投入不足，会造成项目支持乏力，成单的概率也会大大降低。因此项目负责人需要充分合理预估签约前预算，科学用度。信息系统会依据项目的签约前预算，逐项管控费用开支，如果不足可适时变更，以此保证售前费用的合理开支。

"项目损益预算表"是项目报价的依据，也是该项目决策的审核凭证。项目前期资源投入后，项目进入报价阶段，报价前客户经理要提交"项目损益预算"，该预算包含了前期已经投入的售前费用，以及后续将开支的各种费用。在将"项目损益预算表"系统提交并通过审批后，客户经理可以据此对外报价，同时，对后续所有开支在该系统中进行控制，包括将继续发生的售前阶段费用、实施交付费用，以及关闭费用等。

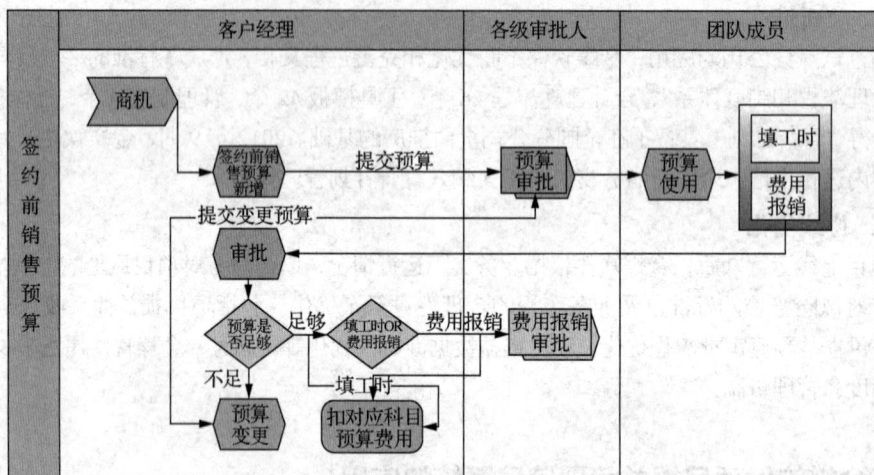

图 10-4　签约前项目预算审批流程图

1. 以商机确认为起点的售前预算控制

项目损益全过程管控是以商机确认作为起点的。分支机构在发现商机线索时会进行商机跟进分配。商机确认后，商机提交人需要提报售前预算，经过分支机构负责人及财务审批后方可投入使用。根据软件项目的特点，相关人员提报售前预算时需要综合考虑售前销售公关费用、售前顾问的人天工作量费用、差旅费等签约前支出，从项目源头进行损益控制，减少资源的浪费。

2. 以商机号为核算对象，用 UT 预测人天工作量的损益风险控制

商机确认后，销售人员在系统中录入有效商机，形成"商机号"。以后，各项费用的发生均以"商机号"为核算对象进行数据归集。需求与方案阶段的主要工作内容包括对客户需求的了解和评估、制定 WBS、评估实施及开发人天工作量、调配相应人员加入项目、进行方案论证、商务谈判和合同签订等，这些工作中最重要的风险控制点主要在于人天工作量的评估。人天工作量是影响项目损益的因素中的最不确定的一个，因此，对人天工作量的核定至关重要。

（1）各个商机号的签约前预算

对于预算的使用，项目将以"商机号"作为费用归集对象，同时，引入客户经理，成立售前团队，客户经理负责审批团队成员的工时和售前费用（见图 10-5）。客户经理承担"签约前费用"控制的责任，财务人员负责归集费用，实时监控费用的发生情况，及时提醒客户经理合理控制资源。签约前的预算只能由售前团队的队员使用，而售前团队成员的相关信息由售前总监进行维护。

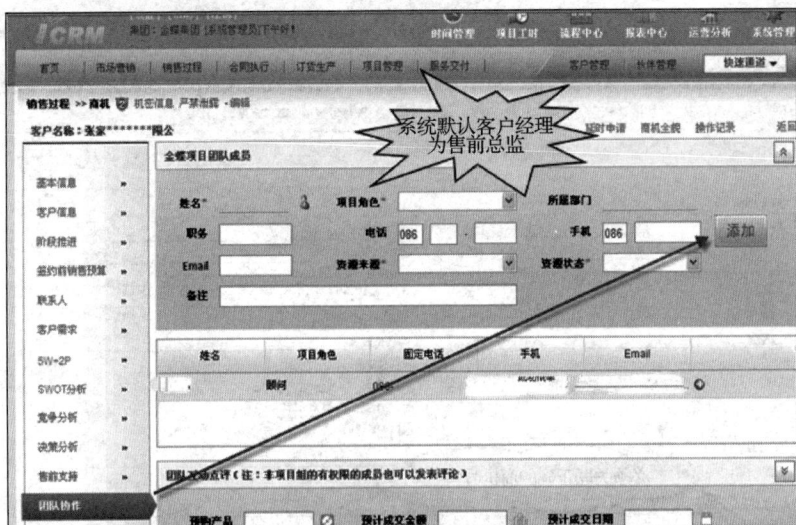

图 10-5 售前商机团队成员维护

在需求调研和方案设计完成后，企业必须申报"签约前预算表"，并经审批后方可投入资源；超预算的成本费用不允许发生，必须经"签约前预算表"变更流程审批后方可投入（见图10-6）。签约前销售预算由财务经理按照部门月度实际收款进度进行总额控制。

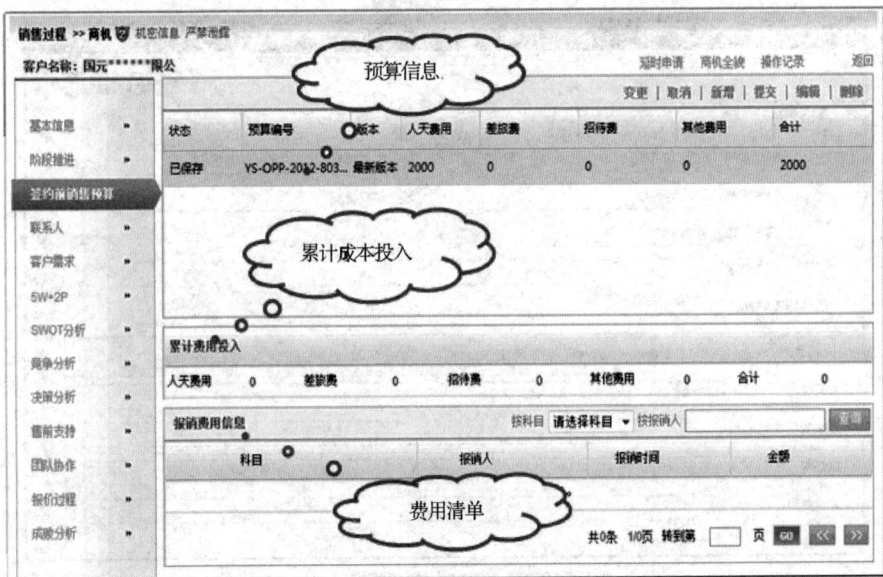

图 10-6 售前资源投入申请图

售前总监在商机录入以后，进行签约前预算表的填报。签约前预算表包括售前顾问人天费用、差旅费、招待费和其他费用等内容，均按照测算进行填列。通过签约前项目预算申请以后，售前总监可以查询预算的具体信息以及流程审批的状态，同时，在预算使用过程中可以查询累计的成本投入情况和对应的费用清单（见图 10-7），以便掌控整体预算情况，做到心中有数。

只有售前团队成员可以使用预算资源：在费用发生后，按照企业要求提交原始单据，同时在系统里提交电子流程信息；提交电子流程信息时，必须关联正确的"商机号"，同时费用金额不能超过预算金额，否则无法提交。超过预算时，需要售前总监在系统中进行签约前销售预算变更（见图10-8），获审批后生效。

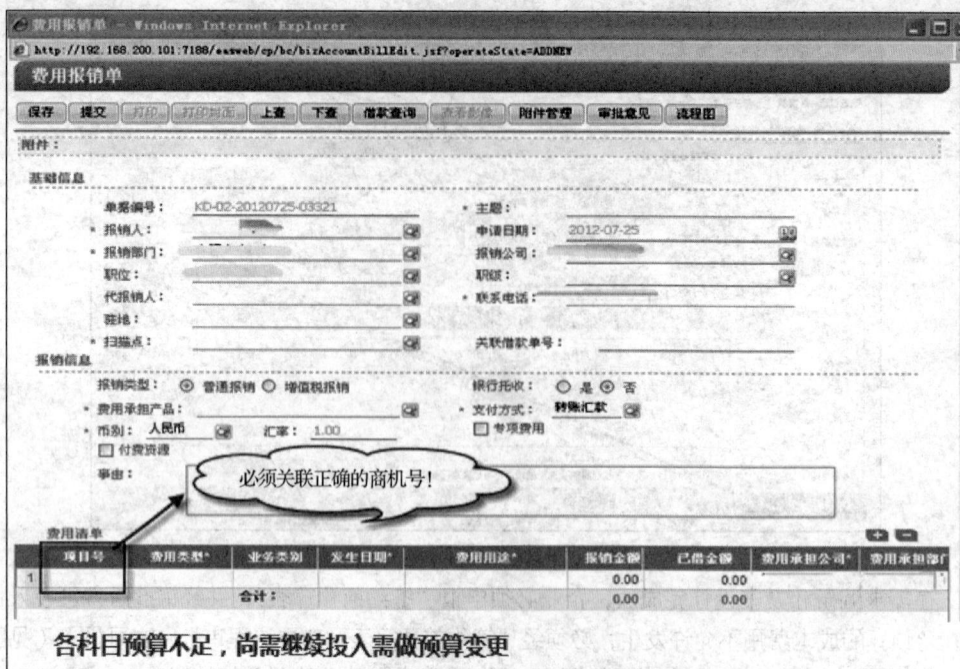

图 10-7　售前费用预算控制

图 10-8　签约前销售预算变更图

（2）用 UT 考核指标预测人天工作量，实现激励机制

金蝶软件以 UT 作为人天工作量的考核标准。UT 即有效工时百分比，指合同中约定的"客户"承担的标准实施费用（标准单价×标准工时）与实际投入工时产生的实施费用的百分比。工时的标准由企业财务部门统一制定，作为各分支机构成本控制的依据。

UT 考核指标包括项目 UT、顾问个人 UT 和交付资源中心（Delivery Resource Center, DRC）UT，计算公式如下：

$$项目UT=\frac{\sum_{i=1}^{n}[单个顾问期间内有效工时(Ai)标准销售价(Bi)]}{\sum_{i=1}^{n}[单个顾问期间内总工时(Ci)*标准销售价(Bi)]}$$

$$顾问个人UT = \frac{期间内有效工时(A)}{期间内总工时(B)}$$

$$DRC\ UT = \frac{\sum_{i=1}^{n}[单个顾问期间内有效工时(Ai)标准销售价(Bi)]}{\sum_{i=1}^{n}[单个顾问期间内总工时(Ci)*标准销售价(Bi)]}$$

3. 对"亏损项目接单"的项目报价审核控制

在报价时，企业通过计算项目损益预算来控制亏损项目的接单数量。在项目损益管理体系建立以前，很多分支机构为了追求"收入"业绩，不惜做亏本买卖，严重损害了企业的利益。项目损益管控的重点之一是控制亏损项目接单，通过强化项目报价审批控制，同时根据项目不同的利润情况分别设置不同审批流程，确保项目盈利性。亦即，在填写报价单时需要同时提交项目损益预算，项目损益预算经审批通过后方能签订合同。

亏损项目接单的控制机制"以项目损益预算作为报价基础"：在对外报价阶段，分支机构需要进行项目全损益预算；项目损益预算经审核通过后才能对外报价。相关人员通过倒挤收入的形式推导出项目损益预算，并根据不同的项目利润管理要求，分别设置 PL1 指标和 PL2 指标。

（1）PL1 指标

PL1 指标是全损益的利润指标。分支机构将项目成本（包括签约前后的项目费用、自有产品成本、第三方产品成本、人工费用、外包费用等）及与相关风险因素（包括项目复杂度、难度、收款周期、呆坏账风险、垫资投入等）相应的风险成本的和作为总体项目支出。PL1 的计算公式为：

PL1=项目收入–项目成本–风险成本

之后，分支机构根据企业对不同项目类型的利润率要求，反推项目收入，并以此作为项目整体报价的依据。

（2）PL2 指标

PL2 指标是剔除了自有产品成本和签约前的售前成本，反映了在不考虑沉没成本的影响下，项目的利润情况。PL2 的计算公式为：

PL2=项目收入–（项目成本–自有产品成本–签约前销售成本）–风险成本

（3）根据 PL1 指标和 PL2 指标，分级授权审批

金蝶软件根据 PL1 指标和 PL2 指标的具体情况，实施分级授权审批：PL1 大于 0 时，责任单位负责人或授权人进行审批；PL1 小于 0、PL2 大于 0 时，由区域负责人（上级单位）或者授权人进行审批；PL2 小于 0 时，由首席执行官（Chief Executive Officer，CEO）或者授权人进行审批。

4. "项目损益预算"对项目签约后的费用控制

（1）项目投入进度控制

项目各投入分科目按"收入收款孰低比例+浮动比例[①]"的进度由系统自动进行预算控制，如在开始没有收入收款的阶段，各科目仅允许投入"浮动比例"对应金额，所有投入总比例不超过预算的 100%；超预算的成本费用不允许发生，必须经"项目损益预算"变更流程审批后方可投入。一个报价单只允许增加一个项目损益预算（见图 10-9），后续增加或调减预算需要变更项目损益预算。

---

① 收入按照项目进度逐期确认，收款按照当期现金收款，因此会产生收入与收款总比例不一致的情况。预算按照各个科目提报后（如差旅费、工作量费用等），按科目预算乘以控制比例作为预算标准。例如，某项目提交的差旅费预算为 20 000 元，假定浮动比例为 10%。项目进入交付阶段，进度为 0，回款为 0，此时差旅费预算可用 2 000 元，项目进度比例为 50%，但回款比例为 40% 时，预算可用 10 000（8 000+2 000），总比例不得超过 100%。

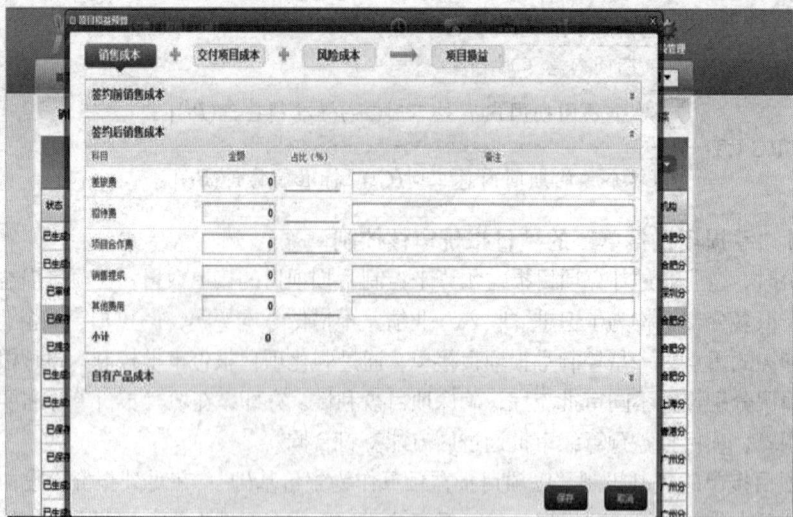

图 10-9　项目损益预算申报图

　　合同业务关闭后，企业不允许对项目损益预算进行新增、变更、删除等操作。在合同业务关闭三个月后，系统自动进行财务关闭。财务关闭后，费用报销行为被禁止。若相关人员有特殊情况需要进行费用报销，则由机构财务经理上报总部预算与分析部，经审批后对合同号进行财务反关闭处理，待业务操作完成后再手工进行财务关闭。小微金额合同的预算不需要审批，系统自动审核通过，但是后续投入仍然按照"收入收款孰低比例+浮动比例"的进度由系统自动控制。

　　（2）项目损益测算

　　客户经理在系统中提交的损益预算包括销售成本预算、交付项目成本预算、风险成本预算。根据这些预算，系统能计算出项目的成本和利润（见图 10-10）。销售成本包含签约前销售成本、签约后销售成本、自有产品成本、第三方产品成本、交付项目成本、项目风险成本。其中，签约前销售成本直接来自签约前的销售预算；签约后销售成本为差旅费、招待费、项目合作费、销售提成和其他费用的和，在计算之前需进行导入操作（见图 10-11 和图 10-12）；自有产品成本按照标准报价乘以折扣计算得出；第三方产品成本按照采购价格加上一定的利润率计算得出；计算交付项目成本时，企业需要指定项目经理角色，指定的项目经理为各机构指定审核SOW 人天成本的负责人，作为项目损益预算第一个审核节点负责人审批项目损益预算交付成本及 SOW，交付项目成本包含顾问人天费用、外包服务费、差旅费、招待费和其他费用，这些费用均按照项目情况进行测算填列；项目风险成本按照项目总费用预算的 10%填列。系统依据项目损益各明细内容得出项目损益情况，提交后进行流程审批。

图 10-10　项目损益测算图

在进行签约后费用的报销时，相关人员需按照公司要求提交原始单据，同时在系统里提交电子流程。提交电子流程时，关联的"合同号"（见图 10-11）必须是正确的，同时费用金额不能超过预算金额，否则无法提交。超过预算时，需要客户经理走预算变更（见图 10-12）流程，经审批后，超预算才能生效。

图 10-11　签约后项目费用预算的使用（费用报销）

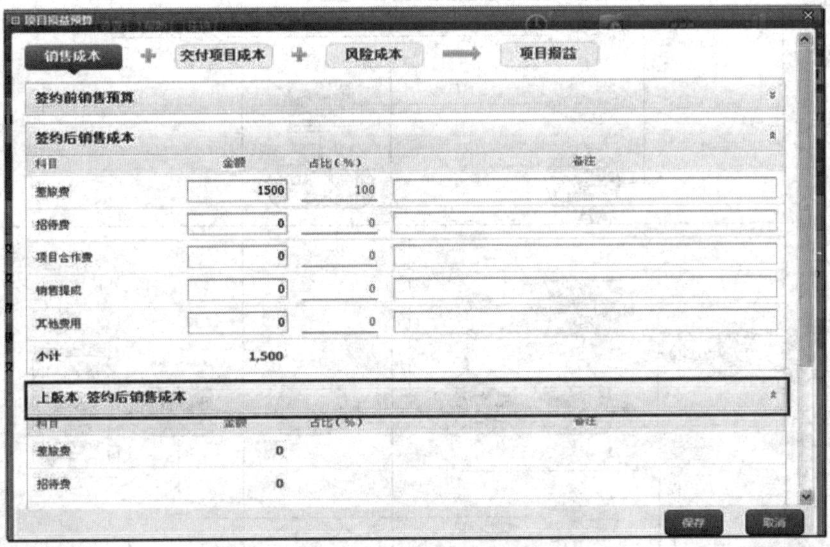

图 10-12　损益预算调整图

（二）事中管控：项目交付阶段以项目号实施预算约束管控

项目交付阶段的控制方法有两种。一是通过"项目损益预算表"控制交付项目支出的总费用；二是通过"交付项目预算"控制交付过程的明细支出。

报价前的项目全损益预算，对项目过程的执行提供了整体管控标准（见图 10-13）。根据交付项目的实际情况，在交付项目立项后、资源投入前，项目经理提报"交付项目预算"。该预算受"项目损益预算表"整体控制。对于需要变更交付预算的项目，项目经理先提交变更项目损益预算的申请，审批通过后，再进入交付项目预算变更的流程。项目交付过程的预算使用，均以该"项目号"进行控制和数据归集。交付团队角色有项目经理、顾问和外包管理员三种。项目经理负责费用审批以及变更预算等内容；顾问可填报工时和费用报销；外包管理员可以对外包项目进行预算申报和费用报销。财务人员负责审核归集到项目的费用，分析项目费用使用情况，及时提醒项目经理合理使用预算资源，防止项目失控。

合同签订后、项目立项投入前，项目经理必须填报交付项目预算（见图 10-14）。交付项目预算若未经审批则不允许投入。交付项目预算的各科目总额不能超过其项目损益预算的交付项目各科目总额（其中人天成本与外包服务费合计数不得超过项目损益的交付人天成本和外包服务费合计数），如有超支则需要售前总监（客户经理）对"项目损益预算"进行预算变更，待审批通过后再申报"交付项目预算"；若临时项目无法填报交付项目预算，这时需关联合同号后才能填报。

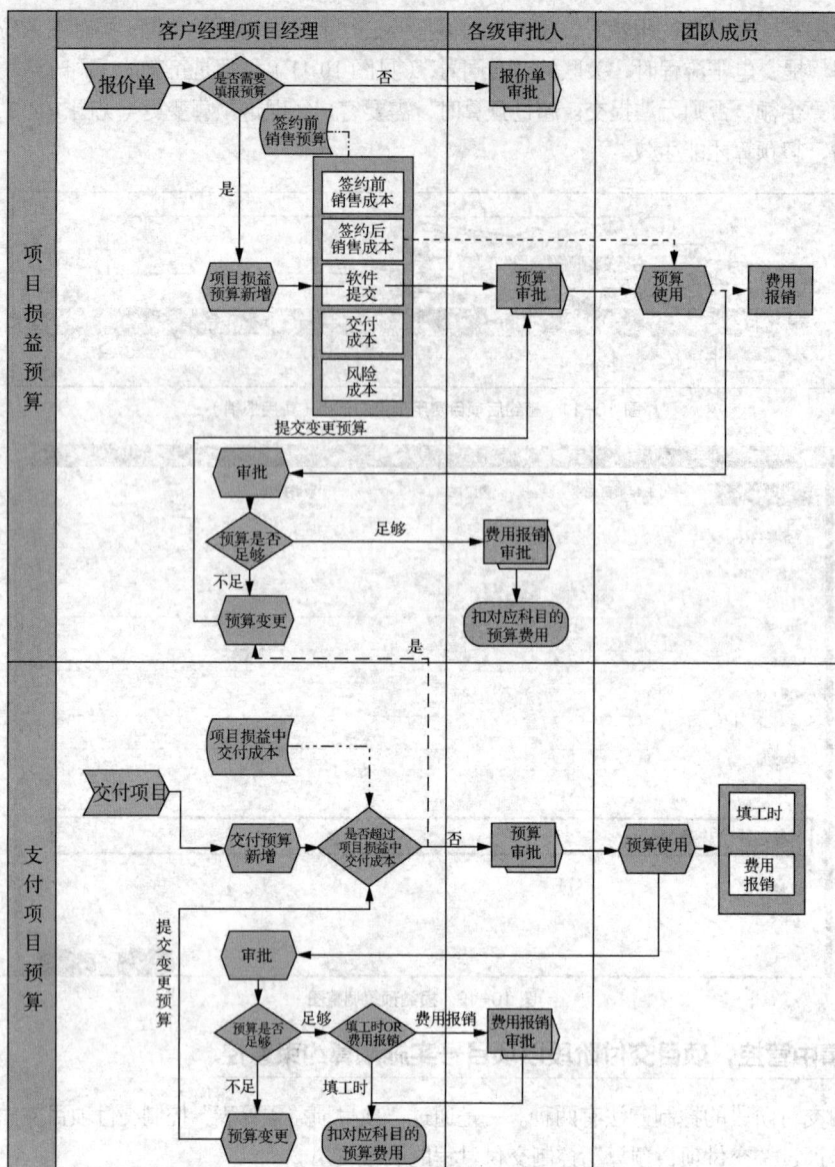

图 10-13 项目损益预算及交付预算流程图

流程泳道：客户经理/项目经理 ｜ 各级审批人 ｜ 团队成员

左侧分区：项目损益预算 / 支付项目预算

项目损益预算：
报价单 → 是否需要填报预算 →（否）→ 报价单审批
是否需要填报预算 →（是）→ 项目损益预算新增

签约前销售预算：
签约前销售成本
签约后销售成本
软件提交
交付成本
风险成本

项目损益预算新增 → 预算审批 → 预算使用 → 费用报销

提交变更预算 → 审批
预算是否足够 →（足够）→ 费用报销审批 → 扣对应科目的预算费用
预算是否足够 →（不足）→ 预算变更 →（是）

支付项目预算：
项目损益中交付成本
交付项目 → 交付预算新增 → 是否超过项目损益中交付成本 →（否）→ 预算审批 → 预算使用 → 填工时 / 费用报销

提交变更预算 → 审批
预算是否足够 →（足够）→ 填工时OR费用报销 →（费用报销）→ 费用报销审批 → 扣对应科目的预算费用
填工时OR费用报销 →（填工时）
预算是否足够 →（不足）→ 预算变更

图 10-14 交付项目预算申报图

交付项目预算>>新增
保存　保存并提交　返回

基本信息

预算单号	YS-PRJ1207001142-01	预算类型	交付项目预算
项目号	PRJ1207001142	项目名称	测试1-合肥电信
项目经理	王晋秋		

备注
分合同申报预算
您还可以输入800...

当前预算信息

科目	人天费用	差旅费	招待费	外包服务费	其他费用	预算合计
HD07201207-0002						
申请金额合计						

交付项目预算各科目总额不能超出其项目损益预算的交付项目各科目总额，否则变更项目损益预算

交付项目分科目按"收入收款孰低比例+浮动比例"的进度由系统自动进行预算控制，如在开始没有确认收入以及没有收款的阶段各科目仅允许投入"浮动比例"对应金额，所有投入总比例不超过预算的100%；超预算的成本费用不允许发生，必须经"交付项目预算"变更流程审批后方可投入。[①]

一个立项只允许增加一个交付项目预算，后续增加或调减预算需要对预算进行变更。交付项目业务关闭后相关人员不可以对交付项目预算进行新增、变更、删除等操作，业务关闭三个月后系统自动进行财务关闭，财务关闭后相关人员不可以进行工时填报和费用报销。如有特殊情况需要进行工时填报和费用报销，由相关人员经审批后对项目进行财务反关闭处理，待业务操作完成后再手工关闭。

交付项目由指定的项目经理进行预算提报。交付项目预算包括实施顾问的人天费用、差旅费、招待费等费用，可按照项目进行测算后填列，提交审批后生效。

交付项目预算只有交付团队成员可以使用，在预算使用前，项目经理需要对项目团队成员进行维护。在交付阶段发生费用后，项目团队成员按照企业要求整理原始单据，并在系统中填写电子流程。提交电子流程时，必须关联正确的"项目号"（见图 10-15），同时费用金额不能超过预算金额，否则无法提交。超过预算时，需要项目经理走预算变更（见图 10-16）流程，提交审批后生效。

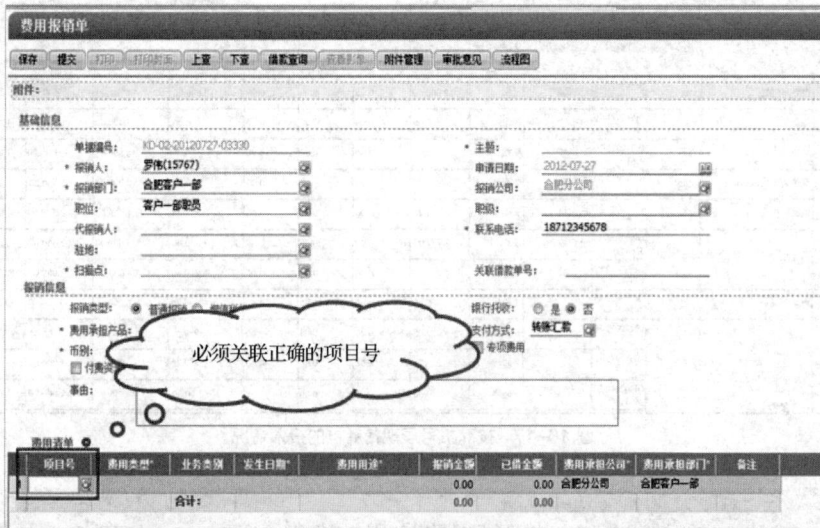

各科目预算不足，尚需继续投入需做预算变更！

图 10-15 交付预算使用图

图 10-16 交付预算调整页面图

---

① 交付项目投入是整体项目损益投入的一部分，由于管理需要而进行细化，其管理模式与项目损益投入的管理模式类似，同时，交付项目预算总额受项目损益预算中的"交付成本"科目控制。

（三）事后管控：项目关闭阶段的项目决算管控

项目关闭以后，财务进入项目决算阶段。项目团队成员须在项目关闭（验收、失败关闭、暂停等）后 30 天内，完成未报费用的报销流程，保证财务部门可及时进行项目结账。项目结账后，财务部门在一周之内完成项目损益决算。对于决算亏损的项目，PMO 出具项目亏损分析及总结报告，经责任单位负责人审批之后，上报总部财务部门下的预算与分析部。

项目决算结果反映了项目损益的实际情况，分支机构负责人通过事后分析，能够发现管控问题，改进管理方式，提升管理效果。

（四）项目损益系统分析报告

金蝶软件项目损益管理系统在进行项目管理过程中，将数据进行统一存储、汇总计算，形成了一系列的分析报表，以供各级管理人员应用于日常的经营决策，如图 10-17～图 10-19 所示。

签约前销售预算汇总表（单位：元）

按照商机号展现各商机的投入情况

客户名称	客户行业	产品类别	商机号	商机状态	客户经理	累计成本费用投入金额					最初拟定			
						成本费用合计	招所费	差旅费	其他销售费用	人天成本汇总	预算合计	招所费	差旅费	其他销售费用
巢湖*****限公	批发与零售	全部	OPP-2012-885698	已审核	王宏	12,600.00	0.00	0.00	0.00	12,600.00	14,700.00	400.00	1,500.00	0.00
安徽********限公	综合集团	全部	OPP-2011-797581	已审核	陈未未	0.00	0.00	0.00	0.00	0.00	5,400.00	1,000.00	1,000.00	1,000.00
	其他	全部	OPP-2011-799761	已审核	罗伟	0.00	0.00	0.00	0.00	0.00	6,600.00	1,00.00	1,000.00	1,000.00
安徽******限公	有色金属	全部	OPP-2012-894216	已审核	方东升	0.00	0.00	0.00	0.00	0.00	8,900.00	1,500.00	2,000.00	2,500.00
	机械	全部	OPP-2012-875670	已审核	王晓枫	731.25	0.00	0.00	0.00	731.25	1,500.00	500.00	1,00.00	1,00.00
	综合集团	全部	OPP-2011-775366	已审核	罗伟	3,600.00	0.00	0.00	0.00	3,600.00	5,600.00	1,000.00	1,000.00	10.00
			OPP-2012-897778		王晓枫	5,250.00	0.00	0.00	0.00	5,250.00	78,000.00	2,000.00	50,000.00	2,000.00
明光******量连	电子		OPP-2012-897625		王晓枫	0.00	0.00	0.00	0.00	0.00	236,000.00	50,000.00	50,000.00	6,000.00
测试1–合肥电信	综合集团		OPP-2012-802920		王晓枫	-14,012.49	-14,900.00	0.00	0.00	887.51	1,700.00	200.00	[illegible]	[illegible]
			OPP-2012-802745		王晓枫	293.75	0.00	0.00	0.00	299.75	4,000.00	1,500.00	500.00	0.00
			OPP-2012-802664		王晓枫	0.00	0.00	0.00		0.00	23,500.00	2,000.00	1,000.00	500.00

图 10-17　按商机号展现各商机的投入情况

合同项目关系表（单位：千元）

按照合同号展现合同与交付项目的关系

区域	首区	机构	客户名称	客户行业	产品类别	合同号	项目	项目类型	合同签订日期	项目经理	项目成本合计				
											人天费用	外包服务费	差旅费	配件费	其他
			测试1–合肥电信	综合集团		MDOT201207-0002	FRJ12070	实施项目	2012-07-02	朱保军	0.0	0.0	0.0	0.0	
							合计				0.0	0.0	0.0	0.0	
						MDOT201207-0042	FRJ12070	实施项目	2012-06-20	朱保军	-4.0	0.0	0.0	0.0	
							合计				-4.0	0.0	0.0	0.0	
						MDOT201207-0021	FRJ12070	实施项目	2012-07-06	朱保军	-4.0	0.0	0.0	0.0	
							合计				-4.0	0.0	0.0	0.0	
						MDOT201207-0001	FRJ12070	实施项目	2012-07-02	朱保军	0.0	0.0	0.0	0.0	
							FRJ12070	实施项目	2012-07-02	朱保军	0.4	0.9	0.0	0.1	
							合计				0.4	0.9	0.0	0.1	
			星期一	批发与零售		MDOT201207-0022	FRJ12070	实施项目	2012-07-03	朱保军	10.2	0.0	0.0	0.0	
							FRJ12070	实施项目	2012-07-03	朱保军	0.9	0.0	0.0	1.0	

图 10-18　按合同号展现合同与交付项目的关系

顾问	入职日期	离职日期	T级	费率	1月	2月	3月	4月	5月	6月	上半年	7月	8月	9月	10月	11月	12月	下半年	全年
开始日期	2012-1-1				1-1	2-1	3-1	4-1	5-1	6-1	1-1	7-1	8-1	9-1	10-1	11-1	12-1	7-1	1-1
结束日期					1-31	2-29	3-31	4-30	5-31	6-30	6-30	7-31	8-6	8-6	8-6	8-6	8-6	8-6	8-6
实际利用率				900	46%	60%	62%	79%	75%	61%	64%								54%
熊		2012-1-1	T6	900				32%	68%	58%	27%								27%
胡		2012-1-1	T6	900	65%	100%	98%	100%	100%	30%	83%								69%
金		2012-1-1	T6	900			5%	145%	103%	44%									36%
李		2012-1-1	助理	900					100%	30%	23%								19%
彭		2012-1-1	T5	900	78%	90%	90%	100%	100%	55%	72%								72%
周		2012-1-1	T6	900			26%	97%	95%	64%	48%								39%

图 10-19　顾问资源利用率分析表

四、金蝶软件项目损益管理体系的建设成效

金蝶软件项目损益管理体系自 2013 年 4 月 25 日运行以来，经过不断应用改进，取得了较大的管理成效。

（一）项目费用控制初见成效

系统上线以前，很多大项目处于失控状态。以 2013 年 4 月 25 日上线时点为标准，上线前一个季度的大项目利润率为负，金蝶软件的大项目整体处于亏损状态，严重影响企业正常的运行和发展，而对项目利润影响最大的不可控的因素是项目费用。过去几年，企业为亏损项目投入了大量的人工成本、差旅费和招待费，并支付了大量的销售提成。2013 年第二季度应用项目损益管控系统以后，项目费用大幅度下降，下降率为 90% 以上，大项目利润率增长迅速，项目利润扭亏为盈。

（二）项目盈利比例及盈利项目的数量逐渐提高

金蝶软件在进行项目损益管理以前，对项目控制不严。为了抢单，分支机构在项目报价过程中通过低价方式进行恶性竞争，促成了很多亏损项目的签约。一些报价时盈利的项目，由于项目费用的过度开支，交付时也出现亏损。即使是盈利的项目，也是处于微利的状态。项目损益管理信息系统对售前报价进行了严控，大大减少了报价预算亏损项目接单的情况，并通过项目各个阶段的预算控制（主要是费用控制），确保了项目盈利。因此，大项目质量得以提高，盈利项目比例同步提高。同时，随着过程操作的逐渐规范，市场应用策略的逐渐完善合理，总体盈利项目数量增长较快。

（三）项目利润及利润率逐渐提高

项目损益管理的最终目标是管理项目利润。通过项目过程管控，项目损益管理信息系统管理了与项目利润相关的影响因素（包括收入、成本、费用），其在"收入最大化、费用最小化"的管控思路指引下，使利润及利润率指标得以提高。

项目损益管理信息系统上线以后，项目的总体数量增长较快，这得益于项目过程的标准化管理；项目总体利润净额以及利润率均提升较快，主要原因是：项目费用控制成效显著、项目前期概预算的控制力度强，严格规避了亏损报价和过程失控的风险，使项目整体管理渐渐进入良性轨道。

五、金蝶软件的项目损益管理体系是管理会计的最佳实践

金蝶软件项目损益管理体系从业财融合的角度出发，立足项目过程的风险控制，采用制度与模型相结合的方法，基于项目全过程的工作节点进行控制措施固化，以达到精益化管理的目的，充分发挥了财务数据对业务过程的管控作用，是管理会计的最佳实践。

（一）以 UT 实现管理会计的考核评价职能

考核评价是管理会计的重要工作内容之一。金蝶软件的项目损益管理体系的绩效考核模型，充分考虑个人绩效和组织绩效的关联与区别，融合了关键指标，有效激发了员工的积极性和创造性。

项目损益管理体系以各个项目所属的分支机构作为考核评价的主体，以售前/交付顾问、项目管理人员、交付部门等为考核评价客体，创新地以项目 UT 作为考核评价目标的模型，将考核结果直接作为相关人员的奖惩依据。

在实施 UT 考核的过程时，金蝶软件以顾问个人的有效工时为基础，计算考核顾问个人的 UT；再以项目为考核口径，通过汇总某项目的所有顾问的 UT，形成该项目 UT，作为考核项目管理人员绩效的标准；最后以机构交付资源中心为考核口径，汇总本机构所有项目的所有顾问的项目 UT，形成交付部门整体 UT 指标，作为考核该部门的依据。

（二）以预算为核心实现管理会计的控制职能

借助项目损益管控体系，金蝶软件在项目签约前、实施中、验收后等各阶段履行财务人员管控的权利与责任。

签约前，有效控制售前资源：财务人员在售前阶段审批售前预算时，根据项目的实际情况，结合售前相关控制文档，控制售前预算资源的申请数量。

实施中，实时监控项目损益：财务人员在准确核算项目损益的基础上，即时反映机构项目的实时损益状态，对异常项目的风险进行预警和上报，即将预算出现进度超支的项目向机构总经理报告、将重大亏损项目向总部项目财务部报告，为管理决策提供必要支持。

验收后，快速决算项目损益：在《金蝶项目损益管控体系施行办法》的要求下，机构顾问在项目验收后限时 30 天内填报人天完毕、相关人员费用报销完毕后，财务即时封账，以决算项目损益。

（三）以项目损益为准绳实现管理会计的决策职能

财务部门不再独立于业务之外，其将对机构的项目业务决策起到重要作用。金蝶软件项目损益管理体系通过内置的数学模型进行数据计算分析，可辅助决策项目是否承接，以报价前的项目损益预算为基础，包括以报价作为预算收入，扣除自有产品成本（向总部进行结算）、第三方软件成本（向第三方结算）、项目费用、人天费用、风险准备费用等损益要素，通过计算利润指标的最终结果来确定该项目是否达到企业承接标准。若未达到，则财务人员在审核时会向业务部门反馈，建议提高报价或者放弃该项目。

专家点评

一、金蝶软件面对的管理问题具有行业普遍性

（一）金蝶软件在发展过程中遇到的问题

作为国内知名的企业管理软件公司，金蝶软件很早就开始应用管理会计工具，并取得过

良好的经营效果。该企业曾采用全面预算来考核各责任中心经营成果，即将收入和现金流结合，分阶段确认合同收入，定期监控应收账款。这帮助该企业渡过了创业期，使其实现了稳步发展和高速成长。

然而，在软件行业经历了快速增长后的完全竞争环境下，该企业由于战略调整出现偏差，导致盲目追求市场份额和营收增长，进而遭遇经营亏损。这暴露出企业成本控制的短板，也凸显了管理软件行业的管控难点。

（二）管理软件行业的项目管理难点

管理软件提供商除了需要面对日新月异的信息技术发展之外，还需要面对不断变化的客户需求。由于大多数的客户都不具备软件行业知识，在前期洽商、合同谈判中，甚至签订合同时，客户都难以对自己的需求做出准确的描述，也就很难对项目成果和质量标准做出清晰、量化的界定。同时，管理软件提供商有的时候可能不了解客户所在行业的管理方面的特定要求，难以帮助客户确定需求。这些问题导致签订的合同带有很大不确定性。

客观来说，在项目进行中，客户改变需求是不可避免的。每一次需求的改变，都伴随着时间、人力、物力的消耗。在工期即定的情况下，可以改变需求的次数是有限的。但是，如果客户不断改变需求，将可能导致工期拖延和软件公司的成本不可控。另外，一个项目出现延期会影响其他项目的工作安排和进度。

与国外成熟的软件行业不同，国内软件行业供应商更倾向于提供"迁就"客户的服务。为了扩大市场份额，为了满足客户的个性化需求，软件公司会不计成本的投入资源。这会打乱正常的工作秩序，影响员工的积极性。而这会进一步造成客户不满意，从而形成恶性循环。

因此，管理软件行业迫切需要解决以人力资源投入为主的项目管理问题。项目管理者希望在收入增长的情况下，实现项目工期可控、成本可控，研发工程师和实施顾问配合，不希望夹在客户和研发之间，两头受气。金蝶软件的项目损益管理为解决这些问题提供了新思路和切实可行的方案。

二、从管理会计入手解决项目管理问题——项目损益管理模式

管理会计为企业从会计角度来解决管理问题提供了众多方法和手段。管理会计以财务会计提供的凭证、账目和报表资料为基础，从会计拓展到对业务的管理，力图从业务前端开始管控进而有效改善会计结果。这个过程是一个"由财到业"和"由业到财"的闭环回路的业财融合过程。

金蝶软件的项目损益管理模式，是从会计损益（会计结果）入手来实施项目管理（业务管理）。损益是项目管理的准绳。这条准绳贯穿了项目决策、项目实施过程的预算控制、项目决算和考核以及多项目损益综合分析报告的撰写过程。

（一）项目决策中的损益管控

在项目决策中，金蝶软件项目损益管理信息系统通过内置的数学模型进行数据计算分析，可辅助决策项目是否承接。金蝶软件建立了数据管理中心，通过数据接口，将业务数据和财务数据汇入数据管理中心，形成各类决策分析模型。在做项目决策时，由业务部门确认商机，以商机号为核算对象，用UT预测人工工作量，进行项目概算，预测相关成本费用。然后，将拟承接项目的各项报价数据输入数据管理中心的决策分析模型，生成会计结果（利润指标PL1和PL2），再将会计结果与业务承接标准相比较，进而分级授权审批是否承接。将发生不良会计结果（损失）的风险管控措施前移至业务前端，可以有效防范"秋后算账"财务风险的发生，实现了事前管理。

（二）项目实施中的损益管控

在项目实施过程的预算控制中，企业以项目损益预算为基础，进行项目投入进度控制和

成本费用控制。项目经理在系统中提交损益预算，包括销售成本预算、交付项目成本预算、风险成本预算，从而计算出项目总成本。企业对项目投入进度以"收入收款孰低比例+浮动比例"的方式由系统自动控制，以确保资源投入不超过预算，并及时纠正不合理的工作量投入。项目实施过程中，企业采用以项目号为核算单元的"项目损益预算表"和"交付项目预算"来控制成本费用。

（三）项目决算和考核中的损益管控

在项目决算和考核过程中，企业规定项目成本费用在项目关闭之后一定期间内完成报销，以保证财务及时进行项目结账和项目决算。金蝶软件通过财务决算最终确定项目的损益，反映项目损益的实际情况，考核项目质量。以项目维度进行考核，分别依据项目的预算数、核算数，计算每个项目的损益情况，分别考核项目的盈利能力，并进行对应的奖惩。通过事后分析，企业能够发现项目管控问题，改进管理方式，促进项目管理从"销售导向"向"交付导向"过渡，从而提升管理效果。

（四）项目报告中的损益管控

金蝶软件的项目损益管理信息系统能够以商机号和合同号来分别展现各个项目签约前和签约后的损益情况。这为管理者在企业整体层面分析和评价项目，实施项目管理，提供了数据支持。这套信息系统将签约前的项目概算和损益评价数据，签约后的预算管控、费用报销、项目交付进度、项目决算和考核数据，一并展现出来，便于管理者做出项目管理规划，设计项目管理的事前控制、事中控制和事后控制措施，确保项目顺利进行，以及实现企业战略目标。

三、金蝶软件项目损益管控管理会计实践的启示

（一）对管理软件行业的启示

金蝶软件的项目损益管控模式，对于管理软件行业具有借鉴意义。在工业和信息化部讨论案例写作的过程中，浪潮、用友、东软、远光、明算科技等管理软件公司也对金蝶软件的项目损益管控模式进行了提问和评价，结论是金蝶软件的项目损益管控模式针对性强，该模式针对管理软件行业的难题——由于客户需求多变导致项目交付成本不可控问题，提出了以预算管控为抓手，以损益为准绳，贯穿项目承接决策（商机确认）、项目实施、项目决算和考核、项目报告全过程。并且，在项目管理的各个环节设计了详细的、可操作的指标和管控措施，将管理软件行业说不清、道不明的管控痛点各个击破，为软件行业和其他行业的项目管理提供了可资借鉴的范本。

（二）对管理会计理论和实践的贡献

从案例写作方法来看，金蝶软件的项目损益管控案例写得翔实、具体，紧紧围绕管理软件行业的项目管理问题展开分析和探讨，其以问题为导向，逻辑主线清晰，具有鲜明的行业特点。相比"大而全"的案例写作，"精雕细琢"的"小巧"案例更容易驾驭，更容易体现管理会计在企业管理中发挥的作用。这样的案例实用性强，更有说服力，为管理会计理论提供了鲜活的实践事例。

从理论贡献来看，金蝶软件项目损益管控模式，将全面预算、运营管理、绩效评价、成本控制、风险管理、会计报告等多种管理会计方法和手段，因地制宜、有机整合地应用于项目管理中，而不是割裂管控会计的各类方法，为管理会计从应用层面上升至理论层面提供了可能。这会引导理论界和实务界进一步提炼和总结管理会计理论，为构建管理会计基础理论提供了可能。

绩效管理

案例十一　管理会计助力科研项目管理

航空工业第一飞机设计研究院

【摘要】随着中国特色社会主义市场经济体系的日趋完善，在现代企业管理中，合理应用管理会计方法工具能够为企业提高经营质量发挥重要作用。本案例从航空产品研发项目的管理需求出发，系统地介绍了航空工业第一飞机设计研究院在多项目并行的环境下利用管理会计的工具方法开展科研项目管理的实践过程。本案例以项目管理为主线，介绍了基于工作包的预算管理、基于风险控制的采购及合同管理、基于内控的作业流程管理、基于目标成本的"项目会计师"管理方法以及管理会计信息化建设等方面具体工作的开展情况；通过实例分析，将管理会计的理论方法与科研项目管理的实践活动相结合，探索出一套适用于大型、复杂科研项目管理提升的管理方法和应用措施，对企业自身经营管理质量的提高起到了显著作用。同时，本案例也为其他高技术企业应用管理会计提高企业管理质量提供了经验。

【关键词】价值创造；管理会计；科研项目管理；项目会计师

一、单位概况

航空工业第一飞机设计研究院（以下简称"一飞院"）成立于 1961 年，是我国集歼击轰炸机、轰炸机、运输机、民用飞机和特种飞机等设计研发为一体的大中型军民用飞机设计研究院，是航空工业飞机板块的核心研发力量。

历史上，一飞院先后成功地研制了我国第一代支线客机——运七飞机、第一代歼击轰炸机——"中国飞豹"、第一架大型空中预警机——空警 2000、第一架轻型公务机——小鹰 500、第一架大型运输机——Y20 等十多种型号的军民用飞机，树立了中国航空工业史上的多座里程碑，为国防建设和国民经济发展做出了突出贡献。一飞院曾被国家授予"航空报国重大贡献单位"称号，并获"国家科学技术进步特等奖""国防科技工业武器装备型号研制金奖"等多项奖项，拥有"国家级工业设计中心""国家国际联合研究中心"两项国家级中心资质。

截至 2017 年 12 月 31 日，一飞院在职职工 2 713 人，其中，中国工程院院士 2 人，享受国务院政府特殊津贴人员 54 人，国家级突出贡献中青年专家 1 人；中国航空工业集团公司首席技术专家 5 名，特级技术专家 20 名，一级技术专家 23 名，集团首席技能专家 1 名，特级技能专家 4 名，研究院首席科学家 4 名。

近二十年来，一飞院的科研任务由一个型号、五十余项课题迅速扩展到十多个型号、450余项课题。在人员没有增加、任务急剧增多的情况下，一飞院以集团公司财务管理"五大体系"

作者：纪建强、刘瑞懿、李龙、马重玲、吴旭辉、梁太和、李玥
案例指导与点评专家：周宁（北京航空航天大学）

建设为基础，从项目管理需求出发，积极探索基于项目的经费预算与成本管控模式，从业/财融合的需求出发，积极探索财务管理与企业的业务工作相融合的工作机制，从内部控制的需求出发，积极探索对财务管理体系的优化和完善；通过长期的实践努力，逐步构建起"价值创造——助力科研项目管理"的新型财务管理体系。

二、实施管理会计的背景

（一）实施管理会计是外部政策环境变化的客观要求

1. 装备采购及定价模式的转变

"十二五"以来，航空武器装备研发生产和民用航空产业的发展都进入了一个新的阶段："军民融合"成为国家战略，军民用航空产品的采购管理模式发生了重大变化。在航空武器装备采购方面，军方主管部门将过去单一来源的采购模式和事后定价的价格管理机制转化为更加具有市场化特性的竞争性采购和目标价格控制的模式。

2. 财政部强力推进管理会计体系建设

2014年，财政部《关于全面推进管理会计体系建设的指导意见》的发布，是国家在全面推进管理会计工作方面的总体规划，为企业建立、完善现代企业管理制度，增强企业价值创造力提出了总体目标和要求。在这个大背景下，航空工业主机院所在企业发展变革中积极推进管理会计体系建设，具有非常重要的现实意义。

3. 其他部委的管理要求

中华人民共和国工业和信息化部（以下简称"工信部"）、国家国防科技工业局（以下简称"科工局"）等部门对高技术复杂工业项目的经费管理规范性要求越来越高，也越来越严格。根据国务院国有资产监督管理委员会（以下简称"国资委"）对中央企业经营管理的新要求，缩减层级和简政放权成为新的常态化工作。伴随着航空主机院所企业管理组织架构的变革，一飞院如何在新的组织架构下更好地开展科研项目管理，也是一个需要思考和解决的问题。

（二）实施管理会计是企业管理的内在要求

1. 提质增效的基本要求

航空主机院所主要承担国家航空武器装备的设计研发任务，其长期采取的计划经济的管理模式，已经不能适应当前市场经济环境的要求。它面临的问题突出表现在：对外经营缺乏竞争理念和客户意识、对内管理缺乏灵活机制和协作能力，管理效率低下，企业的价值创造能力不能得到有效提高；职能管理部门与业务部门之间存在信息壁垒和交流障碍，参与企业经营管理活动的能力与层次非常有限，管理简单被动。

要打破这种局面，企业就必须全面更新经营管理理念。在财务管理方面需要加快财务转型，推进财务管理与业务工作的有机融合，构建更加开放融合的财务管理模式，提高管理运行效率，为企业经营质量的提高提供有效服务。

2. 防控风险、实现企业战略的有效途径

航空产品的设计研发通常具有周期长、投入大、技术复杂等特点，存在诸多不确定因素。一飞院从风险管理的角度出发，通过构建有效的内控体系，防范项目实施中的重大风险。这对一飞院的持续健康发展、实现战略目标具有非常重要的保障作用。

一飞院在重大项目实施中面临的主要矛盾和突出风险来自：资源供需的不协调、不对称；

项目实施所需的人力、基础条件、经费、时间等资源和实际供给之间常常存在较大偏差。资源供需的不对称必然导致项目管理"进度、质量、成本"等要素的失衡，影响项目的质量甚至项目成败。如何化解这些矛盾和风险已经成为一飞院实施管理会计时必须要面临和解决的核心问题。

3. 多项目并行条件下提高管理质量的迫切需要

近二十年来，一飞院科研项目急剧增多。在多项目并行开展的过程中，如何有效分配和使用资源及在实现研制目标的同时合理控制研发项目成本，已成为一飞院面临的突出问题。如何在保质保量完成所有任务的同时，确保每个项目的实际支出满足预算约束，是多项目并行中经营管理面临的最大挑战。从内部挖潜、合理调配资源，加强过程管控，积极发挥管理会计在项目管理中的作用是一飞院提高项目管理质量、确保项目目标实现的保证。

4. 创新科研项目管理模式的内在要求

长期以来，航空科研院所主要构建的是基于事业单位财务核算的管理需求的财务管理体系，管控流程机械、烦琐，对管理资源造成很大的浪费、严重影响管理效率。

在新的形势下，项目管理的理念和方法都有了极大地丰富，项目经营管理涵盖的范畴更加广泛，以会计核算为基础的经费管理模式已经不能满足科研项目管理新的需求，企业需要利用管理会计的理念和工具方法对项目经费管理体系进行重构，以更加及时、准确、有效的财务信息为项目管理和经营决策提供有效支持。

一飞院在推进财务管理规范性方面经过长期实践，已经完成财务管理"五大体系"的构建工作，为推进管理会计工作提供了重要的基础条件和制度保障。

航空工业集团公司党组书记、董事长谭瑞松在2018年计划财务工作会上要求计划财务系统精准聚焦战略中心任务，在谋划产业发展中发挥"僚机"作用，在促进经营发展中强化"中枢"作用，在实现合规经营中发挥"哨兵"作用，在落实提质增效中发挥"溢价"作用，在推动高质量发展、奋力建设新时代航空强国的新征程中勇于担当，精准作为。

一飞院原总会计师李耀指出要健全完善科研生产财务管理：一是协同创新成本管理，进一步完善重点型号项目成本管理及审定价工作；二是持续推进项目总会计师系统建设，强化项目预算管理和成本控制；三是加强科研项目财务管理，优化科研计划（合同）经费管理流程，配合科学细化概算论证。

三、管理会计在科研项目中的具体实施

（一）项目管理体系设计

2016年7月，一飞院发布了新版顶层制度《项目管理规定》（以下简称《规定》），对研究院项目管理的组织架构、职责分工、项目分类分级、过程管理、关键要素管理、管理制度体系等进行重新定义和梳理，以项目全周期过程控制为基本原则，构建一飞院项目管理体系。

《规定》将承担的科研项目按照规模、重要程度等因素分为多个级别，如图11-1所示。

（1）一级项目，又称重大项目，是指对社会、行业、企业发展有重大影响的项目，包括重点型号项目、由重点型号衍生的重大改进改型项目、重大配套项目、重大背景项目、重大产品项目、重大技术发展项目和重大能力建设项目等。

（2）二级项目，又称重要项目，是指对企业发展有较大影响的项目，包括重要的衍生改进改型项目、重要的技术发展项目、重要的产品研发项目、重要的配套项目和条件保障项目等。

（3）三级及以下项目，是在当前条件下，达不到一、二级项目定义标准的各种衍生项目、子项目、课题项目、分包项目。

一飞院根据科研项目的相互关联程度将不同项目归类为若干集合（项目群），根据项目群的类别和项目级别进行分类、分级管理，以降低管理复杂度、提高资源配置精度和共享效率。

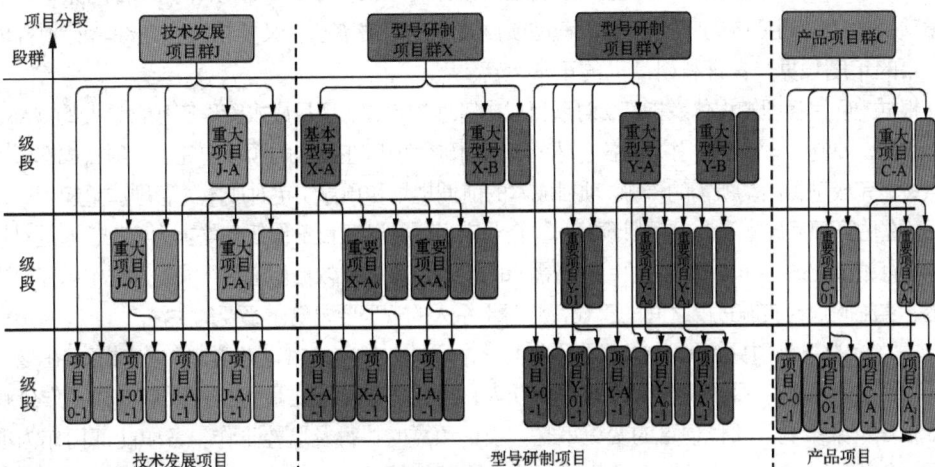

图 11-1　一飞院项目群分类及项目分级关系示意图

项目管理在一飞院管理体系框架内开展，项目团队是研究院开展项目工作的主体，包括项目负责人、项目办公室和项目技术团队，由职能部门、研究所（中心）派出的人员组成。其中，项目负责人是项目管理的第一责任人，项目办公室是项目日常管理的常设机构。项目办公室根据项目级别和实际需要设立，在项目负责人领导下开展工作。项目办公室成员一般包括项目办主任、项目总质量师、项目总会计师、相关部门派出的主管部长/所长/主管。各职能部门按照职责分工，在项目中履行相应要素的归口管理职责，主要包括：根据要求派出人员加入项目团队；对于归口管理的要素，负责建立配套制度、管理平台，并开展相应培训、数据和信息管理工作；负责提出项目间特定资源统筹协调的建议方案；根据项目实际需要规定的其他职责。

这种架构设计实现了职能管理与项目要素管理的对接，确保项目管理各项工作的协同与各种资源的合理调配，图 11-2 所示为一飞院项目管理组织架构。

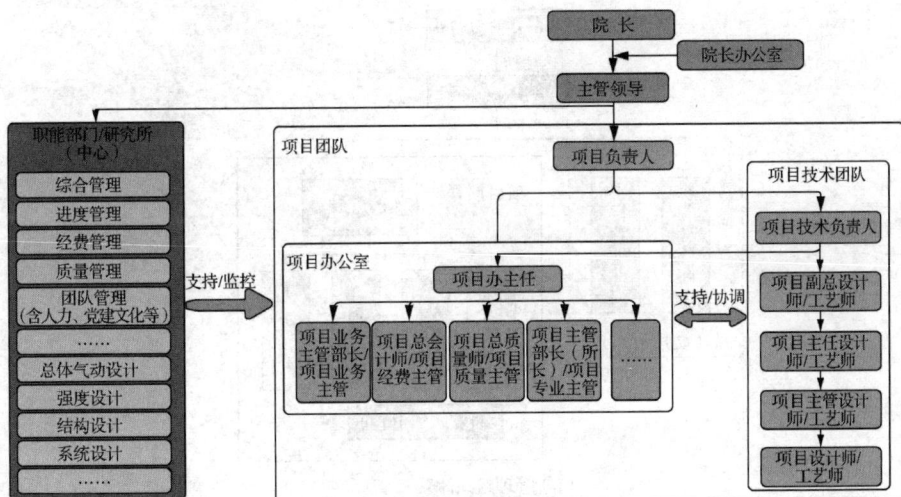

图 11-2　一飞院项目管理组织架构

（二）项目实施中的过程控制

1. 基于工作包的项目预算管理

科研项目预算管理是一飞院全面预算管理体系的重要组成部分，也是经营管理的重中之重。一飞院的科研项目预算坚持企业年度经营预算与项目全生命周期预算相结合的原则，既要保障项目全生命周期内的收支匹配，满足项目实施的经费需求，又要根据企业经营计划合理安排项目的年度预算，保证科研活动的正常运营。

根据《项目管理知识体系指南》对项目成本管理的定义，项目成本管理应包含经费的规划、估算、预算、融资、筹资和使用控制各个环节，从而确保项目在批准的预算内完工。项目成本管理应重点关注完成项目活动所需的资源。项目成本的前期规划和预算制定对成本的管理质量起到决定性作用。在估算项目成本和制定项目预算时，企业应当严格以项目工作任务需求为依据，通过对项目目标进行精细化的工作分解，为项目经费需求的准确测算提供依据。在预算编制过程中要充分平衡成本、实施质量与实施进度之间的管理，并对干系人的管理要求给予必要的关注。

一飞院的项目预算管理实施"项目谁主管、预算谁负责、执行谁落实"的制度。在该制度下，项目负责人是项目预算管理的第一责任人，承担领导职责，负责组织开展项目工作分解和年度预算草案编制、项目预算的变更审签、项目预算的执行及监控工作，各职能部门作为项目管理团队成员，按职责分工协助项目负责人开展预算管理的相关工作。一飞院项目预算结构体系和管理组织体系框图如图 11-3 所示。

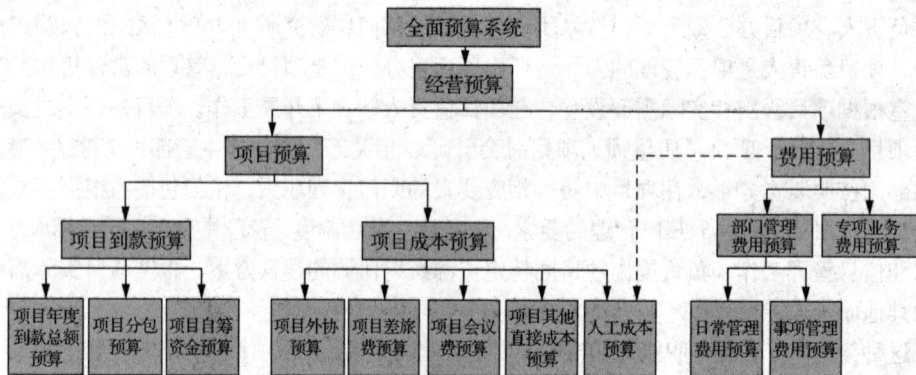

（a）预算结构体系

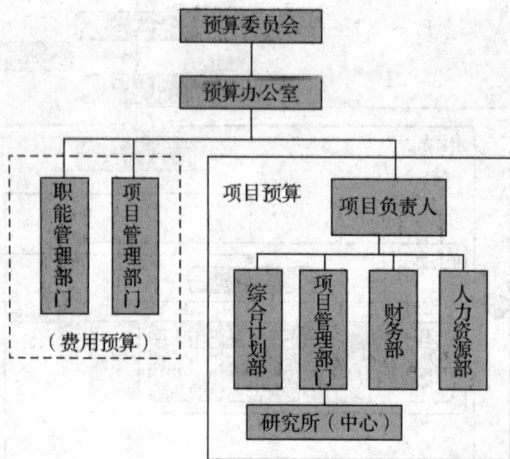

（b）管理组织体系

图 11-3　一飞院项目预算结构体系和管理组织体系框图

在编制项目年度预算时，一飞院将项目的直接支出与间接费用分别安排：直接支出坚持采用零基预算方法测算；间接费用根据项目人力资源投入的占比进行测算。图 11-4 所示为一飞院项目经费分解过程示意图。一飞院首先根据项目年度工作目标完成全年的工作任务（WBS）分解，随后逐条对照 WBS 任务，将项目年度资源需求分解为人工投入和直接外协采购两部分。一飞院一方面根据汇总预测的项目年度人力资源投入总量相对企业总资源的占比，测算各类间接费用的分摊；另一方面，对应项目年度 WBS，逐条梳理项目外协采购需求，并测算每个采购事项的经费需求。最后，再将间接费用和直接外协经费需求还原分配至 WBS 条目。这样就将项目的 WBS 转化成了 CBS（成本分解）。管理团队可根据项目的年度 CBS 开展成本和进度的过程监控。

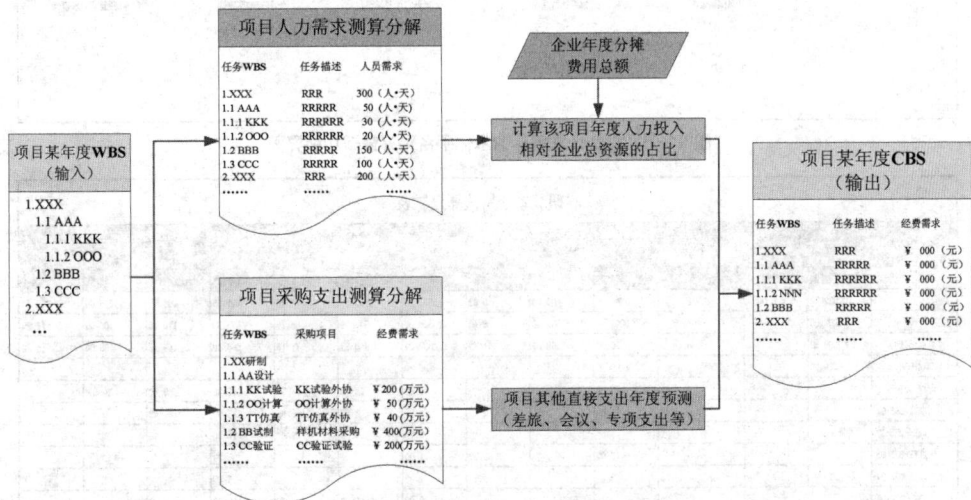

图 11-4 项目经费分解过程示意图

长期以来，航空科研项目的预算管理面临的最大问题是预算不准确，最主要的原因在于：项目周期长、规模大、技术复杂，在实施过程中需求变更频度大、不确定性风险高。解决这个问题的关键在于对项目按阶段、按任务构成进行工作包的细化分解。基于这样的设想，一飞院在项目管理中开展了基于任务工作包的项目预算管理。

在某型号研发过程中，一飞院作为总设计单位，积极和客户进行沟通，对任务阶段进行合理分解。针对不同阶段，一飞院根据当期的任务工作包安排预算。这使阶段工作预算安排更加合理，过程控制更加有效。这为客户和企业都提供了决策缓冲时间，提高了防控风险的能力。

另外，型号研发是一个系统工程，其中不光涉及装备本身的研制，还有配套的材料工艺等专项研发、装备使用保障设备研发、机载任务系统研发、训练和维护服务系统研发等多方面工作。一飞院对这些工作根据构成进行工作包的分解，可以使项目的体系推得到更好的控制。航空产品使用时间长，一个好的飞机平台后续会衍生出许多的改进、改型项目，而一飞院根据研制任务对同系列项目进行逐层分类，按项目的层级类别统筹安排预算，可以更好地进行项目群下多项目并行的预算管理。

2011 年，一飞院启动建设全新的综合经营管理信息化平台（见图 11-5），将全面预算的信息化管理提升作为重点工作，通过集中式的网络部署，提供了一个集中、共享、统一的工作平台：纵向以实现院级管控为核心，使各部门协同运作；横向以科研项目为主线，贯穿科研生产的全过程。2012 年，该系统投入使用，在项目预算的编制、执行、控制、分析、考核方面实现了信息化，并且实现了预算管理与其他业务功能的对接。一飞院通过信息化系统实现多项目并行的资源分配，使预算管理更加高效，使基于细化的任务工作包的预算管理更加便捷。信息化系统中按层级管理的科研项目成本费用预算控制表如图 11-6 所示。

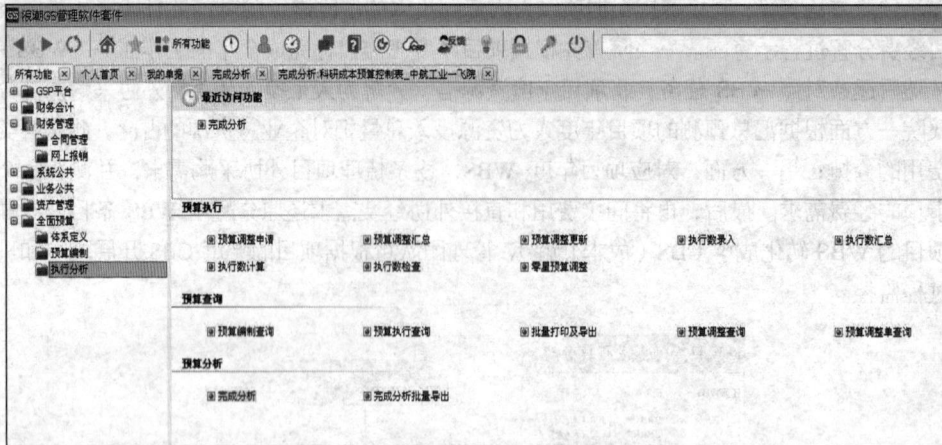

图 11-5　综合经营管理信息化平台预算管理功能界面

科研成本费用预算控制表

项目	年度到款 预算数	年度分包 分包合同 预算数	已执行	外协 外协合同 预算数	已执行	完成率%	差旅费 预算数	已执行	完成率%	会议费 预算数	已执行	出国费 预算数	已执行
XX	102032.58	6,836.00	220.01	63546.70	400.80	0.63	3632.95	1969.10	54.20	3421.55	908.83	1015.00	279.53
XXXX	11200.00			5096.00	369.80	8.40	836.00	541.59	64.78	678.00	170.44	100.00	16.29
XXXX-001	10000.00			3500.00	369.80	41.43	800.00	540.88	71.13	550.00	149.12	100.00	16.29
XXXX-002	1200.00			1200.00									
XXXX-003				178.00			32.00	22.88	71.50	110.00	9.70		
XXXX-003-01				160.00			4.00	3.83	106.95	15.00	1.49		
XXXX-003-02							5.00	4.00	99.07	10.00	1.43		
XXXX-003-03				18.00		23.33	1.00			5.00			
XXXX-003-04							1.00			5.00			
XXXX-003-05							2.00	1.89	94.50	10.00	1.40		
XXXX-003-06							2.00	1.95	97.50	5.00			
XXXX-004				218.00			4.00	2.87	71.75	18.00	11.62		
XXXX-004-01													
XXXX-004-02				25.00		80.00	1.00	0.92	92.00	5.00	4.51		
XXXX-004-03				30.00		93.33	1.00	0.94	94.00	5.00	4.43		
XXXX-004-04				163.00			1.00	0.72	72.00	5.00	2.68		
XXXX-004-05							1.00	0.29	58.30	3.00			
XXXX-004-06													
......	......			......	......	......							

图 11-6　信息化系统中按层级管理的科研项目成本费用预算控制表（示例）

2. 基于风险控制的外协采购及合同管理

科研项目的采购内容主要包括委托开发、委托试验、委托样件制造等，且采购往往是一次性的，不具有批量性和重复性。同时，开发或试验等提供服务类的采购常常无法取得客观、公允的参照价格。这时，买卖双方在价格谈判上具有较大的博弈空间。这种空间的存在对项目本身会带来相应的管理风险。

大型、复杂的航空产品研发项目的外协采购费用在项目总投入中占有较大比重。一般情况下，外协支出要占到项目总支出的 40% 以上。因此，提高对科研项目的外协采购的管理质量，对于提高项目管理的整体质量具有非常重要的意义。

根据《企业内部控制评价指引》《企业内部控制指引第 7 号——采购管理》《企业内部控制指引第 10 号——研究与开发》和《企业内部控制指引第 16 号——合同管理》的具体要求，一飞院修订了《科研外协管理规定》和《合同管理规定》，建立分级授权管理制度，明确了项目负责人是科研外协管理的第一责任人，负责组织项目办公室完成科研项目外协采购的立项论证和计划下达，以及完成合同的谈判、签订、执行监控和验收等工作。计划、财务、审计、法律及安全保密等综合管理部门依据审批下达的外协计划协助项目团队完成外协采购及合同管理中的相关事务性工作。图 11-7 所示为一飞院合同管理体系示意图。

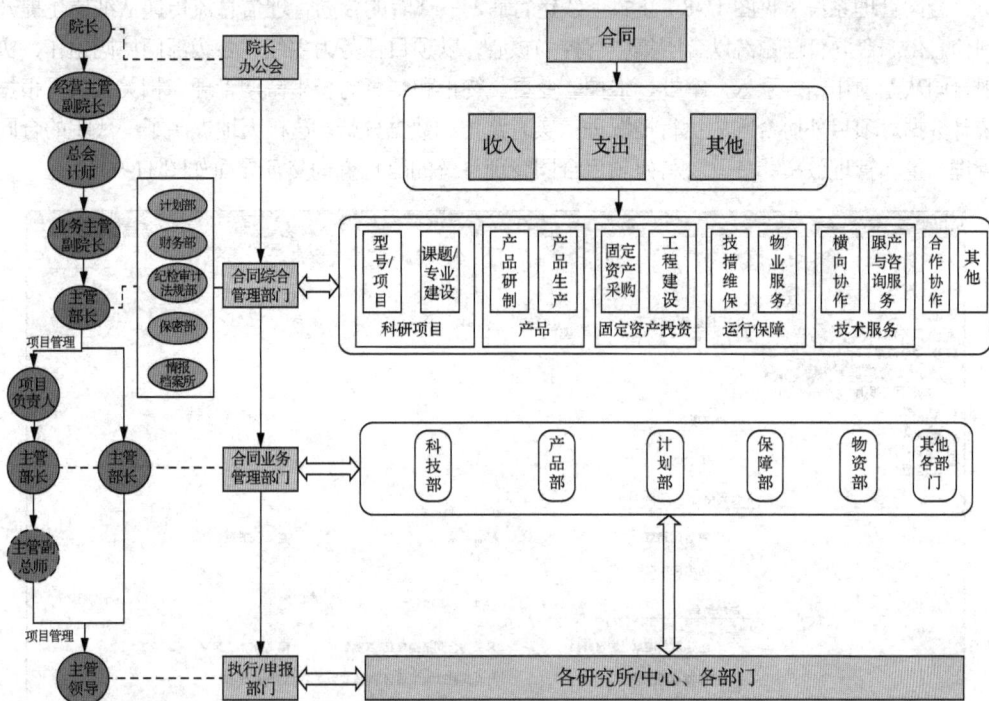

图 11-7　一飞院合同管理体系示意图

在合同调查方面，主管部门重点关注合作方的身份及资质审核确认。一飞院在质量管理体系文件中，编制了《外协试验件合格供方管理及目录》（QZY101-005）和《外部试验合格供方管理及目录》（QZY101-008）两个作业文件，对供应商的管理进行详细规定，并按照文件要求对供应商的经营状况、相关资信进行定期评价，能有效控制合作方失察的风险。

在合同谈判过程中，计划、财务、审计、法律及业务主管部门严格按照竞争性采购的管理要求共同成立谈判组，通过公开透明的方式与供方完成合同权利义务条款及价款的确定，防止谈判过程中的违规行为。项目管理团队以积极合作的态度和供应商共同开展对外协采购的成本价格数据进行积累分析。对于采购规模大、频次多的设计服务类和试验类外协工作，团队努力构建成本价格模型，逐步降低外协采购中的博弈风险，实现研究院与供应商的利益均衡，提升航空科研项目产业结构的合理性和稳定性。

在合同审核方面，一飞院由项目负责人牵头对外协采购计划进行审核。使采购计划与年度项目工作任务严格对应，确保外协工作的必要性。在外协采购的立项论证时，申请单位依据研制任务，从采购模式、采购规模、启动和完成时间、交付标的、经费需求等方面进行综合分析，在简化审批流程的同时严格规定各个环节的审核要求，明确责任分工，确保外协采购管理工作做到必要、合规、高效、经济，降低合同审核的管理风险。

在合同的履行阶段，合同主管部门一方面强化对合同履行情况及效果的检查、分析和验收工作，切实执行本单位义务，确保合同有效履行；另一方面，对合同对方的履行情况实施有效监控，要求业务部门和经办人员对所承办的合同进行全过程跟踪监控，一旦发现有违约可能或违约行为，及时提示风险并立即采取应对措施，尽量降低损失。

一飞院制定了外协采购合同的后评价制度：根据工作需要，每年对已完成的重大合同进行分析评估；开展后评价工作，对合同管理中存在的问题及时加以整改，不断完善合同管理的内控设计，提高执行质量；将合同的后评价结果纳入合同管理考核工作，对后评价中发现的违规行为，按制度对责任部门和人员进行问责。

合同管理系统（见图 11-8）正式上线运行后，一飞院的合同管理信息流传递从纸质化提升到信息化。合同管理系统以合同集中管控为核心，以项目任务为主线，各级部门协同运作，实现合同从立项申请、录入、审批、维护、变更、终止和结算的全生命期管理，相关人员可根据统计数据对项目外协合同的执行情况进行实时监控和数据分析。这极大地提高了一飞院的合同管理质量和管理效率。一飞院科研项目合同管理系统的信息查询交互界面如图 11-9 所示。

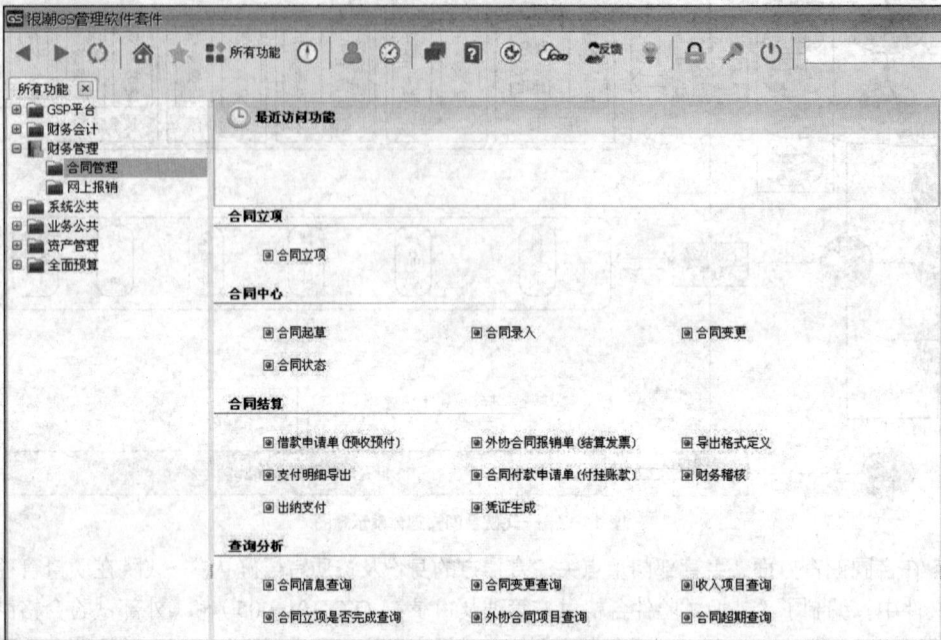

图 11-8　一飞院合同管理系统的功能界面

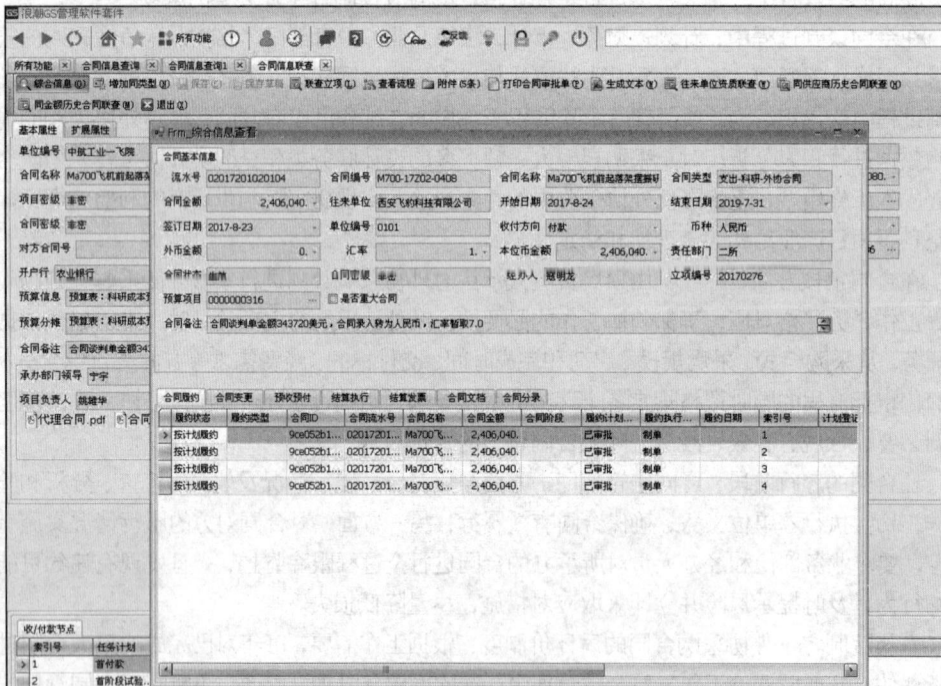

图 11-9　一飞院科研项目合同管理系统的信息查询交互界面（示例）

3. 基于项目管理需求的财务作业流程体系重构

随着经营环境的变化和科研业务的不断拓展，一飞院原有的作业流程体系已经不能完全满足经营发展的实际需求。要解决这个问题，一飞院需要重新认知企业的内控管理目的，从对接科研生产任务的需求入手。为此，财务部门开展了作业流程体系的专项提升工作。一方面，在作业流程设计中，采用"流程图+流程活动说明+标准业务表单"的流程描述，对作业流程中的关键控制活动进行风险识别；从分析风险的发生诱因、风险发生概率、控制失效概率以及发生风险可能对一飞院造成的不利影响等方面进行综合评估，以确定作业关键环节；对关键环节中程序性、原则性强的控制活动，进行详细的描述说明。另一方面，根据科研项目经济活动的业务分类，对相关管理流程进行了归类合并，通过授权管理和集中审批等方式减少管理流程中的不增值作业，节约资源，提高管理效率（见图 11-10、图 11-11）。

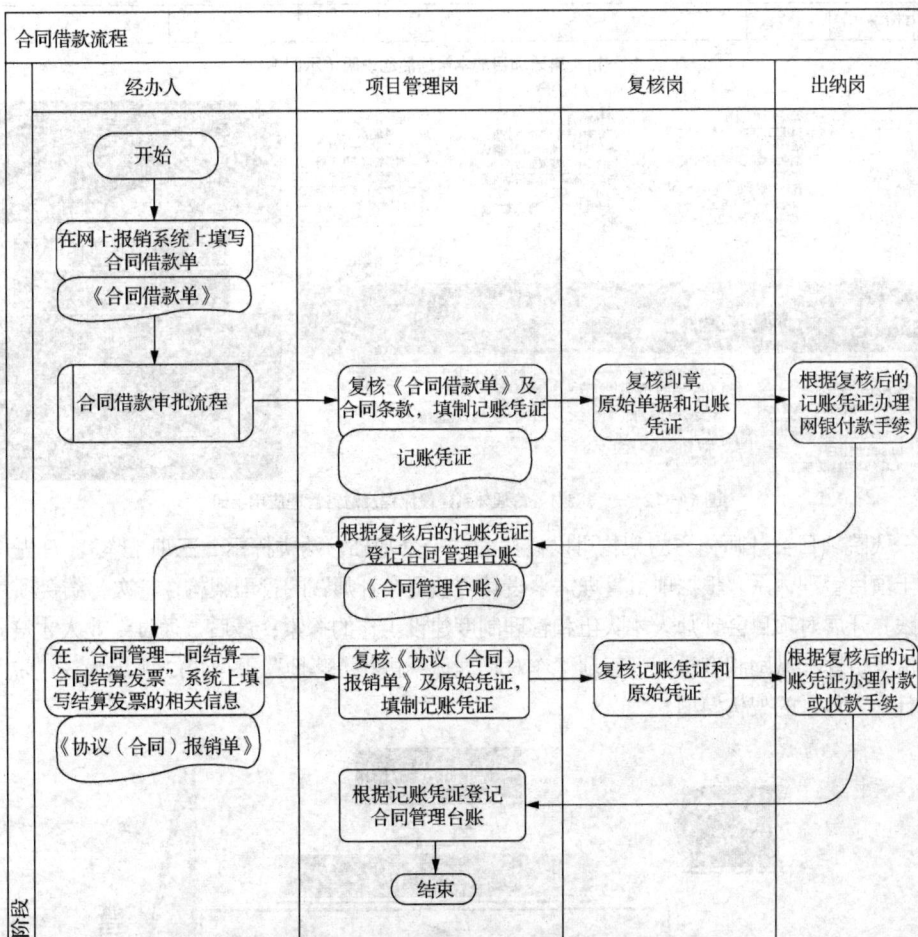

图 11-10　科研合同财务核算流程图（示例）

一飞院从 2015 年开始，经历了六个阶段的反复迭代，编辑出版了《第一飞机设计研究院财务管理应用手册》，为提升企业财务管理规范性、推动经营活动与财务管理的融合对接提供了操作指南（见图 11-12）。

4. 基于目标成本管控的"项目会计师"体系建设

按照矩阵管理模式，一飞院引入责任管理模式"项目会计师"制度，在项目管理团队中设置项目会计师系统。该系统负责经费管理工作。会计师系统和质量总师系统、技术总师系统共同构成项目"三师系统"，在项目总指挥（负责人）的领导下共同开展项目管理工作。

序号	流程步骤	涉及岗位	流程工作描述	输入工作条件	时间节点及时限要求	工具/模板	输出工作成果	关键控制点
	工作开始							
1	项目成本预算	项目管理岗	参加年度项目预算工作会，提供综合计划部提供的项目供相关数据	每年年初			数据填写完整的项目预算基础表	数据的准确性、完整性
2	核算项目增加	项目管理岗	依据全面预算项目预算，增加当年新增核算项目名称	全面预算/项目预算	每年年初		核算系统中项目核算中输入新增核算项目名称	与项目预算名称一致
3	外协合同	项目管理岗	参与外协合同的谈判、验收、登记合同备查账	实际工作需要			合同备查账	合同登记的及时性、准确性、完整性
4	外协报销	项目管理岗	依据已完成审批流程的外协报销单，填制记账凭证	外协报销单	3天内		记账凭证	合同付款节点与实际付款的一致性
5	控制项目成本费用支出	项目管理岗	检查项目成本费用支出情况	项目明细账	季度			项目成本费用支出合理性
6	项目分析报告	项目管理岗	编制项目分析报告	项目余额表、明细账以往数据	半年		项目分析报告	项目分析报表对项目的到款、支出等内容进行分析，报部门领导及总会计师审阅
7	编制报表	项目管理岗	编制月度、年度相关报表	项目余额表、明细账	月/年		相关报表	
	工作结束							

图 11-11　科研项目成本管理活动说明（示例）

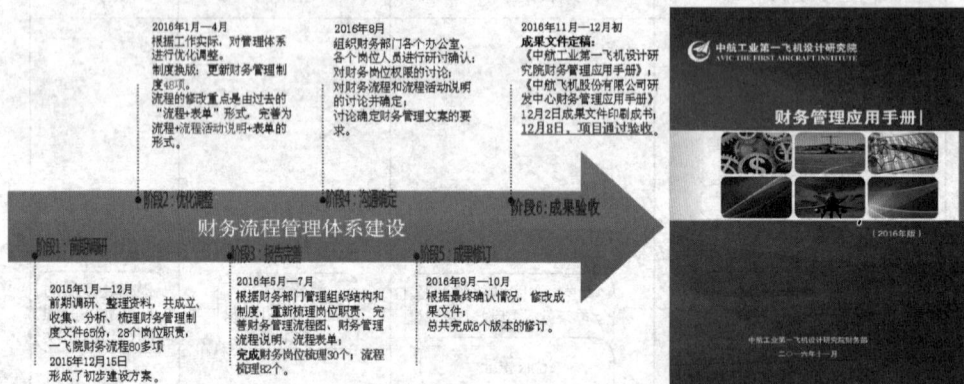

图 11-12　一飞院财务管理体系建设流程及财务管理应用手册

一飞院项目会计师体系的架构可以概括为"一个基础、两类探索、三项工作"。首先，对依托于项目管理体系，根据项目管理需求设计"项目会计师"的管理架构；其次，结合项目管理实践，开展对项目会计师人才队伍和管理制度建设工作的探索；最后，通过专业人才培养、管理流程梳理和激励制度设计等三项工作对管理体系进行"落地"。图 11-13 所示为一飞院"项目会计师"体系的架构模型。

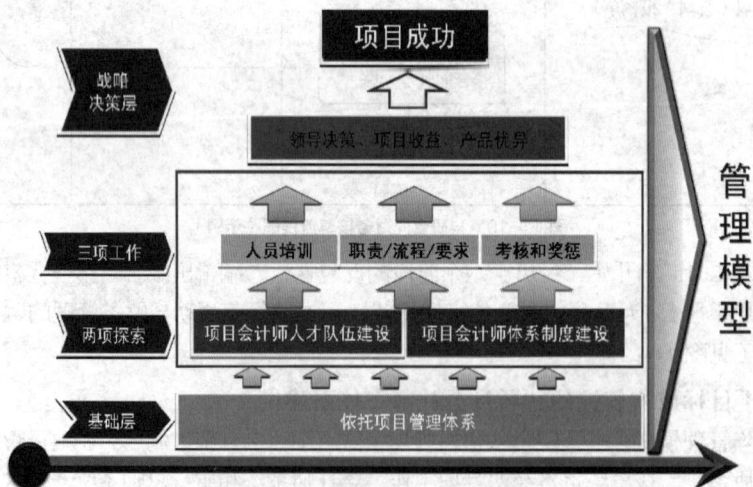

图 11-13　一飞院"项目会计师"体系架构模型

在这个管理体系中，项目会计师是关键角色，负责协助项目负责人组建经费工作团队、完成项目经费论证、制定项目经费管理制度及工作计划、编制项目经费概算（目标价格的测算）、制定项目预算并实施监控，以及完成项目经费检查及专项审计等工作。经费工作团队的成员按照分工，参与项目经费论证、经费分解、预算编制、业务合同洽谈、价格审核及成本核算等工作，并配合完成项目的财务验收及审计检查。

"成本工程师"按照项目经费管理的总体要求，承接项目会计师分解下达的任务，搜集本专业用于项目经费测算所需相关支持信息，提出本专业完成项目年度工作的资源需求，督办本专业项目外协工作的执行，配合项目经费检查并落实本专业相关问题的整改。

一飞院通过上下协同的体系设计，实现项目业务管理和经费管理的有机结合。项目会计师在项目全生命周期的各个阶段参与经费管理的相关活动。

近年来，为满足项目会计师体系对跨专业人才的需求，一飞院有计划地从科研生产部门选拔优秀年轻干部进入经营管理部门进行锻炼，同时对业务部门的项目负责人等重要岗位人员开展财务管理知识的相关培训，逐步培养出一批懂业务、懂经费管理的专业人才，为项目会计师体系的构建提供了必要的人力资源保障（见图 11-14）。

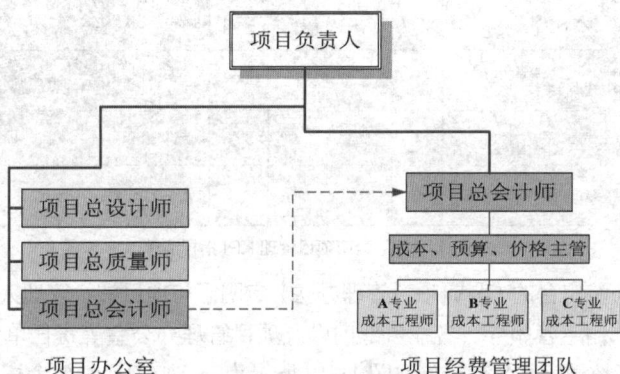

图 11-14　一飞院项目会计师体系的管理架构

为了更加有效地开展财务管理知识的宣传、贯彻和培训工作，推动业财融合工作的快速发展，一飞院于 2016 年完成了涉及企业经营和项目管理相关的财务法规制度的整理汇编工作，编撰了一整套财务管理法规制度手册（见图 11-15）。

图 11-15　一飞院整理的"财务管理法规制度"手册

（三）项目考核与绩效评价

近年来，一飞院在经营管理中推行综合平衡计分卡（IBSC），将过程与目标、内部与外部、长期与短期、局部与整体、财务指标与非财务指标等驱动因素综合均衡，建立多元、系统、透明、综合、协同的考核体系。在项目管理方面，确定了科研管理部门的战略地图以及型号研制和产品交付的关键流程；从目标与价值、客户与评价、流程与标准和学习与成长四个维度梳理确定了科研项目考核的 11 项顶层 KPI，并设置相应的打分计算标准及权重系数（见图 11-16）。

项目IBSC考核细则

维度	总序号	KPI名称	满分分值	警戒值	达标值	挑战值	计算公式及相关说明
目标与价值60%	1	年度重点工作目标达成度	20	90%	100%		按责任状考核要求的重要节点完成情况打分，（未完成项，根据实际完成率可以带小数点）一项减5分，最多可打10分。满分-5×X，X是未完成项数，可以带小数点
	2	项目计划完成率	20	90%	100%		满分-完成率-5×调整率
	3	项目进度费用匹配度	10	≤0.9	1	≥1.1	项目计划任务完成率/项目预算执行率×100%。预算执行率=实际发生费用/计划费用计划任务完成率=完成任务/计划任务
	4	项目到款完成率	10	90%	100%		实际到款数/计划到款数×100%
客户与评价30%	5	领导满意度	20	70%	85%	95%	院领导根据该项目在考核期内的工作情况进行综合满意度打分分值/100×100%
	6	部门及副总师满意度	10	70%	85%	95%	各部门、各副总师对该项目进行综合满意度打分分值/100×100%
流程与标准7%	7	质量控制有效性1	4	发生否决项	100%		考核得分/100×100%。考核细则见附件C-1。发生否决项不得分
	8	财务纪律执行度1	1	发生否决项	1		（考核得分-80）/100×5。考核细则见附件C-4。该指标得分上限为1分，下限为-8分。发生否决项年度按-4计
	9	廉政、法纪、监审建议和风险防控执行度1	1	发生否决项	1		（考核得分-80）/100×5。考核细则见附件C-3。该指标得分上限为1分，下限为-4分。发生否决项年度按-4计
	10	安全保密体系有效性1	1	发生否决项	1		（考核得分-80）/100×5。考核细则见附件C-2。该指标得分上限为1分，下限为-4分。发生否决项年度按-4计
学习与成长3%	11	团队建设/项目思政体系建设	3	95%	100%		完成条目/计划条目×100%（根据相关规定执行）

图 11-16　科研项目管理 KPI 指标清单

2016 年，一飞院出台的《科研项目管理办法》点明了与项目核心管理人员、各专业的技术负责人、各业务部门主管领导、各业务部门以及项目管理办公室等责任单元相对应的考核事项、评价指标、考核程序及奖惩措施。图 11-17 所示为一飞院项目绩效考核的管理流程框图。

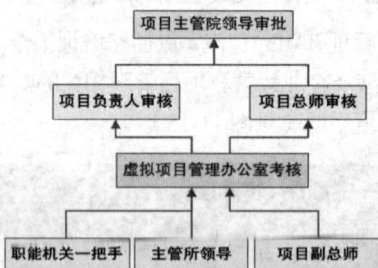

图 11-17　项目绩效考核的管理流程框图

四、管理会计应用的实施效果及收益

（一）精细筹划，提高科研项目的成本管理质量

通过基于工作包的预算管控，一飞院构建了从项目 WBS 到 CBS 的经费分解流程和管控机制。经过几年的实践，精细化的成本管控保障了一飞院在预算约束下全面完成科研项目的既定任务，实现了良好的社会效益。同时，精细化的成本管控提高了企业内部运作效率，为企业持续发展提供了经济保障。"十二五"期间，一飞院承担并完成的科研项目总数较"十一五"期间增长了 3 倍。

（二）防控风险，加强科研项目经济业务的过程管控

一飞院开展内控体系建设，加强外协采购及合同管理，有效提升科研项目经营活动的过程管控，确保采购管理和合同执行的合规性。近年来，一飞院完成的科研项目在上级单位和主管部门组织的综合考评中，项目综合完成得分逐年提高，财务审计的审减率远低于行业平均水平。通过加强内控建设，一飞院构建了良好的管理环境，保证了科研项目管理工作的正常开展。

（三）降本增效，提高科研项目管理的运行效率

一飞院通过设立项目会计师管理体系，实现了财务管理与科研项目经济业务活动的有效对接，打通了部门间的信息壁垒，改变了以往机械、僵化的运行模式，极大地提高了科研项目的管理效率。面向项目管理的需求，一飞院开展财务作业流程梳理，以"管理制度化、制度流程化、流程表单化"为导向，提高了内部管理的协同化和标准化水平，使财务管理的平均作业时间缩短 30%，大幅提高了项目管理的运行效率。

一飞院开展基于平衡计分卡的项目考核，构架多维度的考核体系，全面关注影响项目实施的财务和非财务因素，通过考核提高项目管理的运行质量。

（四）培养人才、打造适合科研项目管理需求的高水平团队

通过在科研项目管理中实施管理会计的实践，一飞院逐步培养出一批具有复合型业务能力的管理会计人才：1 人被评为第十四届"财政部企业会计领军人才"、5 人取得注册管理会计师（Certified Management Accountant，CMA）资质认证，另外有注册会计师（Certified Public Accountant，CPA）1 人、税务会计师 1 人、风险管理师 2 人、财务管理师 5 人。

2016 年，纪建强总会计师撰写并发表《管理会计在科研项目管理中的应用》，获得中国总会计师协会年度优秀论文三等奖。另外，基于项目管理需求，一飞院完成的《航空主机院所基于内部控制的财务管理体系提升》专题研究，获得中国航空工业集团公司的嘉奖。

五、展望与思考

（一）管理会计制度体系建设需要持续完善

实践证明，已经构建的管理会计制度体系正在科研项目管理中发挥着重要的作用。若想深入推进复杂的多项目并行管理，则一飞院还要不断探索和完善相关制度和细则，进一步深化管理会计应用，进一步完善"项目会计师"体系，在预算管理、会计核算、成本分析、项目管理、财务内控、绩效考核等方面强化业财融合，加强项目经费的过程管控；进一步加强对管理会计方法工具、作业程序、评价指标等方面的理论研究和实践探索，持续完善有助于科研项目管理的管理会计体系。

（二）项目全生命期的过程管理有待进一步加强

一飞院在项目全生命周期管理的过程中，要持续探索利用净值管理（EVM）方法，对项目的范围、进度和成本进行综合评估和绩效评价。加大在项目 WBS 分解、绩效测量基准设置、阶段进度偏差和里程碑成本偏差测量分析、项目全生命期进度和成本风险预测等方面的研究力度，寻找对项目实施过程的有效监控手段和准确评估方法，探索项目实施过程中的决策方略和修正措施，通过强化过程管控，不断提高科研项目的综合管理水平。

（三）项目考核的 KPI 指标需要持续改进

随着项目管理需求的变化，一飞院需对基于平衡计分卡的考核指标不断进行优化，依据复杂项目业务流程的变化，发现管理短板，通过对 KPI 指标的动态调整，持续改进考核体系，引导项目管理工作持续改进。

（四）管理会计人才队伍建设需要持续推进

随着科研项目的增多、管理难度的加强，一飞院需要储备大批既懂管理知识又懂技术业务的跨专业人才。一方面，要依托内部培训，结合多通道的人才成长的制度设计，大力培养管理会计专业人才；另一方面，应加强对高校及社会办学机构资源的利用，探索积极的产学合作模式，为企业培养管理会计专业人才。

（五）财务信息化系统建设需要持续优化

"工欲善其事、必先利其器"。对于大型复杂航空科研项目的管理，一飞院必须通过构建信息化、网络化、智能化的可扩展的综合管理平台，实现项目管理信息的集中、共享和统一。

目前，一飞院经营管理平台已经实现了全面预算、网上支付、集中核算、合同管理等功能的集成，后续要逐步实现对物资、资产、成本价格、人力资源等管理功能的集成，实现经营管理平台和项目计划管理平台（P6，Plan6.0 版本的缩写）的对接，不断完善信息化系统，实现经济信息基础统一、财务业务数据共享、支持经营管理决策的综合管理，为实施管理会计提供更加方便、规范、快捷的管理工具。

专家点评

本案例中一飞院以项目管理为基础，构建以预算为纲，以成本控制为目标的基于内部控制的新型财务管理体系，从而有效地优化作业流程，加强会计人才培养，进行会计信息化建设。通过上述做法，一飞院通过合理使用管理会计方法和工具，实现了管理质量的提高，并为其他高新技术企业在实践中使用管理会计理论方法提供了良好的经验。

一、基于复杂项目研发特性开展项目全周期过程控制管理模式

一飞院在管理模式及结构上进行改革创新。由于生产研发特性，一飞院以往采取的管理模式，造成企业对外缺乏竞争观念和客户意识，对内缺乏灵活机制，消息壁垒严重，使其无法适应现有市场经济的要求。为解决这些问题，一飞院以项目全周期过程控制为基本原则，构建了基于以项目分级为基础的项目管理体系。根据项目规模、重要程度将项目分为三级，然后在项目分级的基础上再根据项目的关联度将其归类为项目群。一飞院通过分级、归类的划分及管理，提高管理效率，打破内部壁垒，提升信息共享性。同时，在一飞院整体体系框架内开展项目管理，以项目团队为主体，各职能部门根据项目需求按照职责分工，履行相应的职责，以此结构提高内部配合与协同能力，确保资源的合理调配。

二、构建以工作包为单元的项目预算体系

对管理体系进行改进后，一飞院进一步加强预算管理。随着经济形势的发展，竞争性采购和目标价格控制模式取代了以往单一来源采购、事后定价的管理机制。这对一飞院的成本控制提出了新的挑战。为了应对这一挑战，一飞院以企业年度经营预算与项目全生命期预算相结合为原则，实施"项目谁主管、预算谁负责、执行谁落实"的制度，通过构建预算结构和管理组织体系，让项目负责人承担领导职责，让各职能部门协助开展预算管理相关工作。

预算结构和管理组织体系中明确的分工，在保障项目收支匹配的基础上，合理规划预算，满足了各项目的经费需求，保障了科研活动的进行。

在实施年度预算时，一飞院将项目的直接支出与间接费用分开进行测算。这样的结合方式，既满足了项目需求、保证了预算质量，又尽可能地提高了效率、节约了资源。在这样的方式下，一飞院首先以零基预算方法测算直接支出，分解全年工作任务，根据WBS任务预测各类间接费用和采购需求，其中，间接费用根据项目人力资源投入的占比进行测算；再将间接费用和直接外协经费需求还原分配至WBS任务条目，将WBS转化成CBS。一飞院通过上述过程细化各项目中各环节的预算，在对各项目进行合理配备资源的同时控制了成本，解决了预算不准确的大问题。

航空产品设计研发具有周期长、投入大、不确定因素多的特点。项目增多时如何在保质保量完成任务的前提下，给予项目所需资源并进行预算和成本控制是一飞院当时面临的难题。为了解决这一难题，一飞院构建了以任务工作包为基础的项目预算管理体系：首先按阶段将任务分解，对不同阶段做出针对性的预算；再将项目逐层分类，按照层级统筹预算，将预算与项目群制度相结合，实现了项目群内多项目并行的预算管理。精细化分阶段的预算提高了项目长周期内预算的准确性，加强了成本控制，降低了不确定性所造成的风险。

三、建设信息化平台助力流程管理与过程控制

信息化管理对预算工作的实施起着至关重要的作用。一飞院将全面预算信息化工作作为重点工作，打造共享平台，将项目预算全过程信息化，与其他业务实现对接。通过一系列的信息化举措，一飞院加强了多项目并行下的预算管理，提高了预算管理效率，使得以工作包为基础的预算管理工作能更好开展。

一飞院在面对科研项目采购具有一次性、非批量性，价格无公允市场价格可作为参考等特点时，在新的管理制度中建立分级授权管理制度。一飞院明确了各部门的职责，将采购过程分为合同调查、合同谈判、合同审核、合同履行四个阶段。在各阶段中，各部门各司其职：进行资质审核、完成竞争性采购、进行合同审核、加强合同履行的检查。在此基础上，一飞院制定了外协采购合同的后评价制度。上述一系列举措降低了合同风险和价格博弈风险，达到了更经济、更合规和及时减损的效果。一飞院采购合同管理的内控体系的不断完善，使得采购及合同管理的效率大大提高，使一飞院对采购及合同管理中的潜在风险做到了有效防控，有力地保障了科研项目管理工作的正常开展，提高了合同管理的质量与效率。

在长期的生产经营实践中，一飞院形成了一套较为完整的财务管理作业流程。但随着经营环境的变化和科研项目业务的不断拓展，原有的作业流程逐渐显现体系烦琐、管控流程机械化等弊端，极大地影响了企业科研项目管理效率的提高。为解决该问题，一飞院着手作业流程体系的改进与提升工作，采用"流程图+流程活动说明+标准业务表单"的流程，在过程中控制关键环节，降低风险。一飞院在满足内控基本要求的原则下，对作业控制环节进行整理压缩：通过授权管理和集中审批等方式减少管理流程中的不增值作业，节约资源，提高管理效率。

四、设置"项目会计师"岗位，实现管理会计价值

职责体系的改变、预算的测算及成本的控制实施对财务人员提出了更高的要求。这时，项目会计师应运而生。项目会计师的工作不同于传统的核算会计。在项目实施过程中，项目会计师需要充分利用管理会计的相关工具，开展相应的经济性分析，参与项目决策和日常运行等管理活动。项目会计会需要由既了解科研项目业务工作又具有财务管理知识的跨专业复合型人才担当。一飞院将项目会计师体系纳入科研项目经费管理框架，对项目会计师的体系

架构和职责分工进行了定义。项目会计师体系按照项目群设置，一方面接受职能部门的管理及业务支持；另一方面，与项目业务团队和业务部门进行管理要素对接。通过分层级的组织结构，一飞院将成本管控的理念和方法应用到项目过程管理中，在项目全生命周期提供经济业务的管理服务。通过上下协同的体系设计，一飞院实现了项目业务管理和经费管理的有机结合。项目会计师在项目全生命期的各个阶段参与经费管理的相关活动，提升了预算的精度与准确性，为更好地实施项目预算打下基础。

随着体系的改变和完善，各个部门、人员的考核难度增加。一飞院关于科研项目的绩效评价和考核方面，以KPI指标清单为基础，按照逐级负责、分层考核的原则，对项目绩效进行全面评价。一飞院在目标与价值、客户与评价、流程与标准和学习与成长四个维度设定了11个KPI指标，并根据重要程度赋予指标不同比重，在每个指标中又设置不同值和详细的规则说明，使得被考核者对考核目标有清晰认识。这样既便于被考核者以绩效为导向开展工作，又便于考核者进行量化考核。一飞院将平衡计分卡作为绩效考核的工具，使得部门和员工更专注于业务提升，以便相关人员通过完成绩效目标来获得奖金，逐步实现阶段性的目标。

在该案例中，一飞院以项目管理为主线，将管理会计方法工具运用到生产经营实践当中。未来，一飞院可以不断修改完善相关制度和细则，进一步明确管理会计的岗位职责，深化管理会计应用，进一步推动业财融合。此外，一飞院可以不断优化基于平衡计分卡的考核指标，重新开展业务流程梳理，找到管理短板，设置更加合理的KPI指标，完善考核体系，引导项目管理工作进一步提升。大型复杂航空科研项目对信息的收集、传递、处理、分析的准确性和时效性的要求势必会越来越高，因此一飞院未来可加强信息化、网络化、智能化，做到内部大数据管理，从而实现项目管理信息的集中、共享和统一，进一步推进新的财务流程体系的推行实施。

风险管理

案例十二　企业成长与应收账款风险管理

北京北方华创微电子装备有限公司

【摘要】我国正处于经济转型阶段，各行业均面临巨大的机遇和挑战，企业在经营中面临各种各样的风险。企业须根据战略转型和经营发展需要，有效开展风险管理实践，助力企业成长。应收账款是企业的必要经营性资产之一，应收账款风险管理是企业风险管理中较为重要的一项内容。北京北方华创微电子装备有限公司是我国高端电子工艺装备领军企业。本案例描述了在从科研单位向市场化运营转型并不断发展成长中，北京北方华创微电子装备有限公司应收账款风险管理的实践过程。为有效控制随之增长的应收账款风险，北京北方华创微电子装备有限公司结合自身产品和业务的发展情况，不断探索和完善与企业战略协同的应收账款风险管理体系。由转型初期注重应收账款的事后催收逐渐完善，将应收账款的管理前移，最终建立基于信息化的全过程应收账款风险管理体系，做到事前预测-事中监控-事后控制的全流程管控，加快了货款的回收速度，改善了经营效益，助力了企业成长

【关键词】风险管理；应收账款风险管理；风险控制；企业成长；战略协同

随着行业压力加大，竞争加剧，电子工业行业的信用赊销现象不断增多，与之相伴的是应收款项的高速增长。这在一定程度上限制了企业资金的流动性。这种情况对于我国高端电子工艺装备领军企业北京北方华创微电子装备有限公司而言，也不少见。此外，自 2014 年以来，国务院接连出台了一系列文件对中央企业"两金"（应收账款和存货）占用问题加以约束。作为国有企业的北京北方华创微电子装备有限公司（以下简称"北方微电子"）响应国家政策的号召，尝试建立与战略协同的应收账款风险管理体系，对应收账款风险做到事前控制-事中控制-事后控制的全流程管理，较好地解决应收账款资金占用问题，在行业中具有较好的示范作用。

一、北方微电子的发展历程

（一）北方微电子简介

北方微电子成立于 2001 年 10 月，是国内首家将集成电路高端装备送入大生产线的制造企业，是一家以需求为导向的，以整机和系统为牵引，以设计为龙头，以制造为基础，以装备和材料为支撑，以技术创新、模式创新和体制机制创新为动力的高端装备制造企业。经过十余年的发展，北方微电子形成了在集成电路、半导体照明、先进封装、微机电系统、功率半导体、光信息器件、平板显示及化合物半导体、新能源光伏、平板显示等尖端领域的市场竞争优势，

作者：邹艳（北京航空航天大学）、李秋林（北京北方华创微电子装备有限公司）、郜东芳（北京北方华创微电子装备有限公司）、王子薇（北京航空航天大学）

案例指导与点评专家：邹艳（北京航空航天大学）

成功开发了刻蚀机（ETCH）、物理气相沉积（PVD）、化学气相沉积（CVD）三类核心设备。

北方微电子以"创造精良，打造民族自尊"为己任，继续发扬"精良品质·卓越服务·中国制造"的企业精神，建立了一整套现代化、市场化、信息化的企业运行模式。借助国际先进的集成产品开发（Integrated Product Development，IPD）理念，北方微电子建立了基于IPD的矩阵式组织架构和项目管理业务模式，构建了系统、规范、高效的研发管理流程体系，建立了有效的技术积累和共享机制，具备组织的自我优化能力。同时，北方微电子引入产品数据管理（Product Data Management，PDM）系统，对产品设计进行全生命周期的管理，保证了产品设计的有效性，使产品设计及其零部件具有很高的可追溯性和可配置性；引入了ERP系统来实现采购、生产、仓库、供应链、销售及服务的业务流和财务一体化管理，同时引入了客户关系管理（CRM）系统及供应商关系管理（SRM）系统，将客户和供应商的信息统一管理，形成完善的信息体系。为了方便知识文档的积累、共享，北方微电子引入了EKP知识管理系统。在产品售后支持环节上，北方微电子通过完善的客户支持体系和信息系统，定期为客户提供最新产品相关技术文档和用户手册等资料，满足客户的各种需要。

（二）北方微电子的历史沿革

1. 成立背景：国家发展半导体产业的战略需要

作为电子信息产业的基石，半导体产业对于一个国家的重要性日趋增长。仅仅经过近十年的发展，它已经逐渐成了国家实力的象征。集成电路制造设备是整个产业链的基础，其技术水平决定了一个国家在集成电路领域的研发能力，代表了国家科学技术水平的高低。西方发达国家在集成电路装备领域投入了大量的人力、财力，将集成电路装备产业的发展作为国家重要战略，并牢牢地把控着最尖端的技术。因此，在国外企业占据我国半导体市场半壁江山的大环境下，研制出"中国芯"、早日用上我国自主研发芯片已迫在眉睫。基于此，我国政府大力支持半导体产业的发展，制定了相关政策，于2000年出台了《鼓励软件产业和集成电路产业发展的若干政策》，推动我国集成电路产业的不断发展。在相关政策的扶持下，北方微电子应运而生。

2. 成立初期：项目科研型运营的科研单位（2001—2009年）

我国从"十五"开始就将集成电路制造装备纳入国家重大专项研发进行重点研究。2001年，为承接"十五"国家863计划研发项目，北京电子控股有限责任公司联合清华大学、北京大学以及中国科学院（以下简称"中科院"）共同出资成立了北方微电子，北方微电子也理所应当地成了国内第一家高端集成电路生产设备企业。北方微电子在成立伊始，就拥有了强大的人才资源做后盾，企业中很多研究人员都来自中科院、清华大学、北京大学这些顶级机构。在这种背景下，北方微电子一成立就定位在了半导体设备的高端领域，重点是刻蚀设备、物理气相沉积设备和化学气相沉积设备三大类。

北方微电子以研发起家，在成立初期主要以承接国家专项课题为主，其性质是一个纯国有的科研单位。2002年以来，北方微电子承担国家"十五"863计划专项项目，项目于2006年通过验收，并荣获国家科技进步二等奖及北京市科学技术一等奖。

北方微电子实施项目科研型运营，从专项课题的申报、项目的实施和管理到项目的完结，主要依靠国家经费的支持。这时，作为科研机构，北方微电子的财务管理也就是对经费的管理，以项目为核心，预算为基础，围绕项目的实施进行经费的管理。

2007年，北方微电子提出"二次创业"以实现企业由科研单位向市场化经营企业的转型。此后，企业在连续承担国家科研专项项目的同时，也在积极探索将专项成果转化为市场化产品，从而提前为企业转型打好产品基础。

3. 企业转型发展：市场化运作（2009—2016年）

2009年，北方微电子成功将专项成果转化为市场化产品，实现了8寸100nm高密度等离子刻蚀机的销售，迈出了市场化转型的第一步。此后，逐年加快市场化进程，加大市场份额，企业销售规模以平均每年约30%的复合增长率显著增长。北方微电子开始从计划经济转向市场经济，其财务管理也从科研单位的基于预算的经费管理转向了企业单位的财务管理。

2011年，公司总经理在年度工作会上肯定了公司取得的各项经营工作成绩，并根据北京电子控股集团"十二五"规划的"一二三一"战略，提出北方微电子的"一三三一"战略，即贯彻"一"条主线——以贯彻北京电子控股集团"一二三一"战略为主线；立足"三"大领域——集成电路（IC）、半导体照明（LED）、太阳能光伏（PV）；发展"三"类产品——刻蚀设备（ETCH）类装备产品、物理气相沉积设备（PVD）类装备产品和化学气相沉积设备（CVD）类装备产品；实现"一"个目标——成为一家具有国际影响力的高端装备和工艺解决方案提供商的发展目标。

二、市场化运作转型：转变财务体系、明确战略目标

基于以上战略目标，北方微电子领导层提出，各个部门都共同面临着严峻的挑战，其中，针对财务体系，领导层认为，企业前期以研发为主，因此财务的核算主体为研发项目，而项目核算对时效性要求不高，因此目前企业中很多财务数据都是事后总结得到的，现有的ERP系统无法实时将数据进行更新和自动整理。因此，在市场化进程中，成本控制和定价等方面很难得到财务数据支撑。一个反应敏捷、精确的财务系统以及一个高效的内控体系是企业践行"一二三一"战略，进一步成功发展的必备条件。

针对领导层提出的要求，财务部门梳理了当时的现状及挑战，提出了为解决财务数据滞后等不符合市场化要求的问题，要从六个方面实现重点的转变：①运营方面，要从项目科研型运营转向以市场化运营为重点；②财务方面，要从项目成本核算转向以产品为对象的核算重点；③资金方面，要从以项目资金为重点转向以市场资金取得为重点；④风险方面，要从以项目资金落实风险转向以经营风险控制为重点；⑤服务方面，要从日常服务转向以制度化、职能化、专业化为重点；⑥驱动方面，要从项目科研转向以战略引擎的驱动为重点。想要实现以上转变，企业就需要培养相应的能力，如市场化运营的能力、预算与财务管控的能力、经营风险控制的能力、战略管控的能力等。而财务工作需从理念、财务工作重心和财务工作能力三个方向做出转变，要构建财务核心价值理念，重新梳理财务管理核心，即从事务管理到制度化管理，从传统财务管理到职能化管理，从基础财务管理到专业化管理。

基于此，财务部门以"六个重点转变""三个方向转变"为指引，也制定了自身的战略目标，即要实现财务管理核心的转变，从以科研项目核算为核心转向以市场化运营所必需的制度化、职能化、专业化能力的提高为核心（见图12-1）。

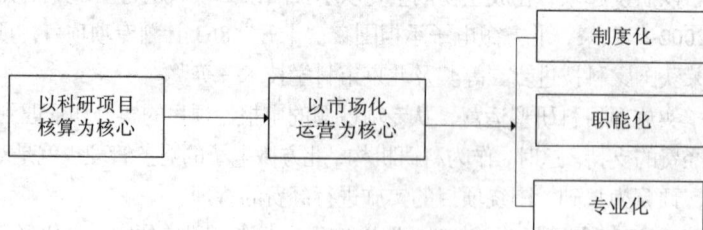

图12-1 财务战略内容转变

三、成长的烦恼：应收"难"收

（一）成长迅速，应收账款问题日益突出

国家相继推出了《进一步鼓励软件产业和集成电路产业发展的若干政策》《国家集成电路产业发展推进纲要》等一系列政策性指导文件。在政策和市场的推动下，2011年，北方微电子营业收入开始大幅度提高，相比于2010年营业收入增长了147%，此后每年营业收入的复合增长率都保持在30%左右。随着营业收入的飞速增长，2012年至2014年，北方微电子的应收账款周转率分别为2.39、1.7和2.02，远低于行业平均值；应收账款占营业收入的比重分别为52.27%、55.83%和49.18%，逾期应收账款回收难度日益提高。

（二）企业自查，探寻问题根源

针对上述情况，财务部门总结了现阶段企业应收账款的管理情况，认为北方微电子面临的主要问题是应收账款周转率低、设备验收时间长、逾期账款难以回收、设备转销计划衔接不到位。具体问题总结如下。

（1）不能全面了解客户的运营状况

最初企业管理客户全部依据客户的信用额度。而对于客户的信用额度，销售人员通过填写纸质《信用申请单》并提交系统进行信用申请流程审批，即可追加。由于参与系统流程审批的节点简单，销售人员提供的审批额度也有待考证，因此企业无法有效管理客户信息。企业对于客户的公司性质、运营状况、都没有系统地了解和分析，使后续从合同签订、设备发货到逾期账款催收都无法得到有效的客户数据支撑。

（2）不能全面了解客户与企业的合作状况

在合作的过程中，个别客户寻找各种理由拒绝及时支付账款。例如，客户以其内部面临重大资金紧缺问题为由，延迟支付逾期应收账款，以机台自身运行状况为由，延迟支付应收账款。当问题发生时企业中无人总结问题原因，寻找解决方案，导致应收账款周转天数很长。

（3）内部流程不合理，职责不明确

当企业产品销售量大幅增加时，内部流程审批混乱，货物的发出审批流程过于简单；由于对客户的信息掌握不充分，企业使用同一标准管理客户；合同条款的签订不合理，资金被长期占用的问题。

企业在划分应收账款管理责任时对人员的职责、责任划分不明确，没有专门的人员对应收账款的全面数据进行汇总。如此销售人员各司其职，往往出现货款被拖欠很长时间后才开始催收，其结果是"前清后欠"。

（4）催款措施局限

在国产设备从研发到走入市场时，企业在初期一直以抢占市场份额为目的，将维护客户关系作为首要目标，这导致出现逾期账款时，销售人员催款措施有限，没有企业内部的管理工具做支撑，在面对客户时处于被动、被牵制的状态，无法有效催收逾期账款。

四、推行应收账款风险管理：应收"易"收

（一）建立基于风险管理的应收账款管理体系

北方微电子财务部门管理团队发现，随着销售业务量的逐年递增，传统的财务会计已经远

远不能解决不断增长的销售业务量带来的诸多问题，此时运用风险管理工具改进应收账款管理迫在眉睫。

传统的财务会计对于应收账款的管理多局限在事后控制，而风险管理理念下的应收账款管理则将应收账款的管理流程提前，侧重于风险发生前的预防。在与客户签订合同之前，企业就进行风险的事前控制；从签订合同，形成应收账款，一直到货款收回或作为坏账处理为止，企业采用系统的方法和科学的手段，对货款回收整个过程做到风险事前控制、事中控制、事后控制的应收账款风险管理。

财务部门负责人多次在财务业务培训会议上推动应收账款管理工作从传统核算会计向风险管理的转型，讲解风险管理理论知识，鼓励会计人员积极提出自己对应收账款风险管理的认识。管理层也积极推动风险管理理论在实践中的运用，并组织大赛评选在工作中表现优异的模块，其中，《应收账款管理优化及改进》在专业性、可行性、针对性等方面以突出的表现在决赛中获得二等奖，为应收账款风险管理理论知识在实践中落地提供了有力的支持。

基于《应收账款管理优化及改进》，财务部门制定了《应收账款管理办法》，针对北方微电子行业特点的应收账款保障体系，建立了基于信息化的应收账款风险管理体系（见图 12-2）。

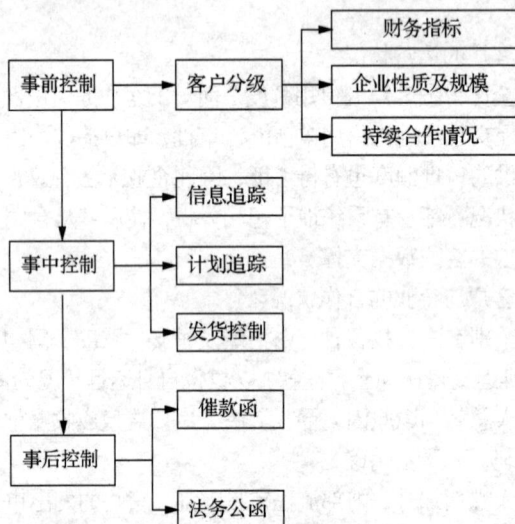

图 12-2　应收账款风险管理体系

（二）应收账款风险事前控制：客户信用分级

2015 年，随着客户资源的不断增加，在以客户需求为导向的指导方针下，北方微电子完成了 SAP 系统与客户关系管理系统（CRM）的集成，着手建立新的客户信用体系。一方面，企业需要通过授信的方式进一步提高自己的销量；另一方面，也需要通过合理的信用体系，提高应收账款质量，以防出现过多的坏账损失。因此，采取怎样的客户评级体系，成了让财务管理团队头疼的事情。

经过反复讨论和研究，财务管理团队决定根据客户的财务指标（包括短期偿债能力指标流动比率、速动比率；长期偿债能力指标资产负债率）、企业性质及规模（国有独资、国有控股、上市公司及其规模等）、持续合作情况（给予与北方微电子合作次数多且回款情况良好的企业较高的分数；相反，给予回款拖延的企业相应较低的分数）等对客户进行评级，根据评分将客户级别分成 A、B、C、D 四级（见表 12-1）。

表 12-1　　　　　　　　　　　　　　　　客户级别

级别	描述
A 级	无风险客户
B 级	低风险客户
C 级	可接受风险客户
D 级	高风险客户

北方微电子销售人员在与客户签订合同之前根据客户的级别给予客户相应的回款条件及发催款函的期限。客户所处级别越高，信用额度越高。

根据与客户的实际交易情况、客户的实际回款速度等因素，北方微电子每半年对 A、B、C、D 四级客户分类调整一次，以便更准确、更及时地管理应收账款，促进资金尽快回流。单一客户的评级有效期为半年，超过半年再次发生交易时，需重新评级。

（三）应收账款风险事中控制：动态追踪

在应收账款的形成环节，如何通过适合的程序提高应收账款的收回率，避免坏账的产生，成为应收账款管理体系改革中至关重要的环节。在全新的应收账款全过程风险管理体系中，北方微电子引入了信息追踪、计划追踪和发货控制这三个程序进行应收账款的事中控制。

在与客户签订合同后，财务部门会制作日常追踪数据表，定期更新数据，具体内容如表 12-2 所示。

表 12-2　　　　　　　　　　　　　　　　日常追踪数据表

基础信息	合同号、客户名称、销售领域、设备型号、订单台数
变动信息	合同签订时间、发货时间、硬件验收时间、工艺验收时间、转销时间
追踪信息	各阶段应回款时间，各阶段实际回款时间，是否及时回款

除此之外，每月月初销售部门针对表 12-3 所示的主要指标进行计划安排，每周财务部门会对主要指标的完成情况做追踪统计，并反馈给销售部门负责人，协助计划的执行，反馈计划进行中遇到的阻力，推动相关部门协力合作处理问题。

表 12-3　　　　　　　　　　　　　　主要指标完成情况表

硬件验收计划	硬件验收实际完成情况
工艺验收计划	工艺验收实际完成情况
资金回收计划	资金回收实际完成情况
订单签订计划	订单签订实际完成情况
月度转销计划	月度转销实际完成情况
月度发货计划	月度发货实际完成情况

每月月末，北方微电子会根据销售回款明细表和应收汇报表统计各领域的及时回款百分比，并将各销售领域每月实际回款及时率与其目标值对比，对于不能达到目标指标的领域，分析问题原因，并将回款及时率与该领域的销售货物发货挂钩，进行发货控制。

（四）应收账款风险事后控制：货款催收

为了对企业的资金做出更准确的预测，以避免出现财务问题，基于以上应收账款风险的事前控制和事中控制，企业对事后应收账款的催收也做出了严格规定，按照事前控制中所确定的客户级别给予的预期催款天数期限，对于未按时偿还的货款，制订 90 天的催收计划。

基于逾期账款整理催款函数据，北方微电子月初统一通过快递的方式发送催款函。对于那些发送了催款函后仍无故不回款的客户，企业的法务人员向其寄送法务公函。如果货款仍未收到，则上报相关领导，进行坏账处理。

为了严格控制坏账，提高应收账款的质量，北方微电子对内建设坏账控制系统，对外积极催收，争取对坏账进行快速回收。

（五）雨过天晴：应收"易"收

应收账款全过程风险管理经过两年多的实施，取得了显著的成果。2017 年，北方微电子的营运资金情况得到了极大改善，销售商品、提供劳务收到的现金流量净额是 2016 年同期的 1.42 倍；扭转了经营活动现金流量为负的情况；期末现金及现金等价物余额是 2016 年同期的 1.07 倍。

企业营运资金情况的改善，主要是得益于对应收账款进行的全过程风险管理，2016 年和 2017 年企业的应收账款周转率为 2.78 和 3.15，应收账款占营业收入的比重分别为 42.77% 和 33.06%。内部应收账款管理流程得到了显著优化，坏账风险得到了有效控制。

五、尾声：集团化运作中的应收账款风险管理新议题

2014 年，国务院颁布了《国务院关于进一步促进资本市场健康发展的若干意见》，对上市公司并购重组业务提出了更高的要求，明确支持上市公司通过并购重组的方式做大、做强。2015 年，经过国家集成电路大基金的居中斡旋，国内唯一集成电路装备上市公司七星电子和北方微电子开始了重组之路。2016 年 8 月 22 日，七星电子通过发行股份购买资产并募集配套资金的方式实现与北方微电子的战略重组，新增股份在深圳证券交易所上市，成为中国具备较大规模、丰富的产品体系、多领域高端半导体工艺设备供应商，并成功引进国家集成电路产业基金、京国瑞基金及芯动能基金等战略投资者，实现了产业与资本的融合。2017 年，七星电子更名为北方华创科技集团股份有限公司，完成了内部业务及资产的整合，推出全新品牌"北方华创"（NAURA），形成了以北方华创科技集团股份有限公司为总部，下属北京北方华创微电子装备有限公司、北京北方华创真空技术有限公司、北京北方华创新能源锂电装备技术有限公司和北京七星华创精密电子科技有限责任公司四家全资子公司业务结构。2018 年 1 月 16 日，北方微电子完成了对美国 Akrion Systems LLC 公司资产及相关业务的收购。这次并购交易的实现也进一步丰富了北方微电子的高端集成电路设备产品线。

随着北方微电子不断并购其他公司，北方微电子的业务板块不断扩张，下属子公司日益增多，自 2016 年开始便逐渐实现了集团化运作，财务部门也开展了相应的转型。随之又产生了一些新的问题，被并购企业的应收账款是否存在风险，如何将已经建立的应收账款风险管理体系推广到分子公司，保持管控手段的一致性等成了北方微电子下一阶段需要关注的风险管理问题。

专家点评

我国正处于经济转型阶段，各行业均面临巨大的机遇和挑战，企业须根据战略转型和经营发展需要，有效开展管理会计创新实践。作为我国高端电子工艺装备领军企业，北方微电子在成功实现市场化转型后，企业规模和发展速度急剧增长。伴随着业务量的飞速增长，应

收账款呈现高速增长、周转期长、回款困难的特点，为有效控制随之增长的应收账款风险，北方微电子结合自身产品流和业务流的发展情况，不断探索和完善与企业战略协同的应收账款风险管理体系。北方微电子由转型初期注重应收账款的事后催收逐渐完善，将应收账款的管理前移，最终建立了基于信息化的全过程应收账款风险管理体系，成功改善了经营效益、加快了货款的回收速度，防范了企业的财务风险和运营风险。北方微电子随着企业转型成长，不断完善其应收账款风险管理体系的实践及做法，值得学习和借鉴。基于本案例，以下针对性地进行延伸讨论。

一、应收账款风险

企业风险，是指对企业的战略与经营目标实现产生影响的不确定性。应收账款风险，是指由于企业开展赊销业务形成应收账款导致的坏账损失，与之一同增加的是资金成本和管理成本。应收账款的风险与应收账款的规模成同比例增长，对应收账款进行有效风险控制，增强风险意识，制定防范措施，是现代企业经营与财务管理的一项重要内容。

北方微电子的主要产品为大规模集成电路制造设备，为电子信息装备行业中的企业，该行业是当前国家重点鼓励发展的高新技术行业，其产品具有小批量、定制化、高端制造品的特点。基于产品的定位，部分产品仍处于研发和市场化并行的阶段，设备的设计成熟度有待提高，这使得产品的验收难度大，不确定性因素很多。这无形中增加了产品验收的难度，而产品的验收是影响货物销售的关键环节，可使销售收入确认变得具有不可确定性。销售量是影响企业市场化进程的关键因素，而销售量的变化势必会导致应收账款的变化。这也导致应收账款风险问题成了北方微电子需要重点关注的。

应收账款的风险主要表现在两个方面：坏账风险、拖延风险。坏账风险，是指企业赊销形成的应收账款不能按照合同约定如数收回，致使形成坏账造成的损失。拖延风险，是指因为回款期限不明确，致使客户无法按照合同约定的期限如数支付欠款的风险。拖延风险经过时间的积累便会转化为坏账风险，倘若应收账款长期不能收回，将会降低企业的资金使用效率，增加企业总成本。北方微电子应注意避免坏账风险和拖延风险。

二、应收账款风险管理

风险管理是指企业为实现风险管理目标，对企业风险进行有效识别、评估、预警和应对等管理活动的过程（《管理会计应用指引第700号——风险管理》）。应收账款风险管理是指运用相应的管理模式和管理工具对应收账款的风险进行控制，主要包括：风险识别、风险评估和风险控制与应对等。在应收账款风险管理中，企业首先应对应收账款管理上出现的问题进行归纳总结，找出风险点，进行应收账款的风险识别；其次对应收账款的风险进行评估，确认其影响程度；再次，根据应收账款风险及其严重程度，制定相应的风险管理策略，提出解决方法，进行风险的控制与应对；最后，需要对前期应收账款风险管理的成果进行监督和评价，并根据结果和企业经营情况不断地完善应收账款的风险管理流程。

应收账款全面风险管理则强调企业在进行应收账款风险控制时，应从应收账款发生的事前、事中和事后对其风险加以控制，将风险管理措施应用于风险可能会发生的各个环节。北方微电子通过实施"发现风险点——控制风险点"的路径对企业的应收账款进行风险的识别与控制。具体流程如图12-3所示。

（1）应收账款风险识别

企业要解决在应收账款管理上出现的问题，首先要做的就是发现应收账款存在哪些问题，识别应收账款在哪些方面存在风险。应收账款风险主要产生于企业的外部环境以及内部信用政策等。北方微电子在对应收账款管理问题进行分析的基础上，结合电子信息装备产业及企业运营特点，对北方微电子应收账款风险信息进行归类，将应收账款的风险划分为了客户信用风险、内部管理流程风险和外部环境风险。

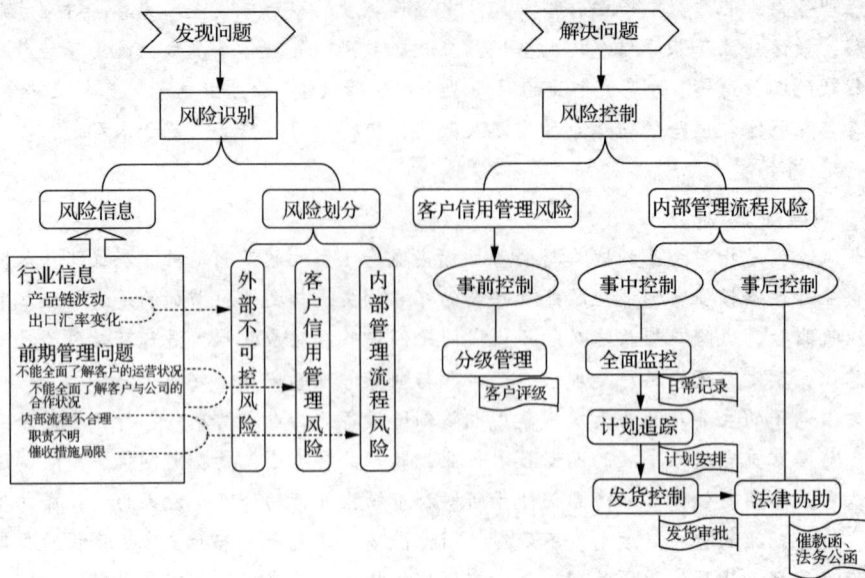

图 12-3　北方微电子应收账款风险管理流程

客户信用风险，主要是指企业对客户的征信调查不够详细，客户信用评估和决策不够科学，致使应收账款不能按照合同约定按期如数收回的风险。

内部管理流程风险，这类风险主要是由企业内部应收账款管理流程混乱、管理人员职责不清所导致的应收账款不能及时足额回收的风险。

外部环境风险，主要包括了由于企业所处的半导体产业链波动，导致企业收入不稳定所导致的风险，以及产品出口销售所面临的汇率变动风险。外部环境是不可控的（James.van. Horne，2003），因此，对于外部环境风险，企业只能通过内部流程的完善来减少此类风险发生时对企业造成的利益损失，并不能完全避免此类风险的发生。

（2）应收账款风险控制

针对发现的应收账款管理中存在的问题，企业在找到了风险点后，还要针对不同的风险点进行风险控制。北方微电子主要在应收账款发生前、发生中和发生后三个阶段，采用系统的方法和科学的手段，基于SAP等信息管理系统对应收账款回收全过程进行风险管理，以做到事前控制-事中控制-事后控制，有效应对和防范客户信用管理风险和内部管理流程风险。

① 应收账款风险的事前控制——客户评级体系的建立。

事前控制是指在应收账款实际发生之前便对引发风险的各项因素进行分析与控制，以防范未来可能发生的坏账损失。北方微电子将应收账款的风险管理前移，注重在应收账款发生前做好充分的客户信用征信调查以及完善客户评级体系；加强信息技术在风险管理中的应用，完成了SAP系统与客户关系管理系统（CRM）的集成，建立新的客户信用体系和应收账款管理信息系统。

② 应收账款风险的事中控制——基于信息系统的动态追踪管理。

应收账款形成后，企业需要对货物的销售请款、客户的财务状况、应收账款的回收情况等进行实时监控和及时处理。北方微电子建立了相应的应收账款实时监控机制，通过信息追踪、计划追踪和发货控制这三个程序，动态追踪应收账款的各类信息，通过对应收账款的日常管理防控风险，降低坏账发生的可能性。

③ 应收账款风险事后控制——完善催收流程。

应收账款的催收环节可以说是避免应收账款坏账、减少企业经济损失的最后一道防线。基于信息系统，北方微电子财务部门、销售和客服中心、法务部门协同合作，完善了应收账款的催收流程，明确了各业务单位的职责，以期能以最小的成本解决催收的问题。

三、企业成长与应收账款风险管理

《管理会计应用指引第700号——风险管理》指出，企业风险管理应与企业的战略设定、经营管理与业务流程相结合。北方微电子作为我国高端电子工艺装备企业，实现了从以承接国家专项课题为主的研发型企业向市场化运营转型，再向集团化运营转型的企业成长。伴随着业务量的飞速增长，应收账款风险也随之增长，北方微电子梳理财务战略，规划实施路径，以ERP为依托，根据自身产品和业务发展情况，不断完善应收账款风险管理体系，将应收账款的管理前移，建立与财务协同的应收账款全过程风险管理体系，保证了应收"易"收，助力企业成功地实现了从研发型企业向市场化企业的角色转换。北方微电子的发展阶段及对应的应收账款风险管理方式如表12-4所示。

表 12-4　　　　　　　　北方微电子的发展阶段及对应的应收账款风险管理方式

发展阶段	产品	业务	应收账款	应收账款风险管理
科研型转市场化运营转型初期（2009—2010年）	产量少、产品结构单一	客户少、业务量小、收入较少	数额少、管理难度小	客户信用额度审批、账龄分析、事后催收
快速成长期（2011—2015年）	产品种类逐渐丰富、产量增大	客户增多、业务数量迅速增长、收入易受行业影响	数额增大、管理难度增加	应收账款风险管理（管理流程延长、专业化管理，强调从事前、事中、事后的全过程管理）
集团化运作期（2016年至今）	涵盖多个事业群、产品类型丰富	客户增多、行业政策势头大好、收入增长迅速	数额大、管理难度大、并购中存在应收账款风险	在整个集团推行应收账款风险管理；企业并购中关注应收账款风险防范

随着企业合并重组和发展壮大，北方微电子应继续基于企业战略和经营发展，优化应收账款管理人员和组织配置，完善相关支撑信息系统，打造与战略、业务协同的风险管理体系；进一步适时开展应收账款风险管理创新实践探索，关注如何将风险管理体系推广到分公司、子公司，保持管控手段的一致性。

管理会计报告

案例十三　经营会计报表助力业绩提高

东阿阿胶股份有限公司

【摘要】东阿阿胶股份有限公司以"阿胶+"战略和"向世界一流企业迈进"的目标为引领，以提高基层经营单元价值创造为中心，创新"理念+算盘"理念、"一图一卡两表一会"管理模式，独创具有东阿阿胶特色的经营管理工具：经营会计报表。主要包括以下内容：第一，将专业性较强的财务报表转化为简洁、易懂的经营会计报表，按照业务逻辑构建管理口径的数据信息系统，支撑决策，优化资源配置；第二，将公司战略目标全面分解覆盖到每个经营管理单元与个人，清晰展现各经营主题内容，细分业务经营绩效，并通过配套过程管理与反馈评价机制，推进公司经营目标达成；第三，将全产业链的发展作为一个整体，开展系统分析，寻求协同价值最大化，通过工具及方法的推广，提高基层员工的经营意识与价值创造能力。

【关键词】阿胶+战略；经营会计报表；业绩提高

东阿阿胶股份有限公司（以下简称"东阿阿胶"）1952年建厂，1993年由国有企业改组为股份制企业，1996年在深圳证券交易所挂牌上市。目前，东阿阿胶隶属央企华润集团。东阿阿胶拥有中成药、保健品、生物药三大产业门类，为全国最大的阿胶及系列产品生产企业及国家高新技术企业、国家级创新型企业、国家非物质文化遗产传承保护企业、国家胶类中药工程技术研究中心、国家胶类中药标准制定者。东阿阿胶国家综合性新药研发技术大平台产业化示范企业，拥有院士工作站、博士后科研工作站、泰山学者岗位。东阿阿胶先后荣获全国医药百强、全国科技百强、全国中药行业效益十佳企业等称号。东阿阿胶旗下的"东阿"牌商标和"吉祥云"商标为中国驰名商标，其中，"东阿"牌荣获首批300家"全国重点保护品牌""中国科技名牌500强""影响世界中国力量品牌500强""中国行业标志性品牌""最受消费者信赖保健品品牌""最具放心企业和最具放心品牌"称号。

东阿阿胶具有厚重的文化积淀，但是其在快速发展的过程中也面临着与市场决策、管理决策相关的问题。

一、实施管理会计，创新"一图一卡两表一会"，打造高执行力团队

东阿阿胶以"阿胶+"战略和"向世界一流企业迈进"的目标为引领，融合国际先进管理经验与公司发展实际，独创具有东阿阿胶特色的管理模式：一图一卡两表一会（见图13-1）。这种模式将战略转变为简单、明确、具体、量化的行动计划和目标，大幅提高了战略执行力与协同效率，有力地支撑了公司经营目标的达成。

作者：王立敬、朱彩虹、任免免、秦光宝、孔庆霞
案例指导与点评专家：王立彦（北京大学）

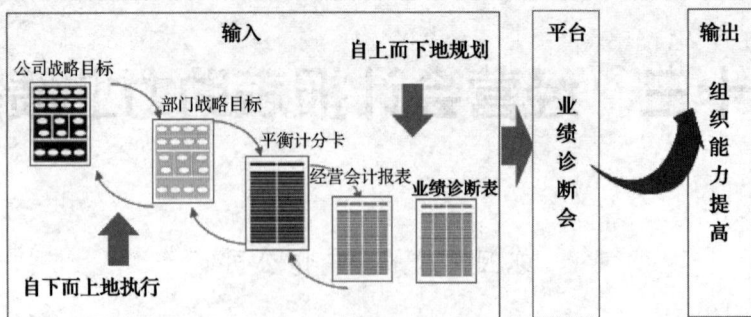

图 13-1　一图一卡两表一会关系图

一图一卡两表一会，有方法、有工具、有机制，全面系统地覆盖了每个经营管理单元与个人，是国际先进管理经验与东阿阿胶管理实践的有机融合，其要点如下。

（1）用一图（战略地图）、一卡（平衡计分卡）来描述和衡量战略；高管带队、形成共识；战略解码、层层分解；通过战略的结构化描述与目标制定，将战略变为各业务板块、部门开展工作的指引。

（2）用两表（业绩诊断表、经营会计报表）来管理战略；各业务模块负责人、中高层人员每人一张业绩诊断表和经营会计报表，选取 3～5 项关键绩效指标；每个小经营单元每月开展业绩诊断分析。绩效指标确定后签订目标责任书，实施活力曲线管理。用业绩诊断/联合工作会来提升内外协同效果，发现问题、剖析原因、现场决策。每位经理人每年必须召开 36 次业绩诊断会，提高内部协同效率。

（3）用一会（联合工作会）与客户进行生意回顾，增强价值认同感，并以此作为知识输出，取得客户配合和支持。

"一图一卡两表一会"，大幅提高了公司的战略理解能力与执行能力，提高了内外协同意识与效率，支撑了东阿阿胶的年度经营目标的达成。目标达成率显著提高：2016 年，东阿阿胶的 24 个战略目标的完成率为 100%，同比提高 5 个百分点；35 个衡量指标的完成率为 100%，同比提高 7 个百分点。内外协同效果显著，各层级召开诊断会议 144 场次，跟踪协同事项 945项，完成率 98%，较 2015 年提高 11%；与九州通、华润商业、湖南益丰、云南一心堂等外部客户召开联合工作会，每月进行生意回顾，2016 年连锁协议目标完成率达 107%，同比增长 39.5%。

二、借鉴"理念+算盘"经营理念，创新经营会计报表

东阿阿胶以"阿胶+"战略为引领，以提高基层经营单元价值创造为中心，融合"理念+算盘"理念与公司发展实际，独创具有东阿阿胶特色的经营管理工具：经营会计报表。它将专业性较强的财务报表转化为简洁、易懂的经营会计报表，全面分解覆盖到了每个经营管理单元与个人，有效提升了基层员工的经营意识与价值创造能力，有力支撑了公司经营目标的达成。

经营会计报表，是支撑公司科学决策的重要基础，是培养经营人才的重要工具。它致力于围绕价值创造，涵盖营销、生产、采购、子公司的经营会计信息，全面提高了基层经营单元的业务运营水平、效率和能力，推进了经营目标的达成。这有助于培养"懂运营，会管理"的职业经理人团队，有利于团队成员从经营的角度系统布局及筹划。

东阿阿胶用经营会计报表支撑经营决策，通过数据分析做出更好的、利润更高的决策，

选择盈利高、增长快的客户、渠道和产品，开展高回报、高效率的业务活动与模式。东阿阿胶用经营会计报表引导相关人员对资源的配置工作，根据经营决策确定内部资金、人员、资产的配置，从而实现经营单元价值最大化。东阿阿胶用经营会计报表提高经营效率，根据指标评价与反馈，引导各经营单元主动改进业务活动，提高价值创造能力和经营效率。东阿阿胶的经营会计报表直达一线，其构建了从分管副总到终端经理、生产班组等基层员工的经营会计报表体系。经营会计报表不仅提出经营目标，提供实施路径，还配备有过程管理与反馈评价机制。

（一）确立项目目标

（1）应用落实"一图一卡两表一会"工具，实现战略目标量化分解及过程管理。

（2）以财务报表为基础，建立经济指标和运营指标评价标准，开展经营绩效分析，促进业绩持续提高和经营及管理人才的培养工作。

（3）将专业性较强的财务报表转化为简洁、易懂的经营会计报表，由各级管理。

（二）明确、宣讲经营会计报表的内涵与意义

企业经营成功需要以下要素：正确的经营思想、系统落地的工具方法、适用的机制和持续的执行，如图 13-2 所示。

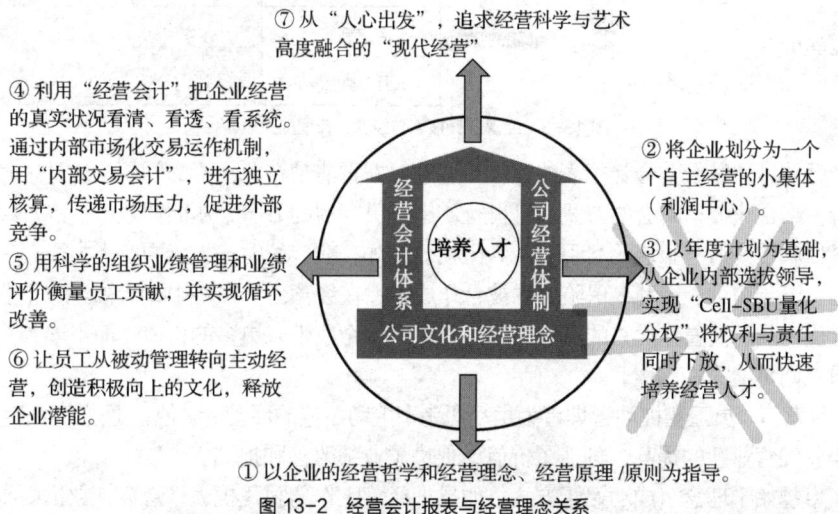

⑦ 从"人心出发"，追求经营科学与艺术高度融合的"现代经营"

④ 利用"经营会计"把企业经营的真实状况看清、看透、看系统。通过内部市场化交易运作机制，用"内部交易会计"，进行独立核算，传递市场压力，促进外部竞争。

⑤ 用科学的组织业绩管理和业绩评价衡量员工贡献，并实现循环改善。

⑥ 让员工从被动管理转向主动经营，创造积极向上的文化，释放企业潜能。

② 将企业划分为一个个自主经营的小集体（利润中心）。

③ 以年度计划为基础，从企业内部选拔领导，实现"Cell-SBU量化分权"将权利与责任同时下放，从而快速培养经营人才。

经营会计体系　公司经营体制　培养人才　公司文化和经营理念

① 以企业的经营哲学和经营理念、经营原理/原则为指导。

图 13-2　经营会计报表与经营理念关系

（1）经营会计报表的作用是让经营者聚焦战略目标，及时了解企业经营状况，并做出适当决策。东阿阿胶编制经营会计报表的目的是提高企业收益性、完成年度预算计划和长期战略目标；本质原则是指导经营，注重理念的先进性和实用性。对于经营会计报表，人们不需要具有专业的财务管理知识即可掌握。

（2）在管理体制上，划小核算单位和利润主体：生产板块由制造部管理三个生产分厂，营销板块分为 OTC 大区（下分七大区、63 个办事处）、医院部，重点采购板块分为国内供应商、海外进口、内部直购三条线；子公司依据经营会计报表的理念和自身的经营特点再进行细分，并且选拔经营负责人。

（3）公司结合公司战略，下发年度预算计划，以年度计划为基础，通过授权、分权的方式，由各核算单位的经营负责人根据年度预算制订年度计划、工作措施，公司则在事前给予指导、事中给予绩效管理、事后给予绩效分析和评价。

（4）设计逻辑关系，将财务和业务关联，用经营会计的思维把企业实际经营情况看清、看透、看系统，通过数字发现背后的本质业务和动因。东阿阿胶运用第一手业务数据，根据企业特点个性化编制经营会计报表。经营会计报表具有简单、易用、易懂等特点，能向经营者全面反映经营的实际状态，为正确、及时的决策提供有效保障。加之信息化的配合，相关人员可随时随地掌握企业的经营数据。经营会计报表和经营、管理的关系如图13-3所示。

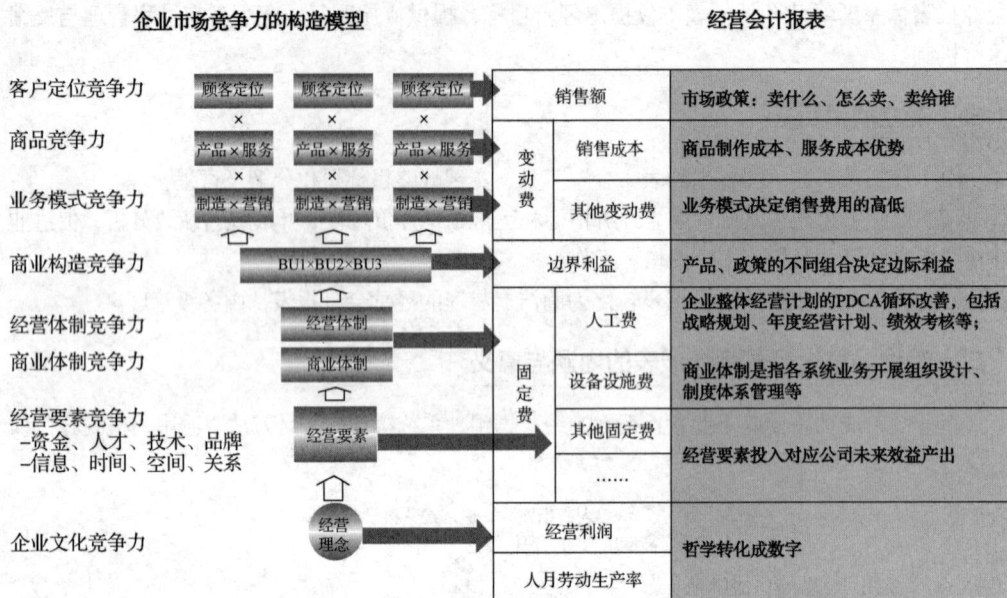

图13-3 经营会计报表与经营、管理的关系

（5）经营者通过经营会计报表的逻辑，通过数据看清楚企业经营的问题，通过平时进行的自我分析，结合业绩诊断会的方式，可自行拿出解决问题的方案，从而使业绩提高。经营会计报表的科目和传统财务报表的科目有较大区别。例如，在传统财务报表中，人力资源被当作成本来看，工资、培训、福利、保险，均被看作成本；在经营会计报表中，人被当作企业发展的资本，且优秀员工被看作优秀的资源，因为其可以为企业带来更多的价值，而不能为企业带来增值的员工则可能面临淘汰。

（6）经营者、员工变被动管理者为主动思考、主动创造的经营者。他们通过主动参与管理，实现了企业经营业绩的提高，创造了价值，促进了业绩改善和提高。

（7）卓越始于理念、成功始于方法。如果把经营比作驾驶飞机，经营会计数据则相当于驾驶舱仪表盘的数据，机长相当于经营者。飞行中，仪表盘时刻向机长提供飞机的高度、速度、方向等数据。如果没有仪表盘，那么机长就有可能不知道飞机的位置，也就无法驾驶飞机。东阿阿胶将经营会计报表有效运用到企业经营中，实现了高效、稳健的经营管理。

（三）经营会计报表促进业绩提高的主要做法

东阿阿胶将"一图一卡两表一会"，即战略地图、平衡记分卡、经营会计报表、业绩诊断表、业绩诊断会作为重要的管理工具，其中，将业务和财务结合起来的经营会计报表是东阿阿胶实现业绩提高的一大法宝。

为保证经营会计报表得到有效应用，公司成立了项目组，总裁为项目发起人，高级副总裁担任项目组长，财务总监任执行组长，总裁、高级副总裁为项目评价人，在组织上给予保障。

公司专门由运营会计部制定并下发《经营会计报表与业绩改善管理办法》落实各部门职责，

保证该工具长期有效应用。

项目组通过努力，凝聚各部门智慧，形成了以建立开发生产、营销、驴皮采购、子公司为主体的经营会计报表总体架构。

经营会计报表所有信息聚焦公司关键指标，层层延伸、可以下钻到公司员工、产品、业务终端及客户，可生产不同层级报表，全面反映各层级、各维度的经营、市场、管理、投入产出和价值创造等指标，实现预算对比、历史对比、标杆对比，相关分析结论可指导业务系统操作和应用，并能满足公司各层级管理和决策需要。如营销：横向至营销系统、大区、办事处、终端经理，纵向至各产品；生产：横向至大制造部、生产车间，纵向至各产品、关键工段、关键耗皮量；驴皮采购：横向至国内、国外、直购，纵向至各级业务员；子公司：横向至区域、业务线、纵向到个人。

1. 以营销板块为例

以营销板块为例，开发设计的思想如下。

（1）根据业务特点，搭建横跨营销整体、OTC 大区、各大区、办事处、保健品、阿华生物、海外销售、高端事业部等管理组织的架构。

（2）根据不同层级的管理要求，开发不同层级关注的报表，并且将财务和非财务类的管理指标融入一张表，可以进行标杆管理、业绩评价。如图 13-4 所示。

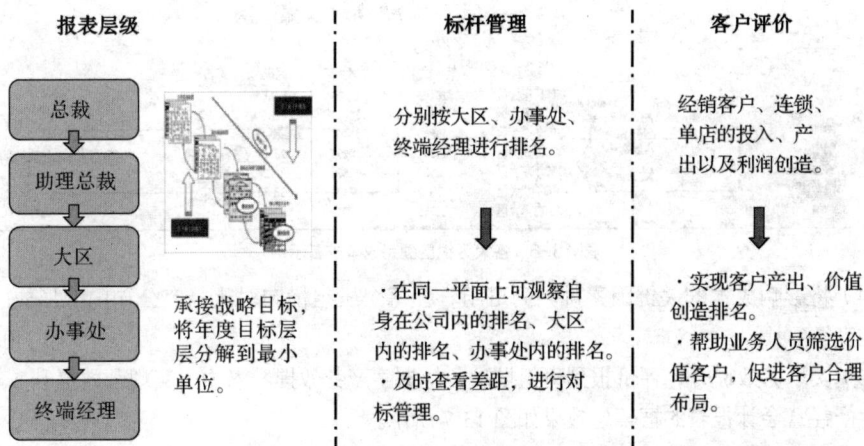

图 13-4 营销大区结构图

（3）对关键指标进行综合排名，让各板块、办事处、终端经理清楚了解自己的位置，让他们自己查找原因和不足并进行改进，同时促进公司层面进行资源配置的倾斜与平衡。

（4）关键指标层层钻取，挖掘形成业绩差异的关键动因，通过内外比较（见图 13-5 和图 13-6），形成有效措施，促进业绩提高。

2. 以生产制造为例

以生产制造为例，相关经营会计报表的开发工作的特点如下。

（1）根据战略成本管理、精益管理的要求，整合各系统的信息，完成生产成本经营会计报表信息系统的开发工作，为生产成本精益管理提供有效工具，促进生产成本管理的效益提升。根据总裁、副总、大制造部总经理、分厂厂长、各工段长的不同需求进行设计，做到一人一表，实现信息自动提取和报表组合。

（2）关键数据层层下钻，直达关键动因。

（3）让相关责任人及时掌握关键产品的成本趋势，及时掌控指标变化，合理配置资源。

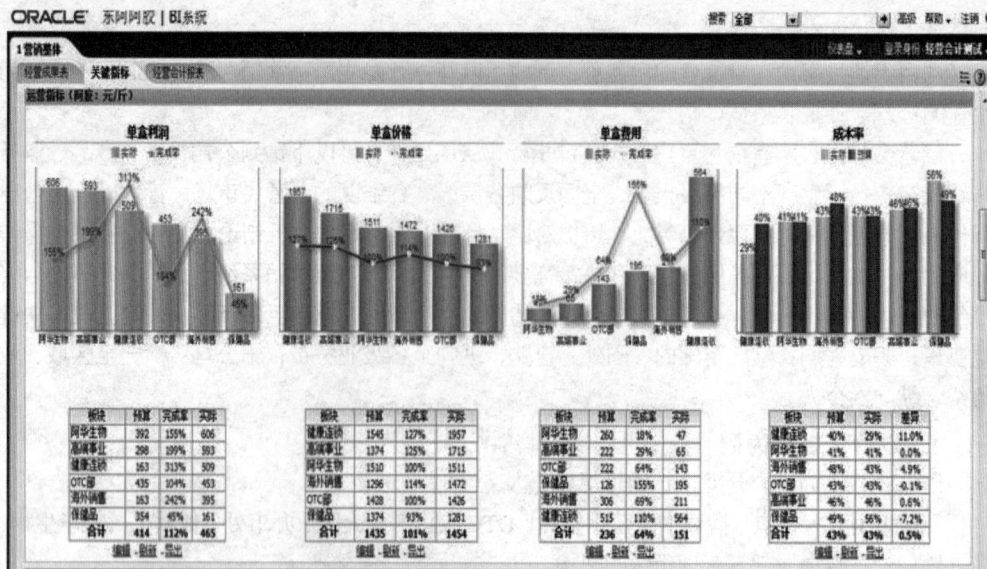

图 13-5　经营会计报表系统数据展示图

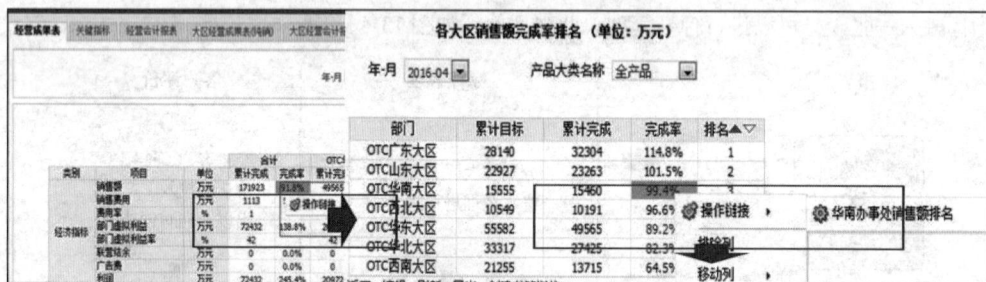

图 13-6　各大区销售额完成率排名示例

（4）将影响成本的关键因素排列到班组，让每个班组横向对比，在公司内部形成比学赶帮超的竞赛氛围。

（5）实现劳效提升，评价报到班组批次，挖掘生产劳效提升潜力，实现劳效提升。

生产经营会计报表的框架与效果如图 13-7 所示。

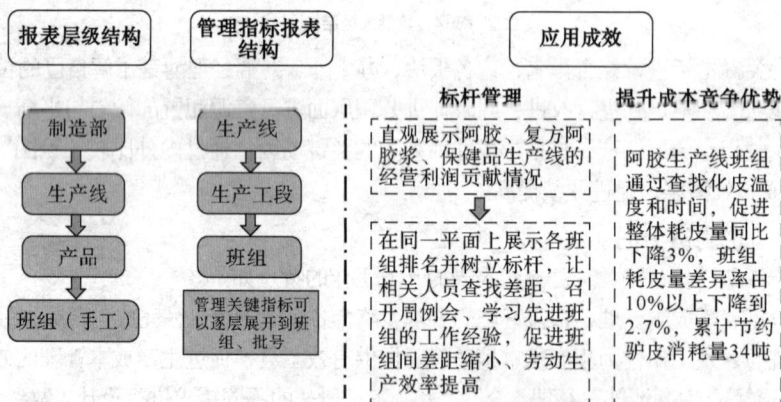

图 13-7　生产经营会计报表框架与效果

3. 以子公司为例

以子公司为例，经营会计报表的结构逻辑与实施效果如图 13-8 所示。

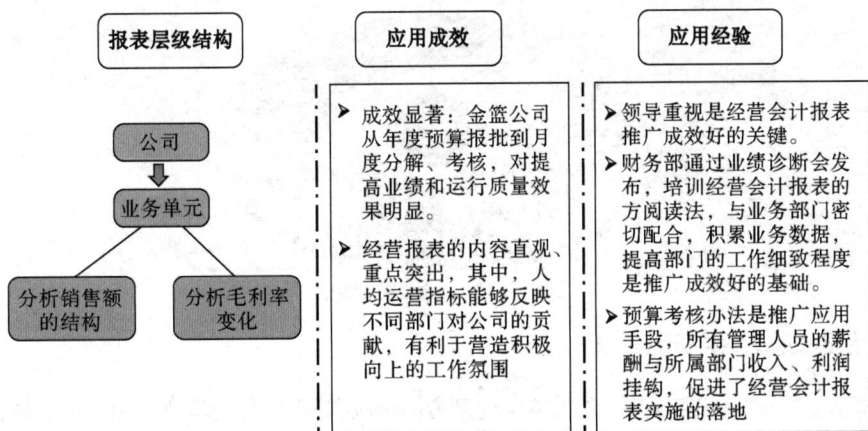

图 13-8　子公司经营会计报表的结构逻辑与实施效果

三、企业管理会计工具的运用

（一）战略预算管理

（1）为有效发挥管理会计作用，东阿阿胶自 2011 年开始推进战略预算管理工作，将预算细化为发展预算、竞争预算、职能预算三大维度，支撑战略落地。东阿阿胶的战略预算管理的框架，如图 13-9 所示。

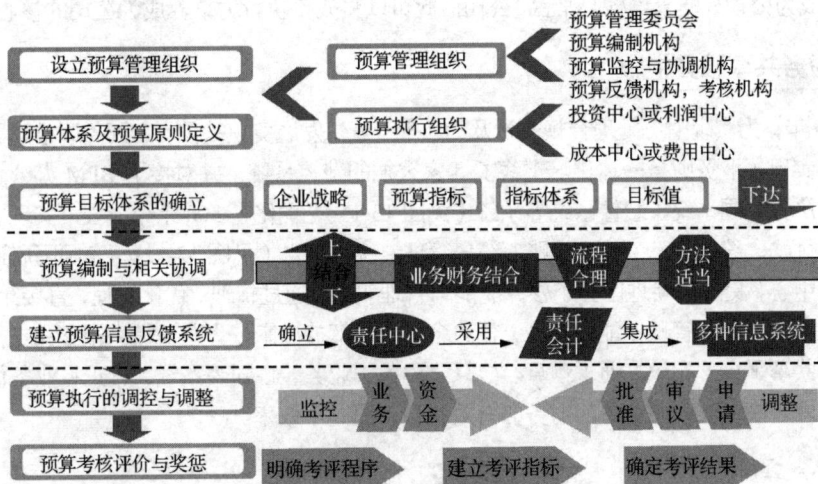

图 13-9　战略预算管理的框架

（2）东阿阿胶在各项战略预算的基础上，结合公司销售政策、供应商结算政策等编制、确定公司年度现金流量战略预算表，并将其作为日常生产经营管理与控制的依据。

东阿阿胶每月编制资金计划，以年度战略预算为编制依据和审查标准，做到无年度预算资金、无追加预算、无审批手续不列入月资金计划内，将资金支出控制在资金计划内，保证公司资金的安全、高效，资金计划执行率达到 97%以上。资金管理结果图如图 13-10 所示。

（3）东阿阿胶开展战略成本管理，制定《成本费用规划方案》，引导全员参与成本、费用的管理过程，梳理规划价值链成本管理体系，建立战略成本预算管理分析评价模型，及时识别重点成本费用动因并预判相关动因对公司战略执行的影响，定期进行预警及跟进改进措施，有效控制和降低成本。

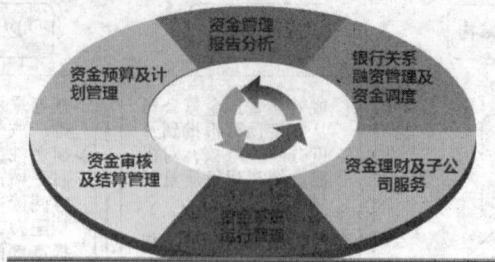

图 13-10　资金管理结果图

（二）战略地图、平衡记分卡

随着经济的增长和市场环境的改变，管理方法也应有所改变。东阿阿胶在 2015 年开始导入战略地图、平衡记分卡等管理工具：用战略地图描述战略，用平衡记分卡衡量战略，用战略中心型组织管理战略，支持快速发展。

"一图一卡"发挥了以下作用。

（1）便于公司高层评估/跟踪战略执行情况；

（2）"一图"是公司沟通战略的工具，公司通过使用战略地图可及时发现执行中出现的问题并加以改进；

（3）有利于提高下属各业务单位和支持部门的战略关注集中度，并创造部门间的协同效应；

（4）部门/个人绩效结果可作为员工激励/奖金的依据；

（5）成为公司战略管理核心平台，公司借此可以将战略执行力培养成为公司的核心竞争力。

（三）财务共享服务中心

2016 年，为实现财务处理合规高效及为"十三五"发展奠定基础，东阿阿胶搭建了财务共享平台，实现了业务财务一体化。上线了 5 家公司的费控系统，并对接了 BPM 办公系统、预算系统、法务合同系统、影像系统等系统（见图 13-11），优化了 300 余个流程，实现了统一标准、统一付款、统一核算、统一报账、统一管理、统一报告（见图 13-12）。东阿阿胶通过建立共享服务中心，更加清晰地区分了核算职能与管理职能；通过梳理、优化流程，直接穿透业务，更有效地实现了财务管理职能的转型，让更多的人员解放出来，为业务提供服务和支持；通过搭建财务共享平台，有效打通了预算、核算、税务、业务、合同等系统，真正将业务信息和财务信息实现共享，实现了业务与财务的有效融合，提高了效率。

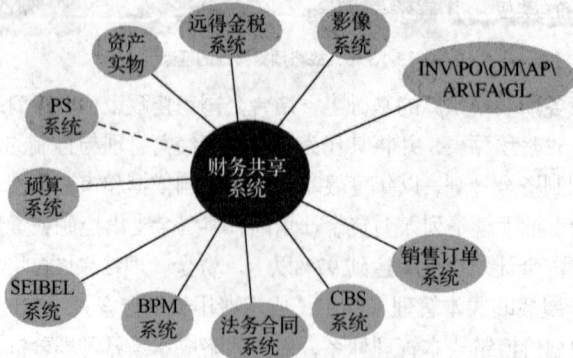

图 13-11　共享平台与其他系统对接图

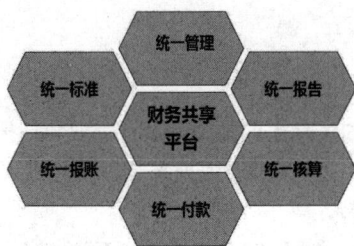

图 13-12　财务共享服务中心的作用

四、信息化建设与应用情况

2001 年，东阿阿胶实施了企业资源计划管理（ERP）、办公自动化等信息化建设项目，积极利用现代化管理技术和方法，推进企业管理现代化和信息一体化，接轨国际。自 2011 年起，东阿阿胶全面建设基于 ORACLE 的信息化支撑平台，主要有 EBS、预算、费控、Siebel、BI、会员忠诚度管理、二维码、移动终端拜访等项目，充分发挥 BI 数据挖掘分析优势，进行信息管控，提高企业核心竞争力。东阿阿胶先后引入 BPM、BSC、HP、HEC、CRM、ERP、DRP、BI 等系统并对这些系统进行集成，以财务和绩效管理为中心使物流、信息流、资金流高度一致，实现了产、供、销一体化的信息化管理。东阿阿胶的各项业务工作，如品牌管理、营销管理、采购、质量管理、质量检验、全面风险管理、财务管理等实现了在一个相互兼容的大数据平台、大测量系统下的全面整合，减少了重复工作和部门壁垒，降低了运营成本和管理成本，提高了工作效率。

在财务信息化方面，东阿阿胶以 ORACLE 的 ERP 为核心，对接预算、实物管理、费控管理、应收、应付等系统，形成财务管理的基础平台。东阿阿胶利用该平台将公司的办公、业务、法务系统进行无缝连接，实现了业财融合。财务共享平台和业务系统功能如图 13-13 所示。

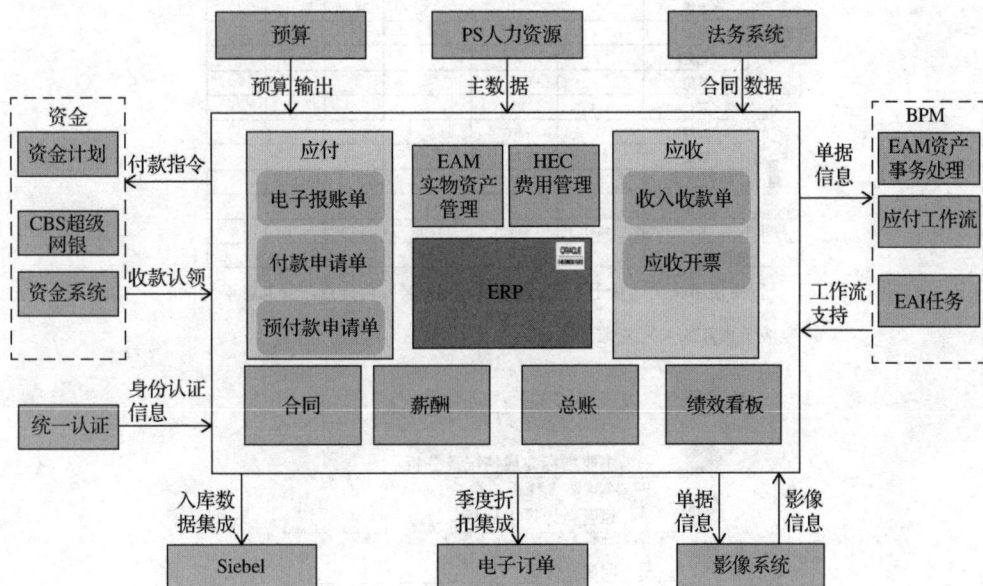

图 13-13　财务共享平台和业务系统功能示例

五、管理会计报告

（1）东阿阿胶调研各板块的实际需求并据此设计管理会计报告模板。管理会计报告的信息可直接从 BI、费控等业务系统中自动抓取，数据来源于业务，区别于经过加工的财务分析数据，更有利于业务人员理解。

（2）结合使用人的需求，营销大区每月通过办公系统按时发送财务报告，而各层级人员通过指标完成、排名等数据明确差距，再通过业绩诊断会进行动因分析并采取改进措施，实现动态跟踪。

管理会计报告示例如图 13-14 所示。

×××大区（代表处）经营会计报告

一、×××大区经营情况表概况：

	项目	预算	实际	完成率	全年预算	完成进度	剩余预算
销售	纯销（万元）	297743	310016	104%			
费用	费用（万元）	38841	69880	180%			
其中	基本费用						
	联营						
	终端费用						
利润	利润（万元）	38841	69880	180%			

费用使用高出（低于） 销售完成进度×××百分点；受此影响利润完成了预算的×××%。

二、阿胶预算执行：

	项目	预算	实际	完成率	全年预算	完成进度	剩余预算
销售	纯销（万元）	297743	310016	90%			
	销量	吨		92			
价格	元/500g			95			
费用	万元	38841	69880	180%			
其中：	终端费用						
	主推						
终端费用	挚胶						
	文化之旅						
	其他						
单盒终端费用（元/500g）		111	211				
	主推	57	67				
终端费用	挚胶	23	33				
	文化之旅						
	其他						
利润	万元	38841	69880	180%			
	单盒利润						

费用使用高出（低于） 销售完成进度×××百分点，受此影响利润完成了预算的×××%。

目录

- 一、主要指标完成情况及分析
  （KPI、产品结构、业务板块）
- 二、经营会计报表分析
  （构成及比率、销售结构、量价、费用、虚和利润）
- 三、问题及建议
- 四、重要及需协同事项

图 13-14 管理会计报告示例

六、总结

（一）管理会计人才的培训与培育情况

东阿阿胶高度重视管理会计人才的培养、培训，先后安排骨干人员到中欧国际管理学院、上海财经大学、高顿培训等参加财务管理培训。

通过对管理会计两年多的推进，员工通过主动执行，用"老板思维"考虑问题、解决问题，成了有效的行动者。

（二）实施管理会计的经济、生态和社会效益

（1）收获了大批跨部门协同能力强的项目管理人才。

第一，东阿阿胶将项目管理分成了营销、生产、采购、子公司等模块并分别推进。推进中，各项目分别成立子项目组，锻炼了大批的沟通能力强的项目管理人才。第二，项目管理人才根据项目管理的表现、能力、经验，分别担当公司各个板块的关键人才。

（2）通过该项目开展，东阿阿胶的业绩快速提高。东阿阿胶 2015 年实现收入 55 亿元，同比增长 35%，净利润 16.4 亿元，同比增长 20%；生产成本费用率下降 2.1%，销售费用率下降 2.01%；促进生产劳效提高了 23.09%，人均单产提高了 20.3%，保障了年度生产任务的完成。

（三）改进建议

通过实施经营会计报表，东阿阿胶不仅提高了业绩，还提升了管理效益，促进了自身的健康、可持续发展。该实践仍需要不断完善和优化，以实现支持业务发展与科学决策。经营会计报表发展历程与规划如图 13-15 所示。

经营会计报表推进关键里程碑：

根据需求不断优化，应用于业绩诊断会、子公司经营分析会等。

2016年优化推广应用

1. 2015年9月公司项目立项。
2. 2015年完成营销、驴皮采购、制造部、保健品、健康连锁、昂德生物公司的线上开发及应用。

2015年完成线上开发及应用

2014年11月份下发《经营会计报表与业绩改善管理办法》（试行）

2014年引入"理念＋算盘"理念

图 13-15　经营会计报表发展历程与规划

管理会计的实施与应用是一个长期过程，本处对东阿阿胶的建议如下。

第一，管理会计的实施目标是助力企业发展、业务成功、创造股东价值，需要社会、政府、企事业单位重视财务管理人员的重要性，并且改变传统观念，培养企业领导人管理会计意识。

第二，目前管理会计方面的体系化的工具与培训较少，培训尚未普及，建议能有系统化的培训、论坛，发挥管理会计的价值。

第三，管理会计在信息化应用方面无相关成熟经验，建议有该方面的课题攻关项目，形成最佳实践，指导企业应用。

第四，国内管理会计理论体系尚不完善，与实践结合的经验不足，建议整理相关可以与实际业务衔接的体系。

管理会计报告怎样满足决策需要？
——基于东阿阿胶案例的点评

管理会计报告在管理会计领域属于"新生事物"，其在管理界和学术界多年来很少被言及。

随着管理会计越来越被重视，管理界和学术界都注意到一个明显短板：管理会计体系中缺少满足决策需求的、成体系的信息产品。

管理会计报告的核心功能在于支持管理决策。在企业经营管理实践中，设计怎样的管理会计报表、报告体系？管理会计信息体系怎样支持企业运营和管理决策……需要讨论的话题很多。

我们很高兴地看到，企业管理实践已经先行一步。最近几年在我国企业界有了可喜进展，如兵装集团、中交建设、东阿阿胶、青岛海尔等公司，在管理会计报告设计和应用方面各有特色。

这里特别展示的东阿阿胶案例，主题是"经营会计报表助力业绩提高"。通过案例资料，读者已经可以看到东阿阿胶的具体应用方法。基于本案例，下面有针对性地进行延伸讨论。

一、决策需求导向是管理会计报告的主线索

会计以记录原始会计信息、加工财务信息产品为己任。会计信息产品之对外报告产品，以遵循会计准则编制的财务报表为主体，主要服务于外部投资人等信息用户；会计信息产品之对内报告产品，以管理报告为主体，无须按照统一会计规则，主要服务于内部董事会和各级管理层。

数据信息的根本价值在于支持决策。在这一点上，对内报告和对外报告并无区别。只是在会计界，分析财务报告支持投资决策早已成共识，而支持战术管理决策、战略管理决策的对内会计报告，却从来不清晰，更谈不上成体系。从这个意义说，管理会计助力企业战略的本钱还很不够。

管理会计要设计自己的信息产品，充实自己的弹药库，用于助力管理决策和企业战略，则首先必须了解高层决策者（董事会）、管理者（CEO、VPs）对会计信息的决策需求。显然，以CFO为首的企业会计团队在完成以会计准则、一般公认会计原则为方法论基础的财务报告的同时，还要特别关注非GAAP财务信息以及企业运营中的非结构化海量非财务大数据，并加以数据结构化处理，生成具有高度相关性的有用信息。这里的关键在于"数据结构化"。"怎样的结构""哪些维度的结构"都属于管理会计研究的重要任务。

二、管理会计报告属于内部报告

中华人民共和国财政部（以下简称"财政部"）于2017年9月颁布第一批22项管理会计应用指引，其中第801号为《管理会计报告应用指引》。往前看，财政部于2010年4月发布的《企业内部控制应用指引第17号——内部信息传递》的内容也关系到管理会计报告。[①]

管理会计报告是指企业运用管理会计方法，根据财务和业务的基础信息加工整理形成的，满足企业价值管理和决策支持需要的内部报告。管理会计报告为企业各层级进行规划、决策、控制和评价等管理活动提供有用信息。对管理会计信息有需求的是各个层级、各个环节的管理者。企业应当根据管理的需要和管理会计活动的性质设定报告期间。

---

① 《管理会计指引》和《企业内部控制基本规范》，是财政部整体主导，由会计司具体负责的两项不同专题的规范建设体系。

按照使用者所处的管理层级，管理会计报告可分为：为战略层管理、为经营管理、为业务层管理。按照管理会计报告内容，管理会计报告可分为：综合管理会计报告和专项管理会计报告。按照管理会计功能，管理会计报告可分为：管理规划报告、管理决策报告、管理控制报告和管理评价报告。按照责任中心，管理会计报告可分为：投资中心报告、利润中心报告和成本中心报告。按照报告主体整体性程度，管理会计报告可分为：整体报告和分部报告。

管理会计报告由信息归集、处理并报送的责任部门编制。企业应根据报告的内容、重要性和报告对象等，确定不同的审批流程。经审批后的报告方可报出。企业应对管理会计报告的质量、传递的及时性、保密情况等进行评价，并将评价结果与绩效考核挂钩。企业应定期根据管理会计报告的使用效果以及内外部环境变化对管理会计报告体系、内容以及编制、审批、报送、使用等过程进行优化。

内部信息传递是企业内部各管理层级之间通过内部报告形式传递生产经营管理信息的过程。企业应当根据发展战略、风险控制和业绩考核的要求，科学规范不同级次的内部报告的指标体系，并通过经营快报等多种形式全面反映与企业生产经营管理相关的各种内外部信息。设计内部报告指标体系时，企业应当关注成本费用预算的执行情况，并随着环境和业务的变化不断进行修订和完善。

企业应当制定严密的内部报告流程，充分利用信息技术，强化内部报告信息集成和共享，将内部报告纳入企业统一信息平台，构建科学的内部报告网络体系。

三、管理会计报告体系设计的信息相关性与结构化

若现阶段推进管理会计，则管理会计报告可以被看成一个"牛鼻子"。

管理会计报告作为管理会计信息的直接输出方式，是对企业管理会计信息最真实、最综合的反映。伴随信息技术的高速发展和广泛运用，管理会计人员和管理会计工作正面临新技术带来的前所未有的影响和挑战。在新技术影响下，管理会计报告的应用和创新需要企业从整体上认识信息技术如何影响管理会计报告，了解管理会计报告中的技术探索与实践方法，也要从分布式账本、数据仓库、云ERP等具体业务技术层面洞悉新技术是如何助推管理会计发展的，以及未来的管理会计报告将发生怎样的变化。

在企业管理实践中，设计怎样的管理会计报告体系、管理会计信息怎样支持企业运营和管理决策等有待进一步讨论的话题很多。

（一）会计信息产品体系

企业会计体系包括对外报告的财务会计和对内报告的管理会计，其形成的会计信息产品体系如图13-16所示。

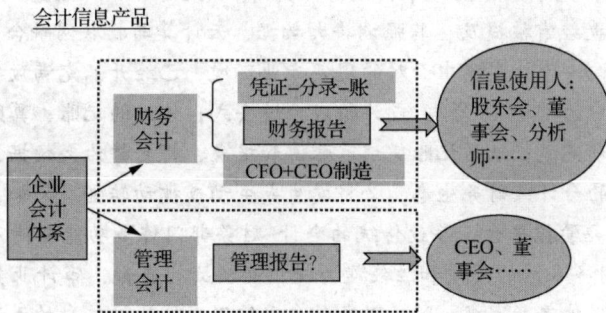

图13-16 会计信息产品体系

（二）管理会计报表：标准化与个性化

管理会计报告需要为企业内部管理服务，既包含标准化的财务信息，也包含非标准化的非财务信息，其信息产品体系如图13-17所示。

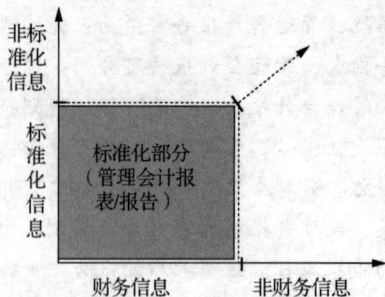

图 13-17　会计信息产品体系

（三）管理会计报告的信息相关性

长期以来管理会计的重要性没有得到彰显，主要原因之一就在于：其缺少独立特有的信息产品。要知道，有产品才可能有产品标准、产品质量鉴证、生产者胜任能力架构等一系列专业配套要求。

管理会计报告的信息相关性，表现在支持企业运营和管理决策上。如此，设计管理会计报告应当以信息需求为导向：作为管理者和决策者的董事会以及各级管理层是管理会计信息的主要需求者，他们希望管理会计报告能够揭示企业的"全要素效率、功效，企业成长发展的动力"。

管理会计报表、报告的内容，根本上属于"会计信息"。它们以货币化信息为主体，以非货币化信息为辅。也就是说，管理会计信息产品必须基于会计，但又不限于会计，从而区别于财务报表/报告，也区别于各种专项管理报告（产、供、销、质量、客户、产业链等）。

由以上所述可见，企业仅仅依靠财务部门，生产不出合格的管理会计信息产品，而必须有业务部门、IT部门的参与。

（四）管理会计报表的类型

一是基于财务会计信息的管理会计报表，如战略型资产负债表、成本习性利润表、EBITDA表。[①]

二是结合了财务信息与非财务信息的管理会计报表，其被用于分析生产要素效率、解析管理绩效、支持考核问责。

四、共享服务平台是有效管理会计报告的支撑

目前在会计-财务-审计领域，凡学术界研讨会、专业界论坛，几乎言必谈IT、AI、Big data、Cloud platform、Smart finance、Digital transforming（信息技术、人工智能、大数据、云平台、智能财务、数字化转型）等新概念。另外，"大智移云"（大数据、智能化、移动互联网、云计算）也经常被提及，其强调将大数据、云计算与物联网融合为一体。

我们在会计-财务-审计实践中面对的现实专业环境，已经开始充满数字化时代色彩。例如，会计账务处理中的"借""贷"，或许将成为过去式；传统的记账、算账和报账，已经能在计算机系统中自动完成；纸质记账凭证、账簿和报表，将更替为大数据系统内的电子介质形式；企事业单位的会计—财务生态，必将发生或主动或被动转型。又如，基于信息技术的共享服务中心、业务管控平台，导致传统的会计-财务部门许多功能即使不被取代，也必将改变。这对会计-财务人才的素质和胜任能力提出新挑战。再如，审计业务流程前期的"审计抽样"的必要性将被重新审视：随着财务信息系统乃至区块链技术的迅速普及应用，传统

---

① 如果把资产负债表左边的资产项目加以重新分类组合，分为经营资产和投资资产，并且进一步突出拥有具有控制性的投资资产，则资产负债表就具有了战略涵义；成本习性利润表曾经作为财务报表之一被使用；EBITDA = 净利润+所得税+利息+折旧+摊销。

审计流程中为判断审计风险而设计实施的抽样预判，很可能让审计抽样不如以往那么重要。

在数字化时代与会计财务转型之间，我们需要某种介质作为中介。这个介质就是共享服务。这在企业组织体系里被具体化为共享服务中心（Shared Services Center，SSC）。

从已有的企业实践看，"共享服务中心"基于数据库信息技术，其建立和运行模式主要有两种：其一，以业务平台为轴心；其二，以财务部门为轴心。前者多见于主营业务明确的新经济类企业，后者多见于大而全的传统产业类企业。从管理实践的效果看，这两种模式各有长短。以业务平台为轴心的共享服务中心，启动于业务信息系统（ERP），有利于业务互联，但是比较离散，在对资源效率尤其是财务资源效果的综合分析方面偏弱。而以财务部门为轴心的共享服务中心的数据架构的整体性强，有利于综合财务效果评价，但是以会计规则、财务报告和信息披露规则为主线的数据架构或多或少脱节于业务体系的运营管理和供应链协调。

这里有必要强调，共享服务中心的理念和功能绝不是"中心"的机构职能，而在于两点关键：共享和服务。共享，大数据要满足所有部门对大数据的需求；共享数据是大家的资源，是全企业的资源。服务，即大数据对于共享服务中心来说，并非"为我所有"，不是"你来找我要，我有什么你用什么，甚至于我愿意给你什么就给你什么"。

共享服务中心提供什么样的服务呢？

（1）对企业外部，共享服务中心服务于财务报表/报告编报，服务于税务（筹划—报税），服务于公开信息披露等。如是，则会计—财务部门得以将基础核算等简单作业劳动予以集中，提高会计核算效率，巩固财务会计基础，精简财务会计队伍，让更多的财务人员集中于分析型财务和战略型财务工作。

（2）对企业内部，共享服务中心服务于管理会计报告和内部控制，服务于管理者和员工绩效评价，服务于企业市场运营决策，服务于公司治理，服务于物流供应链，服务于人力资源管理，服务于法律事务，服务于业财融合等。如是，其基于流程再造和IT系统整合，助力企业战略一体化，实现会计—财务助力企业增加价值的目标。

必须强调一点：共享服务中心作为独立机构的定位和宗旨，应该"以需求为导向"，而非"以供给为导向"。就是说，要建立共享服务中心，则企业必须主动了解企业的所有部门对大数据的需求，主动提供满足企业运营和管理需求的信息产品，并持续优化大数据体系，从而使企业与时俱进。

信息化

案例十四 业财深度融合的财务共享服务

中车株洲电力机车有限公司

【摘要】在"大数据""云计算""移动互联"等技术手段蓬勃发展的催化下，在公司管理创新的内在动力的推动下，中车株洲电力机车有限公司启动了财务转型与变革。历经近4年的建设，公司已搭建起以财务共享服务部为基础的财务会计核算平台，以及以财税资金部、业务财务部、海外财务部为核心的管理会计专业群体，并逐步形成"战略决策支持""业务协同推进""基础财务共享"的财务管理新格局，实现了"业财深度融合，信息实时共享"。

业财深度融合的主要财务功能模块包括：预算、资金、采购物流、成本费用核算、销售、薪酬核算、资本性支出管理、税收、总账报表、银企互联结算支付，并且实现了凭证、财务报表的自动生成。中车株洲电力机车有限公司总部的40个部门、5个事业部、5个分公司、14个国内子公司全面实现共享系统模块上线运行。

财务部门已成为中车株洲电力机车有限公司支付结算中心、经济信息中心、流程管理中心、核算标准中心、资源配置中心。中车株洲电力机车有限公司财务共享系统平台和公司人力资源、研发、技术、工艺、采购、物流、成本、销售、固定资产管理等系统同步集成、交互共享，通过规范化、表单化和信息化业务流程，中车株洲电力机车有限公司实现了与业务部门、事业部、分子公司的业财信息、流程、资源和风险管控的深度融合，逐步实现了提高管理效率和资金价值，降低运营成本，控制财务风险，实现目视化绩效管控和精益管理，支持战略发展的效果。

【关键词】业财深度融合；管理会计转型；财务共享服务

十九大报告强调，创新是引领发展的第一动力，要坚持创新思维，增强改革本领，建设创新型企业。财务管理工作同样需要理念创新、手段创新、基础工作创新，而中车株洲电力机车有限公司（以下简称"株机公司"）随着国际化组织要求和体系建设的需要，迫切需要进行财务信息化创新。株机公司财务人员坚持走在前列，找准方向，下足功夫，制订蓝图，一步一个脚印，真抓实干。株机公司财务中心以构建财务共享管理信息化平台为切入点，绘制管理蓝图，紧密联系业务，以业务为驱动来梳理管理流程，使流程表单化、表单信息化，实现业务财务信息共享。这不仅顺应了新时代的新要求，也真抓实干地落实了党的十九大精神要求。

财政部发布的《企业会计信息化工作规范》和《管理会计基本指引》为公司的发展指明了方向——建立财务共享服务中心。公司由财务基础核算向决策型财务转变，通过将标准化程度高、日常的重复的基础核算业务集中到共享中心统一处理，搭建一个集团范围内的数据中心，为业财深度融合、财务战略决策提供数据支持，逐渐形成共享财务、业务财务、战略财务并驾齐驱的管理模式，充分发挥管理会计职能，实现财务管理从基础管理向战略决策的转变。

以云计算、移动互联、大数据为代表的新一轮信息技术，为公司的财务转型与变革提供了

作者：张力强、卢雄文、成春明、董晶莹、袁燕良、赵雅丽
案例指导与点评专家：王伟（首都经济贸易大学）

技术支持。

株机公司是中国中车旗下的核心子公司，是中国最大的电力机车研制基地、湖南千亿轨道交通产业集群的龙头企业，被誉为"中国电力机车之都"。2014 年和 2017 年两次获得国家科学技术进步奖，获得"中国质量奖"提名奖、2018 中国设计智造"金智奖"。自 1936 年创建以来，公司始终保持快速健康发展，创造了中国轨道交通装备领域的诸多纪录。株机公司的主要的业务集中在电力机车、城轨车辆、城际动车组，以及磁浮车辆、储能式有轨/无轨电车等新技术公共交通车辆、重要零部件、专有技术延伸产品及维保服务等领域。2017 年，公司总资产 292 亿元，在国内外设有 28 家子公司，2017 年收入 205 亿元。

一、业财深度融合的财务共享服务建设背景

作为大型的国有装备制造企业、跨国央企，株机公司的产品门类齐全，品种较多，批量小，部分产品属于定制化产品。这对公司的财务成本核算工作提出了挑战。随着株机公司经营规模的不断扩大、国际化经营的不断深入，财务管理对公司经营管理的支撑和管控作用显得越来越重要。株机公司原管理模式是基于财务核算分工设立的，一方面大部分的财务人员局限于会计核算业务，对业务的支持力度有限，另一方面财务核算流程难以实现核算业务标准化，核算的效率与质量亟待提高。

近几年来，不断扩张的规模和不断增加的分支机构，给公司管控工作带来了更多挑战。株机公司现有国内外分支机构共 28 家，这些分支机构大都具有相似的职能，存在相似机构重复设立问题，而机构的重复设立将导致运营成本、经营风险和财务风险增加。各分支机构的内部控制及经营决策机制不健全、财务管理水平参差不齐加大了集团化管控的难度。因此，公司迫切需要转变分支机构的财务管控模式，将分散的财务核算职能集中到一个新的半自主的业务单元，降低人工成本及经营风险，提高内控水平。

二、业财深度融合的财务共享服务建设

（一）业财深度融合的财务共享服务顶层设计

株机公司以加强集团管控、财务共享、管理会计转型为目标，从财务共享服务平台建设入手，通过流程再造、组织变革、系统集成等手段，导入"业财融合""管理会计"理念，以费用控制、资金计划、往来管理为重点，体、点、面结合，逐步形成"战略决策支持、业务协同推进、基础财务共享"的财务管理格局（见图 14-1 和图 14-2），实现财务核算集约化、财务管理专业化、财务业务一体化的财务管理新局面。

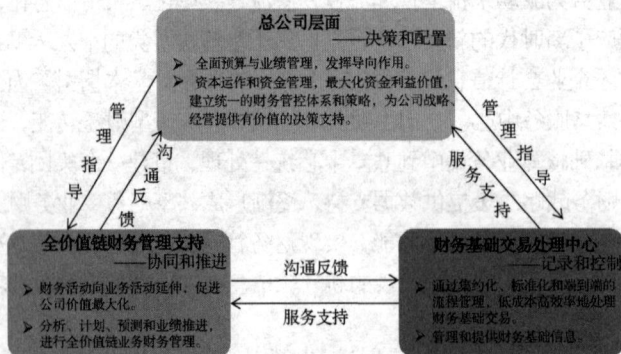

图 14-1　财务管理格局

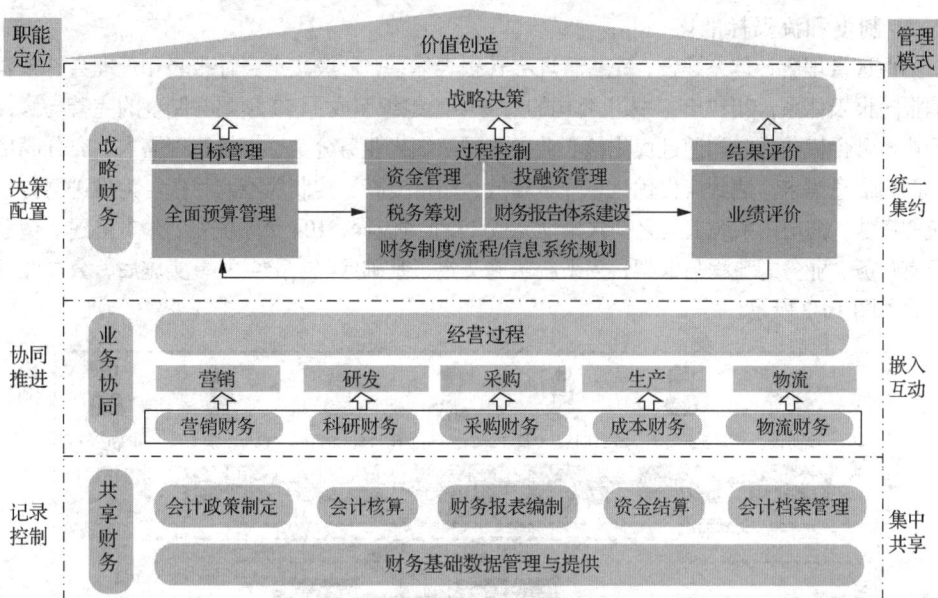

图 14-2　实施财务共享后的财务整体职能规划

（二）基于业财融合管理新模式，构建财务管理基础架构

1. 组织架构重构

株机公司设立财务共享服务中心的核心目的是希望通过规范化、标准化、系统化的会计核算业务解放财务人员，使财务人员更专注于企业经营活动，实现与业务部门的协同。公司通过进一步细化财务岗位职责，把易于标准化、流程化、系统化的会计核算业务集中到财务共享服务中心处理，将与财务管理、财务分析、财务决策等相关的管理会计职责细化到公司经营活动的各个环节，构建新型的"业财融合"型管理会计控制体系。业财融合型管理会计职能描述如表 14-1 所示。

表 14-1　　　　　　　　　　　　　业财融合型管理会计职能描述

组织架构	组织职能	业财融合的管理会计职责
财税资金部	总部战略财务管理及分支机构战略财务指导工作	1. 围绕公司战略目标，深入推进全面预算管理，通过引入管理会计思想，建立财务 KPI 指标和业务指标间的关联关系，将预算指标进行分解并落实到各业务部门的经营目标上实现收入逐年增长
		2. 围绕公司并购中存在的项目战略性强、投资额大、风险因素多等问题，注重发挥管理会计的作用，主动融入公司对外投资、并购项目，服务好公司"三新"发展战略，加强风险防范，有效整合资源，加强财务管控
业务财务部	总部及分支机构价值链各主要环节业务财务支持与分析、管理工作	1. 推动项目财务管理建设，将财务管理应用到项目全周期中，通盘考虑新产品的研发设计费、生产成本和三包售后维护费等
		2. 财务成本管理对接生产制造环节，指导和规范制造单位成本管理、科研项目、质量成本、设计变更成本等
		3. 财务营销管理对接营销环节，指导和规范公司销售业务
		4. 财务物流管理对接采购、物流环节，指导和规范公司采购业务、价格管理、物流管理、仓储管理等
海外财务部	负责海外子公司财务业务管理、海外营销财务管理、海外投资并购、新建基地支持等工作	海外财务管理对接境外经营活动，指导和规范公司海外销售及海外子公司财务管理。将管理环节前伸后延，深入参与海外项目投标、合同评审及项目执行全过程，重点关注商务条款、外汇及税收风险问题

2. 制度和流程标准化

为促进管理会计体系建设，完善管理会计报表体系，形成法定会计报表和管理会计报表并行编报的报表体系，2017 年，株机公司的财务中心组织完成了 53 项财务制度的完善与修订。基于业财融合模式，公司通过优化核心业务流程、细化业务分类、提炼管理需求，充分满足业务部门的信息需求，达到流程优化、降本增效、质量提高、控制风险的目标。为推进财务共享系统的搭建，公司在系统上线之初共梳理完成 13 个主流程、104 个子流程，基本搭建了覆盖公司所有财务、业务的流程与框架，为系统实施奠定了基础保障。财务共享实施后，公司业务报账场景如图 14-3 所示。

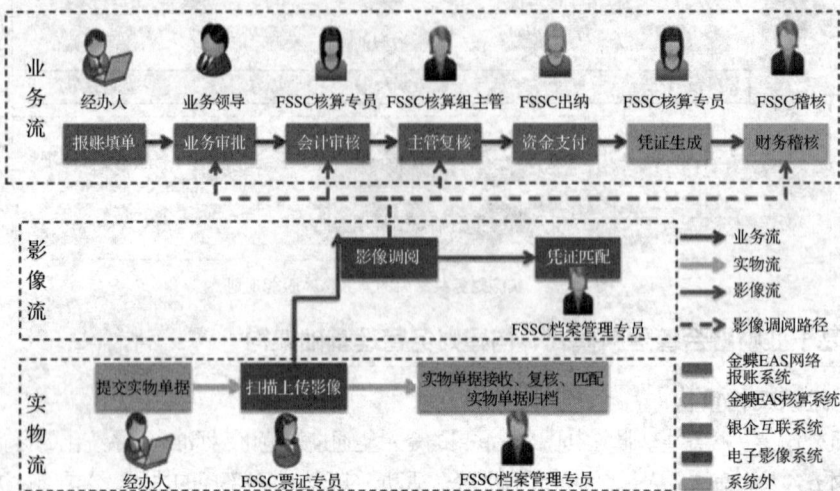

图 14-3 业务报账场景

3. 加强人才培养，助推人才转型

实施财务共享后，公司财务人员编制需求较共享前减少 29 人，实现了公司财务会计组织职能和管理会计职能的明确划分及人员结构的优化配置。释放的交易处理型人力转变为管理会计角色，充分投入至战略财务、业务财务的各项具体职能中去，实现财务对公司战略与经营决策的支持，使财务管理价值最大化。

公司同步加强核心人才与后备人才的培养，做好人才引进与培训开发。公司鼓励财务人员考取注册会计师、ACCA、CMA、CIMA 等高水平专业证书，提高财务人员的综合素质，提高财务服务公司经营大局的专业能力。

4. 推动业财深度融合

针对公司现有信息化管理系统存在的各管一方、互不协同的"信息管理孤岛"问题，公司推进多系统集成工作。公司通过金蝶财务共享平台的同步集成、交互共享，实现了人力资源、物流、研发、工艺、成本、采购、销售、固定资产管理等业务系统与财务信息系统的深度融合。

（1）人力资源管理协同。通过同步公司人力资源系统员工职务、职称、层级等信息，规范权限控制；规范系统授权、审批管理；规范经办、审核、审批流程；系统实时记录审批过程，明确经办人员责任。通过同步人力资源系统员工层级等信息，自动生成员工差旅费等报销标准，确保费用报销的一致性、准确性；通过同步各单位奖金和扣款信息，运用银企互联，实现薪酬的自动核算，使财务部门实时进行工资发放管理。

（2）物流管理融合。公司物流管理以条码、移动化作业、实时过程管理等为手段，支撑公司高速发展的物流业务体系。公司库房的数据与供应商、分子公司、事业部的数据联动，实现批量处理，数据同步。财务部门通过同步物流系统提供的相关出入库信息，关联相关订单、合同等，对采购、存货流转及财务结算数据进行实时监控，保证了公司物资和财产安全完整；实时盘点核算库存，快速进行物料库龄分析，为有效降低存货量和实现"零库存"提供支持。

（3）项目研发融合。基于项目进行产品设计，从源头实现项目、台车成本分离。通过确定产品结构、图纸等产品、材料的技术参数和型号，输出 BOM 清单，为采购和工艺分析提供数据输入。设计过程通过筛选既有库存信息和设计来有效降低库存和产品成本。

（4）工艺管理融合。系统自动生成"工艺 BOM"与"制造 BOM"。通过实现工艺流程划分、工艺定额控制、工序物料分配，实现材料、人工定额管控；为采购管理提供数据输入；为生产排程提供数据支撑；为作业成本和台位成本管理提供支持。

（5）生产管理融合。在生产排程、过程制造、过程质量管理等过程中，公司结合"云平台"的移动开工、自动报工、完工、报故障、交接等功能，实现生产过程移动化。实现作业成本多级次核算，实时进行在产品盘点。精确统计员工工时，为薪酬计算和标准工时优化提供数据支撑。

（6）ERP 系统融合。ERP 系统通过采购订单同步至供应商门户，实现了公司的采购订单、合同、供应商供货、物流部质检入库形成的入库单、应付发票、财务报账单、资金排程及支付结算等系统数据的关联、共享；规范了费用报销单、差旅费报销单、出差申请单、应付报账单等业务单据和使用规则；自动对单据明细数据批量进行核对与校验，确保财务报账单据与业务数据的一致性。

（7）销售管理融合。公司在订单产品结转发出后，实现开票、记账与销售联动管理。财务部门督促、配合营销部门及时开展销售回款工作，使回款信息关联应收账款，并反馈给销售部门，完善交互订单往来数据信息，实现订单全周期管控，实现财务与营销业务深度融合。

（8）资本性支出管理融合。业务部门在基建采购的同时，创建固定资产卡片，通过设备及基建管理系统关联生成固定资产基础信息，以固资编码作为唯一识别依据，系统提示报账转固，建立资本性资产管理报表和台账。无形资产被卡片化管理，财务部门根据同步信息实时进行核算，实现对资本性项目进行全生命周期的管理。

（三）强化过程控制，搭建管理会计信息化风险管控体系

公司在管理会计信息化进程中注重过程控制，通过费用审批、权限控制、资金管理、标准控制等多种途径搭建风险防范网络，覆盖涉及与财务业务相关的各个环节，推动公司内部控制的升级优化。

1. 面向业务前端，风险管控前移

为使业务部门有效利用财务数据，财务共享平台上设计了多个面向业务部门的系统模块。例如，面向全公司的费用预算执行查询、合同执行情况系统查询、合同扫描影像实时调阅，面向采购部门的合同价格核对、供应商门户管理、应付款支付情况查询；面向营销部门的应收款管理、合同管理、发出商品管理等。这一方面规范了业务前端操作，提高了工作效率，降低了财务风险，另一方面加强了财务部门与业务部门的联动，使财务部门直接参与业务活动，规范了业务操作，提示了业务风险，使得公司风险管控整体前移，推动业务效率的提高。

2. 集中支付、统筹安排，资金风险有效降低

公司总部及各分支机构的所有支付行为都必须通过财务共享服务中心的审核、处理。这规范了预付款，杜绝了超付款。财务共享服务中心还对资金流出用途、目的和依据实施过程监管和控制，解决了分散经营模式下资金集中管理的难题，大大提高了集团总部资金管控的能力。同时，公司通过资金计划的分级审批、分批下达、超额审批等管控方式来统筹安排资金，加强

了资金支付的计划性，将有限的资金用在刀刃上，提高了资金利用率，最大限度地发挥了"现金为王"的重要作用。银行账户基本都有银企直连支付功能，可提高付款效率，U 盾由公司统一管理，资金支付有效集中。各级单位提交的支付申请由内部进行一审，并在财务共享服务中心审批完毕后由公司本部集中支付。这不仅加强了对资金支付金额、用途等的监管，同时也有利于规避金融风险。

（四）实施多维度绩效管理，提高共享运行效率

借助目视化绩效管理模式，公司运用信息技术，对共享数据实时取数，从员工单据填报、部门领导审单耗时、单据质量、财务共享审单效率和质量等方面，对公司共享服务全过程进行监控，及时发现共享过程中存在的问题和不足，对财务资源进行合理控制输出与调度分配，如图 14-4 所示。

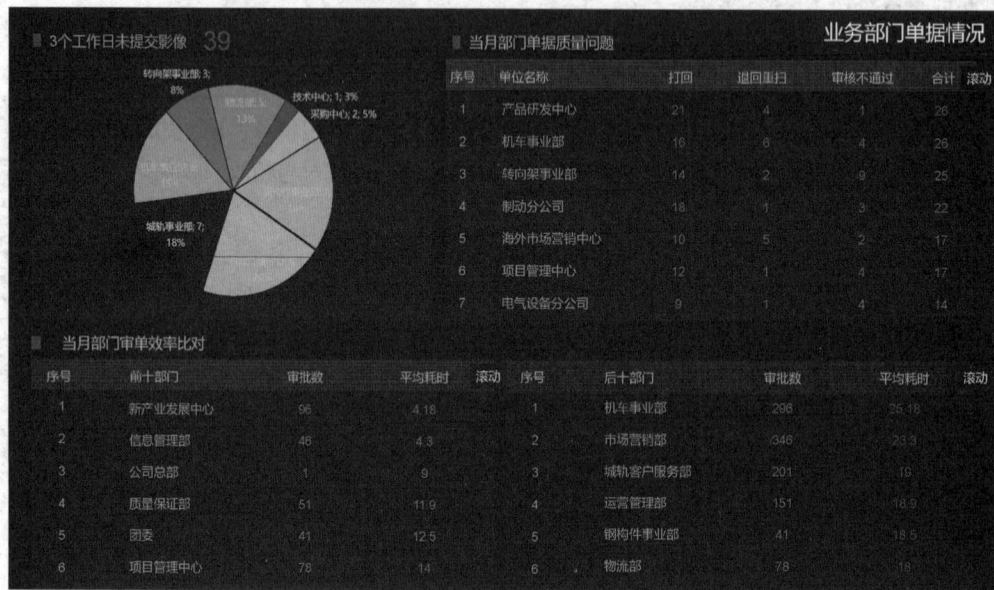

图 14-4 目视化绩效看板

此外，公司以全闭环绩效过程管控为主线，实施了基于战略执行的全员绩效管理。年初，公司总部的财务中心根据公司战略目标将预算指标逐层分解下达给各预算责任单位；预算责任单位再层层分解落实到每一位员工的实际工作中。公司每一位员工需针对年初预算指标确定年度绩效承诺，包括年度重点工作和岗位 KPI；年中，公司视情况进行修订；年末，公司对整个年度绩效进行考评，形成一个全闭环绩效管控体系。这样就切实做到了"千斤重担有人挑，人人肩上有指标"。

三、业财深度融合的财务共享服务的实施效果

（一）深入业财融合和支持战略优化

"财务共享"平台的运用，使大量财务信息数据更加多元、精细，财务中心成为公司的经济信息中心。公司的业务财务部门和战略财务部门通过分析和输出重要财务信息，在两金压控、强化预算引领、投资并购、成本费用管控、资金管理等方面已经取得显著成效。

（二）降低运营成本

公司通过精细业务流程，使财务管控更加标准化、流程化、信息化，使财务核算更加简洁高效；通过优化财务人员结构，精简日常核算人员，强化财务分析和财务管理，实现财务转型，降低运营成本。财务共享全面实施后，从事交易型业务的 51 位财务人员不仅能够承担当前规模下的业务工作，还承担了国内 19 家分支机构的核算业务工作，并且在公司业务规模增长20%～30%的情况下，仍能有效支撑基础财务工作的顺利运行。未来，随着公司业务规模的扩张、财务共享相关信息系统功能的不断完善，以及财务共享核算会计工作熟练程度的提高，因共享模式带来的在重复业务配备上的资源节约效益将会更加显著。

（三）提高管理效率，实现精益管理

公司通过优化审批流程，将财务延伸至业务前端，做好基础财务信息部署，规范核算单元，制定业务报账、资料、财务审核标准，实现电子审批、移动审批、银企互联、自动快速结算，自动生成凭证、台账、报表；统一审核标准，对分子公司采用标准作业流程，提高管理效率。

公司通过业务分类、单据设计、流程安排，实行多维度预算管控、票据和合同电子影像化管理、操作信息详细记录，有效保证了业务的真实性和可追溯性。

（四）财务风险管理与控制加强

公司通过统一审批流程、核算系统、管理标准与制度，实行单据随机安排，使风险得到有效管控。公司还从业务源头进行风险控制，如从系统上进行控制，使员工在同一时段不能填写两张出差报销单；对质保金、预付款从业务源头控制，防止超付、重付、错付风险的出现。

公司建立业务、政策、税收知识库，为分子公司提供专业管理意见，降低财务风险；通过财务共享平台实时查阅、审核分子公司各项经营数据，掌控其经营活动，重点管控特殊业务，降低经营风险。

（五）实现资金价值提高

公司建立的资金集中账户和资金池管理平台，实现了资金的集中管理，日清日结；公司本部逐步开展向成员公司放款和资金归集业务，解决分子公司资金周转问题，提升公司存量资金效益。

公司完善资金计划系统，每月该系统按结算单据和应付账款自动生成资金计划，通过统筹安排资金计划，高效排程，按额度设置权限审批支付，充分提高资金使用效率。

（六）实现目视化绩效监控

公司实现财务信息集中、共享以及可视化管理。科学、高效的信息采集与监督管理，为财务业务进行调度配置提供支持。公司通过目视化绩效看板展示业务部门的员工单据填报、部门领导审单耗时、单据质量等情况；展示财务部门的业务分布情况、财务员工工作量、审单效率和质量等情况；发现共享过程中存在的问题和不足，实现对财务资源进行合理控制输出与调度分配。

（七）基础工作整体提升

公司完善与修订了 53 项财务制度、104 个财务核算流程，完善原始资料、凭证、台账、报表等会计档案管理过程；形成法定会计报表和管理会计报表并行编报的报表体系；建立了岗位标准化作业手册、系统操作手册，实现基础工作整体提升。

专家点评

一、财务共享服务中心

（一）共享服务中心

共享服务中心（Shared Services Center，SSC）是在多单位组织内负责执行和处理特定操作任务的责任主体，其任务是根据服务水平协议向业务单位和各部门提供专业服务（如财务会计、人力资源事务、IT服务等），并根据内部转移价格收取成本。共享服务中心通常是公司服务中的一种，用于将所有运营类型的任务与公司总部分开，使得公司总部能够将重点放在领导和公司治理的角色上。共享服务中心通常是责任中心当中的成本中心，对成本原则上非常敏感，体现在员工人数、劳动力成本和共享服务中心的位置选择标准上。

案例点评

（二）建立共享服务中心的原因

（1）降低非集中化成本，提高业务支持流程的质量和专业性；（2）提高支持服务的成本灵活性；（3）创造更高的战略灵活性。公司在共享服务中心组织的服务的成本比该服务的原始成本的70%，平均约为50%。共享服务中心与组织其他部门的不同之处是，共享服务中心有按数量和质量可测量的产出和提供服务的单位成本。共享服务中心不能提供的服务包括公司控制、公司法律和IT治理等。

（三）财务共享服务中心

财务共享服务中心（Financial Shared Service Center，FSSC）是共享服务中心在财务会计领域的应用，是管理会计在公司财务部门以及业财融合领域的典型应用，是集团型企业构建应用管理会计体系的基础。财务共享服务中心集中处理各层级单位的财务会计工作，形成规模效应，优化流程，精简财务会计人员，提高财务会计工作效率，加强对各层级单位的财务管控，让财务部门有更多的精力去创造价值。

（四）财务共享服务中心的建设阶段

（1）对财务会计工作进行流程化、集中化整合，细化财务会计劳动分工，优化财务会计工作流程，集中财务会计信息资源，减少财务会计工作人员，提高财务会计工作效率，满足高层和业务部门对财务会计信息的需求。

（2）对业务数据和财务数据进行简单汇总统计，打通业务数据和财务数据之间的壁垒，初步实现业财融合，此时未能对战略决策或业务决策提供重要的、有针对性的支持。

（3）深度融合业务财务，获取、整合业务信息和财务信息，提供具有业务语言的管理会计报告，支持战略落地，服务业务决策，创造企业价值。

（4）管理会计思想、管理会计工具方法、管理会计报告已深深影响各层级管理者战略决策和业务决策模式，成为不可或缺的决策基础，实现业财一体化及科学化决策。

二、株机公司财务共享服务

（一）面临的问题

在财政部全面推进管理会计体系建设、制定《管理会计基本指引》《管理会计应用指引》的背景下，财务共享服务中心成为集团型企业财务信息化管理的新模式，管控服务型财务共享服务中心是集团型企业实现财务战略转型的必然选择。

株机公司原有的管理模式是基于财务核算分工设立的。这使大部分的财务人员的工作局限于财务会计核算业务，对业务决策的支持力度有限，而且财务账务处理不能实现业务标准化流程，效率与质量有待提高。因此，公司急需加强内部管理，转变财务职能。

株机公司近年来规模的不断扩大和分支机构的不断增加，给公司集团化管控带来了挑战。分支机构的增加提高了运营成本，加大了集团化管控的难度，增加了经营风险和财务风险。新设立子公司在内部控制、经营决策机制方面往往不健全，增加了经营风险。各分支机构财务管理水平参差不齐，上报给总公司的财务信息质量不高，直接影响总公司对各分支机构的管理与监控。因此，公司急需加强集团化管控，降低成本。

（二）财务组织架构调整

公司通过组织变革，将财务业务职能重新划分，推动财务共享服务中心建设，以应对所面临的实际问题。株机公司建立以价值创造为出发点和归属点的财务管理组织结构，发挥财务对公司战略与经营决策的支持作用，形成"财务管理专业化、财务核算集中化、财务业务一体化"的趋势与格局，即战略财务、业务财务和共享服务的职能分离、专业协同发展。

株机公司将财务组织架构进行了战略性调整，将原财务部门升级为财务中心。财务中心下设四个部门，包括财税资金部、业务财务部、海外财务部、财务共享服务部。部门内部再分成各具体业务组。财税资金部负责总部战略财务管理及分支机构战略财务指导工作；业务财务部负责为价值链上的各主要环节提供业务财务支持与分析服务及管理工作；海外财务部负责海外子公司财务业务管理、海外投资并购、新建基地支持等工作；财务共享服务部负责统一处理公司总部及各子公司的财务会计及资金结算等基础性财务工作。

（三）业财深度融合

1. 标准化流程

基于业财融合模式，株机公司通过优化核心业务流程、细化业务分类、提炼管理需求，充分满足业务部门的信息需求，达到优化流程、降本增效、提高质量、控制风险的目标。公司通过把握核心流程，向各下属单位逐步渗透共享核算理念；通过逐级控制，变革财务核算管理模式；按照财务管控的新模式，力图最大限度降低管理风险，建立了业务逐级控制的程序，具体包括报账审批、会计核算、资金结算、报表出具、税务及审计、实物单据管理和会计档案管理。

2. 业财融合共享信息平台

株机公司以"一个平台、六个模块"高度集成的财务信息系统为蓝图，搭建共享信息平台，其中，"一个平台"是指财务共享服务中心，"六个模块"是指由预算控制、费用核算、资金计划、往来管理、合同管理、财务报表构成的财务信息系统子模块。共享信息平台实现经营活动业务信息一点录入、全程共享，并依托大数据平台，为战略决策与各项业务活动提供准确、及时和完整的财务数据；实现共享平台与业务系统的对接，同步集成、交互共享，公司人力资源、物流、研发、工艺、成本、采购、销售、固定资产管理等业务系统与财务信息系统深度融合。

3. 风险管控体系

株机公司通过实行过程控制，搭建信息化风险管控体系。株机公司在财务共享信息化进程中注重过程控制，通过费用审批、权限控制、资金管理、标准控制等多种途径搭建风险防范网络，覆盖与财务业务相关的各个环节，推动公司内部控制的升级、优化，同时将风险管控前移至业务前端，实现了财务部门与业务部门的联动，规范了业务前端操作，降低了财务风险和业务风险。

资金支付必须通过财务共享服务部审核、处理。株机公司对资金流出的用途、目的和依据实施过程监管和控制，提高了集团总部资金管控的能力；通过集中支付、统筹安排，降低了资金风险。

（四）实施效果

财务组织架构调整后，财务人员结构更加合理：较少的财务人员完成低附加值的费用报销、资金支付、会计核算等工作；其他财务人员被释放出来，被安排去做资本运作、全面预算、成本控制、财务分析等价值创造工作。财务基础管理的标准化、规范化，提高了财务数据质量。公司通过集中支付、统筹安排，有效提高资金利用率。财务深入业务前端服务业务，业财融合更加密切。公司通过实现集中核算、移动审批，显著提高财务服务质量和满意度。

三、财务共享服务展望

株机公司建设的业务驱动式财务共享服务平台是行业内的先行者，具有业财深度融合的显著特点。在株机公司高层的支持和强有力的项目团队配合下，通过组织架构重构、顶层设计，财务共享服务平台达到了加强公司集团化管控、降低成本的目标。在财务共享服务平台建设过程中，株机公司的思路明确，以解决问题为导向，体现了务实精神。通过财务共享服务平台实现了流程标准化。流程标准化包括财务流程标准化和业务流程标准化，促进了业财有机融合。财务共享服务平台为业务部门质量管理等方面的决策提供了数据（包括基于业务数据和财务数据的相关信息）支持，也为财务深入了解业务提供数据信息。公司集团化管控是株机公司目前财务共享的现实需求，是株机公司应用管理会计的基础。未来株机公司可在财务共享服务的基础上深度推进管理会计。

案例十五 共享致"远"智控增"光"

远光软件股份有限公司

【摘要】本文主要描述远光软件股份有限公司智控云财务共享服务的建设实践，包括建设背景、目标、历程、思路、内容和创新实践。

【关键词】业财融合；财务转型；财务共享；人工智能

一、公司简介

远光软件股份有限公司（以下简称"远光软件"）是国内主流的企业管理和社会服务信息系统供应商，专注大型企业管理信息化逾30年，长期为大型企业管理提供产品与服务。

远光软件总部位于珠海科技创新海岸远光软件园，设有珠海、北京、武汉三大研发中心、1个博士后科研工作站，拥有13家下属公司，以及遍布全国31个省市的分支机构。

远光软件是国家科技部认定的"国家火炬计划重点高新技术企业"，自2003年起连续十几年被国家发展和改革委员会、工业和信息化部、商务部、财政部、国家税务总局联合审定为"国家规划布局内重点软件企业"，拥有"计算机信息系统集成及服务一级资质"。

在"互联网+""一带一路""国企改革"智慧能源"等新时代机遇下，远光软件凭借先进的云计算平台，创新融合物联网、移动互联、大数据、人工智能、区块链等新兴技术，精研软硬一体化整合应用技术，为能源、制造、航天航空、高端装备、金融、冶金冶炼、轨道交通、医疗等大型集团企业提供全面的行业解决方案和服务。

远光软件始终坚持自主创新，生产经营的软件产品和硬件产品拥有完全自主知识产权，为全国能源行业、国有资产提供着优质的软件产品和可靠的技术服务。在技术上和市场上，远光软件与国内外知名企业、机构、高校建立了密切的战略合作联盟。

未来，远光软件将秉持"软件推动进步，创新引领未来"的理念，推动社会商业进步。

二、业财融合助推集团企业实现财务转型

当前，中国正处于经济转型的重要历史时期，集团企业财务管理的职能需求也在发生转变。这些转变主要表现在三个方面：（1）财务管理职能向价值管理型转变；（2）财务参与方式向业务全过程渗透；（3）新兴IT技术被广泛应用。

（一）财务管理职能从核算型向价值创造型转变

随着市场化改革的不断深入，远光软件为了应对内外部的挑战，提高企业核心竞争力，对财务信息的及时性、规范性和准确性提出了更高的要求，对财务管理由核算型转变为价值创造型，对财务人员的身份定位从对外信息披露者转变为内部经营管理者的需求越来越明确。远光

作者：陈婷、王三、杨文婷、赵振磊
案例指导与点评专家：李玲（中央财经大学）王泽霞（杭州电子科技大学）

软件的财务转型已迫在眉睫。

从根本上来说，财务转型包括两方面的转变：一是财务部门提供更及时、有用的信息；二是财务工作从脱离业务的会计核算转变为直接参与企业经营，财务人员从对外信息披露者转变为内部经营管理者，而这两方面能否有效实现，取决于管理会计体系和信息系统的建设和应用。

云计算、大数据、物联网、移动互联、人工智能（云大物移智）、区块链等新兴 IT 技术的跨越式发展，为财务转型夯实了技术基础，而财务共享的建设为集团型企业重塑集团管控、推动财务转型提供了最佳契机。财务共享服务是依托信息技术，以财务业务流程处理为基础，以优化组织结构、规范流程、提高效率、降低运营成本和创造价值为目的，通过将易于标准化的财务业务进行流程再造与标准化，将不同地域的实体的会计业务集中到共享服务中心统一处理的方式。财务共享服务保证了会计记录和报告的规范、结构的统一。财务共享服务通过将会计基础核算等低附加值的作业集中处理，释放财务管理人员的精力，将财务工作的重点转移到计划、预测、决策、控制、分析等方面来，着重关注高附加值的活动，充分发挥财务在决策支撑、资源保障、价值创造、风险防范等方面的作用，为创造企业价值服务。

远光软件以财务共享服务作为基本载体，建立财务集中管控新机制，在"业务驱动财务"的基础上，实现财务管理由核算型向集中管控型和价值创造型转变，为集团可持续发展提供有力保障。

（二）从战略到管理业财全方位、全过程融合

近年来，远光软件集团化发展的步伐加快。自 2015 年以来，远光软件平均以每年新设或并购 2～3 家子公司的方式来扩大业务范围，提高业务覆盖度，增强企业竞争力。截至目前，远光软件共有 13 家下属公司和遍布全国 31 个省市的分支机构。面对这么多下属公司和分支机构，远光软件在财务管理方面的压力非常大，且按照传统的财务管控架构无法满足日益增多的管理需求。鉴于此，远光软件在业财融合上很早就开始探索和建设，目前已经在战略管理、成本管理、管理决策、风险防控方面实现了主要业务与财务的融合，具体如下。

（1）在企业战略管理层面，通过运用全面预算管理的方法，制定、实施及评价战略，确保公司中长期战略目标的实现。特别是预算、资金、核算的"三算合一"，真正实现在日常经营过程中的预算闭环管理，并且将绩效评价和激励措施紧密连接起来。

（2）在成本管理方面，公司的人力成本的比重较大且有逐年上升的趋势，所以在实现员工薪酬高度保密的前提下，公司也要加强对人力相关经营成本的控制。远光软件通过全价值链成本管理，实现全生命周期的成本管理，通过设置利润中心的方式来进一步落实成本管理责任。

（3）在管理决策方向，财务部门通过信息系统的支撑，构建实时的多层次、多维度的管理数据体系，及时向管理层上报财务报表及内部管理报表，并做好依法纳税工作，同时强化内部稽核等措施，防范人为因素造成的财务风险。

（4）在风险防控方面，在企业内部建立统一的财务风险管理评估体系，建立健全常态化内部控制管理机制，落实风控管理与日常经营的监督融合，进一步强化对财务风险的分析研判和绩效评价。

随着规模的不断扩大，远光软件加快产业结构战略性调整，对财务管理的规范化、精细化、效率化要求越来越高，对业财全面融合也提出了更多的需求。

（三）新兴 IT 技术在财务领域广泛应用

远光软件构建"双模 IT"数字化财务管控平台。数字化时代对于财务信息技术的影响最为直接，很多集团企业都在推进数字业务战略，包括数字业务优化和数字业务转型，以改善生产

效率、提升用户体验，开启新的业务模式。一方面，远光软件需要传统 IT 模式来满足传统业务对稳定、安全运行等的需求，另一方面，移动互联、大数据、人工智能、区块链等新兴技术的应用则需要快速响应。"双模 IT"通过传统企业核心运营系统与数字化生态系统的深度融合，实现业务模式的创新和数字化转型，其将成为未来企业 IT 建设主流模式。基于"双模 IT"而建立的数字化财务共享平台，有别于传统的财务共享平台，更强调与物联网、生态系统的融合，也更关注用户体验。

三、远光软件智控云财务共享服务系统的建设实践

（一）建设背景

在日益激烈的竞争环境下，越来越多的软件企业提出财务共享建设思路，旨在破解企业分布广、财务文化不统一、集团管控难度大的管理难题，而远光软件通过智控云财务共享服务系统的建设为自身的财务转型升级开道。

远光软件目前有 13 家下属公司以及遍布全国 31 个省市的分支机构。由于各地税务、社保管理的要求，分支机构也需要改为分公司建账核算。这导致远光软件内部的专职财务人员的规模快速增大，也导致管理成本居高不下。为促进绩效管理而进行的内部利润核算、全面预算管理等管理措施，要求会计核算更实时、更准确。这些需求都对财务转型提出了迫切的需求。因此，远光软件于 2015 年 1 月开始启动财务共享服务建设规划工作，以解决自身在集团化发展过程中面临的下列问题。

（1）如何快速地将新设或合并的单位纳入集团的财务管理体系中，执行统一的标准，实现集团管控。

（2）如何实现精益化管理，由原来的统收统支到内部利润核算，进行矩阵式管理，实现内部结算，精细化管理。

（3）如何通过财务共享服务，进一步强化业财融合，全面提高财务管理水平和集团管控能力，增强企业核心竞争力。

（4）如何实现财务管理由核算型向集中管控型和价值创造型转变，为集团可持续发展提供有力保障。

（5）如何通过自身实践，进一步完善财务共享服务产品，完善财务共享服务产品的解决方案，为客户提供一体化的财务共享服务咨询方案和信息化落地方案。

（二）建设目标

远光软件智控云财务共享服务系统的规划目标是：提供以"岗位分工专业化、业务标准规范化、财务审核集中化、业务处理自动化、档案管理电子化、财务信息透明化"为特征的财务共享服务。该财务共享服务可实现财务管理的四大目标：一是统一优化财务标准、实现集团管控，降低集团财务风险；二是优化资源配置、提高整体运营效率和降低成本；三是支持公司整体经营战略，支持公司业务快速发展；四是推动财务组织由核算型向集中管控型和价值创造型转变，使财务人员成为企业价值的发现者、推动者和创造者，帮助企业提高核心竞争力。

（三）建设历程

伴随着信息技术的快速发展与变革，在过去的三十年中，远光软件的财务信息化经历了会计电算化、会计集中核算、业财一体化、财务集约和智慧财务这五个发展阶段。财务共享服务

是远光软件集团财务集约化和智慧财务阶段的重要建设内容。

会计电算化： 远光软件从 1985 年就开始研究并实现借助计算机信息化实现替代日常财务手工核算类相关工作。

会计集中核算： 伴随着电算化的发展，远光软件也实现了会计集中核算，通过信息化满足对于财务数据物理集中的管理需求。

业财一体化： 通过会计电算化的发展和集中核算管理的基础，远光软件坚持深入的研究和探索，进一步实现了单体企业业务财务一体化融合，将后端财务管理与前端业务行为紧密相连，达到一体化全方位管理的目标。

财务集约： 通过多年对于财务管控不懈的探索，远光软件在传统 ERP 横向协同作业的基础上更加关注和侧重对集团战略、集团财务的整体管控，实现了集团企业横向协同、纵向管控、同质化、高频率业务财务共享模式，提高了管理效率，加强了对战略执行和落地的监控。

智慧财务： 远光软件将"云大物移智"等新兴技术引入财务共享服务，与财务共享服务深入融合，利用新技术对资源化的经营信息进行深度分析、挖掘，支持各级单位的管理创新与优化，实现集团公司从传统规模管理模式向价值效益管理模式的转型升级。

（四）建设思路

远光软件以增强财务管控能力、提高运营效率和效益为目的，以财务资源的集团化、集约化运作为中心，以建立"一体化运作、标准化运营、融合化发展"的财务共享管理体系为目标，构建横向集成、纵向贯通、与前端业务高度融合的财务共享服务信息系统。该系统涵盖全面预算管理、资金集中管理、会计集中核算、资产价值管理、内部控制管理等核心功能，推动财务管理现代化，促进公司核心能力的提高。公司资源管控采用"四线三集约"的设计思路，通过构建"四线"，即建立统一标准线、信息集合线、绩效评价线、资源配置线，实现资产集约化、财务集约化和供应链集约化，实现与成员单位的集约化运作和标准化作业。图 15-1 所示为集团资源管控设计思路示意图。

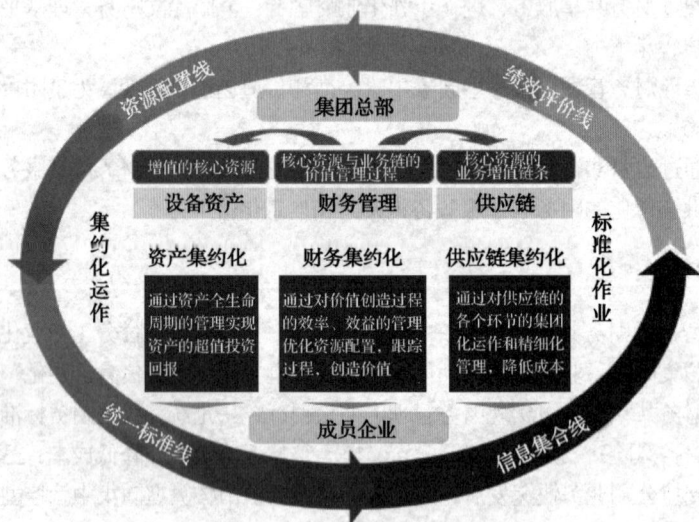

图 15-1　集团资源管控设计思路

1. 标准先行，整体规划

管理标准和流程规范的统一是财务管理系统构建的根本和精髓，也是解决公司内部单位之间、地域之间管理差异的重要途径。公司应建立内部一体化的财务运作模式，对财务一体化管理各项措施的落实提供有力保障。

远光软件进行财务共享建设首先要清晰规划，明确财务共享服务的定位，使财务共享与其他财务职能协同，然后从组织人力、共享流程、信息系统、场地设计和运营管理四个方面进行科学设计，最后规划试点与推广实施上线的策略。

2. 统一平台，集团管控

智控云财务共享服务系统旨在提高集团财务管控能力，构建一体化平台，使财务业务与经营业务在统一的平台上运行。智控云财务共享服务系统是基于远光软件自主研发的 ECP 平台（企业云平台）应用部署的，能支持"云大物移智"的应用。远光软件通过平台的搭建，将集团统一的数据标准、集成规范固化于平台中，实现各财务信息系统间标准化、规范化的互联互通，促进各层级信息系统的深度集成，支撑财务业务数据的共享、融合。

3. 业财融合，价值体现

在财务共享信息系统建设及应用过程中，在满足财务共享业务本身需要的同时，远光软件重点考虑与各项业务的无缝衔接，构建完善的集成体系，通过与研发管理、资产管理、购销管理、报账管理、人资系统等系统间的横向集成，实现成本费用的自动归集、分配及财务与业务深度融合，实现企业价值管理过程可视化、精细化。

（五）建设内容

1. 建设集团统一管控体系

"管控服务型"财务共享，是指将企业分散在各个分子公司易于标准化和规范化的财务业务进行流程再造与标准化，集中处理，降低成本，提高效率。

远光软件在集团应用层面，建立上下贯通的标准管控体系，形成了完整的集团财务管控应用，利用信息手段对财务、业务的管理和控制进行强化、优化、固化，建立公司系统自上而下、纵向贯通的集团财务管控体系，提高了整个集团的管控能力，实现了财务资源集约化管理。

2. 信息系统广泛联通，实现数据共享、业财融合

公司在财务内部高度融合的基础上，实现了财务与业务的全面融合、业务与技术的全面融合。财务业务集成涉及与企业多部门、多业务领域的数据共享。通过集成构建业财一体化信息处理机制，实现业务流程在系统间的有效衔接、财务与业务数据互融互通，为业务、财务部门实现实时协同互动提供保障，具体措施如下。

（1）通过与人力资源系统集成，同步薪酬、社会保险费、公积金、企业年金等支付信息，实现业务与财务信息的实时转换、协同一致，降低支付风险，提高人工成本支付效率。

（2）通过与营销系统集成，交换销售订单等信息，实现基础数据来源唯一，全程共享，实现业务信息向财务信息的自动转换、同步一致，提高工作效率和数据质量。

（3）在报销方式上，应用移动报销、移动审批等工具，实现移动办公、移动审核，提高业务处理效率和员工满意度。

（4）应用自行研发的移动商旅平台，实现对差旅活动进行整体规划与执行全面监控。

（5）业务场景微应用化，即将已有的各类大型信息系统应用场景化，分解成相应的微应用。这方面的典型应用是通过"智税云"建立与税务机构的实时对接。

3. 建设财务共享服务信息平台

以增强财务管理能力，提高运营效率，实现财务转型升级为目的，远光软件智控云财务共享服务构建了会计集中核算、资金集中管理、发票池智能管理、预算集约管控的财务共享服务信息平台，实现集团一本账、资金一个池、预算一张网、成本精细化、一键式出具报表

和报告，保证业财融合财务共享体系的高效运作。图 15-2 所示是远光软件业财融合财务共享服务应用架构。

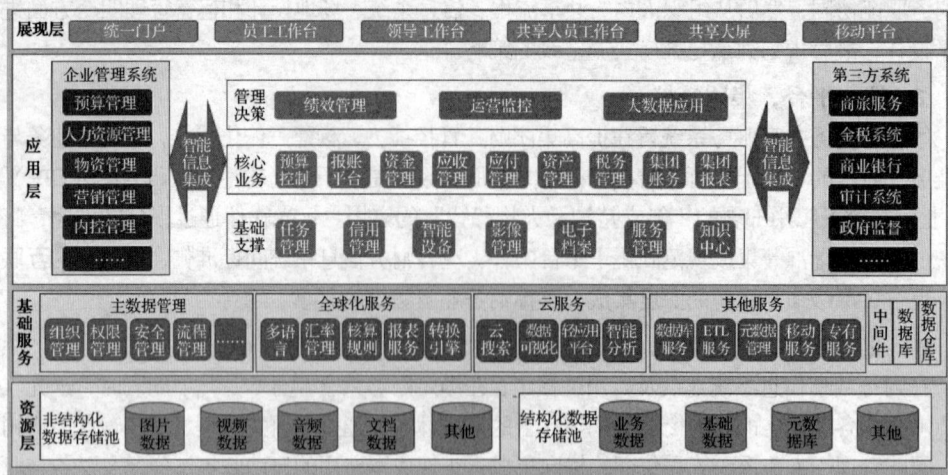

图 15-2 远光软件业财融合财务共享服务应用架构

公司通过业务模块的应用，打通了财务与前端业务，实现端到端的财务管控，进而实现业财高度融合。各业务模块的应用效果如下。

（1）报账平台：通过梳理公司的 16 个大类 86 个小类的业务，借助报账平台落实了各业务的规范要求，进一步固化了报账制度，优化了报账流程，简化了报销核算，强化了预算控制，并借助电子影像技术，进行凭单影像的批量扫描挂接，实现高效的业务处理。

（2）预算管理：实现预算目标管理、标准成本管理、预算编制、预算控制、预算调整、预算分析查询、预算考核的集团预算全过程管理，在日常业务处理过程中，通过强控的方式，实行无预算不执行，进一步强化了预算集约调控。

（3）核算管理：公司通过全集团统一核算体系，进行集中核算处理，与会计科目强弱管控结合，使内部单位通过协同抵销平台，关联业务实时抵销，可用任意口径、在任意时点动态出具财务报表，一键式生成集团合并报表。

（4）资金管理：实现全公司银行账户、银行票据的在线审批管理和监控，保障资金管理基础信息的变更轨迹可追溯，从源头上防范资金风险；通过银企直连，实现在线电子支付，提高业务处理效率。

（5）资产价值管理：涵盖固定资产管理、无形资产管理、投资性房地产管理，实现了资产的全生命周期价值管理。

（6）内控管理：将内控规则绑定至流程节点，利用多种信息化手段，实现内控风险的在线监控、预警、分析；满足集团企业线上开展测评工作的要求，应用系统全自动监测财务风险，增强风险防范的及时性和内部控制能力。

（7）影像管理：影像管理系统为财务共享服务业务集中化、票据影像化、业务流程化提供基础技术平台，提高原始凭证管理规范化，实现各业务系统在线共享，跨域离岸审批，促进财务业务深度融合。

（8）任务管理：任务管理是财务共享服务业务人员进行任务派发和认领的平台，实现任务池管理，通过灵活多样的任务分配规则，实现财务共享服务任务的合理分配和资源的集约调度。

4．引入新兴技术提高标准化业务处理效率

远光软件财务共享服务通过引入人工智能和大数据等新兴技术，使业务处理更高效、更便捷、更智能和更智慧。

（1）财务共享服务+智能硬件。随着技术的进步，公司通过软硬件结合的方式，对传统设备进行改造，进而让其拥有智能化的功能。

（2）财务共享服务+人工智能。近几年来，新技术突飞猛进，特别是人工智能技术迅猛发展，人工智能被引入会计、税务、审计等工作当中，如智能财务机器人帮助远光软件实现智能报销、智能客服、智能审计、智能工作台等相关应用。

（3）财务共享服务+大数据。同质化事务的规模化、规范化处理，产生了大量经营数据。公司基于这些数据，可以提高财务共享服务的运营、服务能力；可通过对关联业务数据的分析，挖掘管理潜力，发现隐藏风险。

（六）创新实践

1. 集权有度、分权有序的创新管控模式

远光软件通过财务政策高度控制、体系高度统一、标准高度集中、信息高度共享，将统一的标准体系下发给各分子公司或驻外分支机构。二级单位数据定期汇总到总部，公司总部可随时查看下级单位数据，做到集权有度、分权有序。

（1）预算一张网。公司通过对公司业务的梳理，建立了预算责任中心 90 个，创建了包含 168 个支出类型的预算科目体系，支持"双流双控"的预算控制模式，同时基于预算控制下的业务流程驱动，自动生成账务凭证，实现业财联动。

（2）集团一键式报表。公司依托一体化财务信息工作平台，进行业务协同的实时处理，对内部交易事项的账务处理环节进行协同处理，使双方记账凭证、抵销凭证同时生成，保证内部往来的自动抵销，形成全公司"一本账"数据，最终实现各会计主体、各法人单位、各汇总口径财务报表由账到表的"一键式"生成。

（3）资金一个池。公司通过加强对账户的管理，目前实现了对 184 个银行账户的资金池的管理。建立应付池和应收池，通过零余额账户实现资金的自动划拨管理，实时上划分公司的收入；区分刚性、非刚性收支，按时间、金额、单位等进行多维配比，实现资金按日排程，提高资金周转效率，降低资金使用成本。

2. 创新的"任务池分工"共享管理模式

远光软件及其分子公司中，除 4 家子公司有软硬件一体的硬件设备生产制造环节外，其他分子公司还是纯软件业务，在管理模式、核算方式上具有较高的趋同性。因此，在进行财务共享服务系统的流程设计时，远光软件确定会计核算不沿用典型的按单位分工的模式，而是按照财务共享的理念，引入任务随机派单模式，建立"任务池"，对纳入财务共享服务中心的线上、线下业务流程，按已经进行了流程重整的业务处理要求和流程节点实施"流水线"作业，促进了会计信息的标准化、规范化。

因为公司有可能设立或并购取得经营形态完全不同于既有分子公司的新公司，所以远光软件在组建财务共享服务系统初期就要充分考虑如何适应今后的发展需要，在财务共享服务人员的任务分派上要有一定的前瞻性或灵活度，因此系统还设计了多种任务分配模式：一是可灵活定义的派工规则，通过设置派工方式、分派数量、任务分派条件，根据不同的管理需要，灵活定义任务分配的规则，为合理分配任务提供基础；二是可进行任务优先级处理，可根据业务的特殊性进行优先排序及处理；三是系统结合多种规则完成任务分配，作业人员可通过自动分配、主动领取的方式从任务池获取任务。

3. 创新的业财融合信息联动模式

远光软件建立了一体化信息共享机制，实现了财务信息与业务信息的协同联动，实时反映财务信息。

一是规范前端业务信息标准，通过制定经济业务处理规范，明确各类业务信息向财务信息转化的标准规范，实现业务信息一次录入、全程共享。

二是业务系统与财务系统实现集成应用，研发、资产、购销、报账、人力资源等部门发生经济业务时，将涉及财务收支的价值信息进行处理后转化为财务信息。

三是财务理念深入业务部门，财务会计工作延伸到每个经营环节和每个员工。

通过再造业务管理流程，协同业务管理模式，财务信息由事后核对转变为事前协同确认。

4. 引入智能设备，实现软硬一体高效应用

远光软件在建设财务共享信息系统时，引入了较多的智能、创新功能，典型应用如下。

（1）智能报账机（见图15-3）

公司每年都有遍布全国的几十个项目组在客户现场从事实施或需求调研、定制开发等工作。这些员工在客户现场办公，需要接入客户内网，要遵循客户的网络安全管理制度，所以公司需要为这些"候鸟型"的员工提供公用的报销设备。这时，智能报账机就成了一个比较好的选择。智能报账机提供"一站式"无人值守的24小时自助服务。

图 15-3　智能报账机

各类费用的快速报销，有利于公司快速收集增值税抵扣额，降低税费支出，同时快速反映真实成本费用，有利于准确控制预算，及时分配公共成本，准确核算内部利润，进而让内部绩效考核有依据。

（2）自动双屏显示（见图15-4）

当单据传至审批岗，相关人员打开单据时，系统会自动把影像显示在另一个显示屏上，方便对照查看，使员工的工作效率明显提高。

图 15-4　自动双屏显示

（3）智能印控仪（见图 15-5）

分子公司等财务人员或核算职能纳入财务共享服务中心后，为避免权责不匹配，财务专用章、发票章、合同章、公章等重要的印章往往会随之转移到共享服务中心。

应用智能印控仪可有效解决远程用印这一问题。具体应用场景如下。

① 在距离总部较近的区域（快递当日或隔日上午到达的），分支机构的公章统一在总部保管。其他区域的机构的公章，通过印控仪管理在当地使用。

② 远离总部的机构，其印章被放入印控仪。印控仪被布置在分子公司或区域中心的办公场所。相关人员通过印控仪远程对分子公司营运活动中的各类经济合同、投标书等进行事前审核。这保证了共享模式下，分子公司的正常运营，同时大大提高了风险防范能力。

③ 公司总部因为集中管理印鉴，也使用印控仪，发挥其快速盖章的优势，同时对分支机构申请用印进行了更详细的登记和审批。

④ 公司领导经常出差，可通过电子审批流程进行用印申请的远程批复，实现远程用印。

（4）智能发票交收机器人（见图 15-6）

公司通过机器人交收发票，有效解决了实物交收过程中的收票人不在、排队等待、票据校验、业务数据核对、交收凭据、票据遗失等问题。

图 15-5 智能印控仪

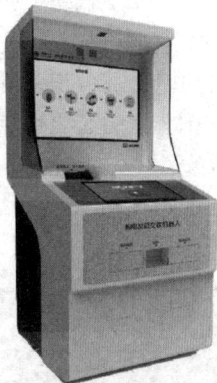

图 15-6 智能发票交收机器人

（5）智能问问（见图 15-7）

智能问问基于语音识别、自然语言处理、机器学习等人工智能技术，结合行业知识库，构建机器人云端大脑，使"人格化"特征越来越明显，提供智能迎宾、人脸识别、情感交互、语音交互、远程操控和业务系统（可定制）六大服务。

图 15-7 智能问问

（6）凭证归档机器人（见图 15-8）

公司每月需将凭证进行归档收集，目前均通过人工完成该项工作。通过综合应用自主移动机器人、机械臂操控技术，远光软件使用机器人替代现有人工执行重复工作，实现机器人收集纸质凭证，收满后转移至周转柜，并将凭证按类型进行存放的自动化处理过程。

图 15-8　凭证归档机器人

其特点如下。

① 机器人代替人工，提高了工作效率，释放了劳动力。

② 自动完成机器人到周转柜凭证移交，无须人工参与。

③ 机械臂灵活操控，自动按类型存放凭证。

④ 集成人脸识别、指纹识别技术，身份识别方便、准确。

⑤ 提升用户体验，办公更智能。

（7）共享服务运营监控（见图 15-9）

远光软件通过大屏实时滚动展示财务共享服务中心的基本情况以及公司财务预算的执行情况、主要经营指标，为业绩考核、财务管理优化提供支持。

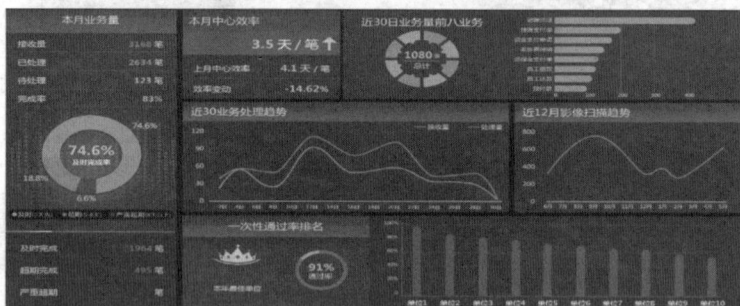

图 15-9　共享服务运营监控大屏

5. 人工智能技术的创新实践

为了让员工实时、全面了解公司的各类流程和制度，远光软件智控云财务共享服务系统将人工智能与财务共享应用相结合，通过智能财务机器人 CiCi（见图 15-10）实现智能报销、智能客服、智能语音搜索、智能查询、智能审计、智能工作台等相关应用，以更简洁、更直观、更趣味的交互模式，进一步提高财务共享相关岗位的工作效率，并且能够实现与员工密切相关的各类财务制度细节的自动解答。

远光软件 RPA（机器人流程自动化）机器人，通过大数据等技术，实现银行回单自动挂接、银企对账等自动化操作。RPA 机器人在后台运作，并不占用操作界面，便于业务负责人处理其他业务。

银行回单机器人（见图 15-11）可以自动登录网银，逐笔下载银行回单 PDF 文档。该机器人将银行回单信息和系统单据信息进行自动匹配，匹配成功后自动挂接（若无法自动匹配，则由人工手工匹配），然后通过邮件通知相关业务人员。银企对账机器人自动登录系统，进入银企对账模块，机器人每月自动获取银行交易信息，然后和企业账信息进行比对，自动生成余额调节表。传递审批后，银企对账任务完成，机器人通过邮件通知相关业务人员进行业务处理。

图 15-10　智能财务机器人 CiCi

公司如果以人员手工处理银行回单，则每月总共耗时 12 000 分钟（共 6 000 笔业务，处理速度为 2 分钟/笔）。如果让机器人自动处理，则每月总耗时 100 分钟，与手工方式对比，机器人总共可节省 25 人/天。银行回单机器人如图 15-11 所示。

图 15-11　银行回单机器人

6. 电子档案管理的创新实践

2016 年 1 月 1 日，财政部、国家档案局第 79 号令颁布《会计档案管理办法》。该办法承认了电子档案的合法性，同时对电子档案的管理提出了明确的要求。

远光软件在设计财务共享服务的职能定位时，针对会计档案实物归档方面也进行了相应的探索和实践。由影像管理岗进行归档前的档案管理，通过应用自主研发的电子档案管理系统，实现档案的信息化的全生命周期的管理。

四、财务共享服务的建设成效

至 2015 年 9 月，远光软件财务共享服务系统已实现在全国范围上线。当前远光软件财务共享服务中心共 27 人，但这 27 人服务了 50 家单位（包括 37 家非独立法人组织、13 家独立法人组织）和 4 000 余名员工。该中心设置了 8 个核心业务组，分别为影像管理组、费用控制组、资金结算组、税费票务组、运营管理组、收入往来组、资产核算组、会计稽核组，覆盖了企业生产经营的大部分业务。

远光软件智控云财务共享服务的建设，从以下几个方面取得了一定成效。

（一）体系构建方面：统一标准、集团管控

财务共享信息系统构建了具有公司特色的"横向集成、纵向贯通"的财务管控体系，推动了财务管理业务的统一规范和体系完善，在整个集团内真正落实了统一标准管理，让财务工作更加透明化。

（二）系统集成方面：业财一体、信息共享

财务共享信息系统在线共享信息。一是集团内各层级单位信息在线共享；二是各业务前端与财务审核衔接，后者是信息共享、业务融合的重点。

（三）风险监控方面：在线预警、决策支持

在建设财务共享信息系统的过程中，远光软件积极采用技术手段，强化对财务风险的管控：通过加强财务共享运营监控，进一步提高日常业务处理能力，构建包含流程、控制点、标准、评价等因素的内控体系，夯实基础，建立机制，持续改进，加强风险的在线控制，实现公司依法合规经营；通过将内部控制关键点融入财务共享服务的业务流程，加强风险监控，规避经营风险；通过将内部控制关键点融入财务共享服务的业务流程，加强风险监控，规避经营风险。

（四）经营指标方面：效率提高、财务转型

具体表现在以下三个方面。

1. 固化业务标准体系，提高处理效率和质量

公司通过前期对财务流程和系统实现流程的梳理，将原来不同组织的共计 912 个的流程减少至 85 个，缩减了 80% 的单据，同时实现前端业务与财务的高度融合，提高了业务处理效率。

员工的报销的过程耗时由原来的平均 8 天缩短到 3 天，制作 1 张凭证的时间由 10 分钟缩短为 1 分钟；全集团合并报表的时间由 3 天变为实时出具；上下级对账的时间由原来的 2 周缩短为 3 天。

2. 固化财务共享运营指标，完善企业内控体系

公司实现了对财务风险的实时监控，将内控审计检查由现场检查变为远程实时监控，提高了财务风险管控能力。

3. 推动财务线人力资源升级，实现管理会计职能转型

通过建设财务共享服务，远光软件进一步优化财务内部组织体系。建设财务共享服务以后，远光软件将财务人员的职能划分为战略财务、共享财务和业务财务三大职能，促成财务部门由事务处理型向决策支持型转变。

专家点评

一、案例背景

在计算机信息软件行业激烈的竞争环境下，远光软件一直以来专注

案例点评

于不同行业的特点，针对客户的管理难题进行深入系统的研究，根据集团客户不同层次需求而量身定制了适宜性产品和服务，用先进的信息管理技术为客户提供一套完整的企业管理解决方案。

（1）基层单位应用类产品：远光软件专门针对中小型企业及集团精细化、标准化、专业化、智能化管理的应用需求而研发，以部署快速方便、应用灵活、实用等特点帮助企业实现高效、快捷、精细管理。

（2）集团应用类产品：远光软件专门针对大型企业集约化、一体化管理要求，以实现企业战略协同、资源优化、信息共享、标准统一为目的，采用统一企业ERP（企业资源计划）管理方法，帮助企业加强控制，有效提高整体竞争力。

（3）战略决策类产品：远光软件专门针对企业及集团，为了实现对企业现状与未来的准确掌控而研发，从全方位的智能商业分析与评估到企业风险的监控和防范，帮助企业提高抗风险能力，保证企业安全、健康、长远发展。

二、案例评价

为了更好地应对内外部不断变化的环境所带来的挑战，远光软件在战略导向、管理模式、信息化建设各方面不断进行调整和变革。在过去的30多年中，远光软件在财务信息化方面先后经历了会计电算化、会计集中核算、业财一体化、财务集约化和智慧财务这五个发展阶段（见图15-12）。

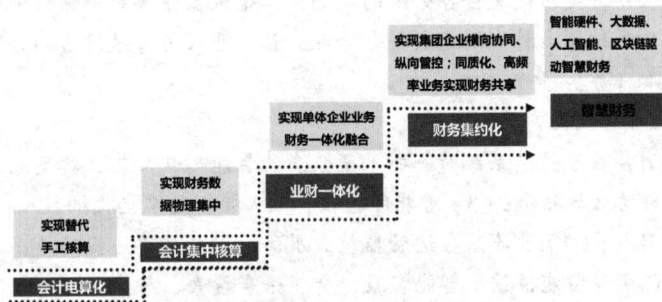

图15-12　远光软件财务信息化发展历程

通过技术创新与理念创新的完美结合，远光软件基于智控云技术建立了会计集中核算、资金集中管理、预算集约管控的"三算合一"的集成式财务共享服务信息平台，大大提高了业务处理的效率和质量，推动了财务转型与升级。综观其实践与效果，主要体现了以下特色：服务对象规模化、财务共享纵深化、分工模式多样化、产品设计智能化、智控服务高效化。

（一）服务对象规模化

与同行业同类企业相比，远光软件的财务共享服务系统的特色是能够适应多管理层级的复杂组织架构下的纵向系统共享要求，所以其服务对象主要是大型企业集团，涉及的行业包括能源、制造、航天航空、高端装备、金融、冶金冶炼、轨道交通、医疗等，同时对政府、科研院所提供服务。例如，远光软件是服务电力行业财务信息化近20年的资深软件供应商，为90%的电力企业提供以财务为核心的企业管理软件及服务。根据对电力行业生产、经营特点的全面深入研究，远光软件为电力行业系统财务和企业管理提供最佳的整体解决方案。远光软件的电力ERP已被全国19个省级以上电力企业实施。远光软件的电力ERP运用"组件化""业务模式数据库"等独创技术，满足了电力企业经营管理的持续优化。除此之外，远光软件还为电力行业及行业外企业提供通用财务软件，如远光新纪元财务软件、远光财务实时信息系统以及远光财务分析系统等，在电网企业和发电企业已实现了大范围应用。

（二）财务共享纵深化

伴随"云大物移智"、区块链等新兴IT技术的跨越式发展，远光软件以增强财务管控能力、提高运营效率和效益为目的，以财务资源的集团化、集约化运作为中心，以建立"一体化运作、标准化运营、集成化发展"的财务共享管理体系为目标，构建了以"岗位分工专业化、业务标准规范化、财务审核集中化、业务处理自动化、档案管理电子化、财务信息透明化"为特征的横向集成、纵向贯通并与其他业务高度融合的财务共享服务信息系统，并在自主研发的ECP平台上应用部署了智控云财务共享服务信息平台。该平台涵盖全面预算管理、资金集中管理、会计集中核算、资产价值管理、内部控制管理等核心功能，推动财务管理职能转型与升级，实现了各财务信息系统间标准化、规范化的互联互通，促进各层级信息系统深度集成，支撑财务业务数据的共享与融合，从而实现集团一本账、资金一个池、预算一张网、成本精细化、一键式出具报表和报告，保证了业财融合财务共享体系的高效运作。

（三）分工模式多样化

远光软件在对财务共享服务系统进行业务流程设计时，引入任务随机派单模式，建立了"任务池"，对纳入共享服务中心的线上、线下业务流程，按已经进行了流程重整的业务处理要求和流程节点，实施"流水线"作业，促进了会计信息的标准化、规范化。同时，考虑到公司业务快速扩展的需要，财务共享服务人员的任务分派还要有一定的前瞻性或灵活度，因此该系统还设计了多种任务分配模式：一是根据不同的管理需要，通过设置派工方式、分派数量、任务分派条件，灵活定义任务分配的规则；二是根据业务的特殊性进行任务优先级排序及处理；三是系统结合多种规则完成任务分配，让作业人员可通过自动分配、主动领取的方式从任务池获取任务。

（四）产品设计智能化

公司在建设财务共享信息系统时，引入了较多的智能创新应用，典型应用包括：（1）智能报账机；（2）自动双屏显示；（3）智能印控仪；（4）智能发票交收机器人；（5）智能问问；（6）凭证归档机器人；（7）共享服务运营监控大屏等。尤其值得一提的是，远光软件通过智能财务机器人CiCi实现智能报销、智能客服、智能语音搜索、智能查询、智能审计、智能工作台等相关应用，以更简洁、更直观、更趣味的交互模式，进一步提高了财务共享相关岗位的工作效率，并且能够实现与员工密切相关的各类财务制度细节的自动解答。

（五）智控服务高效化

远光软件通过综合应用自主移动机器人、机械臂操控技术，由机器人替代现有人工执行重复工作，极大地提高了工作效率。

二、案例启示

远光软件智控云财务共享服务的建设，在以下几个方面具有借鉴意义。

（1）体系构建方面：统一标准、集团管控。

（2）系统集成方面：业财一体、信息共享。

（3）风险监控方面：在线预警、决策支持。

（4）经营指标方面：效率提高、财务转型。

通过上述举措，远光软件在以下方面获得了卓著成效：一是统一优化财务标准、实现集团管控，降低集团财务风险；二是优化资源配置，提高整体运营效率和降低成本；三是支持公司整体经营战略，支持公司业务快速发展；四是推动财务组织由核算型向集中管控型和价值创造型转变，使财务人员成为企业价值的发现者、推动者和创造者，帮助企业提高了核心竞争力。

案例十六 基于智能工厂的管理会计信息化系统建设

南京钢铁股份有限公司

【摘要】南京钢铁股份有限公司是国家特大型钢铁企业和国家级高新技术企业，重点聚焦国防、高铁、海工、新能源、石油石化、工程机械等领域的产品研发，在军民融合领域实现多项突破，是国内目前仅有的两家军工四证齐全的钢铁企业之一，为国家经济建设和国防安全做出了较大贡献。然而，面对新技术的挑战，南京钢铁股份有限公司在生产运营中一直面临着全要素生产效率不高的难点和痛点。针对这一钢铁行业普遍存在的问题，南京钢铁股份有限公司积极响应"中国制造2025"，以"两化融合"和"工业互联网建设"为抓手，全面推进智能工厂建设，开展管理会计信息建设，助推业财深度融合。南京钢铁股份有限公司通过智能装备、智能工厂、智能互联、智能决策四个方面，深化智能制造体系，实现柔性化、智能化生产，在制造端推进生产全流程数字化、信息化、智能化，提高企业高效率低成本制造水平。基于客户端的需求，借助物联网、互联网+、云计算、大数据、电子商务以及智能优化模型等技术，南京钢铁股份有限公司实现客户端和制造端的直接触达，提高运营效率。南京钢铁股份有限公司构建了基于智能工厂建设的业财融合和价值管理的内部报告体系、在风险揭示、预警整改、报告机制之上，可形成资金、成本、库存等专题化、个性化内部管理报告。这对于强化业务的涉财意识，提高公司整体决策支持能力起到了重要作用，达到了以下应用效果：实现精益化管理，提高"智造"水平；实现价值链增值，提升经济效益；实现供应链融合，提升客户体验。

【关键词】智能工厂；业财融合；信息化；报告体系；价值管理

一、企业简介

南京钢铁股份有限公司（以下简称"南钢"）始建于1958年，是国家特大型钢铁企业、国家级高新技术企业，2017年年末总资产377亿元，年产能1 000万吨。先后荣获"全国文明单位""亚洲质量奖""全国质量奖""全国用户满意企业""中国最佳诚信企业""十大卓越品牌钢铁企业"等重要荣誉。2017年，南钢的净利润突破32亿元，主要利润指标在同等规模上市钢企中排名第一，被评为钢铁行业"竞争力极强"（最高等级A+）企业。

南钢重点聚焦国防、高铁、海工、新能源、石油石化、工程机械等领域的产品研发，在军民融合领域实现多项突破，是国内目前仅有的两家军工四证齐全的钢铁企业之一。拥有专利1021件，获得省部级以上科技进步奖32项，承担863等重大科技项目12项，主持或参与制定标准19项。先后参与开采"可燃冰""蓝鲸一号"、第三代核电全球首堆示范工程"华龙一号"、全耐候免涂装藏木大桥等大国重器代表工程的钢材供应。

作者：钱顺江、梅家秀、王芳、黄厚林、汝金同、王伟祥、许葛彬、沈钧祎
案例指导与点评专家：温素彬（南京理工大学）

南钢以"创建国际一流受尊重的企业智慧生命体"为企业愿景，践行"一体三元五驱动"战略，在钢铁产业重点打造世界一流中厚板精品基地及国内一流特钢精品基地、复合材料基地、国防装备用钢基地，着重拓展新材料、绿色环保、智能智造、新能源、航空航天、现代物流等新产业板块。南钢以创新发展、绿色发展、智慧发展、新产业发展为抓手，加快推进转型升级，立志成为中国钢铁工业转型发展引领者，打造管理市值达到千亿美元的全球化高科技产业集团。

二、建设智能工厂的实施背景

（一）响应"中国制造2025"，满足"智能制造"发展工业互联网的需要

当今，在全球范围内，新一轮科技革命和产业变革蓬勃兴起，互联网创新发展与新工业革命正处于历史交汇期，世界各国参与工业互联网发展的国际竞争日趋激烈。对接中国制造2025，发展先进制造业，加快建设和发展工业互联网，推动互联网、大数据、人工智能等新一代信息技术和实体经济深度融合，建设智能工厂，是钢铁产业转型升级的必然之路。

（二）实现产业链融合发展，提高企业竞争力的需要

随着钢铁工业的供给侧改革和市场变化、提质增效步伐的加快，客户体验要求增多，如何触达最终端客户，提升客户体验，是钢铁企业提高核心竞争力的重要手段。南钢通过个性化、网络化、服务化的全价值链的工业互联网建设，打通内外供应链，与客户建立效率最高、成本最优的直接触达新型产业链协同关系，实现业务流、信息流、资金流的全方位融合，推动核心竞争力不断提高。

（三）推动南钢高质量发展，引领行业转型升级的需要

钢铁企业在生产运营中，一直面临着全要素生产效率不高的难点和痛点，主要体现在：设备点分布多且运行效率不高、质量隐患点多且工序流程多以及订单的小批量、多规格影响高效率制造等。

南钢以"两化融合"和"工业互联网建设"为抓手，全面推进智能工厂建设，不断推动业财融合，在行业内率先推进工业互联网建设，以客户端需求构建需求数据，以客户需求数据为导向，推进高效率低成本制造和产品全生命周期管理，打破组织内部以及外部已存在的业务孤岛、信息孤岛，提高企业精益研发、精益经营、精益制造的智能制造能力，实现南钢全要素生产率的提高；全面提升客户体验，提高客户满意度，推动发展的质量变革、效率变革和动力变革，实现南钢高质量发展。

三、管理会计理念的应用情况

南钢为了更好地适应日趋激烈的市场竞争并不断挖掘其生产潜力，将量本利分析法、标准成本法、差异分析法等科学管理分析手段逐步引用到南钢会计工作中来，且经过多年的实践发展后，逐步形成了管理会计体系。这在南钢管理会计成为同财务会计并驾齐驱的会计分支，在协助管理层完成战略决策、制定合理经营目标、搭建完善绩效考核等方面都起着重要的推动作用。

为全面提高公司精益运营水平，南钢实施全面预算管理。南钢按照自身的发展战略，确定

年度经营目标，逐层分解并下达，以一系列的预算、控制、协调、考核为内容，自始至终地将各单位经营目标同公司发展战略目标联系起来，对每个单位经营活动全过程进行控制和管理，对实现的业绩进行考核与评价。

为优化成本核算，南钢引入先进成本管理理念：以业财融合为抓手，以助推公司降本增益为目标，强化管理对标，完成特钢事业部精整线和高线厂坯料修磨作业成本法试点并推广应用，提高了成本核算和管理水平。

南钢推动合理库存管理，挖掘库存数据背后存在的问题，推动合理库存管理，降低库存跌价损失风险，有效推进业财融合。南钢通过完善物料管理系统、原燃料管理系统和产销存管理系统的模块设计，加强信息系统管控，准确采购入储、消耗发出、均衡入库、均衡消耗，实现"日清月结"。

四、智能工厂的建设目标和路径

（一）智能工厂的建设目标、指导思想和推进原则

1. 建设目标

南钢智能工厂的建设目标是以客户驱动，实现"设备自动化、业务信息化、服务网络化、运营智能化、信息互联化"，即在现有信息系统基础上，借助物联网、互联网+、云计算、大数据、电子商务以及智能优化模型等技术，面向钢铁产品全生命周期，以提质增效、高效协同为中心，构建集智能装备、智能工厂、智能决策、智能互联于一体的智能制造体系，实现产品规模化生产与定制式制造相融合的钢铁智能化制造，实现上下游供应链信息的交互、网络协同设计以及产品的终端加工协同（见图 16-1），满足客户个性化定制需求，提高品种高效研发、稳定产品质量、柔性化组织生产、成本综合控制、快速分析决策、产业链资源整合、个性加工配送等能力，提高南钢核心竞争力，实现绿色转型、高质量发展。

2. 指导思想

南钢在建设智能工厂时的指导思想是：由注重公司内部资源计划管理的ERP 向注重公司内外部资源管理的后ERP 时代转移；通过南钢工业互联网建设，全面整合采购、销售、金融、物流、技术、运营等多方资源；践行高效率低成本制造和运营；打通公司内外部供应链，实现互联互通；增强用户和相关方全过程体验；智造"JIT+C2M"多方共赢生态圈。

图 16-1 南钢工业互联网建设的整体思路

3. 推进原则

南钢推进智能工厂的建设工作时，所遵循的原则是：以"整体规划，顶层设计；博采众长、经济先进；重点突破、示范带动"为原则。第一，对内推进钢铁全流程智能智造，通过打造智能设备、智能工厂、智能互联、智能决策，实现南钢智能制造的协同化、微制造、低成本。第二，面向外部价值链延伸，打造开放的生态平台，实现协同研发、订单互联生产和个性化服务，提升客户体验并提高服务解决方案水平，进而推进内外互联互通的工业互联网建设，促进资源

的高效配置和利用。

（二）智能工厂的建设路径与流程

南钢从智能装备、智能工厂、智能决策、智能互联四大路径深化智能制造体系（见图16-2），实现柔性化、智能化生产，为客户提供个性化定制服务，在制造端推进生产全流程数字化、信息化、智能化，实现基于客户个性化需求的精益制造、敏捷制造、精准配送，提升客户体验，提高企业高效率低成本制造水平。

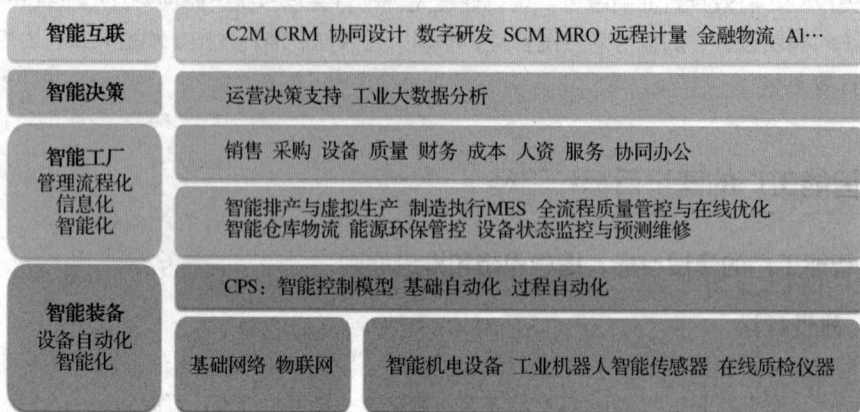

智能互联	C2M CRM 协同设计 数字研发 SCM MRO 远程计量 金融物流 AI…
智能决策	运营决策支持 工业大数据分析
智能工厂 管理流程化 信息化 智能化	销售 采购 设备 质量 财务 成本 人资 服务 协同办公
	智能排产与虚拟生产 制造执行MES 全流程质量管控与在线优化 智能仓库物流 能源环保管控 设备状态监控与预测维修
智能装备 设备自动化 智能化	CPS：智能控制模型 基础自动化 过程自动化
	基础网络 物联网　智能机电设备 工业机器人智能传感器 在线质检仪器

图16-2　智能工厂的建设路径

1. 推进智能装备建设，实现作业效率提高

（1）设备在线监测

南钢通过与点巡检设备、在线监测设备、ERP、MES、L2、L1 等系统的数据接口，实现全厂设备的全生命周期管理及产线在线设备 100%的联网率。该系统包括设备编码的建立与维护、设备履历的建立和维护、日常运行状况监测、点检信息自动记录、异常状况识别、检修计划制定、检修流程确认等内容。

（2）产程在线监测

南钢通过产品产程传感器和设备充分把控产品过程信息，通过无线射频识别（Radio Frequency Identification，RFID）等手段进行产品产程标识，把控产品的制程数据和信息，实现产品制程全过程监测。南钢已全面实现了板材和特钢系统的产品标识控制管理，对生产过程中的工艺数据自动采集，生产信息的趋势查询，生产信息的工艺路径和明细信息的查询，关键工艺参数的实时预警，满足了生产过程质量、产品质量的控制需求。

（3）产品质量分析管控

南钢以客户的标准为标准，制定个性化的质量内控标准，并运用在线和离线的质量分析手段进行产品性能预判、工艺过程质量控制、质量风险管控。例如，在坯料检验环节，实现坯料低倍检验系统管控。板材分段配送的坯料，通过对坯料的低倍数据进行采集和自动分析，超过低倍判定级别的，系统将自动限制，不能轧制定制化板材，以确保分段配送板材质量。

（4）工业机器人应用

南钢于 2017 年成功研发出炼铁无水炮泥包装码垛机器人、无人抓渣行车、测温取样机器人、精整探伤样棒库机器人、连铸加保护渣机器人、棒材焊标牌机器人、板坯喷号机器人、力学拉伸试验机器人、力学冲击试验机器人等多具有冶金行业代表性的机器人系统。相关机器人产品覆盖炼铁、炼钢、连铸、长材、板材、检化验等工序。冶金机器人能够胜任热、脏、累等岗位工作，能够长时间不间断运作，提高作业效率。

2. 推进智能管理，实现全流程智能化作业

（1）智能化生产管理系统

南钢将信息技术、物联网技术、数据分析及云计算、智能机器人等广泛应用到制造流程、生产管理、能源环保管控、设备管理、质量管理等环节，搭建包括合同评审、企业资源分配、智能材料设计、质量设计与管控、高级计划排产、动态生产排程、全流程生产进程跟踪等内容的智能生产管理系统，为智能制造、柔性制造的推行提供了管理基础。

（2）建设"在线定制+离线深加工"的定制平台

南钢在工业互联网条件下，以客户为中心，以智能制造和精益制造为基础，通过产品组合服务来打通产业链，建立了数据管理、网络传递、个性定制、平台经济的互联网+新商业模式，实现线上线下协同与用户交互，构建价值链增值的 JIT+C2M 生态系统。

南钢实施全流程信息化管理，颠覆传统的机械加工营销模式。用户将个性化加工需求信息，包括 CAD 图纸、技术需求等信息全部存入平台。这些需求信息经过平台审核，形成个性化订单。加工图纸的技术要求和生产计划通过平台传达到加工的切割、打孔等每道工序，相关结果实时反馈回三级系统，实现加工的成本核算、工序时间控制等系统自动管控，实现耐磨配件加工过程的智能制造。钢板的切割、锯割、打坡口、钻孔、抛丸、喷漆、打包等工序全流程信息化管控。专业的智能化设备包括数控加工中心、数控切割机、打坡口机器人等。

（3）钢铁全流程质量管控与在线优化

在 ERP、检化验、过程工艺参数采集等既有信息化系统基础上，南钢通过钢铁全流程质量管控与在线优化，对制造过程的产品质量、工艺参数等数据进行全面采集，实现全流程的实时工艺参数监控、质量的预测、在线评级、判定、追溯分析与异常定位分析；通过工艺过程细节对比，精准定位质量问题，为质量判定与优化等提供支持；通过钢铁全流程质量管控与在线优化，变"事后抽检"为"事中实时管控或事前控制"，以集成化的信息共享平台推进管理精细化，提高产品质量稳定性和定制化服务能力，进而提高公司产品的持续竞争力。

3. 推进智能运营，实现高效协同智造

（1）智能设备一体化运作，提高高效率制造水平

南钢依托工业互联网的建设，突破传统制造业设备单一孤立存在的形式，实现设备系统全面的串连成一体化运作新形态，打破设备孤岛信息，实现设备高效率生产。

（2）大数据深度挖掘，提供管理决策支持

南钢依托已形成的信息化系统优势以及大数据分析技术，建立了以采购、生产、质量、销售、财务等为主要内容的大数据分析平台。该平台可对南钢经营绩效状况进行科学分析与直观展示，使重点绩效指标与行业及竞争对手对标，进行定制化报表快速、便捷的产制，分析与预测功能架构搭建；实现重点绩效指标"红黄灯"预警，及时发现经营中的短板问题，为管理决策提供支持。

（3）实现"三流"合一，实现精益经营

南钢通过 ERP、MES、物流系统等的融合，实现接单系统、录单系统、排产系统、生产系统以及仓储物流系统一体化运营，实现物流、信息流、资金流的全方位融合，重塑产业链、供应链、价值链，极大地促进了自身的效率经营、精益经营。

成本效益预测系统利用各工序维护成本耗用指标，汇算各工序或产品耗用量及金额，再依据成本结转顺序，计算中间产品以及钢材品种规格组矩的生产成本，并产制按预测成本结构的生产成本报表；同时，根据正品材及余材销售价格，以及成本预测结果，计算外销钢材、外销钢坯的收入、成本、毛利及利润，自动生成利润计划表和月度利润计划下达表（见图 16-3）。

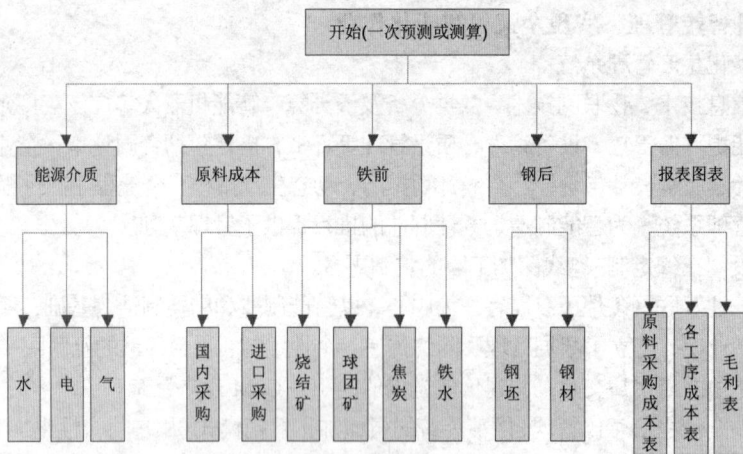

图16-3　成本效益预测计算架构图

4. 推进智能决策，为智能决策提供依据

成本效益预测与分析是南钢生产经营决策的重要手段之一。南钢ERP前端业务系统（购储运、产销质）已上线运行12年，其成本系统已上线运行10年。这些系统积累了大量的数据信息。南钢原来的成本预测仍依靠手工操作，效率低，与系统数据资源嫁接不充分，准确率不高，无法满足决策需求。

南钢为加强ERP系统数据应用，提高成本效益预测的及时性和准确性，同时为后续公司预算管理系统开发和打造南钢智慧生命体2.0版本奠定基础，最终实现对生产经营的实时监控和智能决策的目标，由财务部牵头推进成本预测系统建设。该系统涵盖月度动态计划、铁水成本动态跟踪、月度动态完成分析三大功能，以ERP成本系统为依托，进一步促进财务与业务融合，构建了一个动态预测、对比分析一体化的全方位成本效益预测系统，提高预测的及时性和准确性，为公司决策提供财务数据信息支撑。

整体架构如图16-4所示。

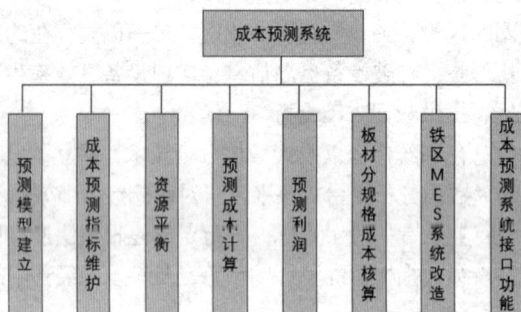

图16-4　成本效益预测系统的架构

五、智能工厂的功能与保障体系

（一）智能工厂的整体设计

南钢以个性化定制为主攻方向，以新一代信息技术与钢材生产制造、财务管控等内容深度融合为主线来建设智能工厂。南钢通过智能工厂建设，实现柔性化、智能化制造，提高了其自身的生产能力，增强了钢铁企业的财务管控能力，持续提高了企业盈利水平。南钢智能工厂对

产品研发、生产管理、质量分析、过程控制、设备管理等系统，以及电子商务平台、信息基础设施等进行了全面的升级改造，实现了从铁水预处理、炼钢、连铸、轧制至配送加工的生产全流程的智能化，同时将财务管控与实际生产工序环节进行紧密融合，促进生产日清日结，不断增强财务对生产过程的跟踪、监管与指导能力。在组织、制度、人才、技术、文化等有力保障下，南钢通过对智能工厂的持续打造，提高智能研发、智能生产、智能物流、智能服务、智慧决策能力，达到实时服务、运营可视、决策智能、价值最大化等目标，不断推动商业模式创新，促进其自身由传统制造业向先进制造服务业的转型升级。南钢智能工厂的整体框架如图 16-5 所示。

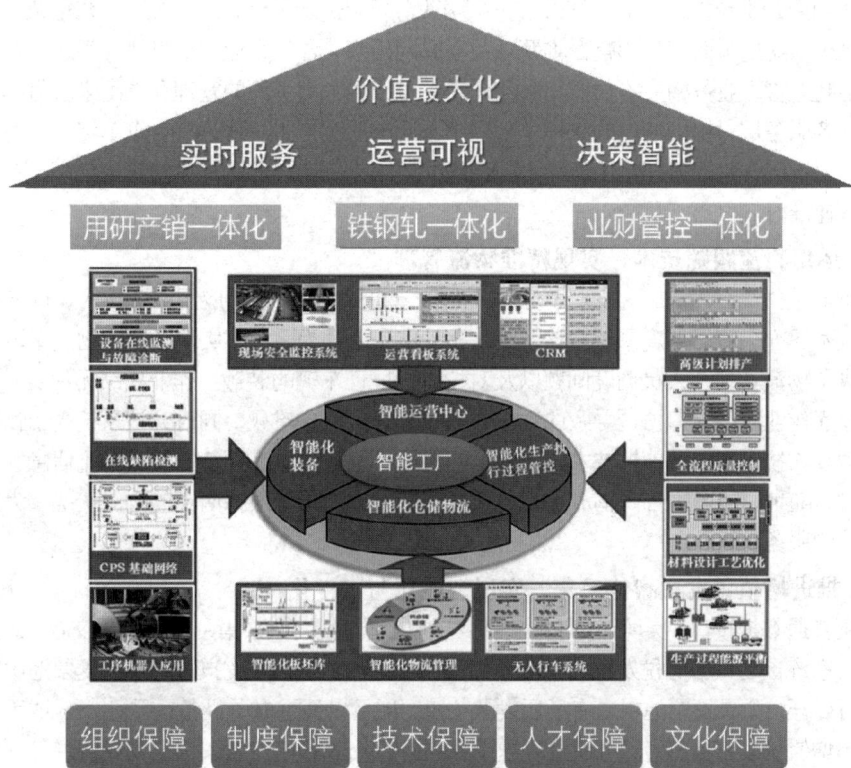

图 16-5 智能工厂的整体框架

（二）智能工厂的功能设计

基于客户端的需求，南钢借助物联网、互联网+、云计算、大数据、电子商务以及智能优化模型等技术，实现客户端和制造端的直接触达，"智造"客户端最佳体验和制造端的最佳制造模式。

1. 钢铁全流程协同制造，实现高效率低成本制造

基于 JIT+C2M 模式的工业互联网平台建设，南钢在内部构建一个全面集成原有系统，以解决因工艺复杂、设备庞杂、计算机系统繁杂而出现的整合难题，完成公司级系统、分厂级系统、机组过程控制级系统的多层次、跨平台大规模异构计算机系统的改造与集成，实现覆盖全部钢铁产线的信息实时处理与在线制造过程的无缝衔接。在实现钢铁协同制造的过程中，南钢整合了多制造基地内所有产线的信息资源，在线实时收集、处理制造全过程所有结构化及非结构化的高频质量数据，充分利用历史与在线积累的海量数据，实现生产性变革和高效率低成本制造。

2. 全程供应链可视化跟踪，提升客户体验

南钢从客户价值出发，以提高产品附加值、提高服务效率、降低客户使用成本为导向，全

面改善客户体验，提高差异化竞争能力。南钢利用新一代信息技术实现与客户系统的对接，用客户的订单需求和生产计划直接驱动南钢内部的制造过程；通过供应链实时掌握用户的生产情况，实现自动的、精确的订货量计算；按客户需求进行质量、生产、钢铁工艺过程的全自动设计，并对客户订单进行全程供应链可视化跟踪。这样，客户能通过协同供应链，实时跟踪订单在南钢的生产情况，使自身的库存降低，最终实现零库存生产排产，同时南钢也可为客户提供制造全过程的质量数据，为客户创造价值。

3. 制造云平台技术，实现高效协同

运用制造云平台技术，南钢打造了一个钢铁协同制造云平台，以解决因工艺复杂、设备众多、计算机系统庞杂而产生的整合难题以及互联网用户、合作企业的信息协同问题。在制造云中，与各制造管理业务相关的功能和服务是通过对云中各类资源的管理和调配来获得的。协同制造云中各服务层对协同制造的支撑呈现以下不同的服务方式：通过整合订单资源、整合产线资源，实现不同订单的协同化生产和不同产线的协同化制造；促进订单的快速生产，实现合同兑现的快速准时。

4. 运用物流跟踪技术，实现精准物流管理

南钢通过集成应用 3G 技术、移动中间技术、GPS 技术、移动应用终端技术、Java Web 运算平台技术建立了智能调度系统。该系统以移动电子处理为手段，实现了动态物流车辆调度管理，解决了物流计划、人员调度问题以及对持有进厂证车辆的装载、作业实绩无法实时掌控、收发货仓库作业时间窗口协调导致的物流作业效率低的业务难题。同时，该系统基于物联网技术、移动互联技术、电子单据技术，集成了制造厂、贸易公司等环节的实时物流信息，向客户提供随时、随地、随需的合同物流可视化跟踪，使客户能随时跟踪南钢的物流状况，为客户提供了便捷的服务。

5. 推进增值税发票智能采集，实现智能化与可视化

南钢打通数据接口，实现现有 ERP 平台与航信增值税发票采集系统的数据交互，通过发票智能采集系统自动将增值税发票信息传递到 ERP 系统。ERP 系统报账时挑选发票池中的发票信息进行处理。如果发票池中未有纸质发票信息，则可以通过电子设备、手机 App 或手工录入方式采集增值税发票信息。另可通过电子设备、手机 App 扫描的发票信息到增值税发票采集系统验证发票真伪。该项目的上线，达到了以下效果。

（1）增值税发票采集与 ERP 无缝对接，提高业务人员工作效率和准确性。

（2）通过系统预警提示和统计分析增值税发票的状态，提高增值税发票的认证抵扣效率，进一步促进管理水平的提高。

（3）增值税发票采集系统为后期实现线上审批创造条件。

6. 整合财务系统，实现财务业务一体化运行

2018 年以前，南钢的财务信息化管理主要由 ERP 系统和用友 NC 系统（以下简称 NC 系统）共同执行，其中，ERP 系统进行业务数据收集，通过接口向 NC 系统进行抛账，由 NC 系统完成总账会计业务。经过近十年的应用，这种系统架构已经不能满足南钢"一日关账"的管理需求。因此，推进财务系统整合，打破"双系统"格局，实现财务与业务紧密结合、实物流与资金流高度统一、系统资源与人力资源有效配置，是促进财务信息化水平提高的不二之选。南钢通过在 ERP 系统平台基础上，新建 ERP 会计系统（系统框架见图 16-6），实现货款系统、结算系统、购运储系统、应收系统、应付系统、票据系统等 ERP 财务业务一体化整体集成，所有财务数据均从业务源头采集，各业务系统在业务发生过程中，依会计系统要求的统一接口格式向会计系统进行自动抛账，提高财务业务一体化运行效率。

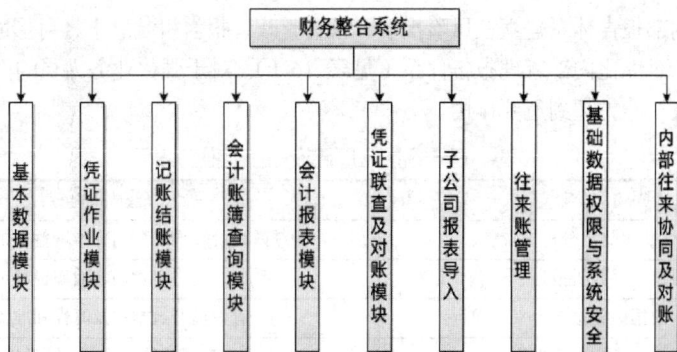

图 16-6 南钢财务整合系统框架

7. 搭建报支移动在线智能审批平台，使管理变得高效、智能

按照原有制度，出差报销申请在协同 OA 系统中完成，报支单在 ERP 应付账款系统（AP）中进行报支。同时，其他业务的报支在采购在采购系统、工程报支在工程系统、维护费用在合同报支系统等中进行。另外，所有报支单、付款单目前都是线下审批，无法保证审批人实时快捷处理这些业务，导致流程不畅，甚至因时效性问题造成一定的损失，所以财务部牵头组织推动差旅费及其他报支移动在线审批项目，将现有系统移动化、便捷化、智能化。用户随时可以抓住关键业务点，提高整体的工作效率。

南钢首先在 ERP 系统中建立差旅费自动审核系统，即根据城市等级和员工职务序列，实现交通工具席别、住宿费标准和公杂费补贴的自动计算和审核，大大减轻了报支人、审核人的工作量。此外，南钢在 ERP 系统中增加了报支单、付款单 ERP 线上审批以及手机端审批功能，减少人力、物力的支出，提高了审批人员的工作效率。整体系统架构图如图 16-7 所示。

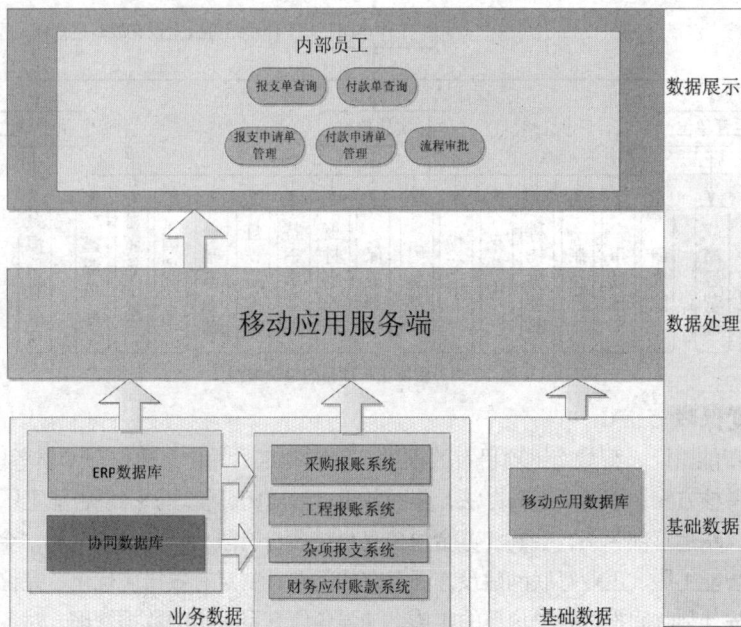

图 16-7 报支系统架构图

（三）基于智能工厂的业财报告体系

随着智能工厂建设工作的推进及信息化水平的不断提高，南钢基于智能工厂建设的业财融合和价值管理的内部报告体系对公司的规范运营、价值创造发挥着重要的作用。面向业财融合

和价值管理的内部报告体系建立在风险揭示、预警整改、报告机制之上，可形成资金、成本、库存等专题化、个性化内部管理报告体系（见表 16-1），对于强化业务人员的涉财意识、提高南钢整体决策支持能力起到重要作用。

表 16-1　　　　　　　　　　　基于智能工厂建设的业财报告体系

报告名称	管理价值
成本效益预测及分析报告	为绩效评价和推动公司降本增益提供决策依据
合理库存分析报告	促进存货周转效率提高
数据稽核报告	有效提升数据的及时性和准确性
物料消耗指标预警报告	自动判断指标异动情况，降低生产成本
资金计划执行报告	有利于加强现金流管控，提高资金使用效率
……	……

（四）智能工厂和业财融合保障体系建设

1. 组织保障

为稳步推进工业互联网建设，打通面向客户端的互联互通平台，突破数据集成、平台管理、建模分析、智能制造等关键技术瓶颈，南钢成立专业的工作小组（具体组织架构见图 16-8），以推进项目，为高效推进工业互联网建设提供组织保障。在项目推进过程中，南钢实行周例会制，要求相关人员汇报项目推进进度和需要协调的问题，并总结和评价季度、半年度、年度项目建设效果。

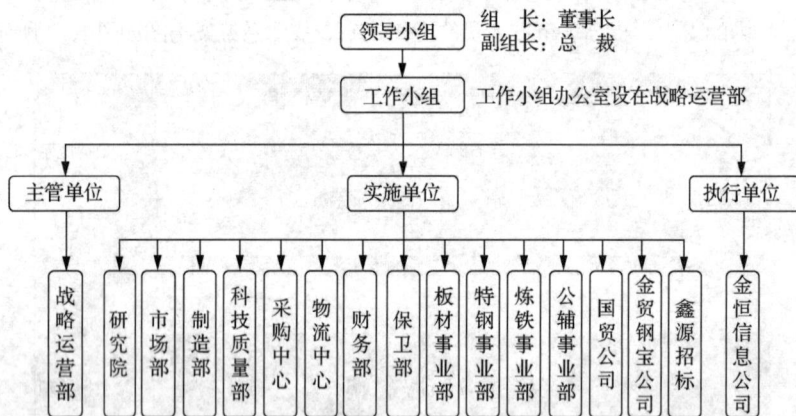

图 16-8　智能工厂项目的组织架构

2. 制度保障

为确保智能工厂、智慧南钢项目有效推进，南钢制定了《信息化提升专项考核方案》《重大创新项目考核方案》等专项考核办法，奖罚并重，形成闭环管理。围绕智能工厂整体建设目标，南钢由战略运营部牵头，会同江苏金恒信息科技股份有限公司（以下简称"金恒公司"），识别目前在智能工厂、工业互联网建设方面存在的问题，制定有效措施优化、完善或增补信息系统，严格按计划时间推进各子项目的实施，加强各信息系统中的数据管理，对各项数据的真实性、准确性、及时性负责。

3. 技术保障

南钢构建了以 ERP、MES、EMS、协同办公、C2M 云商平台、成本效益系统、数据稽核系统、费用智能审核系统等为核心的整体信息化体系，对业务运作、财务管控、经营管理等方面起到了重要支撑作用。为更好地支撑业财融合过程，南钢自主开发了全流程全生命周期的可视化管理系统，该系统分为入单跟踪、进程跟踪、工序跟踪和仓储管理 4 个功能模块，对从订单录入开始至产品发运完毕的全流程进行跟踪指导。同时南钢通过财务系统对全过程进行成本跟踪和效益预测，持续对生产过程进行优化指导。

4. 人才保障

为了加快智能工厂的建设，持续推进业务和财务的深度融合，南钢专门成立金恒公司，全面支撑南钢智能制造体系的建设，并对外提供信息化服务。金恒公司经过近几年的快速发展，已成为国家高新技术企业、国家级首批两化融合咨询服务机构和明星服务商。金恒公司可为客户提供信息化、自动化、IT 规划与两化融合咨询、工业机器人、智能化产品及系统集成等技术服务与整体解决方案。金恒公司现有员工 502 人，技术及研发人员占比 81%。员工中，享受国务院特殊津贴的员工 1 人，中钢协特聘专家 2 人，ORACLE 数据库大师 1 人（OCM），数据库专家 8 人（OCP），PMP15 人，国家级两化融合咨询师 33 人，信息系统集成项目管理工程师38 人。

5. 文化保障

南钢业务财务的一体化融合，牵涉南钢所有生产厂和部门，只有突破业务与财务之间的组织边界、专业边界，将与"业财融合"相关的公共要素整合在一起，在统一的管理构架下运行，才能更好地为实现公司价值最大化目标提供助力。

从单方面的以生产制造和财务管理各自为中心，到业财深度融合，南钢首先需要思想和认识的统一。南钢加大宣贯"创建国际一流的受尊重的钢铁企业"的企业愿景，提倡"Meltplant"的融通精神，提倡"合创文化"（见图 16-9）。

南钢通过文化引领、专业培训、主题活动等多种形式，培育和强化共同的愿景和价值观；强调无边界的融通，不但注重倡导内部业务和财务的"融通"，把各个业务平台的生产资源和财务资源全面整合，实现智慧倍增，同时注重倡导外部子公司的"融通"，

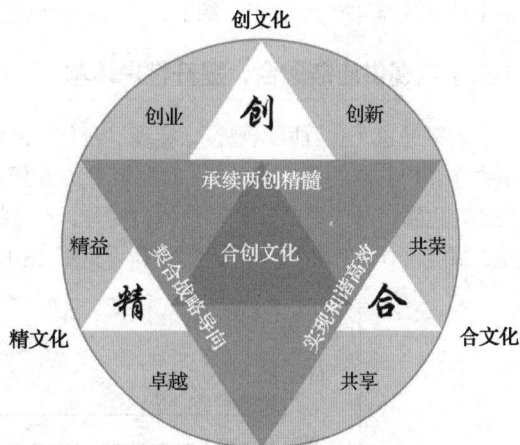

图 16-9　南钢的合创文化

通过构建财务共享平台，实现资金、成本效益、会计核算等方面资源的集中管控；通过整合一切内外部资源，并配套管理精细化、财务智慧化，不断提高企业的综合竞争力。

六、南钢智能工厂引领业财融合的实施效果

（一）实现精益化管理，提高智造水平

促进产品和质量创新：工业互联网在提高劳动协同效率的同时，减少了管理者充当紧急事件"救火员"和协调事务的工作时间，使管理者能将更多精力投入提升服务质量和产品及优化工艺研发工作中，从而推动管理创新、产品创新。同时，南钢实现质量计划与能源计划和生产计划同步，质量全程跟踪，且质量数据可追溯生产全过程数据，促进了产品质量的提高。

提供准确决策依据：通过工业互联网，上层决策变化可快速传递到下层，而下层情况也可及时被反馈到上层。及时、准确、形式丰富的数据交互及数据的深层次挖掘，为公司决策提供了更好的依据。

提高协同工作效率：南钢以信息系统作为信息传递和协同工作平台，优化流程，使业务工作衔接更加流畅，减少重复工作、人力成本与时间成本，提高劳动生产率。

实现知识管理的共享：信息传递和获取更准确、及时，生产经营计划和能源计划等高层管理决策，被系统分解转换为更具体、细致的计划，使管理人员提前看到生产和运营的发展趋势，从而实现优质增效，实施高效协同的管理。企业借助信息系统可以帮助个人和团体缩短决策时间、降低工作难度、减少人为差错、增加员工成就感、提高员工满意度和振奋士气、提升员工工作品质、提高决策质量等。

（二）实现价值链增值，提升经济效益

南钢基于个性化、网络化、服务化促进全价值链的工业互联网建设，通过信息技术直接触达终端客户，实现产业链延伸，进而实现价值链增值以及公司的精益经营、精益智造，提高企业的盈利能力和降本能力。2018 年，南钢定制配送业务量累计达 98.7 万吨，实现毛利 97 942 万元，每吨增益 129.8 元，累计增益额 1.28 亿元；在离线深加工配送（如高精度切割、异形件切割、打坡口、打孔、焊接、表面处理、机械加工、包装）等方面，南钢的加工及定制配送费为 150 元/吨，年产量 80 万吨，实现年效益 1.2 亿元；在间接经济效益方面，人力成本每年可减少 399 万元，维修费用每年可节约 1 500 万元；能减少原材料、能源损失，提高成材率等，带来经济效益 470 万元/年。综上，工业互联网建设全年创效 2.72 亿元。

（三）实现供应链融合，提升客户体验

南钢通过工业互联网建设，实现平台化、网络化精准营销，打通公司内外供应链，增强了南钢和客户共同的市场竞争力，通过转变合作模式，实现产业链融合、协同设计、数据交互等功能，达到资源信息共享和客户体验提升，持续提高客户满意度，促进制造企业和客户的可持续、深度合作，客户满意度逐年攀升（见图 16-10）。

图 16-10　2013—2018 年南钢用户满意度

依托 JIT+C2M 新模式，南钢先后被工信部评为 2018 年智能制造试点示范、2018 年制造业与互联网融合发展试点示范、2018 年制造业"双创"平台试点示范以及 2018 年工业互联网 App 优秀解决方案。南钢打造的 NILE 工业互联网平台被评为江苏省首批重点工业互联网平台，并入选《垂直行业工业互联网架构白皮书典型案例》《2018 全国供应链电子商务百佳案例》；打造的热风管无线测温系统测试床被纳入江苏省工业互联网 App 测试床名单；打造的第二炼铁生产车间、中厚板卷生产车间、特棒生产车间、宽厚板生产车间均被评为"江苏省示范智能车间"。南钢被评为江苏科技创新及高质量发展优秀企业和江苏省两化融合优秀企业。

七、经验总结

（一）存在的问题

（1）财务部门提供的决策方案主要是从财务角度入手，单从成本和利润角度进行数据分析，未能考虑公司决策者之间的联系与制衡关系，重点依赖于财务数据形成的定量分析，未能将外部环境对公司战略发展的影响考虑在内，导致管理会计工作难有跨越式发展，仅仅局限于公司某一区域内的数据，不能纵观全局，无法为公司高层提供更为科学的决策依据。

（2）在大力推进"互联网+"的时代，南钢已经将生产制造、经营管理等方面的智能制造推到一定的高度，已处于行业前列并得到各级政府部门的高度认可。但目前针对管理会计方面的软件系统相对较少，且已有的管理会计方面的软件系统大多无法实现管理会计对公司生产全过程的跟踪与监管，从而无法进一步提高管理会计对生产过程的指导能力。

（3）目前，财务人员对生产过程的认知较少，无法从业务角度分析财务，从财务角度指导业务。南钢现有会计人员的素质与管理会计要求的有一定差距，缺乏业务与财务相融合的综合性人才，难以助力南钢全面实现业务与财务的深度融合，也难以持续、有效提高南钢的核心竞争力。

（二）经验介绍

1. 领导重视是业财融合的保障

公司管理层的重视程度将直接影响管理会计工作的推进、管理会计体系的建设。管理层应在决策时更多地运用管理会计方法，将管理、战略、业务、财务进行多维度结合，从而做出科学有效的决策。

2. 团队建设是业财融合的基石

管理会计相较于财务会计，无论是在专业知识还是在思维能力上对相关人员的要求都更高。人是管理会计项目的实施者，是推动、推进管理会计发展的基础和保障。故此，以人为本打造一支具有业务运营能力、管理会计思维和全局视野的管理会计团队，是公司管理体系建设的重中之重。

3. 系统建设是业财融合的纽带

公司通过搭建业财融合的信息桥梁，建立业财之间的信息传导机制，充分发挥信息化管理手段的高效规范作用。通过全面梳理和优化现有财务系统和业务系统，打通业财系统之间的壁垒，全面支撑业务数据自动生成财务数据，使财务数据穿透到业务数据中，为业财融合提供更好的系统支撑。

专家点评

一、建设的背景和概况

（一）管理难点

钢铁行业是国家重要的原材料工业之一，在我国经济建设中起着举足轻重的作用。但是，钢铁行业普遍存在着行业集中度低、生产专业化程度低、市场竞争日益激烈、平均技术装备水平过低、结构不合理、产品结构性失衡等突出问题，总体效益仍然不容乐观。统计局数据显示，至2018年年底，我国钢铁行业规模以上企业达5 138家，其中，亏损企业数量达1 100个，占比为21.4%。2018年，钢铁行业亏损企业亏损总额累计达293亿元。

南钢是国家特大型钢铁企业和国家级高新技术企业，重点聚焦国防、高铁、海工、新能源、石油石化、工程机械等领域产品研发，在军民融合领域实现了多项突破，是国内目前仅有的两家军工四证齐全的钢铁企业之一。南钢在生产运营中一直面临着全要素生产效率不高的难点和痛点。

近年来，供给侧结构性改革和"三去一降一补"政策以及国务院出台的一系列化解钢铁过剩产能的财税金融政策，为钢铁行业摆脱困境提供了历史机遇。大数据、人工智能、移动互联网、云计算等新技术对钢铁行业的发展带来了严峻的挑战，更为钢铁行业的转型升级提供了前所未有的机遇。对接"中国制造2025"，发展先进制造业，加快建设和发展工业互联网，推动互联网、大数据、人工智能等新一代信息技术和实体经济深度融合，建设智能工厂是钢铁产业转型升级的必然之路。

（二）应用概况

为了积极响应"中国制造2025"，扎实推进供给侧结构性改革，南钢以"两化融合"和"工业互联网建设"为抓手，全面推进智能工厂建设，开展管理会计信息建设，助推业财深度融合。南钢借助现代信息技术，通过智能装备、智能工厂、智能互联、智能决策四个方面深化智能制造体系，从而实现柔性化、智能化生产，在制造端促进生产全流程数字化、信息化、智能化，助推企业高效率低成本运营，在提高质量的同时降低了运营成本。基于客户端的需求分析，南钢借助物联网、互联网+、云计算、大数据、电子商务以及智能优化模型等技术，实现客户端和制造端的直接触达，提高运营效率，构建了基于智能工厂建设的业财融合和价值管理的内部报告体系，对提高公司整体决策支持能力起到了重要作用。南钢通过智能工厂和业财一体化的管理会计信息化建设，取得了以下成果：提高企业的精益化管理水平，提高智造水平；降低运营成本，实现价值链增值；实现供应链融合，提升客户体验。

二、南钢智能工厂和管理会计信息化建设的创新和效果

（一）基于智能工厂的管理会计信息化建设创新

南钢紧紧抓住加快建设和发展工业互联网的机遇，推动互联网、大数据、人工智能等新一代信息技术和实体经济深度融合，通过建设智能工厂，助推业财融合，实现科学决策。

1. 以客户为驱动建立全生产链智能工厂

南钢智能工厂的建设目标是以客户驱动，实现"设备自动化、业务信息化、服务网络化、运营智能化、信息互联化"，即在现有信息系统基础上，借助物联网、互联网+、云计算、大数据、电子商务以及智能优化模型等技术，面向钢铁产品全生命周期，以提质增效、高效协同为中心，构建集智能装备、智能工厂、智能决策、智能互联于一体的智能制造体系，实现产品规模化生产与定制式制造相融合的钢铁智能化制造，实现上下游供应链信息的交互、网络协同设计以及产品的终端加工协同，满足客户个性化定制需求，提高品种高效研发、稳定产品质量、柔性化组织生产、成本综合控制、快速分析决策、产业链资源整合、个性加工配送等能力，提高南钢核心竞争力，实现绿色转型、高质量发展。

2. 以智能决策为目标实现高效和低成本运营

南钢从智能装备、智能工厂、智能互联、智能决策四个方面深化智能制造体系，实现柔性化、智能化生产，为客户提供个性化定制服务，在制造端推进生产全流程数字化、信息化、智能化，实现基于客户个性化需求的精益制造、敏捷制造、精准配送，提升客户体验，提高企业高效率低成本制造水平。

3. 建设面向客户的全价值链业财融合管理会计信息系统

南钢通过智能工厂的持续打造，提高智能研发、智能生产、智能物流、智能服务、智慧决策、业财融合能力，达到实时服务、运营可视、决策智能、价值最大等目标，不断推动商业模式创新，促进钢铁企业由传统制造业向先进制造服务业的转型升级。南钢借助制造云平台、全程供应链可视化跟踪、物流跟踪等技术实现与客户系统对接，按客户需求进行全过程管理；整合财务系统，实现财务业务一体化运行，从而使业务和财务在客户需求端就实现融合，真正实现面向为客户创造价值的管理会计信息系统。

4. 基于智能工厂建设的多维业财报告体系

基于智能工厂和业财融合，南钢构建了面向满足客户需求和价值创造的多维管理报告体系。南钢的内部报告体系建立在风险揭示、预警整改、报告机制之上，可形成资金、成本、库存等专题化、个性化内部管理报告，对于强化业务人员的涉财意识、提高公司整体决策支持能力起到了重要作用。

5. 建设多维保障体系

为了实现智能工厂和管理会计信息化的有效运行，南钢建设了由组织保障、制度保障、技术保障、人才保障、文化保障等部分有机构成的保障体系。

（二）智能工厂和管理会计信息化建设的成效

通过建设智能工厂和管理会计信息化系统，南钢取得了以下成效。

（1）实现精益化管理，提高智造水平。通过智能工厂建设和业财融合，促进产品和质量创新，提供准确决策依据，提高协同工作效率，实现知识管理的共享。

（2）实现价值链增值，提升经济效益。基于个性化、网络化、服务化促进全价值链的工业互联网建设，实现产业链延伸，进而实现价值链增值以及企业的精益经营、精益智造，提高企业的市场盈利能力和降本能力。

（3）实现供应链融合，提升客户体验。通过工业互联网建设，实现平台化、网络化精准营销，建立面向客户的全价值链业财融合管理会计信息系统，真正实现从需求到服务的决策支持，促进制造企业和客户的可持续、深度合作。

三、启示与建议

（一）管理实践方面的启示

南钢基于智能工厂建设，助推业财融合和管理会计信息化建设，促进科学决策。这对于处于转型升级中的钢铁企业具有较好的示范效应。主要启示如下。

（1）充分利用现代信息技术，加快工业互联网建设。

（2）以客户需求为驱动，从面向产品的传统管理会计体系转为面向客户的智能管理会计体系。

（3）智能制造的核心是智能决策，智能决策的核心是为利益相关者创造价值。

（4）以智能制造为抓手，实现从客户需求到价值创造的全产业链业财融合管理会计信息化体系。

（二）对未来发展的建议

随着智能制造和财务共享系统的升级，建议南钢在以下方面有所进益。

（1）运用大数据工具，基于客户需求建立南钢全产业链大数据系统，支持智能工厂的进一步高效运作。

（2）在建立智能工厂的过程中，掌握全产业链中各利益相关者的需求，而不仅仅局限于客户驱动，建立战略、业务、财务、信息、利益相关者、时间六维融合的管理会计信息化体系。

（3）以智能工厂建设为抓手，注重多维过程数据的掌握和数据分析，从而形成及时、动态、准确、可视化的管理会计报告体系。

（4）生态文明建设是制造业，特别是钢铁业的重要使命，如何将环境影响、资源节约纳入智能工厂建设中并使之体现在智能管理会计系统中，值得进一步思考。

（5）如何利用智能工厂开展成本管理，特别是作业成本管理、时间驱动作业成本管理、工序成本管理等，实现成本管理智能化？是下一步值得期待的重要工作。

案例十七　助力建筑集团企业业财融合的信息化之道

思源时代科技有限公司

【摘要】业财融合是企业集团借助信息技术手段，打破内部业务和财务的边界，使业务与财务在系统、流程、信息、数据等各层面实现高度融合的一种管理变革，同时也是对组织内部业务、财务职能地再分工和再协同的过程。思源时代科技有限公司作为中国中铁股份有限公司的长期战略合作伙伴，在过去的十几年里伴随着中国中铁股份有限公司的发展而成长，精研着建筑行业的业务与财务，为中国中铁股份有限公司打造了主业业务管理和财务管理平台。在为中国中铁股份有限公司以及其下属子集团进行业财融合型财务共享建设过程中，双方联合对特大型建筑企业集团的业财融合理论和过程进行了深入研究。双方通过共同努力，创立建筑企业集团业财融合的方法论，成功完成共享信息化体系的建设及在近五十家子集团的推广，完成了企业集团的数字化转型，推动管理会计转型的探索。本案例对企业集团管理会计工作方法落地具有真实意义和推广价值。

【关键词】业财融合；管理会计；边界跨越；财务转型；企业信息化

一、案例背景

在激烈的竞争下，对于体量庞大的企业集团来说，其应变速度、协同能力、决策质量成为市场竞争中的重要能力。竞争要求企业集团快速决策成为常态，决策的质量要求也促进管理者从经验型决策向数字化决策转型，更好地支撑管理决策正是管理会计体系建设的主要动因。在我国的集团企业中，管理信息系统普遍存在业务、财务相互分离的状况，而传统的财务人员，由于过度关注财务核算、报销、报表这些基础环节，导致财务信息与业务信息分离。业财双方在职能、系统、流程、数据等多个层面存在边界。

当企业逐步发展壮大到企业集团时，其结构变得相对松散。多层级的复杂结构，给管理带来了盲点，业财分离带来的协同问题和决策信息质量问题开始显性化。近年来，数字化转型的理念使企业集团逐步向数字化网络组织发展。企业集团通过信息系统的不断完善、流程再造、信息协同来改善业财分离问题，实现资源共享，使管理控制转向管理协同，成为价值共创能力强劲的企业联合体。业财融合所倡导的流程网络化、业财信息一体化、企业决策数字化正契合了企业集团多年来希望解决的管理问题，成为管理创新的方向。大型企业集团，纷纷以财务共享中心建设为契机，将业务系统接入财务共享平台，期望业务与财务通过网络技术达成融合。

作者：郑骞、肖圣
案例指导与点评专家：荀娟琼（北京交通大学）

二、案例简介

思源时代科技有限公司（以下简称"思源时代"）是世界 500 强企业中国中铁股份有限公司（以下简称"中铁"）的长期战略合作伙伴，自成立以来一直从事企业集团业财一体化管理，以及数字化转型方案的咨询和建设工作，其产品涵盖建筑工程项目管理、管理会计智能平台、财务共享平台、成本管理、采购管理、物资管理、机械设备管理、集团财务报表、主数据、大数据分析及移动互联应用等多个领域。思源时代为中铁定制开发的信息系统屡获殊荣。2018 年，"中国中铁业财共享信息平台"成功入围中央企业信息化优秀成果奖；"中铁广州工程局集团有限公司 BI 数据展示与生产调度系统"成为"2017 年工程建设行业信息化推荐案例"；"中国中铁工程项目成本管理信息系统"获得 2015 年中国建筑业协会信息化案例"建筑行业信息化特优案例第一名"等殊荣。

中铁是集勘察设计、施工安装、工业制造、房地产开发、资源矿产、金融投资和其他业务于一体的特大型企业集团。作为全球最大建筑工程承包商之一，中铁连续 13 年进入世界企业 500 强，2018 年在《财富》世界 500 强企业排名第 56 位，在中国企业 500 强排名第 13 位。中铁旗下子集团众多，大部分是典型的专业工程领域大型施工企业集团，具有生产的流动性、建筑产品的单件性、生产周期的不确定性、作业高危性等业务特点。这些业务特点带来了诸多管理难点：业务发展且标准化程度低导致信息化难度大；管理数据质量不高、及时性差、业财融合程度低；项目分布广、管理难度大，导致项目层预算管理流于形式，落地效果不佳。

自 2006 年起，思源时代为中铁开发并实施的财务系统有总账核算系统、工资管理系统、资产管理系统、账龄管理系统、合并抵消对账平台以及多项外部接口。2010 年，中铁财务信息平台（CRECFIS2.1）全面上线，解决了财务的集中核算问题，代替了大量手工会计工作和集团财务管理工作。中铁财务信息平台是覆盖公司的广域网集团财务软件，在集团范围内建立起覆盖各个管理级次，涵盖会计集中核算、财务会计报告、专项业务核算、财务风险管理、财务智能分析与预警、绩效评价及财务内部控制等方面内容的财务信息系统。

2011 年年底，为实现财务业务一体化，对公司经费进行严格管控并合理使用，中铁联合思源时代研发了 B/S（浏览器/服务器）架构、域管理的中铁网上报销系统。该系统集成经费预算管理、网上自动审批、员工借款流水账、为财务系统自动生成凭证功能，使预算管理工作落到实处，深入开展经费预算管理，降低报销成本。该系统在多个二级集团应用，大大提高了机关经费报销的工作效率。

2013 年，思源时代联合中铁四局研发中铁四局债务集中管理系统，以债务支付为卡口，倒逼工程项目合同结算的合规性。2014 年，中铁选用"中铁四局债务集中管理系统（V1.0）"并将之更名为"中国中铁工程项目成本管理信息系统（V1.0）"，在股份公司 19 家工程施工二级公司推广应用，并在 2015 年将其升级为"中国中铁工程项目成本管理信息系统（V2.0）"，在18 家工程施工二级公司推广应用。中国中铁旗下电气化局因业务特殊，未推广标准版本，改为自己定制研发。"中国中铁工程项目成本管理信息系统"以工程项目为主体、以制度流程为基础、以标准表单为载体、以责任预算为核心、以过程管控为主要措施、以资金收付为卡口，达到工程项目成本管理的管理制度化、制度标准化、标准流程化、流程表单化、表单数据化、数据信息化、信息智能化。

在 2016 年开始，中铁开始建设业财融合型财务共享（以下简称"业财共享"），目标是通过业务对财务的驱动、财务管理向业务管理的融合，实现业财融合，完善企业数据资产建设，推动财务会计向管理会计转型，整体提高企业集团的工作效率、管理能力、决策精准度。思源时代联合北京交通大学为中铁业财共享进行顶层设计并制订落地方案，将成本系统、网报系统与财务信息平台结合，建设共享平台做为衔接，以主数据建设和数据规划为前提，将信息化体系整体融合、重构成双中心架构，配合以变革管理的落地实施方法论，完成中铁的业财融合型财务共享建设。

2018 年国务院国资委发布《关于通报表扬获评信息化应用最佳案例和典型案例的企业的通知》（国资厅综合〔2018〕759 号），中铁业财共享建设以其优秀的业财融合效果被评为中央企业信息化应用典型案例。中铁已经在其控股范围内的 20 个建筑企业集团以及 20 多个其他行业企业集团内推广业财融合型财务共享，其业财融合的经验具有很强的集团通用性和可推广性。

三、业财融合的起因及痛点

（一）职能边界与系统壁垒

思源时代和北京交通大学经管学院，对企业集团存在的管理问题进行了深入的分析，明确业财融合的管理本质和需要解决的问题。大型企业集团，尤其是建筑企业集团，组织层级多、工作地点分散，以中铁某局为例，组织的层级呈现集团层、子分公司层、项目层三个层级甚至更多，且集团主要靠财务指标对子分公司进行管理。同时，管理的要求使专业化分工不断细化，职能部门的垂直化管理，形成了集团的条块化管理现状（见图 17-1）。

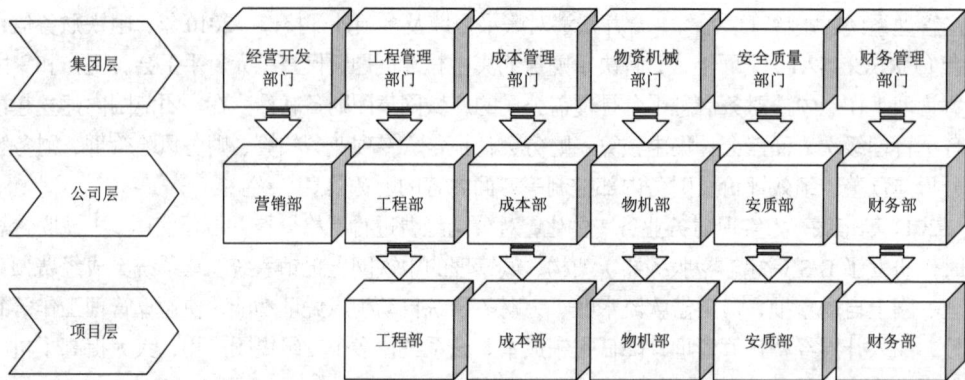

图 17-1　建筑企业集团的条块化管理

业务与财务的职能边界，造成部门在建设管理系统时，仅关注本部门的业务范围，很少考虑系统的集成融合。这两种管理系统之间存在的壁垒造成业务与财务存在业务、流程、信息、数据的边界。

（二）业务、流程、信息、数据的边界

中铁的子集团在业财融合之前存在业财分离问题，具体如下。

（1）业务与财务的业务边界。业财系统分离造成业务部门和财务部门可以采用不同的成本归类等核算方法，如此业务信息与财务信息仅在信息层就难以简单融合；财务部门对业务数据的合规性要求严格，已经发生的业务由于合规性问题暂时无法处理，导致业务数据与财务数据在核算时间上拉开了差距。核算方法差异和时间差异导致了业务与财务数据的结果差异。对系统分离的内控不足，还会导致处理的随意性和人为的数据调整行为，业务和财务在信息协同上的误差大、效率低，管理层既无法相信滞后的财务数据，也无法相信不完整的业务数据，使决

策信息处于尴尬境地。

（2）业务与财务的流程边界。企业的职能制管理造成传统的信息系统建设各自为政，各业务虽先后纳入工程成本管理系统进行统一管理，但与财务信息系统仍未互通，造成了业务与财务的系统边界（见图 17-2）。业务部门需将信息手工整理后传递给财务人员进行处理。网络协同的缺失必然导致沟通问题、责任划分不明晰问题、错误传递信息问题、内控的人为舞弊问题等。过去，由于业务系统与财务系统孤立、财务系统与资金系统孤立，一个支付流程从发起开始，到准备各种资料，到实际付款平均需要一到两个月时间，过程中还没有数据记录，相关人员无法了解流程目前由什么人在处理，到底卡在什么地方，只能不断用电话催问和请求。这样非常影响与供应方的合作和供应方的商品价格，供应方会因为账期过长而将资金占用成本列入单价，这无形中增加了采购成本。

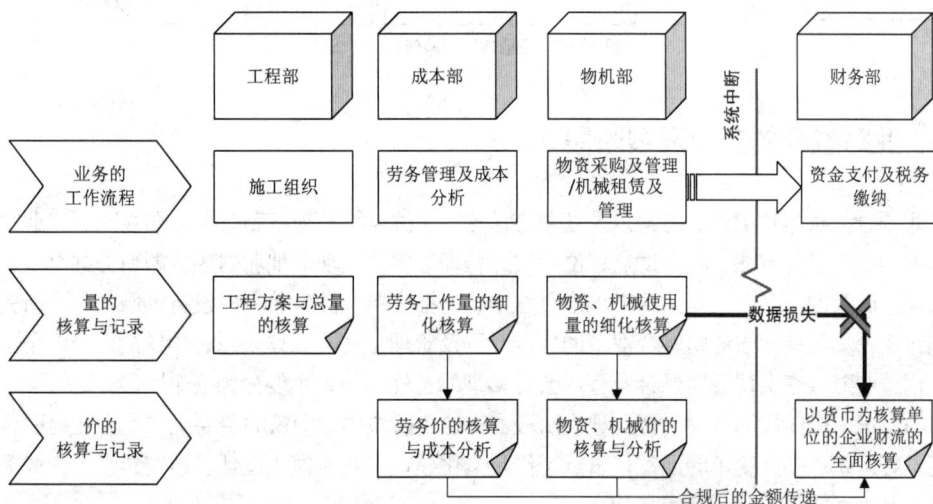

图 17-2　项目业务工作流及核算信息流分析

（3）业务与财务的信息边界。从信息流的流转来看，业务部门的核算过程包括量和价，而财务部门的核算仅需要金额，因此业务信息在进入财务系统时损失了量和单价的信息（见图17-2）。此外，工程的核算非常复杂，集团内部对业务核算的规范性不足，不同子分公司在核算方法、颗粒度上存在很大差异，可比性差，而且业务成本信息中不包括由职员直接向财务部门报销的经费类成本。这导致集团无法进行全面的成本分析。由于业务和财务的信息分离造成了信息不完整的问题，集团仅靠业务信息或财务信息无法进行精细化管理。

（4）业务与财务的数据边界及决策信息质量问题。集团决策的信息采集，由职能部门的垂直系统和 Excel 报表共同分担（见图 17-3）。企业内部职员尤其是基层单位的职员，对每天使用的系统可以如数家珍，如人力资源系统、办公 OA、工程管理系统、成本管理系统、质量管理系统、财务管理系统等。这些系统在设计之初，由于管理部门更多关注本部门的工作完成情况，很少关注系统之间的衔接，即便设计了接口，也由于困难的沟通、责任扯皮、供应商利益纠葛、经费限制等原因，使信息协同相关的接口开发中断。职能部门决策时绝非仅仅使用本部门的数据即可。很多数据需要项目层的其他部门来提供。

项目层的工作人员被上级不同管理部门要求填报各种格式的相同业务信息所负累。生产经营效率确确实实因为信息填报而受到影响。信息壁垒成为专业化分工这一管理时代的特色矛盾被突显出来，信息孤岛现象成为影响协同的最显著因素。更严重的是，业财信息的分离以及各职能部门信息的半手工化收集过程，导致信息质量问题雪上加霜（见图 17-3），很难相信企业能够依据此种信息进行良好的决策。

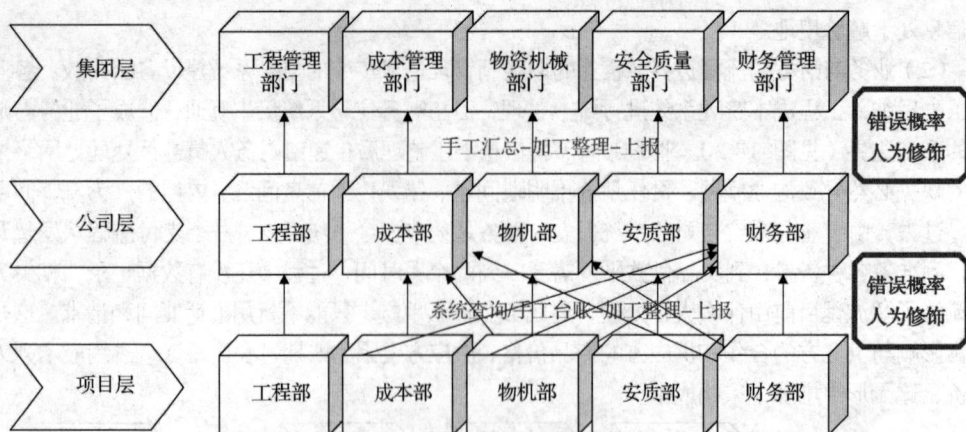

图 17-3 企业集团决策信息流分析

四、业财融合的三个发展阶段

思源时代根据顶层设计方案以及变革方法论，在试点阶段与德勤有限公司共同研究业财共享落地实施的过程方法，配合试点单位的实际管理经验，成功落地业财融合型财务共享。思源时代在之后的四十多个子集团共享推广过程中，为推广单位提供共享建设咨询服务，不断完善实施方法论，最终形成业财融合变革的标准过程及管理方法。总体来看，中铁的近 50 个子集团，通过业财共享实现业财融合及管理会计转型的过程趋同，主要分为三个阶段。

（1）第一个阶段为业财融合的建设阶段。在这个阶段中，中铁的主要工作是为业财融合的实现做好组织、制度变革的准备，重点工作是文化建设、业务模式设计、系统建设，为业务和财务相互之间的边界跨越奠定基础。

（2）第二个阶段为初步业财融合的实现阶段。在这个阶段中，共享中心开始运营；企业真正开始业财融合，并在经历变革的阵痛后，不断优化流程、分工和管理，实现了主线业务的"业财资税一体化"。

（3）第三个阶段为管理会计转型探索阶段。在这个阶段中，共享财务、业务财务、战略财务的梯队逐渐划分，人员能力提高，战略财务逐渐形成新的能力；中铁开始探索深化业财融合，发展数据融合，利用数据分析提高决策能力、风险管理能力；业务与财务发展形成"1+1>2"的价值共创合力，实现企业综合管理效益的提升。

（一）顶层设计和建设路径

2016 年，中铁经过长期的"业财一体化"研究，决定以财务共享建设为契机，构建业财一体化的"中铁业财生态圈"，通过财务共享建设，促进财务管理体系转型升级，增强企业价值创造力。

中铁、思源时代共同研讨了业财共享建设的路径。思源时代在后期的推广中不断完善着路径方法，具体如下。

（1）重新梳理和构建企业集团业务及财务流程；

（2）搭建业务财务、战略财务、共享财务的三层财务架构体系；

（3）重构信息系统体系，建设"中国中铁业财共享信息平台"，以平台为核心，实现业务信息对财务信息、资金信息、税务信息的驱动和融合，实现"业、财、资、税"一体化的业务全链条闭环管理。

（4）在上述（1）（2）（3）的基础上实现信息融合，积累企业集团大数据资产，为管理会计工具方法落地、管理层精准决策提供数据支撑。

（二）边界跨越与融合建设

业财融合的建设阶段是集团财务共享服务中心正式运营之前的阶段，为业务和财务的融合打下基础，包括文化建设、标准化建设、业财融合的流程再造、新平台试运行及调整等工作。

1. 一把手工程理念及实施组织建立

中铁各局成立财务共享服务中心实施领导小组及实施办公室，开展业财融合型财务共享建设。领导小组由企业总经理任组长，总会计师、总工程师、分管生产的副总经理任副组长，各成本要素部门负责人为组员，负责日常沟通协调及推进工作；实施办公室在领导小组的领导下，配备业务专家、信息化专家、外部咨询方、外部信息化服务方组成专职实施工作组进行工作推进，高级别的配置以树立实施工作组的权威形象。

2. 实施策略及文化建设

观念的改变是一切改变的前提，为了让集团上下了解财务共享建设的目标和重要性，中铁就业财共享建设，在不同场合、面向不同层级进行宣贯动员，分析每一种变化对集团管理带来的好处，对未来集团的生存和发展、个人发展带来的重要作用。中铁各局在实施工作中同样非常注重业财融合文化的培养，积极动员和组织业财共享的业务学习，一方面向参与业财融合的各部门讲解未来的业务操作模式，研讨不同部门在业务流中的不同处理方法；另一方面坚持"顶层设计、基层落地"的理念，以优化流程和加强内控为目标，鼓励参与者提出自己的意见和建议，解决各职能部门日常工作中存在的协同问题，展望企业愿景，分析日常工作量降低方法，优化协同降低沟通成本，积极采纳好的意见，对分歧事项认真研讨并平衡解决，对职能部门和子分公司的积极主动配合起到了重要的作用。

3. 流程再造与信息协同

业财共享建设的内容包括流程再造、数据规划、信息协同、内控融合以及相关信息化落地。

（1）流程再造，流程的业财边界跨越和协同能力构建。为保证流程标准化工作的推进，实施工作组从所属各单位抽调业务骨干成立业务组，对业务流程再梳理、再完善，不断研究流程优化的方案，规范成员组织之间的不统一、不确定事项，减少管理中的空白，降低流程中的效率损失概率，最终建立了全集团统一的业务标准。在流程再造的过程中，业务组突破了业务和财务的系统边界，将集团主业业务系统"工程项目成本管理信息系统"（以下简称"成本系统"）与共享平台、财务系统、税务系统、资金系统进行了流程一体化设计，将工程收入结算、成本结算与财务核算、税务管理、资金支付形成闭环管理。流程再造是个主次分明的过程，重点是主线业务流程的再造。在以往的工作中，成本系统以合同为管理主线，以结算支付为卡控，以"无合同无结算、无结算无支付"为主要策略，倒逼业务处理的规范性。过去，支付卡控以财务的凭证编制为卡口，实际效果较差，经常发生项目先支付，后补手续再制证的情形。在业财融合的再造过程中，思源时代不仅将中铁成本系统的所有结算业务数据与财务处理进行了融合，而且将财务制证与资金支付系统进行了融合，卡控效果的提升，再次倒逼了项目部对成本系统的使用和成本管控执行的优化。

（2）数据规划，系统及信息融合的基础。决策信息质量提高的要求，决定了数据融合的重要性。在这一阶段，思源文化主要完成集团主数据的梳理、业财协同信息设计、业务信息规范治理这三项工作。思源时代为中铁进行了集团整体的数据规划，主数据建设是本阶段建设的重点和难点，中铁、思源时代从 2015 年开始进行主数据建设，统一了组织机构、部门人员、往来客商、核算科目、劳务目录、机械目录、物资目录、基础字典等基础数据，并要求进行业财融合的系统统一接入集团主数据。这一要求为业财融合的系统集成奠定了坚实的基础。

（3）信息协同，信息的业财边界渗透。信息协同要求业务信息对财务处理的协同驱动，需要进行业务信息及财务处理的标准处理，提升信息的自动化程度和横向可比性。思源时代协助中铁各局将业务场景数字化。业务结构被设计成标准化的表单，由业务系统组织传递给财务共享中心。财务共享中心根据业务结构自动形成财务凭证，同时将业务信息与财务信息通过系统融合起来。

（4）内控融合，制度的业财边界渗透。内控的融合既包括业务部门对业务管理的内控要求，又包括财务部门对业务的合规性。思源时代将中铁各局的内控要求在信息体系中落地，以加强风险管理。

① 加强增值税风险管理在信息系统中的落地，如实现系统自动确认预缴增值税税款，验工计价单的自动价税分离，在废旧物资处理、固定资产处置等涉税业务中自动确认销项税额，规范分包扣款业务处理等。这些融合在一定程度上规避了增值税检查风险。

② 落实管理规定，在系统中固化以往需要人工检查判断的管理制度，如符合条件的固定资产必须及时组资等。

③ 将党政会签事项嵌入线上审批流程。

④ 明确通用单据审核要点，有效杜绝印章不全、抬头不规范、内容不合规等发票的报销行为。

⑤ 规范餐饮、住宿、食堂等费用处理，对符合会议费、差旅费、宣传费、安全生产费、福利费、各类专项支出等管理规定的部分，完善资料准确列报，防止乱挤乱列。

⑥ 规范集团内跨法人代付资金事项及银行账户核算规范；明确食堂周转金、业主奖励罚款、材料采管费等特殊事项的核算处理方式。

⑦ 加强工资薪金发放时个人所得税的扣缴审核等。

4. 职员思维及能力的培养

业财融合在一定程度上改变了集团内部的日常协作方式，改变了业务人员、财务人员的日常工作方法。这就需要对参与者的能力进行改变和提高。

（1）协同思维的培养。新的协同思维的培养，既是协同文化培养的一部分，也是组织内部职员协同能力构建的一部分。业财融合通过网络治理改变了协同方式和协同效率，网络治理体现了协同的自动化，在一定程度上减少了手工协同模式中的沟通问题和信息流失及错误问题，提升了协同的效能。

（2）信息协作能力的培养。业财融合型财务共享建设，其实现的路径离不开信息化建设。业务人员与财务人员需要具备信息系统的使用能力和通过信息系统与对方进行协作的能力。在业财共享建设过程中，集团鼓励业务人员将业务数据通过系统信息衔接自动传输给财务人员，以减轻信息提交工作量；鼓励财务人员出谋划策，通过信息化建设，将预算管理、内控制度等落实到业务系统中，前移到作业前端。

（3）沟通能力的培养。业财融合型财务共享建设，主要以财务部门的标准化要求为主导、充分考虑业务部门的工作要求进行实施。业务人员和财务人员在此过程中将重新认识对方的工作内容，彼此获益良多，进一步提高风险识别能力、协同意识，甚至主动为对方提供服务的意识等。这些在深化业财融合的过程中会有所体现。

5. 融合效果的保障机制

为保障业财融合建设的效果，中铁需要设计下列保障机制。

（1）信息化治理机制。中铁需将业务研究与信息化研究相结合，深入研究业务自动化处理和自动化内控的方式方法，以理论结合实践验证，保证协同设计的信息化落地质量。在信息化落地过程中，中铁逐渐将业务标准化，使财务处理的自动化程度不断提高；规范管理主数据录入标准，定期清洗不规范的数据，保证数据质量；促进自动化内控在系统中的落地，规避审计及税务风险；选择信息化水平高、管理能力强的试点单位进行信息化试点，保证落地质量。

（2）制度规范的初步调整。流程和操作方式的变化，需要配套制度的调整。

① 集团内部业财融合的标准化处理规范。其根据业务梳理中流程再造、信息设计的结果，形成并发布集团统一要求的流程制度、信息填写规范、财务核算规范、业务形式要件及审核要点规范等业务操作规范和制度。

② 调整相关管理制度规范。业财融合型财务共享，给集团业务操作的方方面面都带来了变化。集团需要谨慎思考网络化流程的合规性和便捷性，避免线下审批与线上审批并行所导致的重复工作的现象出现，积极调整一些已经不适应信息化协同的制度办法。

③ 资金管理制度的调整。业财融合后，资金管理的模式变化要求集团对资金管理部门的职能进行较大调整，重新考虑资金集中运行机制，梳理划分各层级资金管理职责，包括资金结算平台的转变、资金中心职能的转变等。

④ 财务共享中心运营管理制度。新组建的集团财务共享中心，在业务运作模式、绩效考核方法上与集团内其他组织有很大不同，需要建立适合其业务特点的一整套管理制度，主要包括营运管理办法、岗位职责、绩效考核管理办法、考勤管理办法、专业化轮岗轮换办法、办公室日常管理办法、学习管理办法、呼叫中心业务规范等。

（3）绩效与问责机制。集团要加强推进计划管理，设定沟通机制，设置考核指标，落实问责制度，保证快速推进。实施工作组对业财共享建设的过程制订详细的工作计划，确定进展情况和工作质量，根据进度及时调整方案和工作安排；将成员单位的推进情况指标化，订立推进指标要求，定时抽取信息系统数据并进行指标通报，对不能完成融合指标的单位进行问责。

（三）业财一体的营运模式

业财融合的建设阶段，是变革的铺垫和准备阶段。财务共享中心的正式运营，新信息管理体系的正式启动，才是业财融合的真正起点，一种新的管理模式、业务模式也从此开启。

1. 财务共享中心的运营

思源时代为中铁各局财务共享中心的运营场地建设、运营仪式准备提供了设计和咨询服务。

新的开始，需要仪式，仪式感促进了企业集团的文化建设和升华，代表了新的开始和企盼。财务共享中心正式挂牌运营的仪式带着庄重和欣喜，代表了一种新的管理模式的到来，代表了业务与财务正式开始融合和互相跨越职能、制度、流程、信息、数据的边界，一个新的时代即将到来。

财务共享中心在经历了选址、设计、装修、采购后，终于被正式启用。在这个仪式中，成功的建设效果是所有参与者回忆着辛苦的建设历程，与集团上下一起检验建设成果。平滑运行的流程、信息共享的效果、数据分析的初探成果、一本本指导实务的标准化制度手册带着新鲜的气息，所有人带着迎接新事务的忐忑和成就感，迎接新的开始。

2. 初步业财融合的实现

集团的业务，随着集团财务共享中心的运营和业财共享平台的正式上线开始启动融合。业务与财务的流程、信息衔接和财务的处理全面标准化，主线业务系统和共享平台对接，实现"业、财、资、税一体"的信息化协作体系。在思源时代的精心陪护下，中铁各局的财务共享中心顺利运营，开始变革并不断调整管理模式来适应变革。

首先是业务模式的转变，业务与财务协同全面网络化，实现业务向财务的驱动型融合（见图 17-4）。在本阶段，业务处理与财务处理（包括财务账务、资金管理、税务管理）完成了信息化、网络化、自动化协同。这个阶段的工作重点是主线业务流程的再造。这类流程因为需要财务进行核算处理，协同需求较为急迫和明显，比较容易被识别和实现协同，更容易实现业务标准化、财务自动化。针对这类业务的流程再造起到解放财务生产力、提高内控能力、提高经济业务信息质量的作用。

（1）业务与财务融合的效果。主业工程管理通过成本系统与财务共享平台的衔接，使业务管理和财务管理实现了全面信息协同，规范了业务操作，提高了财务协同的信息质量和管控能力。经费等机关类业务，则通过网报平台实现了业务处理的标准化与财务处理的自动化。

（2）业务、财务与资金管理融合的效果。业财联动之后，集团将资金系统的处理接入共享平台，创新资金共享解决方案，形成两级资金管理的网络化模式，实现了财务信息系统内循环和资金数据、业务数据、核算数据的信息共享传递，提高了整体的资金管控能力及资金使用效率。

（3）业务、财务与税务管理融合的效果。联动工程项目业务、财务产生的信息，对工程验收开票进行税务风险管控；通过与国税平台和金税系统的联通使用，成功解决了增值税专用发票验证问题；实现增值税的税款计算、纳税申报和缴纳、纳税电子资料管理、涉税信息沟通互馈等税务工作的信息化，对提高工作效率，信息的收集与分析等方面效果明显。

此外，集团财务管理模式转变，明显的是组织、流程和制度的变化。在这一过程中，集团管理模式从原有手工化协同模式，转为信息网络协同模式，提高了整体协同管理能力，使成员单位保留一部分财务职能，将核算和内控的主要职能提升到集团层；财务管理的模式从传统的分散化管理，转变为共享模式管理，形成了共享财务、业务财务、战略财务的三层财务团队架构；业财融合成为重塑业务流程和内控制度的契机，使集团得以重新审视制度，在协同治理后调整了一些影响协同的内容，通过信息化进行落实（见图 17-4）。

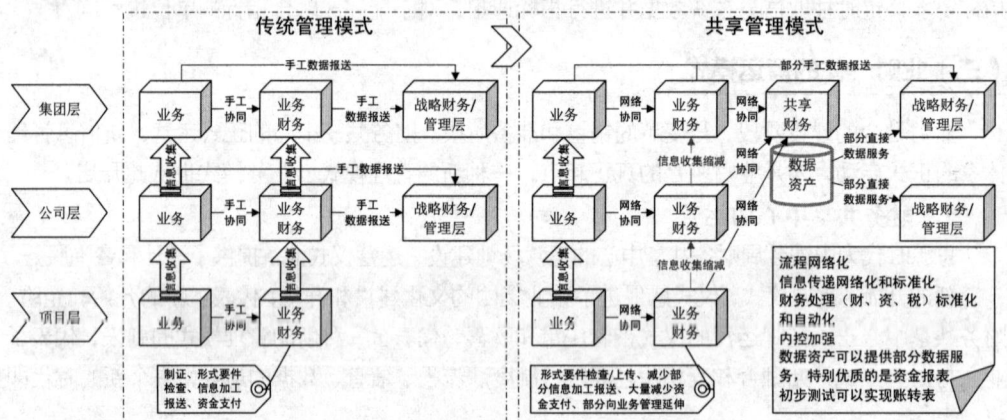

图 17-4 初步业财融合的集团管理模式演进

初步业财融合阶段的演进图 17-5 所示。

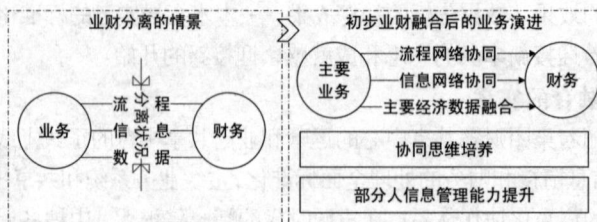

图 17-5 初步业财融合阶段的演进

业务从分离状态到网络协同状态发生了演进,参与了这个演进过程的管理人员、业务人员、财务人员的意识和能力也发生了转变。

(1)管理层思维和能力变化。①使用信息化思维解决管理问题的能力,包括效率提高和内控力度提高;②管理工作的时间和空间优化。移动办公推动由"被动式管理"向"主动式管理"转变,各级主管可以在任何时间集中签批,实现费用支出多级主动监督和审批;③数据资产思维的培养,数字化决策意识增强。

(2)职员意识的调整和能力提高。集团实施业财融合的目标之一是建设管理会计体系,业财融合的过程,尤其是业财融合型财务共享建设的过程,对财务人员的能力提高有很重要的作用。财务人员的信息管理能力将有普遍的提高,甚至开始有信息分析、使用的意识,尤其参与业财融合全过程的财务人员,会在风险管理、内控管理、沟通意识、服务意识等管理会计应该具备的素质方面有不同程度的提升。这种能力的提高,也为财务人员进行组织边界的跨越提供了动力,为业务提供服务、进行价值共创打下了基础,推动财务会计向管理会计转型,并推动了业财融合的深化发展。

3. 数据初步融合和信息使用能力培养

业财融合的落地使会计信息产生了天翻地覆的变化。从财务共享中心正式运营的时点开始,后续产生的主线业务和财务数据自动实现了业财融合。数据融合是决策信息质量提高的依托。业财融合后,集团拥有了一部分"业财资税"融合的数据资产,通过对数据资产的初步挖掘探索,着重实现了资金和债权债务的分析应用。在资金数据应用方面:一是达到实时监测集团资金流向、现金流量、支付方式及资金分布、实现超限额资金自动报警以及集中支付分析,强化资金事前策划、过程监控、动态分析、量化考核;二是对资金运行情况进行动态监控,提高资金使用效率,防范资金风险。在债权债务数据应用方面:站在集团层面了解债权债务总量和动态,进行关键客商的债权债务情况分析,实现对债务支付情况的监控。

财务人员获得信息的质量和范围得到提高和扩大,信息使用可以开拓财务人员信息使用的思路,推动财务人员向管理会计转型。同时,业财融合产生的经济数据结果,可以用于管理和决策,推动管理层对数据资产成果的使用,使管理层看到数据的可用性,便于启发更多的信息应用需求,推动业财深化融合。

但这一阶段仍然存在的问题是:历史数据仍然处于分离状态;某些业务由于不需要财务处理,仍然没有规范化、标准化,这些业务产生的数据处于质量差的状态。所以业财融合的深化发展和数据融合是未来发展的必然趋势。

4. 管理痛点及边界的再突破

在业财融合的第二个阶段,财务共享正式运营,很多集团遇到棘手的管理问题,这些问题必须被深入研究并得以解决,否则变革有失败的风险。

(1)共享管理模式的选择和探索是一个难点,形成良好的财务管理新模式,是业财边界在组织上成功突破的前提。在财务日常核算逐渐被机器替代的时代背景下,集团财务共享中心应首先是集团的内控中心,要被赋予相应的合规性管理权限。中铁各局在财务共享中心建立初期,出现了多种管理模式。从集团财务部门与财务共享中心的管理分工来看,比较松散的管理模式是,集团财务部门和集团财务共享中心负责人相同,将权限在财务部门和财务共享中心之间划分清晰,财务共享中心至少应具备制度范围内流程管理的决策权、制度的执行监督权;比较紧密的管理模式是,除部门负责人外,集团财务部门的政策、核算管理负责人和财务共享中心的日常事务负责人也相同,如此集团在日常工作管理和衔接上则更为平滑,政策、制度与落地效果的调整联动性更强。从财务共享对集团内企业的内控管理和服务范围模式看,比较理想的模式是子集团只有一个集中管理的财务共享中心，人力集中，管理规范；另一种模式是根据地区划分了分中心的模式，这种模式下管理标准化程度略低，人力分散，已经逐渐向一个中心的模式过渡。随着业财共享的发展，管理模式也会随着实际情况的变化而变化。

（2）流程模式带来的不适应和管理调整是难点，辩证地看待管控和效率的平衡是使业务和财务再次突破边界的关键。在财务共享运营初期，出现最多的情况是，可能从某一岗位来看，由于内控力度的加强、信息协同的需要，工作反而变得烦琐，如业务人员还没有形成良好的合规习惯，在单据填写、附件添加上不够规范，被驳回流程，管理层则反复审批，如此一些认为财务共享影响工作效率的声音就会出现。集团管理者应科学看待流程效率问题。一段时间以后，业务的规范性问题会产生很大变化，驳回率开始下降，共享带来的效益开始显现。例如，共享运营后所有流程从开始到结束都有明晰、准确的数据记录，与手工状态下流程整体时间进行对比分析，就会发现流程整体时长实际较手工状态是缩短的，或者在差不多的情况下，质量得到了很大的提高。相关人员可以进一步观察每个节点的处理时长，针对停留时间过长的环节，巡查、沟通并分析具体原因。通常在业务审批节点、资金节点的停留时间更长，主要原因有业务管控、资金支付管控等，但也有个别原因是管理者对信息工作方式的不适应和抵触，不愿意适应新的流程管理方式和调整工作方法，要求业务人员在线下、线上处理两次。这些管理者需要转变管理思维和提高能力，因为发展的车轮滚滚向前，不会因为个别人而停滞。也有一些问题确实是流程设计和系统设计不合理造成的。这需要变革的实施者根据实际情况进行调整和改进，促进流程效率的提高。在这个阶段，集团多次组织各成员到单位巡视，现场研讨问题，切实解决问题，加强沟通，促进业务部门和财务部门的相互理解，是非常重要的措施和有效的工作方式。

（3）集团内财务人员培养方式的变化。新的财务共享中心的成立，预示着业务财务、战略财务、共享财务的三层财务团队架构开始形成，财务人员团队结构的变化，需要新的人员培养方式，结合集团自身的情况，一边实践一边寻找新的财务人员的培训、学习、晋升的路径。

（四）生态共享和价值共创

初步融合的数据信息，让管理会计体系建设看到了希望。2018年，中铁为推进管理会计体系建设，进一步支撑各级管理层基于数据分析的科学型决策，以提高财务向业务管理服务的能力为目标，在业财共享数据中心建设的基础上，探索一线项目数字化指标体系的自管理及智能分析、风险预警，正式开展"大智移云"环境下企业管理会计平台建设的研究。中铁携手思源时代，以数字化项目建设为依托，以项目管理报表实现全由自动化填报、管理指标体系自主灵活管理为前提，对项目一线业财数据的进一步深度融合进行了探索，构建项目运营指标体系，逐步深化管理层决策指标体系建设。项目组在研究的过程中发现，业财融合的范围不足导致数据的范围和质量存在问题，探讨了数据的历史遗留问题的处理方式，业财融合的发展对数据融合发展的重要作用。

随着业财共享的进一步发展，业财融合和数据融合会相互促进，数据分析的需求会进一步促进业务融合，业务融合也促进数据的质量提高，会形成业务和数据动态融合的良性循环。这种良性循环被称为生态共享。正确引导新的融合，推进业财融合的良性循环，扩展融合的范围，促进数据融合的发展，形成数据生态，探索管理会计转型，是本阶段的工作重点。

1. 融合的动态发展和良性循环

业财共享稳定后，一些子公司的业务和财务人员经过能力提高，发现可以扩充融合的其他业务，如资产管理业务、人力资源管理业务、现场管理业务等。各种业务融合需求不断被提出。

在集团内部融合需求日益强烈的情况下，业财融合的深化也需要一个自下而上的过程。新的融合需求不断产生，预示着业财融合进入生态良性循环。

在这些需求中，业务最前端的施工现场业务融合需求最为典型。以施工现场劳动用工管理融合的需求为例，建筑企业的人员构成比较复杂，有正式职工也有劳务用工，用工数量多而且需要在不同的项目之间进行资源调配，实际用工的精细化核算难度巨大，人工成本比重大、核算不清晰的现状造成劳务队伍在用工成本方面说多少就多少的现象。人员数量多、结构复杂、整体素质较低，管理问题也屡屡出现，如超龄用工、无证上岗、恶意讨薪等现象时有发生。这不仅影响生产和企业形象，造成运营成本的增加，甚至由于项目计划外的大额工资支付导致资金流的巨大风险。在中铁的管理模式下，施工现场劳动用工管理涉及人力资源部、工经部、安全质量部、财务部等多个管理部门，以往的信息传递都是手工作业，主要风险在项目上，而企业和集团由于远程管理难以及时发现问题。

2016年，国务院办公厅发布《关于全面治理拖欠农民工工资问题的意见》（国办发〔2016〕1号），要求到2020年，形成制度完备、责任落实、监管有力的治理格局，使拖欠农民工工资问题得到根本遏制，努力实现基本无拖欠。2017年，人力资源和社会保障部印发《治欠保支三年行动计划（2017—2019）》，要求全面推行劳动用工实名制管理，落实按月足额支付工资规定，完善工资支付监控机制，到2019年年底基本实现全覆盖。同年，住房和城乡建设部发布《关于培育新时期建筑产业工人队伍的指导意见（征求意见稿）》（建办市函〔2017〕763号），提出"全面推行实名制管理"。劳务管理是建筑企业人力资源管理和成本管理的重要组成部分，而国家政策的发布，成为人力资源业务融合的催化因素。在实现企业精益管理，提高管理效率和效益的同时，全面响应国家提出的建筑工人实名制管理要求，也是中铁的实际管理需要。

对于这些新融合需求，中铁各局自行组织项目推进。例如，中铁某局的下级子公司中铁某处提出，建设智慧劳务信息系统与共享平台衔接，将现场劳务用工的实名制管理融入共享平台，在前端使用生物识别技术记录用工情况，自动生成工资，在后端通过共享支付，使劳务成本从核算到支付有据可依。集团接受融合建议，选取该处作为试点单位进行深化业财融合的尝试，实现现场劳动用工实名制管理业务的业财融合。

2. 数据融合的发展和分析能力的提高

管理会计转型的基础是业财融合。管理会计工具和方法落地的第一步是融合数据的呈现和分析。

2018年，中铁开始对数据分析进行了初步探索，主要用于管理层关注的财务指标的实施统计、传统管理报表的自动化、传统经济活动分析指标的数据统计。这些都是过去管理行为的延伸。财务人员在对财务指标建模的过程中，发现财务共享中心运营时点前的数据需要治理，某些指标计算的数据基础由于信息系统的发展限制仍然不满足质量要求。信息应用的需要会推动数据治理和业财融合深化。

为了实现优化决策信息的目标，数据需要全面融合，业务信息规范治理、集团数据仓库的建设、数据应用探索以及数据质量优化等工作被提上日程。中铁选出试点单位，分别从项目层、公司层和集团层三个层级进行数据应用的探索。其中，项目层管理会计指标分析的探索，揭示了施工现场管理需要优化，与财务进行融合发展。随着融合程度的加深，数据的管理维度被不断丰富。数据融合是业财融合的发展方向，也是这个阶段信息化工作的难点。

3. 财务转型和价值共创

业财融合在集团内部培养了协同的文化。协同的文化氛围对意识的转变有潜移默化的作用，使业务人员和财务人员对双方的工作重新审视、重新评估，部分协同矛盾得以缓解，协同问题得以解决。管理层开始重视以信息化思维去解决管理问题，数字化决策的意识增强。部分信息化程度较高的成员单位的财务人员，有了良好的数据信息基础，逐步开始探索数据的分析和应用，为业务提供数据分析服务和风险建议，主动向管理会计转型。业务财务逐渐从后台走向前台，与业务人员一起为集团创造价值。

专家点评

从财务共享、业财共享到业财融合的过程，即信息技术在财务领域持续应用的过程，更是一个财务管理和组织不断转型优化的过程。随着信息技术提供的数据共享和系统集成能力的提高，传统财务管理中的结构化任务逐步由计算机替代，使财务工作者从简单重复的核算、报表等工作中释放出来，进而思考如何从企业整体价值创造的角度，与业务部门更好的协同融合。

从系统科学视角看，融合不是简单的"加"或者"合"，而是子系统之间边界的再定位、功能再分配。因此，当信息技术承担了部分工作，特别是实现了业财边界上的表单数据传递、信息加工与共享等后，财务部门工作再定位，并逐步深入业务端的过程，即所谓的财务组织转型过程，是业财融合的关键所在。

面对建筑行业的特殊性、业财融合的复杂性，思源时代凭借其长期的行业信息化基础，中标中铁业财共享项目。思源时代在业财共享平台建设、实施、运营过程中，进行了积极的探索，总结了建筑行业业财共享模式及路径，对企业集团的财务转型有较强的参考价值，也为财务数字化创新理论提供了有益的补充。

一、业财融合的边界跨越与价值协同

在基于专业化分工的组织体系内，业务部门与财务部门存在着明确的边界。在早期的部门级信息化发展过程中，这种边界进一步延伸到数据标准、信息系统等方面，导致业财在专业、数据、系统、组织多个层面的异构。在大型集团企业中，跨层级、跨部门、跨企业组织的各类异构复杂度更高。因此，业财融合是一个打破业务和财务各类边界，实现高度融合的一种管理变革，同时也是对组织内部业务、财务职能地再分工和再协同的过程，如图17-6所示。

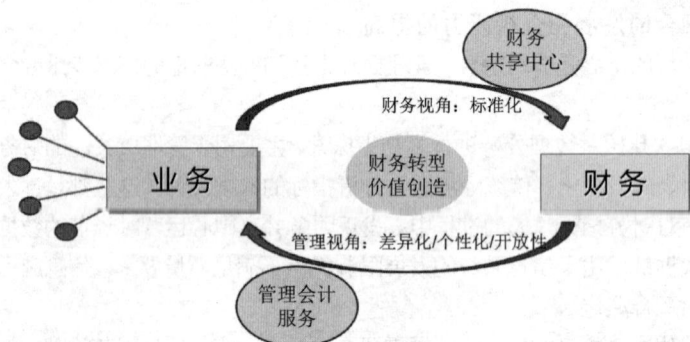

图 17-6 业财融合的演化

与业务相比，财务自身的结构化与标准化程度更高，因此，在许多行业、企业中，财务信息化程度也更高。从根本上来说，财务数据来源于业务数据。因此，以财务的标准化数据需求，倒逼财务的数据标准化，业务管理流程等的标准化，成为业财融合的第一个阶段。

传统财务共享以提高财务管理效率为目标，以财务会计为基础，在集团层级建立财务共享中心，实现集团内的集约化管理，提高效率，降低成本。业财共享模式下，企业更加注重以财务的标准化、规范化倒逼业务规范、业务数据及流程标准化，实现财务管控。在技术方面，数据、流程等标准的建立，主数据平台的建设，使业财数据初步融合，业务数据链前移，

自动制证、账转表等自动化能力提高。

业财融合在更深层次影响了组织、业务、制度、信息、数据等多个层面，其涉及企业管理的方方面面，需要逐步解决和深化，核心在于以业务价值创造为导向，通过财务共享中心模式，进行财务的数字化转型，更是以此为驱动，提高业务数字化能力，对财务管理的价值创造过程与组织模式逐步转化。

随着共享平台的建设，财务管理人员得以释放，为管理会计提供了技术和人力基础。这一阶段以财务数据和财务管理为基础，促进企业整体经济活动和组织管理模式的数字化转变。在业务决策中，企业以盈亏分析、风险机会识别为重点，从财务管理的专业边界，向业务的专业边界扩展，使经济分析与成本控制、管理决策的精准与创新等能力得以提高。

二、思源时代的中国中铁业财融合实践解析

在很长一段时间内，建筑业被认为是无法推进共享服务的行业。与制造业这类生产、流程相对标准化的行业不同，建筑业的产品不标准、业务不规范，导致管理的随意性强。施工总承包企业同时面向多项目管理，项目运作的地域广、层级多、管理链条长，人员、资金量大且分散，使企业管理者难于及时、动态掌握各工程项目的运营信息，无法实时监控整个企业的运营状况，预测项目潜亏情况等。

因此，建筑业业财融合难度更大。这主要表现为：标准化程度低，导致基础核算记录不规范；资金支付的前置审批流程与实际支付操作缺乏控制手段，时常面临资金舞弊等风险；工地环境艰苦，财务人员人才流失严重；业务复杂性高，预算管控能力弱。

思源时代在与中铁长期的信息化合作中，对建筑行业的业务特征和财务组织管理有着深刻的认识。伴随着中铁财务管理的发展和信息技术应用深化，思源时代逐步将视角从财务转向业务，以业财融合支撑财务的价值创造，并将其植入其技术平台的研发和信息化咨询服务之中，通过业财数字化融合过程，实现财务管理的价值创造。结合边界跨越和价值协同，思源时代划分的业财融合阶段如表17-1所示。

表 17-1　　　　　　　　　　　　　思源时代划分的业财融合阶段

阶段	重点亮点	业财边界	跨越难点	融合方法	价值目标	阶段特征
建设前	成本系统	支付卡控	数据一致 真实准确	支付倒逼 合同主线	合规内控	财务管控 （财务视角）
共享平台 建设	共享平台	数据-系统 财务层级	边界识别 矛盾冲突	流程-数据 标准化 系统接口	自动化 集约化	边界跨越 （财务视角）
共享应用/ 运营	共享中心 数据中心	跨部门 组织流程	组织-岗位、能力、思维	组织机构，制度，数据融合质量，流程优化	战略决策 外包服务	业财一体 （财务视角） （组织视角）
管理会计	项目管理、智慧工地	专业、组织内外边界	经济活动解析	生态协同治理	业务赋能 全面融合	价值共创 （生态视角）

（一）财务共享中心建设之前

中铁的业务链条长、规范性差，且业务、财务流程断裂经常导致资金支付流程风险与时间不可控。针对此问题，思源时代研发了中铁成本系统，实现以合同数据为起点的、核心项目业务流程节点数据的标准化和线上采集，将业务与财务衔接起来，让资金支付倒逼业务合规性，促进资金集中。这取得了很大的成效，初显了财务信息化引领业务规范化、信息化的成果。

（二）共享平台建设阶段

共享平台建设的过程，是业务、制度的融合过程，也是流程再造、协同流程的内控要素

设计，业务和财务地再分工是本阶段建设的重点和难点。思源时代以中铁整体利益为重，分析流程在手工状态下缺失的内控工作和通过流程再造整体节约的工作，从内控加强和效率提高两方面评估效果。实施工作组在业务流程梳理的基础上，统一成员单位的意见，使业务系统的信息对财务、税务、资金的处理和账务信息形成驱动，使业务和财务核算的规则逐步标准化，将内控制度（如预算控制、业务标准控制等）融入流程和表单，由系统进行控制或在审批过程中提示，从而实现高度自动化。

标准化工作对集成型信息化体系建设、规范企业管理行为、规避运营风险非常重要。思源时代引导中铁进行了大量的标准化建设工作，包括基础数据、业务模式、业务数据采集和审批流程几部分，快速形成标准化体系，又根据要求不断调整以适应集团业务变化。

业务与财务的数据融合是共享平台的核心，需要长远规划和长期数据治理，包括集团主数据的梳理、业财协同信息设计、业务信息规范治理、集团数据仓库的建设、数据应用探索以及数据质量优化等。

（三）财务共享中心运营阶段

财务共享中心的运营，代表着变革的正式开始。这一变革在一定程度上改变了组织内部的结构、业务与财务的操作模式、相关管理制度、财务管理方式、信息系统运转模式、数据资产的范围和结构等。

对于企业集团的财务共享中心来说，面向集团内部实现核算政策标准化落地、提供财务内控制度监督的服务，面向成员企业提供数据服务是其与生俱来的服务内容；面向集团外部提供核算及管理服务，是其衍生的服务内容。集团财务共享中心的定位和职能，也会随着业务模式的发展调整变化。

人员意识的变化是变革成功的重要因素，非常重要的是业财融合文化的培育。企业集团通过加强宣贯进行文化的培养，特别是在财务领域，建立业务标准化、流程信息化、决策数字化、资源共享化的理念，保证业财融合的设计质量。

在实施变革的过程中，各种质疑的声音和阻力时常出现，如对于业务和财务的核算结果差异问题，很多人主观认为无法融合，但实际上，差异源于业务的不规范。业财融合就是改善业务和财务操作不规范的过程。

思源时代与中铁财务部领导，一方面对错误的观念进行教育和引导，另一方面为变革的设计相应的绩效考核指标、成绩公布措施进行风险把控，使用引导加控制相结合的手段推进变革。

部分财务人员看到了自身日常工作的可替代性，开始不断学习，全面提高自身业务能力。财务群体掀起加强学习和参加职业能力考试的热潮。能力提高成为管理会计转型的基础。

（四）管理会计阶段

业财共享的建设和运营，掀起了中铁信息化的热潮，同时也给财务部带来了挑战：对业务经营的价值如何显现？由此带来了中铁各级财务管理部门及各财务共享中心的思考，以及在不同方向的实践探索。思源时代积极配合各类系统的建设，并提供相应的服务。

数据融合促进数据分析的需求增长，进一步促进业财融合，也促进数据质量提高，带来业务和数据动态融合的良性循环。此外，管理会计的推进倒逼业务场景线上化，如资产管理业务、人力资源管理业务、现场管理业务等。业财融合的深化进入了自下而上的自主发展过程，其中，以业务最前端的项目经济活动分析，以及施工现场的智慧工地等业财融合最为典型。

案例十八　新动能助力项目管理优化 好工具助推管理效率提高

浪潮通用软件有限公司

【摘要】

随着信息化水平的不断提高，企业对管理软件的认识越来越深刻，信息化的内容从财务向业务延伸，从电算化向智能管理和决策支持演变，管理会计应用日益广泛。浪潮通用软件有限公司作为云时代企业管理软件的领导厂商之一，也急需围绕企业管理软件的项目型特征，梳理业务流程，优化管理模式，向精细化管理要效益。

本案例通过全面梳理浪潮通用软件有限公司在快速发展过程中遇到的主要经营问题，以项目为核心，构建组织级项目管理体系，建立"项目-产品-组织"三维一体的管理会计工具体系，对预算管理、项目全生命周期管控、绩效分析及评估等有代表性的管理会计工具的创建、应用及效果进行总结分析。这样不仅有效提高了企业自身管理水平，而且有助于深入理解客户需求，将先进的管理会计理念融入软件产品，为更多的客户带来价值。

【关键词】组织级项目管理；管理会计；信息化

一、企业简介

浪潮有限公司（以下简称"浪潮集团"）是以服务器、软件为核心产品的国有企业，是中国领先的云计算、大数据服务商，拥有云数据中心、云服务大数据、智慧城市、智慧企业四大业务板块，迄今有 70 多年历史，始终致力于成为先进的信息科技产品和领先的解决方案服务商。2016 年，浪潮集团实现营业收入 710 亿元，位列中国企业 500 强第 210 位，为全球 113 个国家和地区提供产品与服务，是全国唯一同时拥有计算机信息系统集成特一级资质和 ITSS（信息技术服务标准）一级资质的企业。

浪潮通用软件有限公司（以下简称"浪潮通软"）是浪潮集团的全资子公司，是云时代企业管理软件的领导厂商和最大的行业 ERP 提供商，是集团管控、财务共享第一品牌，是智能制造领军企业。浪潮通软拥有大型企业云平台 GS7、中小企业云平台 PS365、小微企业 SaaS 应用的"易云在线"平台，以及企业大数据、财务共享、司库与资金管理、电子采购、HCM Cloud 等云产品。浪潮通软自 20 世纪 80 年代进入财务软件领域，见证了中国会计电算化的发展过程，其于 20 世纪 90 年代率先推出大型财务管理软件，并在业界最早提出"集团财务"概念与分行业 ERP 理念，"引领高端，专注行业"，推动了中国企业信息化进程。进入 21 世纪，其率先定义"财务云"，在国内首先发布"中国制造 2025@浪潮"战略和"企业数字化转型"理念，依托浪潮云的技术能力和整合能力，利用云计算、大数据、物联网、移动互联、人工智能等技术，

作者：魏代森、杨良、张玉新、刘俊红、刘成明、孔冰
案例指导与点评专家：李玲（中央财经大学）

全面支持企业上云，助力建设"互联、共享、智能"的智慧企业。

（一）大型企业云：浪潮 GS7

浪潮 GS7 定位于大型企业云平台，将管理会计与新一代信息技术深度融合，涵盖财务云（包括财务共享云、税管云、报账云）、人力云（HCM Cloud）、采购云（iGO Cloud）、分析云（浪潮云眼 Cloud Eyesight）、供应链云、营销云、协同云，助力大型集团企业创新管理模式，加速企业数字化转型。

（二）中小企业云：浪潮 PS365

浪潮 PS365 是基于浪潮云平台，通过"云"+"端"的技术模式，以租用服务替代传统软件销售，为中小企业提供财务、供应链、生产制造等信息化服务的云应用软件。它按需部署、按需服务，降低信息化应用门槛，打通产业协同创新链条，开启中小企业云 ERP 之路。

（三）小微企业云：浪潮云会计、浪潮云进销存

浪潮小微企业云是专为小微企业打造的在线云端企业管理软件，颠覆了传统软件的模式，推动小微企业与互联网连接。目前，浪潮小微企业云涵盖云会计、云进销存两款产品，真正实现了免安装、免维护、免升级及随时随地有网就能办公的功能。浪潮小微企业云专业便捷，高效智能，提高了小微企业业务管理水平。

（四）企业互联网开放平台：浪潮 GSP+

浪潮 GSP+ 是基于混合云架构，融合面向服务的架构（Service-Oriented Architecture，SOA）、云计算、大数据、移动互联网、物联网等业界先进技术和理念，为企业应用提供先进、稳定、易用、高效技术支撑的平台。该平台集应用的开发、扩展、运行、集成于一体，基于动态建模技术，内置可复用的业务构件库，可实现企业应用的快速开发与柔性定制，帮助企业在持续快速变化的互联网+时代掀起信息化新浪潮。

浪潮通软是国内服务满意度最高的管理软件厂商之一，其构建了覆盖全国的服务网络，拥有超过 8 000 人的营销服务队伍，通过现场服务、智能云桌面等多种模式，为客户提供一站式的服务体验，连续 10 年获评 CCW Research（计世资讯，中国权威 ICT 研究资讯机构）用户调查"管理软件服务满意度第一"。秉承"以客户为关注焦点"的企业文化，浪潮通软为 38% 的国资企业提供信息化服务，拥有超过 50 万企业客户，在军工、建筑、粮食、医药、快消品、装备制造、矿业、交通 8 个行业的应用占有率最高。

二、实施背景

随着企业信息化水平的不断提高，信息化的内容从财务向业务延伸，从电算化向智能管理和决策支持演变，ERP 软件行业也从原来的粗放式经营管理逐步迈入精细化运营的阶段。在这个过程中，浪潮通软的内部运营管理遇到了一些挑战。

（一）业务预算和业务执行未能有效贯彻公司战略

企业每年都会结合管理变革、应用趋势、技术趋势、市场环境制定当年的经营战略，并在企业内部发布战略。然而在实际执行的过程中，企业的预算管理基本停留在财务预算和费用预

算的水平上，并没有非常严谨地贯彻战略，所以在执行的过程中往往会与企业的年度目标出现偏差。

（二）预算管理维度单一，价值链切割不清晰

浪潮通软的经营预算长期以来都是以行政部门为维度自上而下分解的，只分解到一级部门，而市场单位、事业部、产品部门对业绩进行复计。这种预算方式的优点是快速、简洁，缺点是价值链切割不清晰，责任划分不明确，每个部门的损益表中超过 80%的费用来自分摊，大部分内容都是不可控的。因此，在预算的过程中，大家都抢资源、要费用，没有人对利润负责，最终的结果是：每个部门业绩都很好，但是企业的财务表现不佳。

（三）项目分段管理，盈亏难以有效保障

在浪潮通软，一个项目的生命周期被划分为销售/售前、实施交付、售后运维 3 个阶段。每个阶段的考核指标各不相同：销售/售前阶段考核签单，实施交付阶段考核回款和工期，售后运维阶段考核服务收费。因此，经常出现的情况是：销售人员为实现合同签单，往往会不重视后期交付难度，而在交付过程中，实施人员更多关注项目交付本身，并未对项目成本控制和后期运维保障过多关注，销售签单时甚至承诺延长免费维护期，导致售后人员收费困难，服务成本居高不下。

三、实施过程

浪潮通软的主营业务是 ERP 软件产品的研发、营销和交付。浪潮通软的业务流程可以描述为（见图 18-1）：在前期通过大量的市场活动及营销推广，销售人员发现新客户商机及挖掘老客户商机，并且与售前配合推动客户立项，与客户进行方案交流及投标，把有效商机从商机漏斗中一步步地转化成合同签单，完成项目在企业内部的立项。进入项目交付环节，实施人员与二次开发人员及产品研发人员配合，共同推动项目验收及回款达成。在项目结束后，进入售后运维阶段。从销售开始到项目验收，财务、人力资源、运营等部门对项目全过程进行跟踪及资源调配，确保项目的按时、按需交付，并完成各项回款指标。

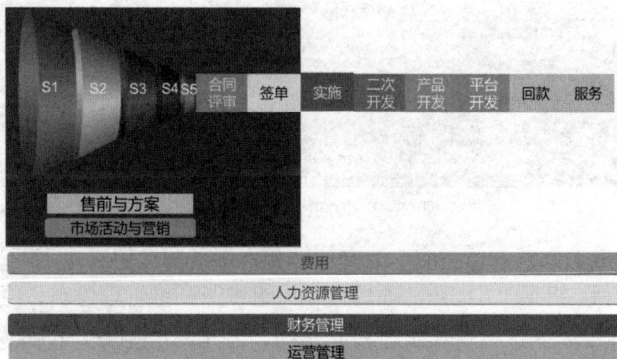

图 18-1 浪潮通软的业务流程

浪潮通软经营的各个环节都具有非常典型的项目特征，因此，浪潮通软明确提出以项目为最小经营单元，以实现企业运营价值最大化为目标，构建组织级项目管理体系，实现企业资源优化整合、提高项目成功率，并在项目立项和执行过程中及时把握市场和客户需求的变化，从而帮助企业快速调整经营目标和经营策略，最终实现企业的战略目标。

从项目的视角来看，浪潮通软的业务维度可以分为方案与营销、销售与售前、交付与支持、产品与研发四条主要的业务线；管理维度可以分为财务管理、人力资源管理、项目管理 3 条主要的管理线（见图 18-2）。项目既可以存在于每条业务线内部，也可以跨业务线存在。在 3 条管理线中，财务管理和人力资源管理偏向于职能的管理和服务支撑，而项目管理则偏向于运营和管控，所以在图 18-2 中，项目管理为实线，财务管理和人力资源管理为虚线。

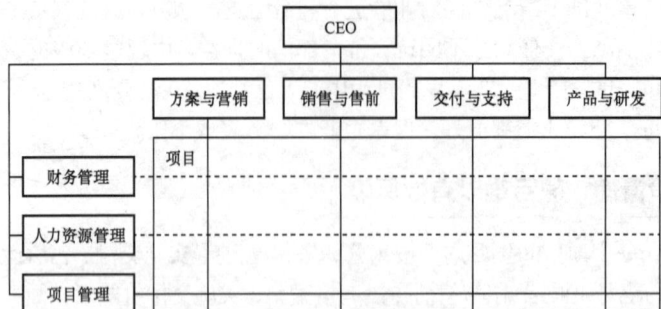

图 18-2　项目视角下的浪潮通软管理维度

（一）管理会计体系架构

组织级项目管理与项目级的管理不同，在组织级项目管理中，项目经营和价值管理是非常重要的内容，而管理会计恰好为此提供了丰富的工具与模型。浪潮通软引入多种管理会计工具，划小核算单元，聚焦"项目"管理，建立"项目-产品-组织"多维运营管理体系，将管理价值链细分到各作业环节，完善基础的标准化作业定额，支撑管理会计精细化落地，加强对各责任中心的多维分析及考核，提高内部管理效率，激发经营活力。

在组织架构上，浪潮通软采用事业部及产品部矩阵式组织模式（见图 18-3），其中事业部是利润中心，产品部是成本中心，市场单位是收入中心，交付部既是资源池也是成本中心。

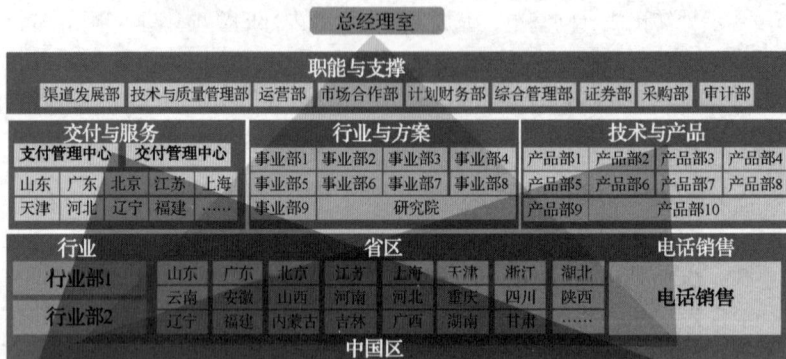

图 18-3　浪潮通软的组织模式

为将目标真正落实到各责任中心，浪潮通软在内部多维度核算方式的基础上，以项目管理为核心，结合项目"三算"，按照"项目-产品-组织"三维管理逻辑，将项目维度的收入、成本及毛利等，按内部结算规则及业绩划分原则，分别对应到各产品线及各事业部（见图 18-4）。

在项目的核算及决算中，浪潮通软按照完工百分比确认收入。在项目各项收入及成本确认后，对于产品部而言，其收入即各项目中涉及本产品的提货价，其成本即该产品线的所有人工成本、直接费用及部门管理费用等。浪潮通软对于事业部的收入及成本确认按照项目归属原则，将所有归属该事业部的项目收入及成本均计入该事业部。另外，对于事业部之间或事业部与其他部门之间存在的业绩切割或内部结算，浪潮通软也按照项目归属进行收入和成本的确认。总收入扣除该部门的管理费用，即事业部的毛利。

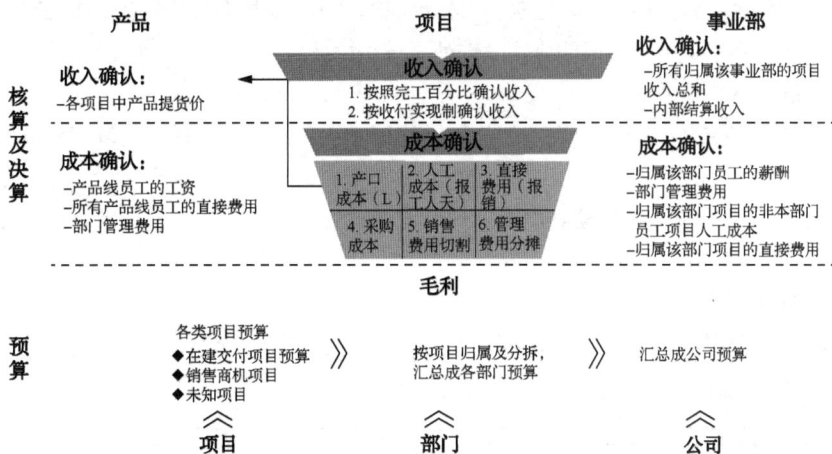

图 18-4　浪潮通软的"项目-产品-组织"三维管理逻辑

浪潮通软通过建立"项目-产品-组织"三维一体的管理会计体系，将管理精细到最小的运营单元，并对项目运营进行作业级切割，尽可能做到合理调配各个作业阶段（销售、实施、服务、研发等）的资源配置，落实各责任中心职责，在追求技术领先和规模发展的同时，更重视利润，提高可持续发展能力。

（二）管理会计工具体系

在管理过程中，浪潮通软根据自身业务特点有针对性地选择了一批管理会计工具，主要包括标准成本法、作业成本法、全面预算、平衡计分卡、内部报告等（见图 18-5）。其中，标准成本法是基础，形成各作业环节的成本，以及项目全生命周期的成本；全面预算是抓手，用预算闭环管理的逻辑，对收入、成本、利润等进行有效监控；平衡计分卡是评价工具，用于搭建合理的绩效评价体系；内部报告用于展现结果，是各责任中心管理会计实施结果的综合载体。

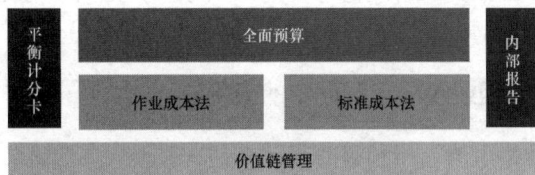

图 18-5　浪潮通软管理会计工具体系

1. 全面预算

全面预算作为管理会计的核心工具之一，在战略引导、资源配置、内部控制等方面发挥着重要作用，是财务融入业务的重要抓手。浪潮通软围绕业绩目标达成的所有运营管理都在整个预算管理体系中。预算体系的特点是覆盖"项目-组织-产品"的三维预算管理，同时在纵向上将预算目标分解到部门、项目甚至客户，在横向上将预算细化到各作业环节，真正将预算做到业财融合。在预算编制过程中，浪潮通软结合了多种预算编制方法，适用于不同的业务预算场景。例如，在进行新产品预算时，浪潮通软采用 WBS（工作分解结构）工作任务分解，将研发投入按各项内容结合其对应的标准工作量，得出研发的人天预算及各项费用预算。

2. 标准成本法

软件项目交付工作是合同执行和实现回款的关键环节，同时也是成本发生的主要作业环节。在软件项目过程管控中，浪潮通软引入标准成本，用于参照及过程管控，如各作业环节的标准成本定额、各岗位人天单价的确定、标准交付工作量、研发标准工作量等。

3. 价值链管理

对项目型企业来讲，全生命周期的价值链管理是一种有效的手段。浪潮通软通过价值链分析，将合同项目的生命周期分为销售/售前、实施交付、售后运维 3 个阶段，对每个阶段的工作内容进行识别，明确项目控制点，识别增值和无效的作业环节，采取针对性措施，确保项目价值最大化。

4. 平衡计分卡

为强化"业绩导向"和"目标导向"，浪潮通软基于平衡计分卡原理，从财务指标、客户指标、内部运营指标、学习成长指标 4 个维度，与各责任中心签订目标责任书（见图 18-6）。

指标类别	指标名称	项目分	目标值	权重	数据来源	实绩值	考核分
财务指标	考核收入			20%			
	考核毛利			40%			
	考核利润			15%			
客户指标	战略客户新增数			5%			
	二开项目客户满意度			5%			
内部运营指标	二开项目按期验收率			5%			
	提高人均产能			5%			
学习成长指标	团队建设			5%			
综合得分			Σ（指标达成×权重）				

图 18-6 事业部的目标责任书

5. 内部报告

浪潮通软内部报告体系包含项目级、部门级及公司级 3 个层面的报告内容，其中，项目级内部报告包括项目损益表、项目周 Review（复盘）等；部门级内部报告包括部门月度运营看板、部门月度 Review；公司级内部报告是对项目、各责任中心的汇总。企业在每月的运营会上都会对财务指标的达成及偏差进行分析，具体包括：签单/回款增长及达成、目标客户经营情况分析、签约/中标/丢标项目分析、验收项目分析、产品研发情况分析等，在此基础上制定改进措施。

（三）管理会计工具在组织级项目管理中的应用

1. 以目标达成为指引的三维预算管理体系

在推进预算管理时，浪潮通软围绕"项目-产品-组织"三维管理体系，结合宏观环境分析、产品及技术应用趋势、产业发展形势、竞争对手分析和 SWOT 分析，根据 ERP 业务整体规划布局和发展战略，参考复合增长率，将"自下而上"与"自上而下"相结合，确定每年的预算目标。

（1）以销售预算为起点，以目标达成为指引

浪潮通软全面预算管理的起点是销售预算。销售预算包含两个主要内容：签单预算和回款预算。浪潮通软结合 ERP 软件企业的特征和自身的经验积累，梳理签单预测模型（见图 18-7）和回款预测模型（见图 18-8）。基于这两个模型分别对市场单位、事业部、产品线的签单和回款进行预测和预算。

在预测的过程中，各个参数都非常关键。这些参数还具有明显的行业、地域特征，因此在实际预算的过程中，通常是运营管理部门通过内部信息系统（CRM，OMS）给出下一年度回

款、签单的建议数据，各市场单位牵头与其他相关业务部门一起沟通，最后调整确定下一年度的预算目标。企业通过系统预测，辅以人工审核校验，给出的预算往往更加科学、准确，以此匹配财务和人力资源也将更加合理。

$$预计签单金额=\sum(到期项目线索额 \times 签约指数)$$

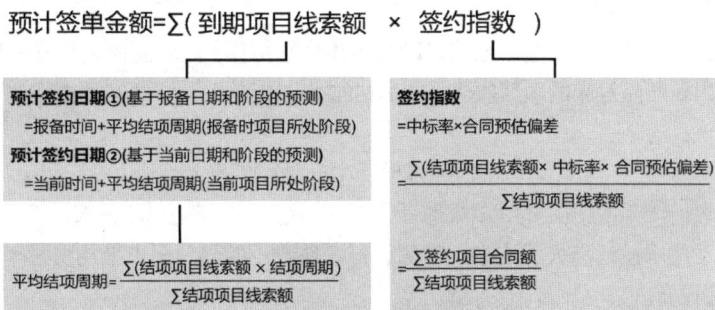

图18-7 签单预测模型

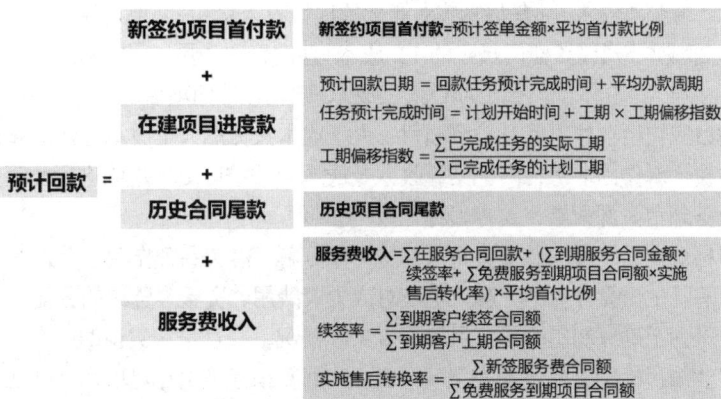

图18-8 回款预测模型

（2）依据"项目-产品-组织"三维管理逻辑，将目标分解到各责任中心

在企业销售目标确定后，企业会召集各责任中心部门基于规划目标进行对接，即"自上而下"进行目标分解；各责任中心基于自身规划"自下而上"进行目标确认，之后目标确定，签订目标责任书（见图18-9）。

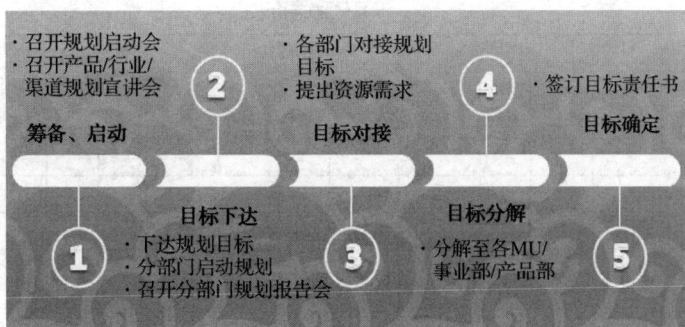

图18-9 销售预算对接流程

各责任中心在进行目标确认时，同样是围绕"项目-产品-组织"三维管理逻辑进行确认：项目预算是核心，以在建项目的全周期预算为依据，按月进行分解或分摊，基于项目的18个月滚动预算，从时间维度上切分在建项目的当期预算目标。

① 项目预算。

在建项目收入和成本的预算公式如下：

在建项目收入=在建项目 AR（应收账款）回款/（1+税金）

在建项目成本=产品成本（L）+人工成本+直接费用+采购成本+销售费用切割+管理费用分摊

其中，人工成本按标准人工成本定额测算；各项费用以部门历史平均费用率作为参考。

② 产品预算。

对于产品部门，其收入及成本预算可以按下述规则测算，同时还应包括在建项目及预计项目，以及研发的新产品对应的项目收入及投入的成本，汇总后，即各产品部门的预算目标。具体计算公式如下：

产品收入=各项目中产品提货收入

产品成本=产品线员工的 1.2 成本+所有产品线员工的直接费用+部门管理费用

其中，人工成本按标准人工成本定额测算；各项费用以部门历史平均费用率作为参考。

③ 事业部预算。

对于事业部，其收入及成本预算均按项目归属原则进行测算。相关计算公式如下：

事业部收入=所有归属该事业部的项目收入总和+内部结算收入

事业部成本=归属该部门员工的 1.2 成本+部门管理费用+归属该部门项目的
非本部门员工项目人工成本+归属该部门项目的直接费用

其中，项目应包括在建项目及预测项目，人工成本按标准人工成本定额测算；各项费用以部门历史平均费用率作为参考；内部结算收入及成本分摊按历史平均值进行测算。

（3）各业务环节资源配置，支撑目标达成

在预算目标确定后，浪潮通软会将预算进一步分解，落实到各作业环节及各项资源投入预算上。预算分解既是预算目标的分解，也是对人力、费用、资金等资源的分配。资源的配置和协调平衡，正是为了确保制定的预算目标符合实际情况，并且是可实现的。

各部门将业绩目标细分到不同类型项目中，如回款指标是由在建项目、可见商机及不可见商机，以及其他非客户类项目收入等组成。按照不同项目类别，各岗位投入的工作量不同，其带来的人均产能也不同。例如，销售岗位在在建项目 AR 回款方面带来的人均产能要低于商机挖掘带来的人均产能，因为商机挖掘要比推动 AR 回款投入的工作量大很多。再如，售后岗位的人均产能来源于服务项目，同时应考虑投入到日常维护中的一些并不带来回款的工作量。业务预算指标体系如表 18-1 所示。

表 18-1　　　　　　　　　　业务预算指标体系

业务环节	在建项目			可见商机			不可见商机			其他			合计	说明
	业绩指标	人均产能	人员编制	业绩指标	人均产能	人员编制	业绩指标	人均产能	人员编制	业绩指标	人均产能	人员编制		
销售														
售前	——	——	——											
交付														
售后	——	——	——							售后业绩				售后按照业绩指标及日常维护工作量确定
产品	L部分			L部分			L部分			新产品研发				研发包括项目中 L 部分对应的维护工作量及按研发项目立项确认的研发工作量

人力资源部门汇总各部门反馈的人员编制预算，在企业层面平衡后，形成企业的人员招聘

计划和薪酬专项预算。

2. 以项目为主线的全生命周期过程管控

项目是浪潮通软的基本经营单元，一个 ERP 项目的生命周期阶段可以划分为销售/售前、实施交付、售后运维，其价值曲线如图 18-10 所示。

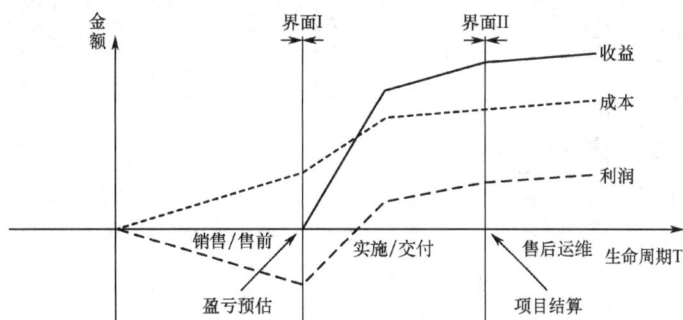

图 18-10 项目生命周期价值曲线

为了更好地管理和经营项目，浪潮通软采用作业管理的思维方式，将项目生命周期全过程的作业环节进一步细分为三大过程和七大阶段（见图 18-11），逐步精化估算/计划过程，并持续地进行跟踪和监控，实时出具项目（预）损益表。

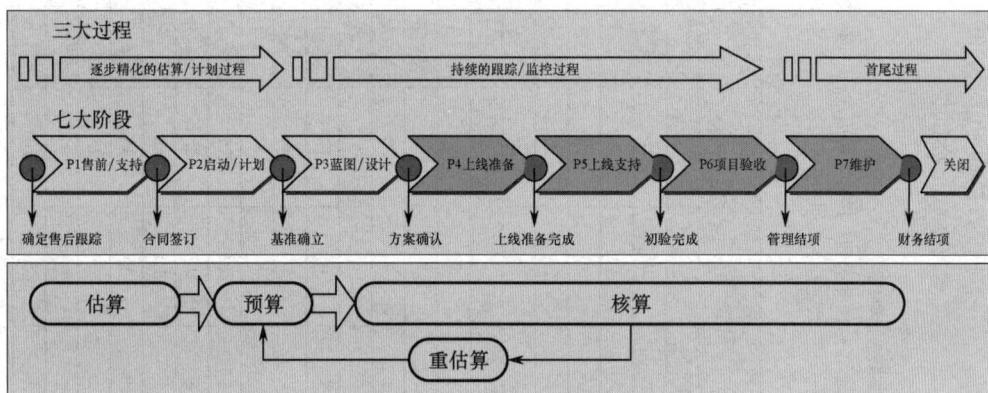

图 18-11 项目全生命周期管控阶段

（1）项目投标概算

在项目应标或签单前期，企业基于产品标准交付工作量，对项目预计投入工作量进行预估，得出项目预计人工成本，支撑项目整体报价策略和项目盈亏测算。

产品标准工作量是依据浪潮通软多年交付软件项目成果的大数据样本的统计结果，在充分考虑综合单位规模、用户数、实施内容、产品成熟度、二次开发等因素的基础上，基于浪潮通软高级专家的经验判断，形成的一套交付工作量定额工具（见表 18-2）。

（2）项目施工预算

在项目交付环节，经项目调研、蓝图规划、方案评审确认后，项目经理和开发经理依据最终落地的交付工作内容，编制项目施工预算。施工预算的主要内容包括项目实施策略与实施内容、工作任务 WBS 分解、里程碑计划表（见表 18-3）、项目费用预算表（表 18-4）、回款计划预算表（见表 18-5）、项目实施资源预算表（见表 18-6）等。施工预算经企业交付管理中心审批通过后，正式成为项目基准，作为评价项目交付成果、指导项目交付过程的指导性纲领。同时，施工预算确定的项目工期和项目费用将作为项目奖金的计算依据。

表18-2

产品工作量报价工具
浪潮 ERP GS 实施报价

填写说明：
1. D列"选择与否"单元格表是留下来填写选择（与产品报价一致），如果选择则填写Y，否则为N；
2. 功能单元与模块的实施人天报价，主要前提是：同域，同业态，单账套，≤10家公司，一同构成整体项目报价；
3. 跨地域、多业态、多账套、多单位态、多单位及实施内容量增加等情况，通过"！"列进行系数调整；
4. 单位：元/人天。

顾问级别	单位	标准单价
专家	元/人天	5 000
项目经理	元/人天	3 000
高级顾问	元/人天	3 000
实施顾问	元/人天	2 000
报价	合计	（实施人天×标准单价）

系统名称	功能单元	模块	选择与否	标准模块及公共部分实施人天				调整系数	调整后人天（由评估者参照标准人天内容、产品成熟度、二次开发等因素调整系数后得出）、综合单位规模、用户数、实施内容等因素调整			
				专家	高级顾问	实施顾问	合计		专家	高级顾问	实施顾问	合计
共享中心	运营支撑平台	运营支撑平台			5	10	15	2				
		影像集成			5	15	20	1				
	网上报账平台	网上报账平台		5	15	30	50	1				
	业务操作平台	业务操作平台			5	25	30	1				
	运营管理平台	运营管理平台		2	3	15	20	1				
	分组小计											
	账务会计	总账			3	7	10	1				
		往来			3	7	10					
		辅助			3	7	10					
		现金流量			1	4	5					
		固定资产			5	10	15					
		应收			2	6	8					
		应付			2	6	8					
账务会计	总账多账簿	总账多账簿			5	20	25					
	固定资产多账簿	固定资产多账簿			5	20	25					
	账务报表	账务报表			5	10	15					
	合并账表	合并账簿		5	10	20	35	1				
	合并报表	合并报表			10	15	25					
	会计平台	凭证集成平台			2	3	5					
	账务离线应用	账务离线应用			5	5	10					

表 18-3   里程碑计划表

分录号	里程牌名称	完成标志/交付物	对应回款（万元）	责任人	预计工作量（人天）	开始时间	计划达成日期	完成度(%)	实际完成时间	备注
1	项目启动	《项目章程》《项目启动会议纪要》								
2	财务核算/系统规划	《财务调研报告》《财务实现方案》确认								
3	财务核算/二次开发	二次开发完成								
4	财务核算/上线准备	《财务系统初始化结果确认表》								
5	财务核算/上限支持	《财务系统上线总结报告》								
6	财务核算/阶段验收	《阶段验收报告》								
7	预算/系统规划	《预算调研报告》《预算实现方案》确认								
8	预算/二次开发	二次开发完成								
9	预算/上线准备	《预算系统初始化结果确认表》								
10	预算/上限支持	《预算系统上线总结报告》								
11	预算/阶段验收	《阶段验收报告》								
…	……	……	……	……	……	……	……	……	……	……
12	项目收尾/验收方案确定	《项目验收方案》确定								
13	项目收尾/项目验收	《项目验收报告》《项目总结》								
合计										

表 18-4   项目费用预算表

人员编号	人员	岗位	常驻地	费用合计						
				出差天数	车船费	住宿费	房租	出差补助	业务招待费	合计

表 18-5   回款计划预算表

回款顺序	估计回款日期	比例（%）	金额	回款条件	对应交付物	负责人
第 1 次回款						
第 2 次回款						
第 3 次回款						
第 4 次回款						
第 5 次回款						
……						

表 18-6 项目实施资源预算表

模块	人员编号	人员	岗位	级别	工作量合计（人天）			
					实施	二开	产品	合计
	合计							

（3）项目过程核算

在交付过程中，交付人员每天通过 OMS 管理系统进行报工，实现了人工成本的实时归集。报工维度明细到项目名称、工作类别、工作内容等，并分摊到产品线，实现了工作量到项目、业务部门、产品的实时归集。在交付过程中，交付人员通过网报系统，对项目发生直接费用进行报销，实现费用成本的实时归集，形成项目实时损益表。

（4）项目验收决算

项目验收后，计划财务部牵头，交付管理中心等部门参与，对项目各项经济指标进行决算。流程如下。

① 每月月初交付管理中心提供月度验收需决算项目的基本资料（包括项目所属区域/行业、项目编号、项目名称、客户名称、合同额、客户/项目/开发经理、启动日期和验收日期）。

② 运营部根据需决算项目提供盈亏预估表及合同相关资料（包括电子版合同、合同编号、合同名称、合同金额、代理/外包金额、资金占用金额、项目回款金额）。

③ 交付管理中心提供决算项目明细实施的人天工作量，技术与质量管理部提供二次开发的人天工作量，运维服务部预估免费服务期的人天工作量（工作量为经核实修正的实际工作量）。

④ 计划财务部核实汇总各项数据并从网报系统中确认差旅费（含房租）等项目费用的实际支出，形成项目（预）决算表（见表 18-7），并按各维度进行分析。

⑤ 计划财务部将形成的项目决（预）表上报企业领导，根据区域、行业形成各区域行业决算损益表发送给各区域、行业，并交付相关领导。

表 18-7 项目（预）决算表 单位：元

项目	合计	许可	运维	实施	二开	其他
一、合同额（含税）						
二、成本（含税）						
1. 代理						
2. 采购						
3. 外包						
三、合同毛利						
1. 合同额（不含税）						
2. 成本（不含税）						
3. 附加税						
4. 积率						
四、考核毛利						
五、项目费用						
1. MU 切割						
2. 结算费用						
3. 结算售前费用分摊						

项目	合计	许可	运维	实施	二开	其他
4. 差薪						
5. 招待						
六、退税						
七、边际利润						
八、分摊费用						
分摊率						
a. 销售						
b. 售前						
c. 营销						
d. 管理						
九、净利润						
净利润率						

3. 以持续改进为导向的绩效分析与评估

绩效管理是企业运营管理中的重要环节。浪潮通软实施绩效管理的出发点是通过绩效分析与评估找出结果与预期的差异，并对偏差进行分析，最终目的是找出改善偏差的原因，并对责任主体进行评价和考核。

为了更加公平、合理地进行绩效评价，浪潮通软基于平衡计分卡（BSC）的理念，构建了系统的绩效管理评价模型（见图18-12）。

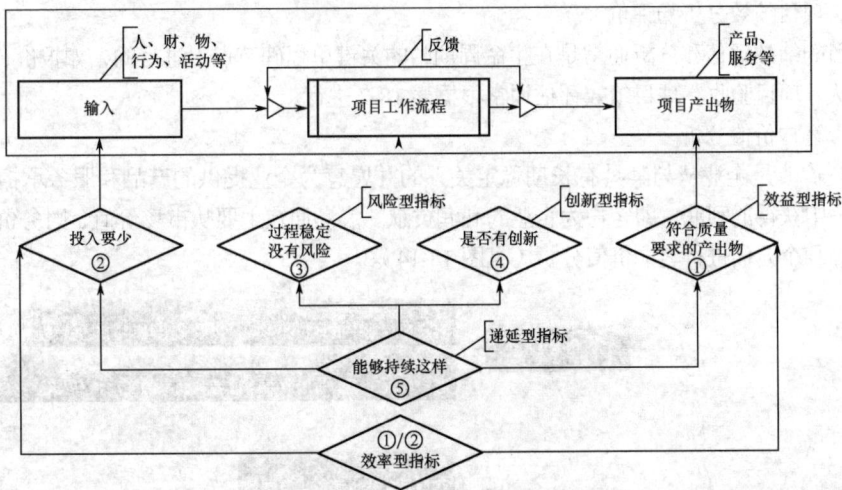

图18-12　绩效管理评价模型

（1）责任会计主体的绩效评价

依据绩效管理评价模型的5类指标，浪潮通软分别为各类责任会计主体制定评价指标体系。例如，在制定利润中心和收入中心的指标体系时，选择了签单额和回款额为效益型指标。这两个指标体现了责任会计主体的直接经营成果；选取了净回款率、平均交付周期、平均签约周期为效率型指标，用于评价责任会计主体的经营效率；选择中标率和目标客户签单比风险型指标，中标率体现了对招投标项目的把握性，而目标客户签单比衡量了精准营销的能力；为选取了典型客户数、新客户比例、新产品比例为创新型指标，一个经营良好的责任会计主体应该有建立和经营样板客户的能力，能够开拓新客户、销售新产品；选取了目标客户数、预期签单额、应收账款额为递延型指标。这些指标在较大程度上能够反映未来较长一段时间内责任会计主体的可持续经营状况（见图 18-13）。

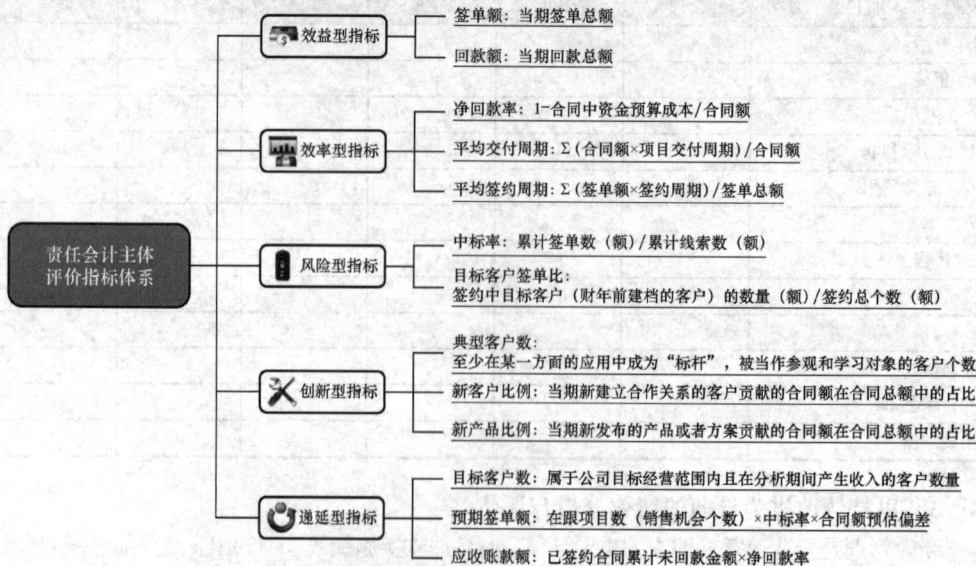

图 18-13　责任会计主体评价指标体系

责任会计主体的绩效评估和分析的周期为月度，每月月初，各责任会计主体——收入中心（市场单位）、成本中心（交付部、产品部）、利润中心（事业部）——按照各自的指标体系进行评估。绩效评估部门对各责任中心不达标的指标提出改进计划，并每周检查改进情况。

（2）项目绩效分析与评价

项目的绩效评估和分析通常是在生命周期中的关键里程碑节点上进行的，如报价、签单、蓝图确认、项目验收。项目绩效评估通常根据表 18-7 进行。

（3）客户价值分析

客户价值是企业从与其具有长期稳定关系的并愿意为企业提供的产品和服务承担合适价格的客户中获得的利润，即客户为企业的利润贡献。浪潮通软主要从市场价值、财务价值、流失风险等几个方面进行客户价值分析（见图 18-14）。

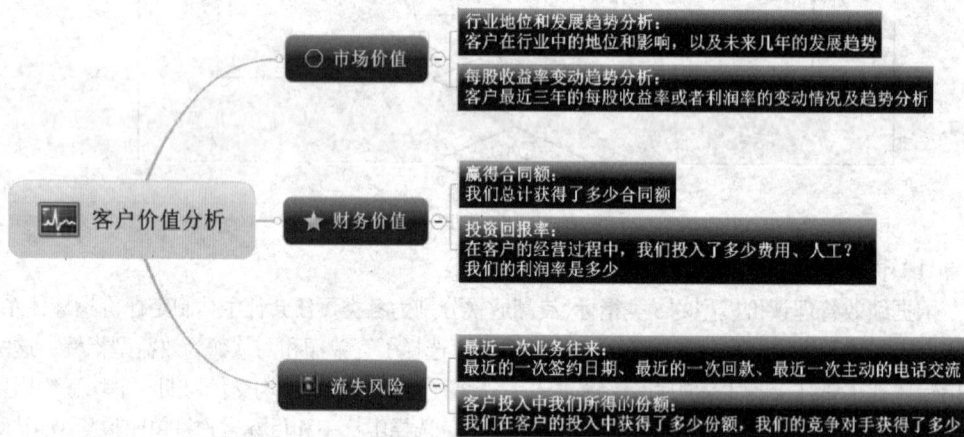

图 18-14　客户价值分析

通过客户价值分析，浪潮通软对目标客户进行"称重"，即对目标客户进行分级分类，并用于指名客户和销售指标的调整。

四、管理会计信息系统

管理会计的落地离不开信息系统的支撑。浪潮通软在推行管理会计过程中，也在不断地深化信息系统应用，以更好地帮助内部责任中心进行精细化管理。

浪潮通软的管理会计信息系统紧紧围绕项目全生命周期管理展开，从项目策划一直到项目收尾阶段，涵盖各作业环节的主要工作内容，其业务框架如图 18-15 所示。

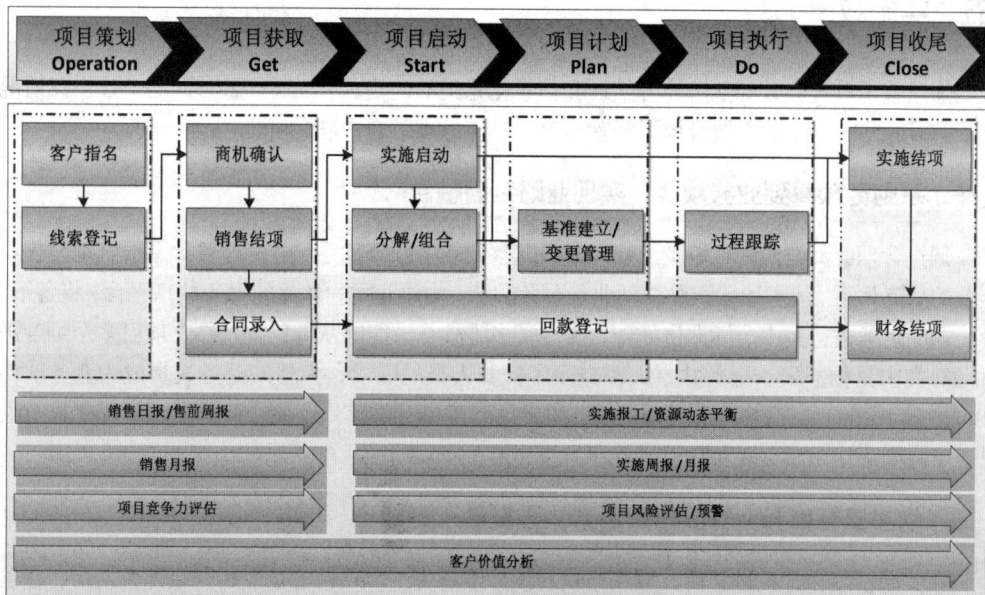

图 18-15　项目全生命周期业务框架

基于以上业务架构，浪潮通软搭建了自己的管理会计支撑平台，将各作业环节的专业化管理系统以项目为主线进行关联，抽取各责任中心在每个作业环节的投入及产出情况，实现对各责任中心的利润分析及考核。该平台主要包括以下核心系统。

（1）预算管理系统：目前预算管理系统有 3 个主要用途，一是用于年度预算的编制、执行、分析，二是满足项目 18 个月的滚动预算编制要求，三是与财务共享平台配合，实现过程中对各项费用支出的控制。

（2）CRM 系统：这是销售管理的核心系统，是目前浪潮集团对所有在建项目及发现的商机的核心管控系统，实现对商机全过程的执行跟踪，提高商机赢单率。

（3）报价管理系统：这是与商机配合使用的一个系统，可以对产品折扣进行有效管理，适用于一线销售人员不同报价场景，并且通过商机与合同系统中报价部分进行关联，实现商机、报价、合同标准化、一体化管理。

（4）项目管理 PDC：这是交付管理的核心系统，覆盖所有交付类软件合同项目，主要功能包括项目管理流程（启动、立项、变更、结项）、人员管理（能力水平、报工、周报、月报）、合同及回款管理等功能。

（5）工时管理系统：报工管理是全员进行日常工作量填报、审批、查询的系统，全员以项目为核心，填报在各项目不同作业环节投入的真实工作量，用于后续进行项目成本核算，支撑部门考核及项目考核。

（6）财务共享系统：该系统能满足项目成本、部门费用报销、对公报账等业务处理需求，与预算系统、财务核算系统、资金管理系统集成，实现对各项成本费用支出的预算控制，并对稽核记账完毕的单据直接进行付款，大大提高了报销效率，缩短了员工的报销周期。

（7）运营分析看板：其基于内部主数据，通过规范数据标准化，将企业内各个管理业务系统中抽取的明细数据汇集于整体数据仓库，形成企业整体及各部门的内部运营分析看板，为企业、部门提供运营数据的分级展现、查询和穿透服务，从而为企业及部门管理提供数据支撑。运营分析看板揭示的内容包括财务指标、客户与市场指标、内部运营指标3个部分。

五、实施效果

通过基于管理会计的业务流程梳理和信息化系统的建设，浪潮通软各方面的绩效指标情况有了明显的好转，企业有效管控了经营风险，显著提高了客户满意度。

（一）从财务预算到业务预算，实现业财全面融合

通过管理会计的应用，浪潮通软形成了完整的业务预算体系。业务预算体系很好地承接了企业的战略体系。浪潮通软积极推动业务财务融合，构建业财一体化的财务共享平台，将各子、分公司的财务进行集中、标准化处理，实现了多维核算，能够从部门、产品、项目多个维度进行预算并出具损益表。财务共享大幅减少了核算人员的需求，大量的财务人员成为业务伙伴（Business Partner），这加速了业财融合，推动了管理会计的落地，使企业的费用分摊率从80%以上下降到不足10%，精细化管理水平大幅提高。

（二）划小核算单元，释放组织活力，激发员工潜能

在实施管理会计改进之前，浪潮通软的预算维度单一，只包含企业和一级部门两层；在管理会计改进之后，浪潮通软形成了三维一体的预算体系，预算细化到项目、班组，通过价值链分析，将每个作业环节的收入和成本进行了重新识别和定义，由此确保了权责对等、合理公平。新的体系推动企业业务健康快速发展，企业收入环比增长超过30%，项目平均交付周期缩短20%以上，交付环节人均产能环比增长超过15%，员工满意度大幅提高。

（三）实现全生命周期管理，客户满意度显著提高

浪潮通软通过实施全生命周期管理，帮助各作业环节的人员建立全局意识，使项目成败不同程度地影响销售、售前、交付和产品部门的评价和绩效，以客户持续经营为出发点，在确保客户受益的前提下实现盈利，强化了对项目风险的控制，做到了"事前算赢、事中帮赢、事后双赢"。近年来，浪潮通软的客户流失率维持在极低的水平，与此同时，超过50%的老客户实现连年持续签单。

专家点评

一、案例概述

随着商业竞争的升级和信息化水平的飞速提高，企业对管理软件的需求越来越趋向于高难度和精准化，信息化的内容也迅速由财务向业务延伸，并由电算化向智能管理和决策支持演进。在这一时代背景下，国内外各大信息企业在不断推出创新产品的同时，也快速提高着自身的管理水平。浪潮集团是中国本土综合实力强大的大型IT企业之一、国内领先的云计算领导厂商以及先进的信息科技产品与解决方案服务商，业务涵盖云数据中心、云服务大数据、

智慧城市、智慧企业四大产业群组，为全球100多个国家和地区提供IT产品和服务。浪潮集团曾连续17年蝉联国有品牌销量冠军，浪潮管理软件连续10年市场占有率第一，浪潮存储连续9年蝉联国有品牌销量冠军。

浪潮通软是浪潮集团的全资子公司，是我国最大的行业ERP提供商，是集团管控、财务共享第一品牌及智能制造领军企业。作为云时代企业管理软件的领导厂商之一，浪潮通软急需围绕企业管理软件的项目型特征，梳理业务流程，优化管理模式，向精细化管理要效益。

本案例通过全面梳理浪潮通软在快速发展过程中遇到的主要问题，从业务预算和项目管理存在的问题入手；通过梳理业务流程，将经营各环节作为项目进行管理，构建了组织级项目管理体系，并匹配了相应的事业部和矩阵式的组织结构。在此基础上，浪潮通软以标准成本法为基础，以全面预算为抓手，进一步建立了"项目-产品-组织"三维一体的管理会计工具体系，运用签单预测模型和回款预测模型进行销售预算管理，以项目为主线进行全生命周期过程管理，以平衡计分卡为模型进行绩效管理。与此同时，浪潮通软还搭建了完整的管理会计信息系统，将预算管理系统、CRM系统、报价管理系统、项目管理PDC、工时管理系统、财务共享系统、经理管理看板等纳入管理会计支撑平台，有力支撑了管理会计应用落地，取得了良好的经营业绩和经济效益。

二、案例评价

通过研读浪潮通软的案例和相关材料以及访谈调研，可以看出浪潮通软通过实施管理会计助力组织级项目管理优化的实践具有如下特色。

（一）双核心："产品+项目"并驾齐驱

相比于一些单纯注重开发产品的软件公司或者单纯提供系统实施或者解决方案的软件服务商，浪潮通软通过多年的运作实践，在行业内率先提出了产品"分行业战略"和"631X业务模式"。所谓"631X业务模式"，是指浪潮ERP产品的通用部分占到60%，行业应用软件达到30%，10%为二次开发，X则是指开放的架构，即寻求更多的合作伙伴。与此战略相适应，浪潮通软在组织结构上形成了比较成熟的"产品部+事业部"运作模式。在职能分工上，产品部负责通用产品（即"631"中的"6"）；事业部负责在通用产品的基础上，提炼通用的行业产品（即"631"中的"3"）；客户现场项目组负责少量的二次开发工作（即"631"中的"1"）。同时，浪潮通软根据历史营运数据，在产品部、事业部、项目组和销售部门之间，制定了产品和服务的内部结算价格，使其相互之间在内部结算，形成多个价值创造单元（VCU）。

（二）稳基石：创新型的组织级项目管理

浪潮通软的主营业务是ERP软件产品的研发、营销和交付，长期以来一直存在着项目分段、分部管理，盈亏难以有效保障，分部与总体利益脱节的现象。为此，浪潮通软从业务预算和项目管理存在的问题入手，通过梳理业务流程，以项目为最小经营单元，以实现企业运营价值最大化为目标，将经营各环节作为项目进行管理，构建了组织级项目管理体系，并匹配了相应的事业部和矩阵式的组织结构，以期实现企业资源优化整合，提高项目成功率；在项目立项和执行过程中及时把握市场和客户需求的变化，从而帮助企业快速调整经营目标和经营策略，最终实现企业的战略目标。

（三）助推器：管理会计方法体系与信息系统

在组织级项目管理中，项目经营和价值管理是非常重要的内容，而管理会计恰好为此提供了丰富的工具与模型。浪潮通软引入多种管理会计工具，化小核算单元，聚焦"项目"管理，建立"项目-产品-组织"多维运营管理体系，将管理目标细分到各作业环节，完善基础的标准化作业定额，支撑管理会计精细化落地，加强对各责任中心的多维分析及考核，提高内部管理效率，激发经营活力。

在管理过程中，浪潮通软根据自身业务特点有针对性地选择了一批实用的管理会计工具，主要包括标准成本法、作业成本法、全面预算、平衡计分卡、内部报告等。其中，标准成本法是基础，形成各作业环节的成本，以及形成项目全生命周期的成本；全面预算是抓手，用预算闭环管理的逻辑，对收入、成本、利润等进行有效监控；平衡计分卡是评价工具，用于搭建合理的绩效评价体系；内部报告用于展现结果，是各责任中心管理会计实施结果的综合载体。

（1）以目标为指引的"项目-产品-组织"三维预算管理体系

浪潮通软通过这一体系，将管理精细到最小的运营单元，并对项目运营进行作业级切割，尽可能做到合理调配各个作业阶段（销售、实施、服务、研发等）的资源，落实各责任中心职责，在追求技术领先和规模发展的同时，更重视利润实现，提高可持续发展能力。

（2）以项目为主线的全生命周期过程管理

为了更好地管理和经营项目，浪潮通软采用作业管理的思维方式，将生命周期全过程的作业环节进一步细分为三大过程（即逐步精化的估算/计划过程、持续的跟踪/监控过程和收尾过程）和七大阶段（售前支持、启动计划、蓝图设计、上线准备、上线支持、项目验收、维护、关闭）。在这个过程中全程进行精细化管理（包括项目投标概算、项目施工预算、项目过程核算、项目验收决算等），并持续地进行跟踪和监控，实时出具项目（预）决算表。

（3）以持续改进为导向的绩效分析与评估

为了更加公平合理地进行绩效评价，基于平衡计分卡（BSC）的理念，浪潮通软构建了系统的绩效管理评价模型。依据绩效管理评价模型的分类指标，浪潮通软分别为各类责任会计主体制定评价指标体系。

三、案例启示与建议

（一）管理会计是"一把手"工程，实现前提是企业高层重视

无论是组织结构的重塑还是管理会计的应用，都涉及企业战略和经营管理的方方面面，是企业管理内在的需求，势必会触及各管理领域现有体系的变革。浪潮通软在开始推行项目承包责任制时，推行难度很大，在高层领导的高度重视下，才得到贯彻推进和有效应用。

（二）管理会计是系统工程，需要事前规划、分步推进

企业在推动管理会计体系建设的过程中，需要做到事前规划、分步推进。浪潮通软通过调查问卷、实地调研、管理诊断、专家论证等多种方式，考虑软件企业的管理特点，对标行业与既有实施基础，按照规范化、标准化和信息化的要求，选取了全面预算、内部报告、标准成本法、作业成本法、平衡计分卡等多个管理会计工具，形成总体性规划，并且分阶段逐步推进。

（三）管理会计落地，需要强大的信息系统支撑

管理会计需要大量数据支持，同时要对这些数据进行深入挖掘分析，工作量巨大且对数据的质量要求高。所以，管理会计工具的应用落地，需要强大的信息系统支撑。浪潮通软作为软件企业，在推行"项目-产品-组织"三维管理模式时，自行开发管理会计模块及订单管理系统（Order Management System，OMS），将所有项目数据的采集、录入工作，都通过信息系统完成，实现对项目的实时损益监控，确保对项目、部门的考核有据可依。

（四）管理会计实践不能一劳永逸，需要持续改善

管理会计是一套综合性的管理工具，也是一个完整的体系，但不是一成不变的，企业唯有结合自身的管理环境和文化特色，持续应用和不断完善管理会计方法体系和应用手段，持续优化管理会计标准、流程和工具，才能保证管理会计得到最佳实践和应用，从而最终实现企业管理的持续优化和大力改善。

案例十九 以"共享+平台"促进企业管理转型

中国联合网络通信有限公司

【摘要】中国联合网络通信有限公司通过信息化建设、财务共享、搭建B2B交易平台，以"管理集约化"和"系统自动化"为抓手，在多个层面实现了管理会计体系创新：通过建立统一的制度流程和操作规范、统一的核算方法和口径，全面提升核算的合规性、准确性，集中控制财务风险；推进管理体系在流程、操作、核算方法、规则引擎等多个层次上实现标准化、一体化；以财务共享为契机，实现大部分核算业务的线上化，对合同、报账、资金等系统进行了全方位的自动化提升，并在此基础上由集团系统自动完成"集团—省分—地市"三级报表的编制、合并工作；大量的传统会计开始向前端管理会计转型，整体组织结构得到调整，传统财务人员中占比最大的基础核算人员得到很大程度的释放，为人员进一步转型奠定了坚实的基础。以业务管控为出发点，以财务规则为准则，结合系统管控，从而确保双方业务流程的一致性、业务结算的一致性、财务核算的一致性；打破"三流合一"的设计传统，采用信息流、物资流、资金流适度分离的思路，打通供应链，构建无边界信息平台。这些创新实现了双方交易信息线上协同、财务核算的自动生成，减少了手工干预风险，实现了交易过程中的降本增效，在满足终端销售运营管理的基础上，为中国联合网络通信有限公司的管理会计体系建设，以及供应链的全面协同合作打下了坚实的基础。

【关键词】信息化建设；财务共享；B2B交易平台；管理会计体系

一、公司简介

中国联合网络通信集团有限公司（以下简称"中国联通"）于2009年1月6日在原中国网通和原中国联通的基础上合并组建而成，在国内31个省（自治区、直辖市）和境外多个国家及地区设有分支机构，是中国唯一一家在纽约、香港、上海三地同时上市的电信运营企业，连续多年入选"世界500强企业"。中国联通主要经营GSM、WCDMA和FDD-LTE制式移动网络业务、固定通信业务、国内国际通信设施服务业务、卫星国际专线业务、数据通信业务、网络接入业务和各类电信增值业务、与通信信息业务相关的系统集成业务等。中国联通拥有覆盖全国、通达世界的现代通信网络，积极推进固定网络和移动网络的宽带化，为广大用户提供全方位、高品质的信息通信服务。

目前，中国联通由集团总部、31家省分运营公司以及境外分支机构、若干专业子公司和研究机构组成。集团总部整体把控中国联通战略发展、整体规划；31家省分运营公司（以下简称"省分"）和境外分支机构负责联通具体业务（如通信业务、数据业务、宽带业务等）的实际承

作者：曹文娟、童辰琛、历妍、宋亮
案例指导与点评专家：刘俊勇（中央财经大学）

载；专业子公司和研究机构（如华盛、中讯院）向联通运营公司以及其他单位提供专业化的产品及服务。例如，华盛主要负责手机、上网卡、平板电脑、家庭网关等通信终端产品的采购、销售与服务，以及中国联通业务的销售与服务，是联通运营公司主要的终端供应商。

二、中国联通实施管理会计的背景

（一）中国联通进行管理会计创新的背景

多年来，中国联通借助市场经济的优良环境获得了长足的发展。随着市场经济改革的不断深化，身处"互联网+"时代浪潮，中国联通面临更加严峻的市场环境，其中包括传统电信业务市场几近饱和，三大运营商竞争激烈；互联网企业进军通信市场，对传统运营商造成威胁；信息更新速度不断加快，对企业把握商机的能力提出了新要求等。这些市场环境的变化，对中国联通的创新能力、降本增效能力、市场响应速度等提出了更高的要求。

同时，在企业内部，随着规模日益扩大、人工成本的增加及底层人员的流失，基层责任单元面临繁重的业务处理压力；业务高速发展的需求、财务管理专业化分工的要求，使得目前企业财务部门基层核算人员占比过高现状的劣势日益凸显；分支机构多元化的管理模式难以统一，管理标准复杂，造成管理模式粗放、决策缺乏科学机制，企业的管理方法和管理模式转型成为当务之急。

面对挑战，如果企业财务人员能够在传统的财务核算人员角色上实现突破，发挥战略决策与企业整体管理催化剂的作用，将在很大程度上提高效率，为企业创造价值，促进企业管理水平的整体提高。因此，传统会计向管理会计转型势在必行。

（二）中国联通实施管理会计的思路

中国联通为应对内外部挑战，提高核心竞争力，制定了以"释放+转型"为核心的传统会计转型思路，即在更多的工作中以系统自动化代替人工操作，做到释放传统财务核算压力，引导财务人员从基础核算工作中解放出来；在此基础上，改变原财务岗位职责设置扁平化的模式，实现核算型和管理型财务岗位的横向切分及省分运营公司财务和地市运营公司财务岗位的纵向切分。通过以上两点，会计人员能更多地参与企业管理与决策，做好事前预测规划、事中控制监督、事后评价考核，更好地为企业提出长期发展策略，真正使会计工作为企业价值提高服务；同时，通过一体化系统的支撑，打破业务、财务相对分离的局面，推动业务财务一体化，促进碎片化信息的深度融合，减少信息传递成本，使会计信息在多维度实现共享互联，使海量数据信息发挥最大价值，提高企业管理水平。

财务共享作为近年来广泛流行的会计和报告业务管理方式，有助于管理会计思路的落实，将为企业管理会计体系搭建奠定坚实基础。共享服务的理念与实践起源于 20 世纪 80 年代，经过多年的发展，已经在全球范围内被广泛应用于各行各业。

共享服务模式的本质是把企业各事业单元相同的、重复的流程转移到一个独立的部门"共享服务中心"进行集中处理，使得更多资源服务于核心业务。财务共享要求企业对其组织架构、人员分布和业务流程进行改革，并将统一职能作为一种服务提供给辐射区域内所有集团分支，实现规模化、标准化、专业化、服务化。根据统计数据，共享服务模式为企业带来了广泛的积极影响，主要包括提高服务水平、提高流程质量及效率、增强合规运营能力、降低风险及成本等，其中，在降低成本、提高效率等方面，共享服务作用显著。

中国联通经过长期的财务管理工作实践，充分认识到传统财务共享的弊端，并一直寻求突破。中国联通推行的新型财务共享不同于传统的财务共享，与形式上的"人员集中"相比，它主要关注"业务集中"及效率的实质提高，以"系统自动化"和"管理集约化"为抓手开展共享推进工作：一方面，完善 IT 支撑系统，通过将制度规则嵌入系统，将"业务信息"自动翻译为"财务信息"，实现从信息输入、信息处理到信息输出的全流程系统自动化，释放基层核算人员；另一方面，借助中国联通已搭建的一级 IT 管控平台，突破现有作业模式，扩展管理集约化范围，改变传统的人员集中模式。

三、中国联通实施管理会计的具体举措

（一）新型财务共享实施前提：完善的信息化体系

2009 年，中国联通借融合契机，秉承科学发展的思想，启动了大 ERP 相关系统的建设工作，先后上线 ERP 核心系统、采购系统、PMS 系统、主数据系统、报账系统、SOA 平台、合同系统。

2010 年 8 月，中国联通启动浙江、广东两省大 ERP 试点项目，并于 2012 年 9 月完成运营公司全国上线。以此为基础，中国联通不断完善其大 ERP 体系，将从协议商谈、合同签订、商品采购至项目管理、财务核算、资金支付的采购交易全流程纳入信息化管控范畴。经过几年的建设，基于大 ERP 系统、"横向流程贯通、纵向信息穿透"的"平面一体化管控体系"基本搭建完成（见图 19-1）。

中国联通进行信息化体系的搭建，一方面，通过流程、信息、规则、制度等的统一规范实现了"流程透明智能、系统高效集成"及业务财务的精密协同和管控过程的透明化与智能化；另一方面，在横向与纵向信息充分贯通、全业务数据线上流转的前提下，真正实现跨部门、多管理层级的信息共享。大 ERP 系统的建成，为实现管理集约化、规则标准化、流程规范化、核算自动化奠定了基础。

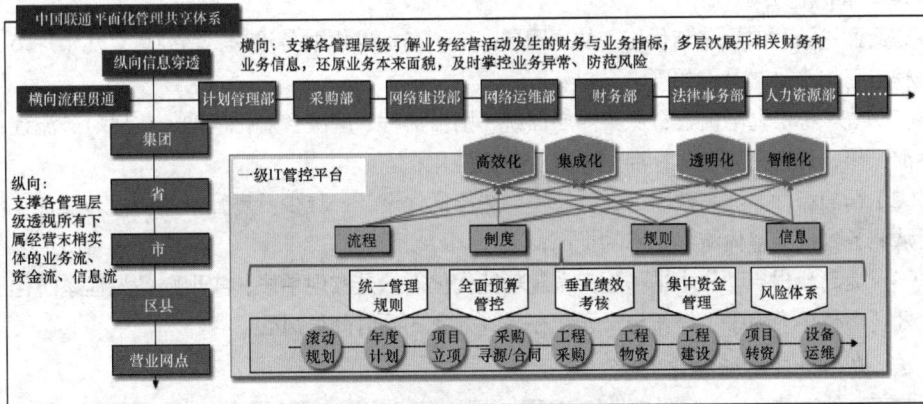

图 19-1　中国联通平面一体化管控体系

在大 ERP 体系全面建成的基础上，为保证财务共享标准方案落地，中国联通统筹内部财务管理体系建设与信息化建设整体规划，对中国联通信息系统提出了一系列的能力要求：第一，财务共享以跨组织流程为驱动，要求打破传统纸质单据线下审批的模式，实现单据线上流转与审核，需提高信息系统的在线审核支撑能力；第二，财务共享打破传统的同组织作业层级方式，要求实现统一作业环节的多组织协同处理，发挥共享中心的规模化、协同化效益，需提高信息系统的跨组织共享作业能力；第三，财务共享很大程度上建立在作业标准化的基础上，要求信息系统能够同步提高自动化处理能力，进一步实现降本增效的目的。

在总体要求的指导下，中国联通对已有信息化系统进行功能新增、流程贯通，以实现内部与前端业务系统的整合及外部与银行等系统的直连为指导思想，对财务共享统一方案涉及的系统功能、流程等统筹协调，实现高效落地，确保在省分实施前具备上线条件。例如，考虑到集中支付后，由省分出纳及资金管理人员进行全省的支付相关操作、对账等工作，在处理人员减少的同时，个体业务量大幅度增加，可能造成支付延迟、影响入账等问题，中国联通在方案设计环节，对整体财务核算工作进行梳理，在支付及事后处理全流程中寻求优化点，重点关注耗时长、重复度高的环节，并通过信息化手段，由系统功能替代人工操作，如支付信息自动补录、银企对账自动化等，为财务共享整体方案的落地奠定了效率方面的基础，保证在资金支付共享的同时，企业整体运行效率取得实质性提高。

在提高效率的同时，中国联通充分考虑对于财务风险的整体把控。通过预算管理、资金使用情况监控等规则内嵌，与业务规范相结合，进行全方位控制，进一步完善风险管控体系。以资金计划执行情况监控表为例：银行支出账户集中到省分后，各地市将无法通过网银查询其资金额度使用情况，给地市的基本支付业务及省分的资金统一管理带来极大困扰。现有资金管理系统通过给省分、地市资金管理用户开放资金计划执行情况监控表的不同查看权限，在提高资金管理实时性的同时，保证风险的事中审核、事后监控，增强支付明细数据的可追溯性，实现对资金使用全流程的线上管理。这些流程的精简与系统功能的应用，都在很大程度上保证了中国联通财务共享不仅仅停留在整合与上收职能上，更重要的是充分发挥财务共享的规模化、集约化效应，做到集中、专业、透明、高效，确保了财务共享的整体效果。

（二）中国联通财务共享的流程设计和标准化方案

1. 流程设计思路与目标

在共享服务中心总体职能定位及释放与转型总体思路的指导下，中国联通以吉林省分公司为试点，通过定量和定性分析，评价实施基础，评估财务运行效率现状与未来改进重点，设计财务共享标准化方案。

方案通过流程的再造与优化，从集团层面统一与标准化财务流程，精简重复冗余环节，提高流程自动化水平。具体如下。

（1）统一标准财务流程：从集团层面统一财务流程，解决合规化问题，实现财务流程各环节标准操作，通过财务流程标准化促进业务规范化；

（2）精简流程、提高效率：通过流程再造与优化设计，减少重复冗余的流程环节，实现共享后从业务到财务整体流程效率的提高；

（3）提高流程自动化水平：落实系统功能优化需求及实现手段，实现财务流程系统化、自动化处理，减少人为手工操作与干预，在提高效率的同时降低风险。

2. 流程设计与标准化方案

基于流程设计方法，按照与业务相匹配、保证职能完善、风险可控、效率最优的流程设计基本原则，中国联通的集团财务部在总体目标的指导下设计了详细的财务共享中心财务标准流程。

（1）业务集中：与传统财务共享不同的是，中国联通共享服务体系的创新并不仅仅局限于财务核算的统一化、标准化。中国联通的财务共享中心突破传统业务模式，逐步强化内部商城作为交易集约入口的定位，加强商城运营及对外结算能力建设。

首先，中国联通基于现有内部商城系统建立起覆盖集团、省分、地市及下属网格的交易管理体系，通过不断推动商城采购商品的多样性，将工程物资、运维物资及服务、办公用品采购等商品先后集成至内部商城系统线上统一管理，并通过对接外部第三方采购平台（如京东、中粮、史泰博等平台），多渠道接入全国市场资源，满足各地市不断发展的业务需求。其次，对集团、省分、地市的三级架构组织进行合理的职责划分，推动业务统一寻源、集中采购、库存价值等管理性工作向省分集中，逐步上收地市公司职能，实现地市公司只专注订单执行过程管理、集团或省分统一发起结算并完成集中支付，从而深化业务规划性，确保资源高效获取。在此基础上，中国联通重点提高省分的交易、资源获取、资源使用、结算支付的一站式服务能力，通过深化结算管理系统应用，以互联网化线上协作为抓手，对外协作化运营，促进结算信息流转高效透明，对内实现对基层单元的端到端结算支撑，快速提高全流程集约化水平，提高业务处理效率，降低交易管理成本（见图19-2）。

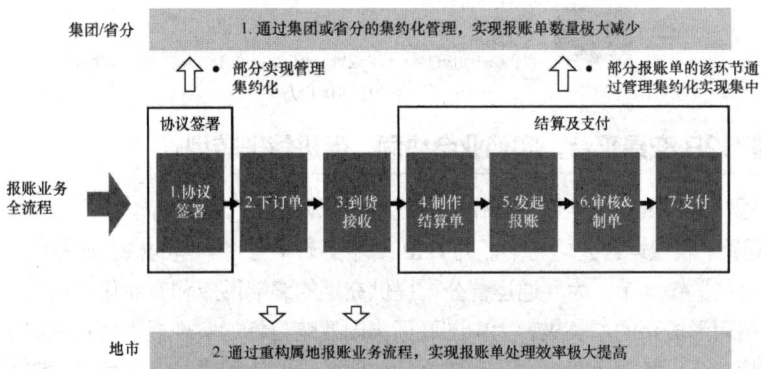

图 19-2　业务集中优化方案

（2）核算集中：通过标准化的流程、组织、系统与网络等手段，中国联通对会计核算业务进行集约化、自动化、高效化处理，确保核算的准确性与一致性，从而推动各项成本的精准管理。方案实现了各类业务的集中核算，包括报账类及非报账类的资产、收入、存货、工程、预提等。

（3）结算集中：利用标准化的流程、系统及银企直连等手段，对资金进行集中管理，逐步实现一点支付结算，高效支撑企业的资金运作，提高资金使用效率，有效降低资金成本和资金风险。与传统将地市账户上收到省分层面进行操作的方式不同，中国联通使用省分的基本账户和工程账户进行全省资金支付，取消地市公司工程账户。地市基本账户仍保留，但不再发生支出业务（见图19-3）。

（4）数据集中：财务共享数据中心将进行全省财务数据集中管理和报表集中服务。利用财务报表系统预制的报表模板，基于标准化的财务数据，统一编制各类报表，并统一推送至省分、地市公司，保证数据口径的一致性和数据的准确性。标准化、规范化的报表和数据，有效支撑了各级公司的经营分析和决策。

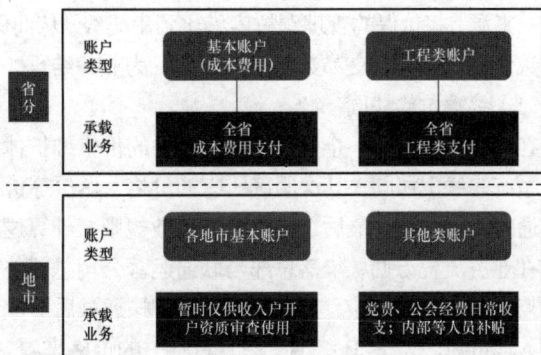

图 19-3　银行账户集中方案

（5）风险管控集中：风险管理集中重点关注会业核对。目前随着中国联通信息系统的日趋成熟，业务系统通过核算规则自动生成会计信息并传送至财务系统，实现"业务、财务一体化"。未来中国联通将通过进一步优化系统功能，提供核对报表，使会业核对工作侧重由查找差异转变为差异处理，从而改变会业核对工作方式。在会业核对的操作层、支撑层、系统层，分别设置系统保障机制，做到"一点管全，过程可视，结果可查"（见图19-4）。

（6）综合支撑集中：保障财务共享中心体系高效有序运转，主要包括制度流程优化、会计档案管理、财务系统权限管理及统一系统支撑等。

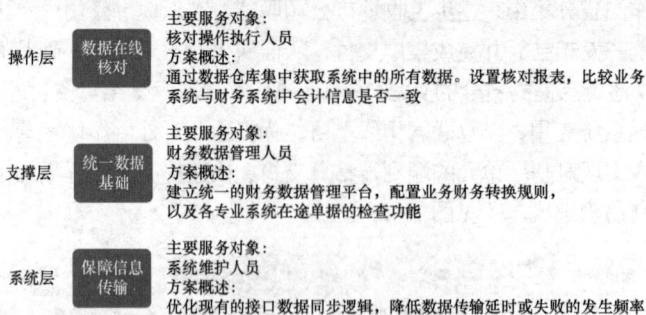

图 19-4　会业核对优化方案

（三）搭建 B2B 交易平台，实现业会协同，促进管理转型

秉承中国联通"聚焦、创新、合作"的战略思想，落实"去库存、提产能、补短板、降成本"的管理思路，联通运营公司与华盛的 B2B 终端交易平台将华盛的核心业务内嵌到中国联通集团战略发展的关键环节，为联通运营公司提供充足的终端供应和专业化的运营管理，打造发展新引擎，培育形成新的增长极，为中国联通集团战略目标的实现提供落地保障。

在传统模式下，联通运营公司与华盛之间按照各自的流程进行业务处理；双方没有系统集成，交易数据各自维护，信息流断裂，造成业务数据、财务数据不一致。针对传统终端采购业务中存在的种种问题，专题项目组全面梳理业务流程，制定相关管理制度，建立相应的组织保障机构，全面打通中国联通侧与华盛侧的系统，实现双方交易过程中的价格、数量、价保、结算、核算五个方面的协同一致。"五个协同"是本方案落地的关键要素，也是保证关联交易数据准确的基石。在整个方案的实施过程中，中国联通以业务管控为出发点，以财务规则为准则，结合系统管控从而真正确保双方业务流程、业务结算、财务核算的一致性。

1. 业务流程的一致性

业务管理规则内嵌至双方关联交易的全过程中，将联通运营公司采购系统中的终端采购价格数据作为价格的唯一来源；将联通运营公司的业务受理系统中签收的终端数量作为采购数量的唯一来源；将价保的管理颗粒度细化到串码级，从而保证价保的唯一性，由此确保终端价格、采购数量、价保关联交易数据的一致性，为业务结算、业务核算的一致性保驾护航。

（1）终端价格协同

在业务管理方面，企业首先建立统一的价格维护体系，实现联通运营公司业务系统与华盛业务系统的线上协同；其次明确所有的价格、调价等价格相关信息都来源于唯一的系统，即中国联通的采购系统；最后统一价格的取数规则、计算逻辑，消除价格差异。

在业务流程方面，华盛总部与联通运营公司总部统一签署协议，华盛总部作为价格复核单位参与采购结果的审核，并在采购结果审核通过后形成统一的价目表，各系统均采用同一套价目表。该价目表是 B2B 终端交易平台唯一的价格来源。

在系统支撑方面，联通运营公司将采购系统作为价格的唯一出口，通过接口将价目表（包括终端物料信息、价格生效时间、成本价、税率）传给华盛业务系统和联通业务受理系统、库存管理系统和结算系统，价目表同时生效，确保联通与华盛双方终端定价一致。价格的调整也以采购系统作为唯一的信息出口，后者将调价后价格实时通过价目表传递到各相关系统（见图 19-5）。

（2）采购数量协同

数量作为双方往来交易核对的另一个基础指标，主要贯穿于双方订货、发货、验货环节。

企业在业务管理方面，首先，统一订单入口，将联通运营公司业务受理系统作为唯一的订单入口，取消手工下单以及其他下单方式，保证订单来源唯一可控。其次，建立服务大使制度，华盛向联通运营公司派驻服务大使，负责与各省公司沟通处理营业厅终端销售过程中遇到的问题。服务大使协助营业厅营业员完成终端进销存调退管理、门店终端产品培训、业务对账等日常营业服务工作，助力自有渠道门店提高终端运作水平、提高门店销量、提高营业厅终端销售运营能力，通过人员以及组织机构的调整，从根本上减轻联通营业厅库存周期管理压力以及华盛销售业绩压力。最后，严禁终端账外经营，所有终端必须纳入系统管理。同时为缩短物流的实物签收与系统签收的时间差，严格要求实物到达营业厅后 2 小时内必须完成系统签收，严禁隔日签收；整合中国联通、华盛、物流公司三方信息，制定《关联交易库存签收差异报表》，对比物流实物签收时间与中国联通系统实际签收时间，对在规定时间内未进行系统签收的将进行通报，通过强有效的管理制度减少双方的差异，保证双方交易信息的一致性。

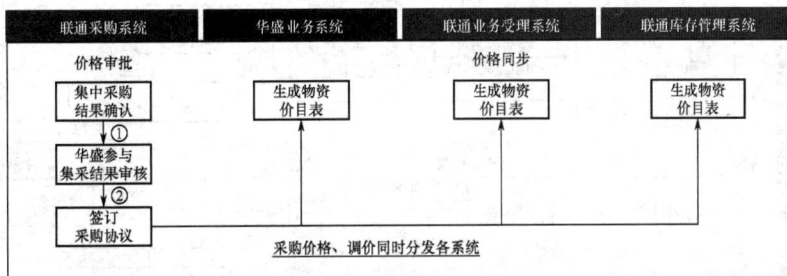

图 19-5 价格协同

在业务流程方面，联通营业厅人员通过联通业务处理系统提交补货申请，通过采购系统形成采购订单，同步至华盛业务系统，华盛根据采购订单发货；第三方物流系统对接华盛业务系统，跟踪物流，确保物流配送的时效性、准确性以及及时性。订单到货后，联通营业厅人员在规定时间进行验货，验货通过后进行扫码入库，完成订单的接收。订单接收状态信息通过第三方物流信息实时传送给华盛业务系统，此数据为双方结算和账务核对的基础。

在系统支撑方面，企业打通联通侧与华盛侧的业务系统，从而实现采购订单的线上传递以及订单签收结果的实时传递；打通华盛业务系统与第三方物流系统，从而实现物流信息的线上传递；打通业务流程中各个节点的系统接口，保证订单从要货、发货、接收、入库、出库到核算全过程的信息流畅通，有迹可循，有据可依，有账可查。同时搭建营业厅可视化系统，对营业厅的库存进行分产品的监控预警，对库存超标的终端执行暂停供应或者执行调拨，实现资源贯穿到营业厅，支持资源动态调度（见图 19-6）。

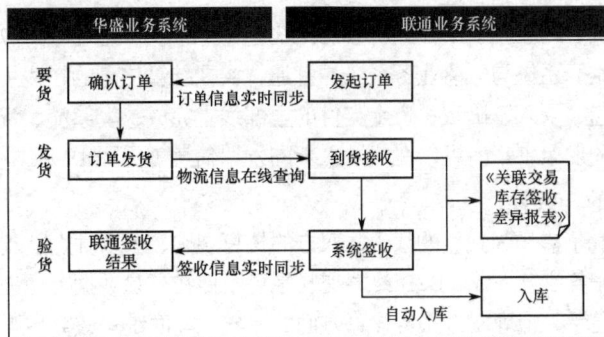

图 19-6 数量协同

（3）价保协同

价保是一种保护经销商利益的销售政策，是指针对库存的商品，供应商给予经销商价格保证，从而在商品价格下跌时，不因库存商品价格较高而带来损失。因此，价保兑付的准确程度也影响着双方往来交易对账情况。

在业务管理方面，企业梳理价保给付和兑付的全业务流程及管理要求，如明确价保发起方为华盛，华盛根据终端价格的市场波动发起价保，同时明确价保管理的颗粒度为终端串码级。

在业务流程方面，华盛作为移动终端的代理商，根据市场情况以及终端生命周期等因素发起价保流程，将价保规则等信息在线传递给联通业务处理系统。联通业务处理系统根据终端实际的库存状态对满足价保范围和规则的终端进行相应的账务处理。例如，联通运营公司在库的终端直接调整库存值、已经销售出库的终端调整成本费用、尚未系统入库的终端在系统签收的时候自动按照调价后的终端价格记录库存成本（见图 19-7）。

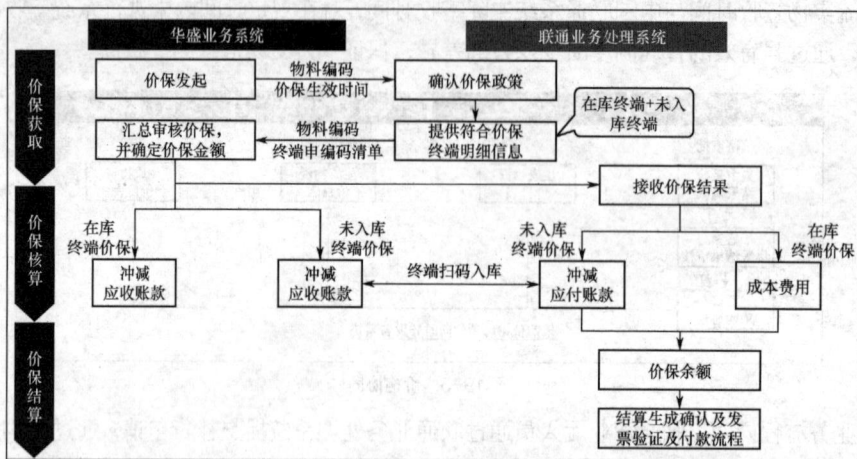

图 19-7　价保协同

在系统支撑方面，企业打通联通运营公司业务处理系统和华盛业务系统，实现价保从发起、兑付到核算结算的全流程线上管理，保证业务人员能够清晰追踪价保的使用及余额情况，同时提供价保核算差异分析报表，供业务人员进行核对和分析，减少交易信息之间的差异。

2. 业务结算的一致性

在业务管理方面，企业实现联通运营公司与华盛的终端采购"集团一点结算、一点开票、一点支付"的模式，提高结算效率，提高资金利用率，降低人工核对成本。

在业务流程方面，结算的发起方为省分，结算信息在线上被传递至华盛业务系统；华盛对结算信息进行确认后，一点开具发票并将发票信息在线上返回联通业务处理系统。联通运营公司内部完成相应的审批流程之后进行资金支付。

在系统支撑方面，联通运营公司业务处理系统提供进销存报表，作为双方业业核对的依据；通过联通运营公司结算系统与华盛业务系统的打通，实现结算信息的在线生成、传递、确认；发票信息的线上传递、录入、确认；资金支付的全部线上完成；发票流、资金流的在线查询。同时对验证不通过的发票，华盛可以在线录入新的发票信息（见图 19-8）。

3. 财务核算的一致性

联通运营公司和华盛作为独立的法人，双方的核算规则、核算时点以及会计处理方式存在差异，为保证最终账务信息一致，B2B 终端交易平台不但在交易数据上保证双方的一致，而且从管理和会计制度着手，梳理双方账务核算方面的差异，全面统一核算规则和时点，以确保双方财务核算数据一致。

在业务管理方面，企业明确规范会计核算时点，包括双方计应收、应付时点，价保核算时点等。例如，明确华盛计应收以及联通运营公司计应付的时间点为营业厅系统签收的时间，应收的金额中的价格以采购系统为准，采购数量以联通运营公司业务处理系统签收的数量为准。

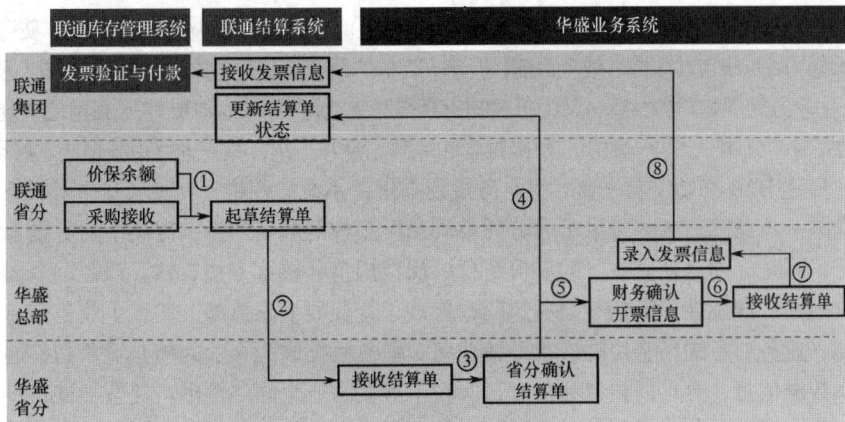

图 19-8　业务结算协同

在业务流程方面，依托统一的业务流程、结算流程，双方在发货、签收入库、价保、结算、开票、资金支付环节由系统自动生成账务信息，减少人工干预，确保双方往来财务核算一致。

在系统支撑方面，双方实现终端交易业务全流程业务触发系统自动生成凭证，减少会计凭证的人工参与，提高准确度，减少人工工作量，提高管理效率。

四、企业实施管理会计的效果

（一）财务人员职能变化

财务共享的实施，在解放基础核算人员方面取得了良好的效果。大量的传统会计开始向前端管理会计转型。以广东省分为例，自 2016 年 3 月推行共享服务以来，人员结构已大幅优化：基础核算人员占比由 53%降至 32%；与此同时，财务管理专家占比由 23%提升至 38%，销售财务人员占比由 24%提升至 30%，整体组织结构得到优化。在传统财务人员中，占比最大的基础核算人员需求量大幅度减少，这为人员进一步转型奠定了坚实的基础。B2B 终端交易平台上线后，其规范了业务流程，在系统支撑之下，极大减轻了业务人员的财务核算结算压力，使之能够更加专注于业务发展。同时，系统固化核算规则自动生成会计凭证，保证了以往忙于账务核对的财务人员可以将更多的精力和时间用于数据分析和管理，促进传统会计向管理会计转型。

（二）业务流程规范化

企业通过建立统一的制度流程和操作规范、统一的核算方法和口径，全面提升核算的合规性、准确性，集中控制财务风险。首先，财务共享中心规范报账流程，简化报账业务类别，实现同类业务标准的统一；其次，精简流程，通过明确、规范各环节审核要点，减少冗余环节；最后，在专票认证、供应商一致性校验、可付款额度等环节，以系统后台审核要素控制，代替原有的财务人员人工审核，取消报账二级财务审核，释放末端核算人员精力。B2B 终端交易平台上线后，联通运营公司与华盛的信息交流效率及物流速度明显提高，这保证了自有营业厅终端资源分配全程透明，提高了终端供给的质量；实现了联通运营公司终端销售供应链全面协同，优化了业务流程环节，提高了结算支付效率，实现了业务核算自动化，提高了终端销售和运营管理的水平，从而整体提升了与供应商合作的效果和效益，拉动了产业链规模供应。

（三）提高运营管理水平

系统自动化包括系统操作的自动化、财务审批的自动化、财务核算的自动化、报表出具的自动化。财务共享在联通大 ERP 体系基本建成的基础上做出了大量的系统功能优化尝试，使得大部分财务凭证均可由系统自动生成。截至目前，广东、吉林的系统自动生成的凭证数量比例已达 95% 以上。线上化业务处理和财务核算，又为报表的出具自动化奠定了基础。中国联通目前已实现由集团系统自动完成"集团—省分—地市"三级报表的编制、合并工作，统一进行报表报送、展现工作。

企业搭建 B2B 终端交易平台，将业务规则固化在系统流程中，实现双方往来账务自动化处理、全国一点结算，大幅减少了省分财务人员手工核对的工作量，提高了财务结算、账务核对效率；同时，通过建立统一的制度流程、操作规范、核算方法、核算口径，全面提升了核算的合规性、准确性，降低了财务风险；打破了企业的信息孤岛，实现了业务信息化、管控集中化、业务财务的精密协同，从而使业务、财务数据成为企业的核心竞争力；通过信息系统共享数据信息，并加以整合和加工，实现了准实时、全面化输出。这些尝试，不仅夯实了企业经营分析、财务分析的基础，同时也将继续丰富中国联通财务共享的实践，并且加速中国联通管理会计体系的建设。

五、经验总结

中国联通管理会计体系建设取得了一定成效，这与其采取了一套行之有效的方法密不可分，回顾建设历程，理想的建设工作应重点考虑以下 3 个因素。

（一）组织保障

财务共享推进难度高、时间跨度长，为确保工作按时、高效推进，中国联通在实施开始前需组建相应项目组，负责主导本省财务共享的落地实施工作，包括上线前的方案学习、业务准备，上线过程中的问题协调解决、进度跟踪，以及上线之后的问题支撑、持续优化等。同时，财务共享服务中心需明确自身职能、清晰职责划分，实现内部高效协同。管理规范是保障标准业务流程有序高效运转的强有力工具。B2B 平台上线前，中国联通和华盛制定了供货管理、价格管理、销售管理、服务大使管理、结算管理等一系列管理规范，同时还有针对性地制定了营业厅效能考核、供应链评价等考核规则，从而保证在提高业务运营效率的同时控制风险、降低后期管理成本。

（二）流程规范

规范化的流程是部门间协作配合的保证，也是管理会计体系良性运转的保障。财务共享运行流程及规范涉及财务和各业务部门。明确运转流程、清晰界定相关部门职责、统一规范，是提高财务共享运行效率的前提条件，而在经营管理、财务核算活动中，"全流程植入"是管理会计体现应用价值、发挥职能作用的重要保证。实现业务流程标准化是实现业会协同的基础。运营公司总部与华盛总部共同签署采购协议，并分发各业务系统，实现定价与调价的协同；通过补货单、发货单与签收单匹配，实现发货与收货数量的协同；通过省分依据接收明细生成结算单，并经华盛确认，实现订单与结算的协同；通过发票信息线上传递、验证，实现收款与支付的协同；通过统一核算规则，实现会计核算的一致。上述 5 个方面的协同一致作为构建联通运营公司与华盛 B2B 终端交易平台的基础，迅速补齐了传统渠道供给模式的短板，为联通运营公司提供了充足的终端供应和专业化的运营管理，将华盛公司的各项核心业务内嵌到联通集团战略发展的关键环节。

（三）系统支撑

系统是实现降本增效、控制风险的有效保障。与一般工商企业不同，运营商有着动辄千万级的客户和账户数据，以及上亿级的交易数据。面对海量数据，要构建高效的财务共享体系、履行管理会计职能，就必须依托先进高效的信息化管理平台。中国联通在一体化架构的系统建设基础上，进一步深化财务系统应用，使得区别于传统财务共享的"互联网+"财务共享得以推进。中国联通搭建的 B2B 交易平台打通了双方十几套核心系统，再造了 40 余条生产流程，新增近 400 个功能点，在将业务流程和管理规范固化的同时，开发了多项系统功能，提高了平台的效率和用户感知度。

专家点评

一、案例背景

随着市场经济改革的不断深化，身处"互联网+"时代的中国联通面临更加严峻的市场环境，其中包括传统电信业务市场几近饱和，三大运营商竞争激烈；互联网企业进军通信市场，对传统运营商造成威胁；信息更新速度不断加快，对企业把握商机的能力提出了新要求等。这些市场环境的变化，对中国联通的创新能力、降本增效能力、市场响应速度等提出了更高的要求。同时，在企业内部，随着规模的日益扩大、人工成本的增加及底层人员的流失，基层责任单元面临繁重的业务处理压力；业务高速发展的需求、财务管理专业化分工的要求，使得目前企业财务部门基层核算人员占比过高现状的劣势日益凸显；分支机构多元化的管理模式难以统一，管理标准复杂，造成管理模式粗放、决策缺乏科学机制，企业的管理方法和管理模式转型成为当务之急。面对挑战，如果企业财务人员能够在传统的财务核算人员角色上实现突破，发挥战略决策与企业整体管理催化剂的作用，将在很大程度上提高效率、为企业创造价值，促进企业管理水平的整体提高。因此，传统会计向管理会计转型势在必行。

二、案例评价

（一）完善的信息化体系是管理会计体系构建的前提

中国联通对已有信息化系统进行功能新增、流程贯通，以实现内部与前端业务系统的整合及外部与银行等系统的直连为指导思想，对财务共享统一方案涉及的系统功能、流程等统筹协调，实现高效落地，确保在省分实施前具备上线条件。中国联通在方案设计环节，对整体财务核算工作进行梳理，在支付及事后处理全流程中寻求优化点，重点关注耗时长、重复度高的环节，并通过信息化手段，由系统功能替代人工操作，为财务共享整体方案的落地奠定了效率方面的基础，保证了在资金支付共享的同时，企业整体运行效率取得实质性提高。在提高效率的同时，中国联通充分考虑对财务风险的整体把控，并通过预算管理、资金使用情况监控等规则内嵌，与业务规范相结合，进行全方位控制，进一步完善风险管控体系。

（二）新型共享服务为中国联通管理会计体系构建奠定基础

很多企业的财务共享由于自身能力和商业环境的限制，往往只停留在"人员集中"上，即人员工作地点发生变更，但其仍然从事繁重的基础核算工作，工作量并没有相应降低，未实现财务工作的规模化效应，无法驱动业务前端的集中化和标准化。这也给各企业传统财务共享的实施带来了一定的限制。中国联通经过长期的财务管理工作实践，充分认识到传统财务共享的弊端，并一直寻求突破。中国联通推行的新型财务共享不同于传统的财务共享，与形式上的"人员集中"相比，它主要关注"业务集中"及效率的实质提高，以"系统自动化"和"管理集约化"为抓手开展共享推进工作。

（三）搭建B2B交易平台，实现业会协同，促进管理转型

联通运营公司与华盛的B2B终端交易平台将华盛的核心业务内嵌到联通集团战略发展的关键环节，为联通运营公司提供充足的终端供应和专业化的运营管理服务，打造发展新引擎，

培育形成新的增长极，为中国联通集团战略目标的实现提供落地保障。针对传统终端采购业务中存在的种种问题，中国联通全面梳理业务流程、制定相关管理制度、建立相应的组织保障机构、全面打通联通侧与华盛侧系统，实现双方交易过程中的价格、数量、价保、结算、核算五个方面的协同一致。"五个协同"是本方案落地的关键要素，也是保证关联交易数据准确的基石。在整个方案的实施过程中，企业以业务管控为出发点，以财务规则为准则，结合系统管控从而真正确保双方业务流程、业务结算、财务核算的一致性。

（四）管理会计体系建设促进财务转型、规范业务流程、提升运营管理效果

财务共享的实施，在解放基础核算人员方面取得了良好的效果。在系统支撑之下，极大地减轻了业务人员的财务核算结算压力，使财务人员可以将更多的精力和时间用于数据分析和管理，促进传统会计向管理会计转型。

企业通过建立统一的制度流程和操作规范、统一的核算方法和口径，全面提升核算的合规性、准确性，集中控制财务风险。B2B终端交易平台上线后，明显提高了联通运营公司与华盛的信息交流效率及物流速度，提高了终端销售和运营管理的水平，从而整体提升了与供应商合作的效果和效益，拉动了产业链规模供应。

系统自动化包括系统操作的自动化、财务审批的自动化、财务核算的自动化、报表出具的自动化。在建立财务共享时，中国联通在联通大ERP体系基本建成的基础上做出了大量的系统功能优化尝试，使得大部分财务凭证均可由系统自动生成；搭建B2B终端交易平台，将业务规则固化在系统流程中，实现双方往来账务自动化处理、全国一点结算，大幅减少了省分财务人员手工核对的工作量，提高了财务结算、账务核对效率；同时，通过建立统一的制度流程、操作规范、核算方法、核算口径，全面提升了核算的合规性、准确性，降低了财务风险；通过信息系统共享数据信息，对数据信息加以整合和加工，实现了准实时、全面化输出。

三、案例启示

管理会计体系建设是一项影响企业长期发展的重要战略决策，其职能的复杂性和所涵盖服务的丰富性也决定了它的建成绝非易事。例如，中国联通财务共享服务在短期实现以现有财务核算流程为基础，对外提供交易、数据、资金统一服务的基础上，下一步将通过流程再造、组织灵活化调整、专业化分工，逐步打造运营卓越、成本领先的财务专业服务提供商，同时通过完善规则库、价值库管理，逐渐成长为公司战略与运营决策的数据中心、知识中心，实现财务核算、分析等核心能力模块化输出，真正做到发挥财务对业务的指导作用。

中国联通管理会计的实践，通过管理标准化、系统自动化、组织集约化，为管理会计工作的敏捷、高效提供了有力支撑。因管理会计各项职能的实现在很大程度上取决于基础数据的完整性、准确性和及时性，数据质量的高低是决定管理会计体系能否真正发挥决策支持作用的关键，数据治理将成为其中的重中之重。下一步，中国联通管理会计体系应继续为构建服务于业务、财务人员及各级管理人员的广覆盖、多维度、宽领域的管理信息体系而服务，致力于管理理念的提升及管理方法的创新。例如，扩大财务共享中心的服务范围，通过优化IT支撑性能，提高系统自动化水平，优化核算体系，上收地市财务职能，强化财务共享中心服务能力，对人、财、物、数据、IT等资源实现统一规则配置和统一管理；进一步深化业务、财务一体化建设，改变前端业务处理方式，分别以商城为抓手实现业务统一，以一点结算为抓手实现财务统一，从而向实现业务模式的互联网化和组织的虚拟化目标迈进；逐步建立综合评价体系，以便运用特定的指标和标准，采用科学的方法，客观、公正、全面地反映管理会计体系建设的效果和目标达成的程度。